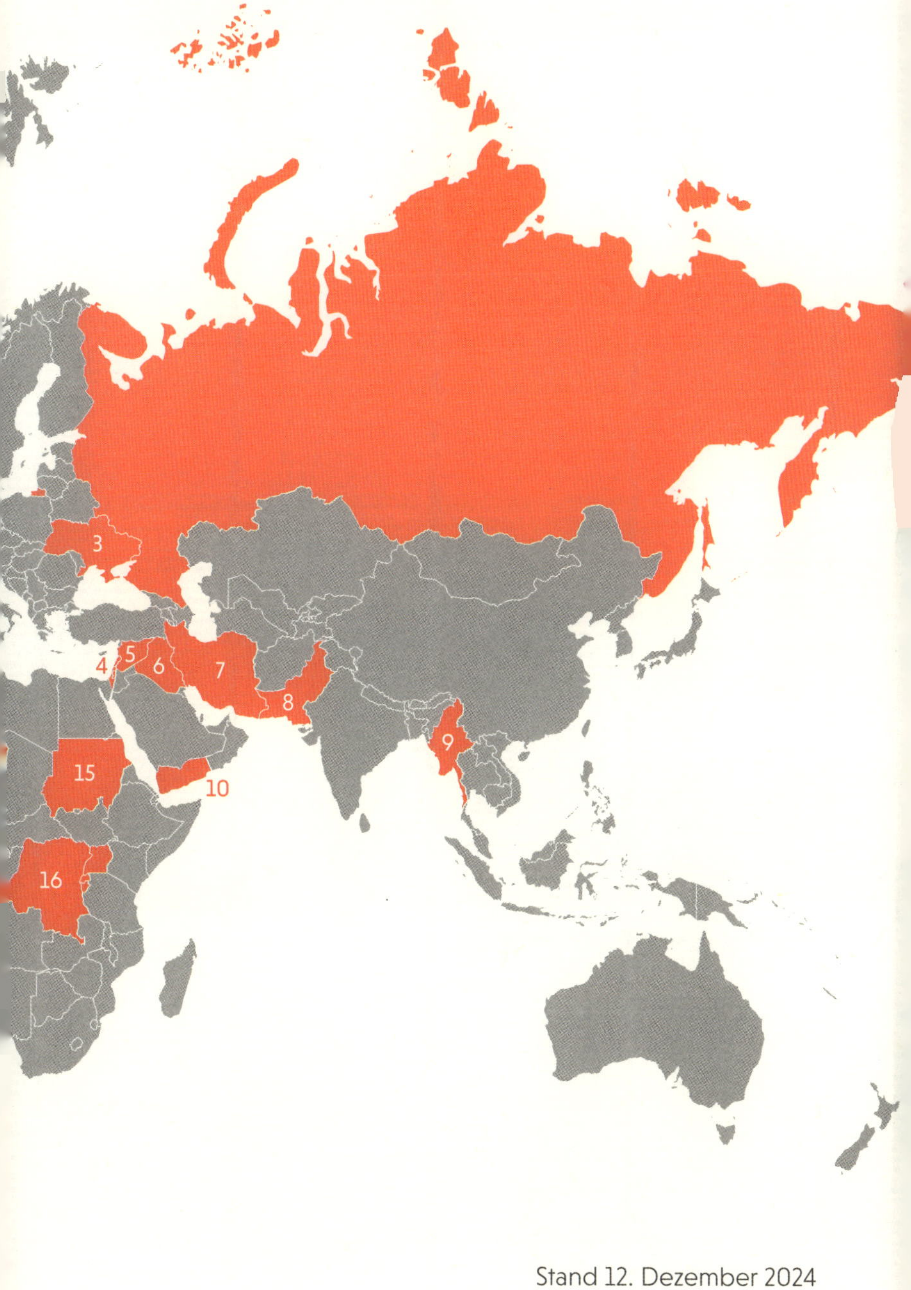

Stand 12. Dezember 2024

EUROPAVERLAG

Martin Kobler
mit Peter Köpf

WELTEN BEBEN

Europas
Chance auf neue
Strahlkraft

EUROPAVERLAG

MIX
Papier | Fördert
gute Waldnutzung
FSC® C110508

Der Umwelt zuliebe
- produzieren wir zu über 90 % in Deutschland
- achten wir auf kurze Transportwege
- drucken wir auf Papier aus nachhaltiger Waldwirtschaft und anderen kontrollierten Quellen

1. Auflage

Umschlaggestaltung und Motiv: Hauptmann & Kompanie Werbeagentur, Zürich, unter Verwendung eines Fotos von © picture alliance/REUTERS | ZOUBEIR SOUISSI
Layout & Satz: Margarita Maiseyeva
Redaktion: Franz Leipold
Druck und Bindung: Westermann Druck, Zwickau
ISBN 978-3-95890-650-1

Ansprechpartner für Produktsicherheit
Europa Verlage GmbH
Monika Roleff
Johannisplatz 15
81667 München
Tel.: +49 (0)89 18 94 733-0
E-Mail: info@europa-verlag.com
www.europa-verlag.com

Für Brita –
Partnerin, Freundin und Kollegin –
und unsere Wegbegleiter
Felix, Moritz und Lilli

Inhalt

»Die Geschichte lehrt dauernd, aber sie hat keine Schüler.«

Ingeborg Bachmann

Kapitel 1

Worum es geht: Ukraine, Nahost und vergessene Kriege – was macht Europa?

59 aktive staatliche Konflikte zählte der Global Peace Index 2024. Nicht einmal der Kalte Krieg weist eine solche Bilanz des Staatenversagens auf. Unbegreiflich sind Russlands Panzer und Raketen in der Ukraine, Zehntausende Tote im Nahen Osten und die neue Angst vor einem Atomkrieg. Wähnten wir uns 1990 nicht am Ende der Geschichte von Krieg und Kampf der Systeme? Sprachen wir nicht von der Staatengemeinschaft? Hofften wir nicht sogar auf ***one world?*** *Geplatzte Träume. Und dann ist da noch ein Präsident, der nicht mehr die Welt zu einem besseren Ort machen will, sondern sein Land größer – auf Kosten anderer.*

Donald Trump stellt alles auf den Kopf. Er zerbricht das sorgsam zusammengesetzte Puzzle der Geopolitik und teilt es wieder in Einflussbereiche auf, in denen starke Staaten das Sagen haben, die bereit sind, ihre Machtmittel einzusetzen, auch militärische: USA, China, Russland. Das neue Machttriumvirat. Trump beansprucht ganz ungeniert Kanada, Grönland, Mexiko und Panama, sogar Gaza, und steht damit in der Tradition des Staates, den wir im vorigen Jahrhundert zwar als Weltpolizisten bezeichneten, der aber in Wahrheit rund um den Globus nicht als neutraler Freund und Helfer auftrat, sondern als Macht im Kampf gegen eine konkurrierende Ideologie, den Kommunismus. Diese Ideologie war widerlegt, die Sowjetunion auch durch erfolgreiches Wettrüsten zerbrochen, doch der Nachlassverwalter in Moskau versucht sich inzwischen daran, die abtrünnigen Teile wieder unter seine Fahne zu zwingen. Dabei setzt sich auch Wladimir Putin über die Regeln hinweg, die sich die Welt mit den Vereinten Nationen (UN, United Nations Organization, UNO), der Charta und der Menschenrechtskonvention einvernehmlich gegeben hat. Dass die Generalversammlung Putins Einmarsch in der Ukraine als »völkerrechtswidrig« verurteilt hat, beeindruckt ihn nicht; dass der Internationale Strafgerichtshof (IStGH) einen Haftbefehl gegen ihn erlassen hat, mag ihn einschränken, aber der Mann im Kreml lenkt nicht ein.

China, das in kurzer Zeit durch einen beeindruckenden wirtschaftlichen Aufschwung Hunderten von Millionen einst armen Menschen Wohlstand gebracht hat, findet nun Zeit, seinen Machtbereich zu arrondieren. Taiwan muss sich bedroht fühlen, und die Anrainer des Südchinesischen Meers sehen die Flagge Pekings auf allerlei Riffen, Atollen und kleinen Inseln, sogar auf manchen Landebahnen. China verfügt neben dem Militär und einer steigenden Zahl von Atomraketen über ein weiteres, wirkungsvolles Arsenal an Waffen, sein De-facto-Monopol auf sogenannte Seltene Erden und andere Metalle, die alle Welt für die Technologieprodukte der Zukunft braucht: für Windräder und Elektroautos, in der Kernfusion und beim Quantencomputing, für Roboter, Raumfahrt und Militär.

Es geht also um die Zukunft, wenn Trump ganz ungeniert mit Putin über die Minen und Lagerstätten in der Ukraine verhandelt statt mit dem Kiewer Regierungschef selbst, Wolodymyr Selenskyj. Das ist moderner Kolonialismus. Der »neue Sheriff in der Stadt« setzt seine Macht nicht dafür ein, die Gesetze durchzusetzen, sondern für egoistische Interessen, für Regelbruch und Disruption. Trump spielt Hardball. Die Welt ist erpressbar geworden. Die Welt riecht nach Krieg.

Die US-Journalistin Anne Applebaum hat eine »Achse der Autokraten«[1] ausgemacht, die nach der Weltmacht greife. Der deutsche Historiker Heinrich August Winkler sieht die liberale Demokratie nicht nur in seinem Land herausgefordert, sondern »weltweit in der Defensive«. Die Weltgeschichte stehe »am Beginn einer höchst gefährlichen Phase nicht nur der amerikanischen, sondern auch, wenn wir an den Klimawandel und die internationalen Beziehungen denken, der Weltgeschichte«. Putin sei bereits dabei, »das vermeintliche Machtvakuum in den USA für eine Eskalation seines Angriffskriegs gegen die Ukraine und für Versuche zu nutzen, den Westen mit nuklearen Drohungen zu erpressen«.[2]

Könnte es sein, dass vier Jahrhunderte Weltbeherrschung des Westens zu Ende gehen? Ist der sogenannte Westen ein Auslaufmodell? Ist Europa mit seinen Ideen von Rechtsstaatlichkeit, seinen Werten und Normen kein Vorbild mehr?

Die Softpower der Demokratie und des Westens erodiert. Europa und seine Werte stören die Autokraten bei dieser Neuvermessung und Neuordnung der Welt, für den US-Präsidenten ist die EU eher ein Konkurrent als ein Partner. Die Welt verändert sich wie stets, aber sie verändert sich gerade nicht zum Guten. Sie ist unberechenbarer geworden, eine Welt der Willkür. Und Europa erschrickt bis ins Mark.

Kritik an der regelbasierten Ordnung

Mitten in diesen Umwälzungen steht das einst sehr friedliche Europa, das mit zwei Kriegen an seinen Rändern zu kämpfen hat, denen gegenüber es sich aber auf kein einheitliches Verhalten einigen kann. Was kann, was müsste die EU leisten, um Einfluss zu nehmen auf die Neuvermessung der Welt durch die großen Drei? Ist ein *Big3+EU* möglich? Muss Europa überhaupt in dieses Tauziehen eintreten? Mit Hardpower? Kann die EU – mangels ausreichender Waffen – doch auf ihre Softpower vertrauen und sich behaupten? Ist ein gutes, gleichberechtigtes, angstfreies Leben auch für die weniger mächtigen Staaten möglich? Für alle Menschen?

Dieses Weltenbeben ist eine große Chance für Europa, das zuletzt sehr an Strahlkraft verloren hat. Weil Europa jetzt gezwungen ist, aktiv zu werden. Es ist Zeit, dass der Leuchtturm ohne Licht den Schalter umlegt. Einen Gegenpol bildet. Mut für Zukunft zeigt. Dafür empfiehlt es sich, enger zusammenzurücken, gemeinsam und geschlossener zu agieren: politisch, wirtschaftlich und auch militärisch. Ein Anfang ist gemacht – mit Plänen für eine gemeinsame Verteidigungspolitik, mit einer Ständigen Strukturierten Zusammenarbeit (PESCO = Permanent Structured Cooperation), seit 2021 mit einem Europäischen Verteidigungsfonds und einem Europäischen Verteidigungskommissar. Könnte Europa, wenn die Großmächte sich entfernen, neue, weitere, andere Partner suchen und finden? Was geschähe, wenn Europa enger mit dem Globalen Süden zusammenarbeiten würde, um sich gegen die Ansprüche und Zumutungen der Großmächte zu behaupten? Dafür jedoch müsste sich in Europa einiges ändern.

Auf dem alten Kontinent scheint wenig bekannt zu sein, was eine Studie des European Council on Foreign Relations nach Trumps Wahlsieg 2024 ermittelte: »Trumps Rückkehr wird von Amerikas langjährigen Verbündeten beklagt, sonst jedoch von fast niemandem.« Der EU, der Schweiz, Großbritannien und Südkorea stehen

GLOBALER SÜDEN

Der Begriff Globaler Süden vereint Staaten mit postkolonialer Vergangenheit und (in der Folge) vergleichsweise schwacher Wirtschaftskraft. Im 1980 unter dem Vorsitz von Willy Brandt erschienenen Nord-Süd-Bericht werden sie noch Entwicklungs- oder Schwellenländer genannt. Die sogenannte Brandt-Linie trennte Nordamerika von Mexiko und den Karibischen Inseln, Europa von Afrika und Russland von der Türkei und Asien; Australien, Neuseeland und Japan gehörten ebenfalls zum Norden. China und Indien wären heute nicht mehr dem Süden zuzuordnen, auch Südkorea rechnet sich zum Norden.

Navid Kermani spricht in seinem Buch *In die andere Richtung jetzt. Eine Reise durch Ostafrika* vom neuen Süden, weil er den Aufstieg vieler Länder des Globalen Südens berücksichtigt, deren Fortschritt, Modernität und Transformation. Länder wie Indien, Brasilien oder Südafrika könnten so als »Aufsteiger« gesehen werden. Andere Autoren bevorzugen Begriffe wie »emerging markets« oder »emerging societies«. In der Geopolitik ist auch die Rede vom transatlantischen Westen. Ob die USA noch dazugehören (wollen), ist eine Frage, die sich erweisen muss.

In Zahlen liest sich das so: Im Jahr 2000 waren die G7-Staaten noch für zwei Drittel der weltweiten Wirtschaftsleistung verantwortlich, inzwischen für weniger als 30 Prozent. Der Anteil der BRICS-Staaten ist von 16 auf mehr als 40 Prozent gestiegen. China allein steht inzwischen bei fast einem Fünftel des globalen BIP.

Länder wie Indien und China, Türkei und Brasilien gegenüber, in denen Mehrheiten glauben, Trump sei gut für die USA, für ihr eigenes Land und für den Frieden in der Welt.[3]

Die Länder des sogenannten Globalen Südens werfen dem Norden vor, mit zweierlei Maß zu messen. »Viele Regierungen des sogenannten Globalen Südens beklagen, dass westliche Staaten allzu häufig von ihren vorgeblichen außenpolitischen Prinzipien abweichen oder sie nur inkonsequent umsetzen«, stellte Sophie Eisentraut, Head of Research & Publications der Münchner Sicherheitskonferenz, im September 2024 fest. Vielerorts gebe es Besorgnis darüber, »dass westliche Staaten in Zeiten wachsenden geopolitischen Wettbewerbs ihr Bekenntnis zu internationalen Regeln und Prinzipien zurücknehmen«. Die geltende regelbasierte Ordnung werde als vom Westen geschaffen gesehen, dem Rest der Welt aufgezwungen. Auch chinesische Politiker sprächen schon von der »sogenannten regelbasierten Ordnung« und »sogenannten universellen Werten«, die in Wahrheit »Instrumente westlicher Dominanz seien, da sie ausschließlich dem Westen nützen und westliche Staaten sie selektiv anwenden, um engstirnige Ziele zu verfolgen«.[4]

Das Problem ist nicht zu leugnen. Es stimmt aber auch: Alle Welt hat der UN-Charta zugestimmt, niemand hat sie bisher herausgefordert. Der »Pact for the Future« der Vereinten Nationen hat sie erst im September 2024 im Konsens (!) wieder bestätigt.

Das ändert nichts an dem Dilemma, das Eisentraut sieht: Ignoriere der Westen solche Heucheleivorwürfe, werde der Zynismus gegenüber universellen Prinzipien und der *Rules-Based International Order* (Regelbasierten Internationalen Ordnung, RBIO) zunehmen. Andererseits könnte »eine selbstkritischere Auseinandersetzung mit den eigenen Widersprüchen die Gegner internationaler Regeln stärken«.[5]

Gehen wir zu weit beim Export unserer Werte?

Chilamkuri Raja Mohan, Außenpolitikexperte und Gastprofessor am Institute of South Asian Studies der Nationalen Universität Singapur, hat ergänzende Gründe für die angebliche Ablehnung des Westens. Im Rückblick auf die Abstimmungen in der UNO über Russlands Krieg in der Ukraine diagnostizierte er »einen tiefen Groll gegen die Bevormundung durch den Westen in der Zeit nach dem Kalten Krieg. Viele fühlen sich heute an die Kolonialzeit erinnert, als europäische Imperialisten mit dem Evangelium auf den Lippen und der Waffe in der Hand auftraten.« In der postkolonialen Ära hätten sich die Europäer um Unterstützung in der Auseinandersetzung mit der Sowjetunion bemüht, aber nun seien sie wieder dabei, »ein politisches Wertesystem zu predigen und zugleich Sanktionslisten in der Hand zu halten«.[6] Er beklagt die »Achtlosigkeit, die Amerikaner und Europäer seit Ende des Kalten Kriegs gegenüber den Entwicklungsländern an den Tag gelegt haben«, ihre »Selbstgefälligkeit«, ihre Überzeugung, »über alle politischen Antworten zu verfügen« und keine Freunde im Süden mehr zu brauchen. Das habe Peking und Moskau viel Raum eröffnet.

Er spricht auch von Groll. Der in Trotz mündet? Aber Groll kann kein Argument dafür sein, die Prinzipien und Werte zu schleifen, auf die sich 51 Staaten der Weltgemeinschaft bei der Gründung der UNO 1945 in San Francisco geeinigt hatten, darunter China und Indien, Irak und Iran, die Ukrainische Sozialistische Sowjetrepublik und die Union der Sozialistischen Sowjetrepubliken (UdSSR), mit ihren Beitritten nach der Befreiung vom Kolonialismus auch nach und nach alle afrikanischen Staaten und 1973 die beiden deutschen Staaten, zu Beginn der 1990er-Jahre schließlich Korea und Nordkorea sowie die Nachfolgestaaten der UdSSR.

Wogegen also richtet sich der Groll des Globalen Südens? Nachdem Syrien sich von Assad befreit hatte, warnte Nicolas Busse in einem Kommentar in der *FAZ* vor falschen Schritten: Man sollte »den siegreichen Aufständischen jetzt nicht gleich wieder ein grünes Lastenheft vorlegen, wenn Baerbock eine Zusammenarbeit von einem Idealzustand abhängig macht, zu dem Frauenrechte und Minderheitenschutz gehören, dann hat das mehr mit deutschen Ansprüchen zu tun als mit der syrischen Realität«.

Doch die Europäerinnen und Europäer legen mehrheitlich hohen Wert auf die in Jahrzehnten erzielten Übereinkünfte und Regeln, weil sie meinen, damit gehe es allen besser, den Menschen, der Wirtschaft, den bilateralen Beziehungen. Gehen wir zu weit beim Export unserer Werte und Vorstellungen davon, wie Staaten verfasst sein sollen? Kann es sein, dass wir unsere Überzeugungen zu oft, zu bestimmt und ungebeten vortragen? Kann es sein, dass wir andererseits auf unsere hehren Grundsätze hin und wieder verzichten, wenn uns das nützlich erscheint? Messen wir mit zweierlei Maß, wenn es unseren Interessen dient?

Legen wir also die Finger in die Wunden, offenbaren wir unsere eigene Schwäche! Vor neuen Visionen steht die Analyse des Jetzt. Und wenn wir unsere Regeln empfehlen, sollten wir zuerst vor der eigenen Tür kehren.

Doppelstandards und Bevormundung schaffen keine Glaubwürdigkeit

Empfänger westlicher Entwicklungshilfe kritisieren neokolonialistische Züge, wenn die Geber damit eigene Interessen verfolgen, wenn die Mittel an die Zusammenarbeit mit Unternehmen des eigenen Landes gebunden sind, wenn die Adaption bestimmter politischer und wirtschaftlicher Modelle im Sinn von guter Regierungsführung *(Good Governance)* verlangt wird, die als »westlich« angesehen wird. Auch wenn wir demokratische Strukturen und Rechtsstaatlichkeit fördern, Korruption und politische Instabilität bekämpfen, sollten wir darauf achten, dass Empfänger die Hilfe, auf die sie angewiesen sind, nicht als Instrument der Einflussnahme sehen, als Hebel, um sie wirtschaftlich und geopolitisch – im wahren Sinn des Wortes – einzunorden.

Der senegalesische Ökonom Felwine Sarr sieht Afrika als künftiges Dorado des Weltkapitalismus. Das allerdings seien »Träume anderer inmitten eines nächtlichen Schlummers, bei dem die Hauptbetroffenen nicht zum kollektiven Träumen eingeladen sind«. So wie schon zuvor, als die westlichen Wohlstandsindikatoren – wirtschaftliche Dynamik, Millenniums-Entwicklungsziele, nachhaltige Entwicklung – dazu gedient hätten, »die Mythen des Westens auf die Entwicklungsverläufe afrikanischer Gesellschaften zu projizieren«. Entwicklung habe darin bestanden, »die eigene Weltanschauung vermittels der eigenen Mythen und Vorstellungen von gesellschaftlicher Zweckmäßigkeit in anderen Erdteilen zu verbreiten«. Er nennt Kriterien scheinbarer Objektivität wie Bruttosozialprodukt, Pro-Kopf-Einkommen, Industrialisierungsgrad, außerdem Entwicklung, unbegrenztes Wachstum und Massenkonsum, die zu einer »Festschreibung des Primats der Quantität gegenüber der Qualität, des Habens gegenüber dem Sein« geführt hätten. Der Westen habe sich und damit auch Afrika »mit Haut und Haar den monströsen Strukturen einer erbarmungslosen globalen Wirtschaftsordnung ausgeliefert«. Ergebnis dieses »gewaltsamen Oktroyierens fremder Formen« sei »die Verwestlichung Afrikas« – die auch stattgefunden habe, »weil die afrikanischen Eliten dem Traum des Westens verfallen sind«, was zu einer Plünderung der Ressourcen geführt habe, einer »Rekolonisierung der Länder durch ihre ehemaligen Kolonialmächte« sowie – durch das Vordringen der chinesischen Wirtschaft – »ein wenig Infrastruktur als Gegenleistung für die Plünderung der Rohstoffe Afrikas und die Kolonisierung seiner Ländereien«.[7] War die Globalisierung ein Irrweg?

Die Liste der Doppelstandards des Westens ist beliebig verlängerbar: Wie glaubwürdig sind unsere Klagen gegen kriminelle Staatenlenker in – beispielsweise – Afrika, wenn in der Vorzeigedemokratie der Welt ein verurteilter Straftäter, Rassist und Sexist zum Präsidenten gewählt wird? Wenn er seine verurteilten Fans begnadigt und freilässt? Wenn er Staaten annektieren oder »kaufen« will? Wie mag es in anderen Weltregionen ankommen, wenn wir aus realpolitischen Gründen mit Staaten zusammenarbeiten und schnell zu Kompromissen bereit sind, die gegen die Regeln verstoßen? Wenn wir alle gegen Folter sind, wieso haben wir dann Guantánamo toleriert? Wieso lassen wir es zu, dass Menschen im Mittelmeer ertrinken? Warum reden wir mit Ahmed al-Sharaa, Kampfname: Abu Mohammed al-Julani, aber nicht mit den Taliban? Die USA haben mit Iran, wo Menschen öffentlich hingerichtet und Frauen unterdrückt werden, seit Jahrzehnten keine diplomatischen Beziehungen, aber sie schätzen Saudi-Arabien, dessen Menschenrechtslage auch verheerend ist (Folter, Todesstrafe),[8] als stabilen Bündnispartner und Gastgeber der Fußball-Weltmeisterschaft 2034. Durch derartige Doppelmoral verliert der sogenannte Westen an Respekt und Glaubwürdigkeit, an Verlässlichkeit und Ansehen.

Israel und der Nahe Osten: Selektive Empathie?

Einen bedeutenden Schaden hat die Glaubwürdigkeit Deutschlands jüngst erlitten, als es Hand in Hand mit den USA seine bedingungslose Unterstützung der israelischen Regierung erneuerte, selbst dann noch, als sie ankündigte, weder Nahrungsmittel noch Medizin, noch Treibstoff in den Gazastreifen zu lassen. Die USA äußern nur wenig Kritik an Israels rechtswidrigem Fehlverhalten, die US-Regierung legt in der UNO regelmäßig ein Veto gegen israelkritische Resolutionen ein. Auch Deutschland rechtfertigte seine Unterstützung für Israels Gegenreaktion auf den Überfall der Hamas vom 7. Oktober 2023 mit einer nur wenig umrissenen »Staatsräson«. Aber dient die völkerrechtswidrige Besetzung der Westbank und der monatelange israelische Bombenregen auf Gaza wirklich Israels Sicherheit? Sosehr wir nach dem Überfall und den ungeheuerlichen Verbrechen der Palästinenser Israels Recht auf Selbstverteidigung akzeptierten – je länger die Bombardements von Gaza bis Syrien mit großen Opferzahlen in der Zivilbevölkerung anhielten, desto weniger gab es noch zu rechtfertigen.

Schon drei Wochen nach Beginn der israelischen Bombardierung des Gazastreifens tweetete der US-Journalist Omar El Akkad:

»Eines Tages, wenn es sicher ist, wenn es keinen persönlichen Nachteil mehr bedeutet, die Dinge beim Namen zu nennen, wenn es zu spät ist, jemanden zur Rechenschaft zu ziehen, werden alle immer dagegen gewesen sein.« Daraus ist ein Buch geworden. *One Day, Everyone Will Have Always Been Against This* ist die eindringlichste Abrechnung mit den westlichen Gesellschaften, die oft moralische Prinzipien predigen, die sie selbst nicht einhalten. Er beklagt »moralische Heuchelei«, »selektive Empathie«, mangelnde journalistische Neutralität, das Rechtfertigen von Gewalt als Selbstverteidigung und das Wegsehen – nicht nur im Nahen Osten, sondern auch beim Klimawandel und anderen Themen der Zeit. Er endet aber auch mit einem hoffnungsvollen Satz: »Wie es immer möglich war, wegzuschauen, so ist es immer möglich, nicht mehr wegzuschauen.«[9]

Die neuen Blockfreien: Der Globale Süden rebelliert

Indien, sehr selbstbewusst, wollte nicht nach der Pfeife des Westens tanzen, als die UN sich zur Souveränität und Unabhängigkeit der Ukraine bekennen und Russlands Aggression »auf das Schärfste« missbilligen wollte; fast vier Fünftel der Mitgliedstaaten stimmten für eine Resolution der Generalversammlung, in der Russlands Überfall auf die Ukraine verurteilt wird, aber etliche afrikanische und arabische Staaten enthielten sich, so auch China und Indien. »In den westeuropäischen Hauptstädten und den USA wird Neu-Delhis Haltung als faktische Unterstützung für Putins Aggressionskurs wahrgenommen«, will die *Tagesschau* ermittelt haben.[10] Die beiden Staaten mit ihren 2,8 Milliarden Menschen hätten dem Westen »den Beistand verweigert«, hieß es in der *taz,* China »lehnt eben auch eine US-dominierte unipolare Weltordnung ab und sieht in Moskau ein Gegengewicht«.[11]

Fiona Hill, Ex-Beraterin von Donald Trump, nennt den Widerstand des Globalen Südens gegen die Appelle der USA und Europas zur Solidarität mit der Ukraine »eine offene Rebellion. Es ist eine

Meuterei gegen das, was sie als die Dominanz des kollektiven Westens im internationalen Diskurs sehen.« Südliche Länder glaubten, dass es den USA und dem westlichen Block »in diesem Krieg um den Schutz der westlichen Vorherrschaft geht, nicht um die Verteidigung der Ukraine«.[12]

Wir sehen: Es ist nicht das Triumvirat (allein), das im großen Spiel seinen Weg in die Zukunft sucht. Indiens Außenminister Subrahmanyam Jaishankar fiel auf dem Bratislava-Forum 2023 mit der Formel auf: »Europa muss aus der Geisteshaltung herauswachsen, dass Europas Probleme die Probleme der Welt sind, aber die Probleme der Welt nicht die Probleme Europas.«

Entstanden ist eine neue Bewegung der Blockfreien, die sich nicht darauf beschränkt, sich in Konflikten unter den Großmächten neutral zu verhalten, sondern sich eigenständig zu positionieren, und zwar ebenfalls ausgerichtet an den nationalen Interessen. Jorge Heine hat für diese offensive Politik den Begriff »Active Non-Alignment« (ANA) kreiert. Er definiert sie als »Außenpolitikdoktrin, die auf der Weigerung basiert, im Wettbewerb der Großmächte, der ein charakteristisches Merkmal des internationalen Systems im dritten Jahrzehnt des neuen Jahrhunderts ist, Partei zu ergreifen«. Dieses ANA wendeten Entwicklungsländer an, die sich von den USA und China unter Druck gesetzt fühlen. »Es stellt das nationale Interesse des Landes in den Mittelpunkt – statt der geopolitischen Interessen anderer.«[13] Indien stimmt in der UNO nicht für Sanktionen gegen Russland, weil es dessen Öl und Waffen braucht, auch Brasilien und Südafrika haben sich den westlichen Sanktionsregimen nicht angeschlossen, und das nicht nur, weil sie geografisch weit entfernt sind vom Geschehen. Sie haben sich stattdessen als neutrale Vermittler in Friedensverhandlungen angeboten, die sie zu einem internationalen Akteur für sich und ihre Region erheben sollen.

In den Worten des ehemalige Generalsekretärs Dag Hammarskjöld war die UNO »nicht geschaffen, um die Menschheit in den

Himmel zu bringen, sondern sie vor der Hölle zu bewahren«. In den Worten der Charta der Vereinten Nationen ist sie entstanden, um »künftige Geschlechter vor der Geißel des Kriegs zu bewahren, die zweimal zu unseren Lebzeiten unsagbares Leid über die Menschheit gebracht hat«. Hat dieses Modell ausgedient? Haben wir noch allgemein verbindliche Werte, oder befindet sich die Welt im freien Fall ins Chaos? Erodiert die UNO? Wenn ja, wieso? Fallen die Staaten auseinander, aus Egoismus, Großmachtstreben, Neid? Ist es möglich, diesem Desaster zu entrinnen, sogar gestärkt daraus hervorgehen? Dazu bedarf es der grundsätzlichen Veränderung und des Muts, Risiken einzugehen. Die Welt ordnet sich neu. Na und? Wir sollten diese Krise als Chance sehen. Warum sollten wir unsere Politik nicht im Sinne aller Menschen dieser Welt ändern können?

UNO: Wenn wir das Bewährte erhalten wollen, müssen wir uns ändern

Dass Trumps präzedenzloser Angriff auf die multilaterale Ordnung auch der UNO und ihren Unterorganisationen gilt, einem Grundpfeiler der internationalen Ordnung, ist wegen der allgemeinen Fassungs- und Sprachlosigkeit in ihrer Dimension noch gar nicht richtig erkannt. Weltmächte und solche, die es sein oder (wieder) werden möchten, missachteten grundlegende Vereinbarungen der Gemeinschaft der Staaten, von den USA im Irak 2003 bis zu Putin in der Ukraine 2014/2022. Das macht Schule: Alle Appelle an die Hamas, die israelischen Geiseln freizulassen, stießen auf taube Ohren. Ebenso Rufe nach einem Ende seines Feldzugs in Gaza bei Israels Ministerpräsidenten Benjamin Netanjahu. Wir sehen weltweit eine Zunahme der bewaffneten Konflikte und der Gewaltbereitschaft, wir sehen weltweit steigende Ausgaben für Rüstung. Und wir sehen eine handlungsunfähige UNO, die wie das Kaninchen vor der Schlange erstarrt.

Wenn wir uns nicht mehr einig sind über die Regeln für Gewaltverbot, Selbstverteidigungsrecht und Menschenrechte, zu denen sich alle 193 UN-Mitglieder unwidersprochen verpflichtet haben, dann sehe ich Gefahr am Horizont. Trump, Putin und Netanjahu stellen sich über das Völkerrecht. Diese Männer schwächen internationale Regeln, denen ihre Vorgänger noch zugestimmt haben. Schon in seiner ersten Präsidentschaft trat Trump aus internationalen Organisationen und Verträgen aus: INF-Vertrag mit Russland zum Verzicht auf atomare Mittelstreckenwaffen, unterzeichnet von Reagan und Gorbatschow; Trump schert sich nicht um Klima oder die WHO, er räumt Menschenrechte und UN-Charta zur Seite, wenn es militärisch und machtpolitisch opportun erscheint. Das tat Amerika von Vietnam über Grenada bis Irak zwar schon vor ihm, aber kein Präsident vor ihm tat es mit solch kalter Gleichgültigkeit. Amerika, so scheint es schon länger, will die bestehende Ordnung zerstören. Der US-Präsident drohte damit, die NATO und damit das transatlantische Zeitalter zu beenden.

Wenn Russland, die USA und China im UN-Sicherheitsrat das Veto exzessiv einsetzen und Staaten die Urteile des IStGH ignorieren, ist die Weltordnung auf dem Weg zu einer Weltunordnung. Wenn die internationale Staatenwelt die gemeinsamen Regeln nach Belieben interpretiert, kann von einer internationalen »Gemeinschaft« keine Rede mehr sein. Werden Zivilgesellschaften, Menschenrechtsorganisationen, mutige Politikerinnen und Politiker dem widerstehen?

Vereinbarte Regeln müssen für alle gelten. Gerade wenn die Regeln als europäisch oder westlich gelten, muss der Westen sie befolgen. Nur so gewinnen wir Partner und deren Vertrauen – anders als China, das den Globalen Süden vorrangig als Ressourcenquelle und Absatzmarkt sieht. Anders als Russland, das die Ukraine überfällt. Anders als die USA, deren Präsident alles infrage stellt, was uns bisher vereinte.

Wo die Vorwürfe des Globalen Südens zutreffen, müssen die Ursachen beseitigt werden. Dazu gehört auch mein großes Anliegen, die UN zu reformieren, selbst wenn es Europa etwas kostet. Indem die westlichen Demokratien das Verlangen dieser Staaten nach mehr Mitsprache unterstützen, gewinnen sie Respekt und Glaubwürdigkeit. In der neuen Systemkonkurrenz zu den USA liegt die Chance, mit unseren Vorzügen zu werben, indem wir unsere von der Aufklärung und der Französischen Revolution stammenden Werte auf respektvolle Weise als Alternative anbieten. Die EU sollte sich zum Anwalt des Globalen Südens machen.

Wenn wir die Welt verändern wollen, wenn wir sie zu einem besseren Ort statt unser Land größer machen wollen, dann müssen wir uns Denkverbote verbieten. Für die UNO müssen die Fragen beantwortet werden: Wieso ist Afrika im Sicherheitsrat nicht adäquat repräsentiert? Wieso darf Russland im Sicherheitsrat mitstimmen, wenn dessen Krieg in der Ukraine verhandelt wird? Und wieso leisten wir uns einen so verzagten Generalsekretär, der nicht den Mut oder den Willen hat, die Möglichkeiten zu nutzen, die ihm die Charta einräumt? Mit Blick auf die Kriege lauten sie: Wieso gibt die Welt binnen eines Jahres 2,4 Billionen Euro für Waffen aus? Wo bleiben Humanität und Empathie, wenn die Waffen sprechen? Weshalb hat die Diplomatie so erschreckend an Bedeutung verloren? Warum diskutieren wir über Frieden in der Ukraine unter Ausschluss von Putin? Wieso soll ein Bundeskanzler nicht mit dem Aggressor telefonieren dürfen? Mit welchen Kriegsverbrechern reden wir, mit welchen nicht? Wieso tun wir uns mit Israel so schwer? Von all diesen Fragen handelt dieses Buch.

Wir müssen eingestehen, dass die Ursachen für die Probleme der Welt hauptsächlich bei uns liegen. Das Problem des Globalen Südens liegt darin, dass wir unseren Wohlstand wahren wollen. Wir sind so reich, wie Brecht sagte, weil die anderen arm sind. Dass das so bleibt, dafür setzen wir wirtschaftliche, militärische und politische Übermacht ein. Wir erhalten Rohstoffe und liefern Maschinen. Wir müssen gradliniger werden, glaubwürdiger und gerechter.

Das derzeitige Weltenbeben haben im Wesentlichen Russland und die USA zu verantworten, indem sie Kriege ausgelöst oder sich daran beteiligt haben oder eine disruptive, aggressive Wirtschafts- und Handelspolitik betreiben. Alle anderen Staaten müssen sich daran orientieren und mit den Ergebnissen zurechtkommen, und manche sehen unglücklicherweise die Flucht in Autokratie und Nationalismus als Lösung. Aber haben wir nicht gemeinsame Probleme, die wir besser gemeinsam lösen sollten? Würden nicht alle auch von einem Wohlstandszuwachs des Globalen Südens profitieren? Ist »Win-win« nur ein Lippenbekenntnis?

Es geht also auch um die Folgen der Politik dieses Triumvirats auf andere Regionen, namentlich: Nahost, Nordafrika (Libyen), Irak, Afrika (Kongo), Südasien (Afghanistan, Pakistan, Indien), wo ich an den Konfliktlinien als deutscher Botschafter und Leiter von UN-Missionen Verantwortung trug.

Kein anderer Posten hat mich so nachhaltig beeindruckt wie der Mitte der 1990er-Jahre in Jericho, der ältesten Stadt der Welt und der am tiefsten gelegenen, 250 Meter unter dem Meeresspiegel, die erste Stadt in der Westbank, die Israel den Abkommen von Oslo gemäß an die palästinensische Autonomiebehörde übergeben hatte. Noch heute spüre ich die große Hoffnung auf Frieden und Versöhnung, die damals in der Luft lag, auch die Depression nach all den Rückschlägen in den Jahren danach. Der Nahost- und Friedensprozess beschäftigte mich nicht nur in den 14 Jahren, die meine Familie und ich im Nahen Osten lebten, sondern bis heute, von den Bemühungen um Frieden über die Verwandlung des Westjordanlands, das ein Labyrinth aus Mauern und Schutzwällen geworden ist, bis zu den jüngsten Monaten, in denen Gaza in Schutt und Asche gelegt wird.

Es schmerzt zu beobachten, wie der Überfall der Hamas auf Israel und die Raketen gegen Gaza – in Deutschland mehr als in anderen europäischen Staaten – zu zornigem Zwist darüber geführt haben, ob die Trauer des Bruders einer toten Geisel oder die einer Mutter in Gaza über ihr verlorenes Kind größer ist. Schmerzlich zu sehen ist auch, dass die Ergebnisse einer erfolgreichen Peacekeeping-Mission in Ostkongo inzwischen revidiert sind. Es schmerzt, einen Autokraten in Kairo, die Taliban in Afghanistan ertragen zu müssen und auf die Staaten zu blicken, in denen das Leben nicht besser geworden ist für die Menschen dort: Irak, Libyen und Pakistan, das anscheinend bereit ist, sich in einen neuen Krieg mit Indien zu stürzen.

Dieses Buch ist kein weiterer Versuch, vom heimischen Schreibtisch die Frage zu beantworten, wer die Weltmacht Nummer 1 war, ist und sein wird, kein klassischer historischer Abriss, nicht nur eine nüchterne Analyse. Es soll die Werke von Fischer über Münkler bis Winkler ergänzen; es ist ein persönlicher Versuch, eine Welt im Umbruch zu begreifen – mit den Augen eines Menschen, der viele Jahre im Auswärtigen Dienst und später bei den Vereinten Nationen gearbeitet hat; es soll die Debatten ergänzen um eine Perspektive aus der Praxis: aus dem Alltag der Diplomatie, den Herausforderungen von Friedensmissionen, den Krisenmomenten, den Staatskrisen – und den stillen Augenblicken dazwischen.

Ich hatte das Privileg, im letzten Drittel meines Berufslebens zu den Vereinten Nationen zu wechseln – in verschiedene Missionen, von Afghanistan über den Irak und den Kongo bis nach Libyen. Diese Zeit hat meinen Blick auf internationale Politik grundlegend verändert. Ich habe verhandelt, vermittelt, mit Rebellen und Präsidenten gesprochen, an Checkpoints mit UN-Soldaten gestanden und in zerstörten Städten das Leid der Zivilbevölkerung erlebt. Es sind diese Erfahrungen – oft widersprüchlich, manchmal ernüchternd, immer bewegend –, aus denen dieses Buch entstanden ist.

Es geht mir nicht darum zu belehren. Ich möchte einordnen, was ich selbst gesehen, erlebt und gelernt habe. Dieses Buch ist auch ein persönlicher Erfahrungsbericht, ein Versuch, aus meinen Erinnerungen größere Zusammenhänge zu erkennen: Was bedeutet Verantwortung in einer fragilen Weltordnung? Was heißt Glaubwürdigkeit für den Westen? Und welche Rolle kann – und sollte – Europa in einer Welt voller Spannungen spielen?

»Die Starken tun, was sie wollen,
und die Schwachen ertragen,
was sie müssen.«

Thukydides

Kapitel 2

USA, Russland, China: Das Weltenbeben und seine drei Muskeltiere

Die Vereinigten Staaten haben einen Präsidenten gewählt, der sein Amt führt wie ein Familienunternehmer und Politik in erster Linie am ökonomischen Nutzen ausrichtet. Im Kreml ist ein Mann zu beobachten, der versucht, einen kaputten Staat mit den Methoden zu retten, die ihn schon einmal ruiniert hatten. Und den Machthabern in Peking ist es gelungen, in wenigen Jahrzehnten einen Wohlstand zu schaffen, der es ihnen erlaubt, über den Tellerrand zu blicken, um ihre Einflusssphäre zu arrondieren. Das Weltenbeben hat drei Väter: Putin, Trump, Xi. Müssen wir uns fürchten?

Vor gut 85 Jahren unterzeichneten Adolf Hitler und Josef Stalin einen Pakt, um Osteuropa, namentlich Polen und die baltischen Staaten – scheinbar einvernehmlich – unter sich aufzuteilen. Es ging um viel Land und damit auch um das, was in der Erde verborgen ist: Bodenschätze. Historiker sagen, dass Geschichte sich nicht wiederholt; aber seit der empörenden Geschäftemacherei in der Ukraine zwischen Putin und Potus, dem *President of the United States,* können wir uns darauf nicht mehr verlassen. Trump nennt es einen »Deal«, was in Wirklichkeit der Versuch war, eine notleidende Nation zu erpressen und zu berauben. Die Hälfte der zukünftigen Einnahmen der Ukraine aus Mineralienexporten verlangte Trump Ende Februar 2025 als Kompensation für US-Hilfen. Deal oder wir ziehen uns zurück, drohte er. Man mag sagen: Das ist Kapitalismus. Wettbewerb. Ein Vorgehen wie im Kolonialismus oder zu Zeiten, als »die scheinheilige Supermacht« (Michael Lüders) die ganze Welt als Vorhof und Einflussgebiet betrachtete. Zu Trumps Überraschung jedoch gab der ukrainische Präsident Wolodymyr Selenskyj, als er auf dem heißen Stuhl im Weißen Haus saß, vor laufender Kamera Widerworte. Es kam zum Eklat, der Vertrag blieb (vorerst) ohne Unterschriften.

Ende April gibt es doch eine Vereinbarung, aber aus einem Erpressten ist ein Partner geworden. Aus einem Knebelvertrag ein Abkommen, das beiden Seiten Rechte einräumt und Pflichten benennt. Vorgesehen ist nun ein »United States-Ukraine Reconstruction Investment Fund«, der amerikanischem Kapital einen bevorzugten Zugang zu den ukrainischen Rohstoffen öffnet, namentlich zu sogenannten Seltenen Erden und anderen Technologiemetallen. Von Rückzahlungen für US-Hilfen ist keine Rede mehr, und die Minen bleiben im Eigentum der Ukraine; alle Einnahmen des ersten Jahrzehnts werden dort reinvestiert. »Dies sind deutlich fairere Bedingungen als die ursprünglich von Washington geforderten«, urteilte Nigel Gould-Davies vom International Institute for Strategic Studies

(IISS). Weil 40 Prozent der kritischen Mineralien der Ukraine in von Russland besetztem Gebiet liegen, werde es für die USA schwieriger, die russische Besatzung de jure oder de facto anzuerkennen – was der zwei Wochen zuvor in Umlauf gebrachte US-Friedensvorschlag noch nahegelegt hatte. Und andere große Vorkommen nahe der Frontlinie könnten bei amerikanischen Investitionen russische Vorstöße abschrecken. Das Abkommen sei »ein Triumph für Ukraines Diplomatie« und deute auf einen »wichtigen Wandel in der Politik der Trump-Administration im russisch-ukrainischen Krieg und in ihrer turbulenten Diplomatie transatlantischer Beziehungen« hin.[14]

Und doch war der 28. Februar 2025 der Tag, an dem Trump mit dem Fuß auf den Boden stampfte. Auch wenn der Regierungschef der Ukraine nicht bedingungslos akzeptierte, was der MAGA-Stratege sich ausgedacht hatte, so hat sich Trumps Drohung doch für amerikanische Unternehmen gelohnt. Diese Art Politik hat Methode, sie beruht auf Macht. Es ist eine Frage der Mächtigkeit: wirtschaftlich, politisch, militärisch. Der mit der dicksten Krawatte gewinnt. Trump verspielt damit aber die wichtigste Währung für Außenpolitik: Kontinuität und internationale Verlässlichkeit.

Die Vereinigten Staaten von Amerika: Methoden einer Großmacht

Damit wir es nicht vergessen: Auch vor Trump verteidigten die USA ihre Vorherrschaft mit allen Mitteln – vom Staatsstreich in Iran 1953, um den demokratisch gewählten Premierminister Mohammad Mossadegh zu stürzen, über Mithilfe beim Sturz des in Chile ebenfalls demokratisch gewählten Salvador Allende 20 Jahre später bis zum völkerrechtswidrigen Angriff auf den Irak 2003, und natürlich überall, wo es Gas und Öl gibt. Bereits damals galt »America first«, auch gegenüber Partnern. Mit Michael Lüders' Worten: »Wie ist es zu erklären, dass die Zerstörung zahlreicher arabischer, islamischer, lateinamerikanischer, fernöstlicher und anderer Staaten durch die Machtpolitik Washingtons wenig bis gar keine Empörung auslöst? Wie ist angesichts des Elends von Millionen Menschen, die den Preis für diese Politik zu bezahlen haben, die Fiktion einer westlichen Werteorientierung aufrechtzuerhalten?«[15]

Auch vor Trump dachten amerikanische Diplomaten über die EU wie er, niemand sagte es deutlicher und missachtender als 2014 die in der Ukraine involvierte US-Außenpolitikerin Victoria Nuland: »Fuck the EU.« Und es erinnert an Zeiten, als wir im Auswärtigen Amt Verbalnoten der USA erhielten, in denen nicht nur stand, was sie bei Abstimmungen in der UNO von uns wünschten oder erwarteten, sondern auch gleich *»talking points«* mitlieferten. Aber heute ist Washington nicht mehr verlässlich, nicht mehr berechenbar, und die Frage drängt sich auf, ob die USA sich noch dem Westen zurechnen und dessen gemeinsame Werte teilen. Seit Donald Trump können wir dessen nicht mehr sicher sein. Der Präsident missachtet das Völkerrecht, als wäre es nicht auch eine amerikanische Erfindung; er erniedrigt Staatsgäste wie den ukrainischen und den südafrikanischen Präsidenten. Er überhöht seine Person mit der Kraft und Macht, die ihm die Größe der USA vorübergehend verliehen hat. Was die Staaten des Globalen Südens – für Trump »shit-hole countries« – seit Jahrzehnten ertragen müssen, das trifft nun auch Europa: die brachiale Politik des Potus. Müssen wir auf unsere Ideale pfeifen und mit der Rückkehr der rücksichtslosen, nationalistischen und egoistischen Machtpolitik der Trumps und Xis und Putins leben? Damit, dass »die Starken tun, was sie wollen, und die Schwachen ertragen, was sie müssen«, wie der Athener General Thukydides einst meinte?

Die USA glaubten schon lange an ihre Überlegenheit und Suprematie. Dass die Regierung sogar über Völker- und Menschenrechte hinweggeht, wenn ihre Interessen tangiert sind, zeigte sich spätestens beim Krieg in Vietnam. Die USA rechtfertigten ihr Eingreifen mit dem Schutz des »freien Westens«, führten jedoch einen verheerenden Krieg mit Napalm und Agent Orange, mit Massakern wie in My Lai 1968 und Millionen Toten. Danach verhandelte Washington fünf Jahre lang mit Nordvietnam – weitgehend ohne Beteiligung der autokratischen Regierung von Südvietnam, ihren Verbündeten gegen die Kommunisten des Vietcongs. Henry Kissinger, beileibe keine Friedenstaube, erhielt 1973 den Nobelpreis »für seine Bemühungen um ein Waffenstillstandsabkommen in Vietnam«; aber beide Seiten hielten sich nicht an den Vertrag. Die Kommunisten überrannten die Soldaten des Südens und nahmen Saigon Ende April 1975 ein, wo die Schlappe der USA offenkundig wurde mit einer demütigenden Flucht der letzten US-Marines und dem Bild eines kleinen Hubschraubers auf einem Dach in der Nähe der US-Botschaft, der letzte CIA-Mitarbeiter abholen sollte, während einheimisches Personal mit düsteren Aussichten zurückblieb. In Afghanistan sollte sich diese Selbstüberschätzung Jahrzehnte später wiederholen.

Curveball: Colin Powells Show in der UNO und andere Sünden

Desaströs erwies sich auch der Kriegseinsatz im Irak, wo Saddam Hussein sich nicht an internationale Sanktionen gehalten hatte. Im Sicherheitsrat ersuchte Außenminister Colin Powell deshalb am 5. Februar 2003 um Plazet und Unterstützung für einen Krieg gegen den Unbotmäßigen. Die Notwendigkeit begründete Powell damit, dass der Irak atomare, biologische und chemische Massenvernichtungswaffen produziere. Deutschland war in diesen Jahren im UN-Sicherheitsrat und hatte den monatlich rotierenden Vorsitz. Joschka Fischer leitete die Sitzung der Außenminister, in der es um einen amerikanischen Resolutionsentwurf ging, der zu einem militärischen Eingreifen ermächtigen sollte. Als Powell seine »Beweise« an die Wand warf, zeigte er auch irakische Konstruktionspläne von Produktionsanlagen für B-Waffen auf mobilen Lkws. Auf den deutschen Plätzen stieg der Blutdruck, denn wir kannten diese Pläne. Ich spürte meinen Herzschlag am Hals, Fischer in der ersten Reihe zeigte ein Pokerface.

Die Pläne hatte der Bundesnachrichtendienst (BND) geliefert, aus dem Gedächtnis gefertigt von einem Agenten, den er unter dem Namen »Curveball« führte. BND-Chef August Hanning informierte Fischer und fragte, was er damit machen solle. Ich fuhr im Dienstwagen zu Hanning, um die Pläne zu holen. Als Fischer sie geprüft und mit Bundeskanzler Schröder besprochen hatte – wir konnten die Echtheit nicht einschätzen –, wurde das Konvolut an die USA übergeben. Und nun starrten wir auf Powells Präsentation, von der er behauptete, die »Beweise« seien echt und begründeten das Recht auf militärische Intervention. Ich rutschte fast vom Stuhl. Was geschähe, wenn Powell sagte: Die habe ich von den Deutschen?

Zuvor, Ende Januar, hatte US-Verteidigungsminister Donald Rumsfeld Frankreich und Deutschland, die einen Militäreinsatz gegen den Irak ablehnten (auch Russland war dagegen), als »das alte Europa« bezeichnet. Am 14. Februar erklärten der oberste UN-Waffeninspektor Hans Blix und der damalige Generaldirektor der Internationalen Atomenergie-Organisation (IAEO) Mohammed el-Baradei, sie hätten bei Inspektionen in den vergangenen Monaten keine Beweise für Massenvernichtungswaffen im Irak gefunden, und baten um mehr Zeit.

Dennoch versuchten die USA, die Zustimmung des Sicherheitsrats zu ihrer Militäraktion zu erzwingen. In einer legendären Rede widersprach Frankreichs Außenminister Dominique de Villepin diesem Ansinnen: »In diesem Tempel der Vereinten Nationen sind wir die Hüter eines Ideals, wir sind die Hüter eines Gewissens. Die große Verantwortung und die große Ehre, die uns zustehen, müssen uns dazu veranlassen, der Abrüstung in Frieden Vorrang einzuräumen.« Er erhielt dafür Applaus. Das kommt im Sicherheitsrat nur ganz selten vor. Damit war klar: Auch Frankreich würde einer Resolution nicht zustimmen. Deshalb brachte Washington den Antrag nicht zur Abstimmung – und griff Ende März mit einer »Koalition der Willigen« an – ohne Mandat des Sicherheitsrats.

Fischer schreibt in seinem jüngsten Buch: Die »unter fadenscheinigen, krass falschen Vorwänden begonnene Invasion des Irak« sei »psychologisch für die tief verletzte Supermacht nachvollziehbar, politisch aber war sie ein grandioser Fehler«. In den »Sümpfen des Zweistromlandes« seien schon viele Imperien gescheitert. »Nun waren die USA an der Reihe, ihre Kräfte dort militärisch und auch finanziell zu verschwenden. Ursächlich dafür war eine Mischung aus Hybris, neokonservativer Ideologie von der gewaltsamen Demokratisierung des Nahen Ostens und aus der Idee der Bestrafung der Täter von 9/11 gewesen. Allerdings nicht der wirklichen Täter, sondern aus politischen Gründen schlicht imaginierter Täter, Saddam Hussein und dessen Irak.«[16]

Bei dieser völkerrechtswidrigen Intervention starben 200 000 Zivilistinnen und Zivilisten; der Irak – und damit das ganze Machtmobile der Region – war aus dem Gleichgewicht gebracht. Bis heute kommt das auf den Kopf gestellte Land nicht zur Ruhe. Colin Powell nannte seinen Vortrag vor der UNO später seinen »Sündenfall«. Nach dem Sturm auf das Kapitol trat er aus der republikanischen Partei aus und nannte Trump eine »Schande für die USA«.

Auf eigene Faust: Trump missachtet die liberale, regelbasierte Ordnung

Der Sündenfall Irak und das Desaster in Afghanistan zeigten der Welt, wie wenig potent der transatlantische Westen im 21. Jahrhundert ist. Schwerer wiegt, dass Trumps Politik weltweit zu einer Erosion des Vertrauens in die Regeln führte, die der Westen täglich propagiert. Trump missachtet die liberale, regelbasierte Ordnung, die maßgeblich von den USA mitbestimmt war; er belegt Mitglieder des Internationalen Strafgerichtshofs (IStGH) mit Sanktionen, weil sie gegen US-Bürger oder Verbündete wie Netanjahu ermitteln[17], ein Angriff auf die internationale Gerichtsbarkeit, eine der großen zivilisatorischen Errungenschaften des 20. Jahrhunderts (siehe Kapitel 5); er weist Journalisten wegen deren Fragen aus der Pressekonferenz des Weißen Hauses aus und verletzt damit das demokratische Grundrecht der Pressefreiheit; er stellt die internationale Hilfe durch USAID ein und lässt die Belegschaft der belagerten US-Botschaft in Kinshasa allein, »bewaffneten Konflikten, Verbrechen, Unruhen, Entführung und Terrorismus« schutzlos ausgeliefert.[18] Zehntausende Helferinnen und Helfer von USAID verlieren ihre Arbeit, auch solche von lokalen Partnerorganisationen, die auf amerikanisches Geld angewiesen waren. Dazu zählen HIV-Prävention und Trinkwasserversorgung. Unter den Millionen Kriegsvertriebenen aus dem Sudan und Kongo breiten sich Hunger und Seuchen aus, weil sich niemand mehr zuständig fühlt. Trump geht noch weiter und zerstört

Ich mach mir die Welt, wie sie mir gefällt:
US-Präsident Donald Trump demonstriert Bundeskanzler Friedrich Merz, worauf es in der Politik ankommt.

die regelbasierte Ordnung und damit auch »den Westen«, dem sie einst heilig war, und er beschädigt »ein konkurrenzloses geopolitisches Gefüge aus Militärbündnissen und Handelsbeziehungen«, wie Fischer schreibt, das jahrzehntelang dazu beitrug, dass die USA den Kalten Krieg souverän gewannen. »Wem nutzt es, das jetzt wegzuwerfen?«, fragt Fischer. »Nur Russland und China, die still beobachteten und warteten, wie Amerika Selbstmord beging.«[19]

Trumps Kampf: Der Wettlauf um Technologiemetalle

Eines der größten Probleme der Wirtschaft im Globalen Norden ist derzeit die Frage, woher die Industrie die Metalle beziehen wird, die sie für allerlei Zukunftstechnologien braucht. Die Metallhändler Andreas Kroll und Andreas Pietsch sprechen in ihrem Buch *Das Kokain der Industrie* von »Supermetallen«, die »wahre Technologiebooster« seien, »Deep-Tech-Metalle für Kernfusion, Quantencomputing, Robotik, Militär (ja, auch das) und Raumfahrt; sie sind Highperformer, weil nur sie genügend Widerstandskraft haben, um zum Beispiel der Hitze in Zukunftstechniken zu trotzen, weshalb man sie in der Diktion des deutschen Neusprechs auch Resilienzmetalle nennen könnte«.[20] Sie sind in Chips und Magneten unentbehrlich für allerlei moderne Technologien, wegen ihrer besonderen magnetischen, elektrischen, thermischen und chemischen Eigenschaften auch unverzichtbar in Smartphones, Elektrofahrzeugen und anderen elektronischen Geräten, außerdem von enormer Bedeutung bei vielversprechenden Technologien für die Energie- und Klimawende wie grünem Wasserstoff und Kernfusion. Ohne diese Stoffe hat die Wirtschaft keine Zukunft, eine Wirtschaft ohne diese Stoffe wird im Wettbewerb unterliegen. Und weil sie auch für moderne Waffensysteme unverzichtbar sind, geben sie Staaten Macht. Es ist nicht übertrieben zu vermuten, dass Trump bereit wäre, für deren Besitz jede Rechnung mit der Aufgabe von Rechtsstaatlichkeit, Völker- und Menschenrechten zu bezahlen.

Die EU hat 34 Rohstoffe ausgemacht, die als kritisch gelten. Neben Lithium und Mangan, Graphit und Kobalt, Kupfer und Nickel sind darunter zungenbrechende Elemente aus den Seltenen Erden wie Dysprosium, Gadolinium, Neodym, Praseodym und Terbium sowie Technologiemetalle wie Gallium und Germanium.

Die USA verfügen nicht über genügend dieser Stoffe. Immerhin haben die USA eine große Tagebaumine in Mountain Pass in Kalifornien wieder aktiviert, die im vorigen Jahrhundert der weltweit größte Produzent von Seltenen Erden war. Sie musste nach einem Unfall geschlossen werden, bei dem sich eine Milliarde Liter radioaktiv und chemisch verseuchten Wassers aus einem undichten Auffangbecken in die Umgebung ergossen hatten. Donald Trump selbst stellte in seiner ersten Amtszeit mit seiner Executive Order 13817 ausreichend staatliche Mittel bereit, damit sie wieder arbeiten konnte. Außerdem finanziert das Pentagon Raffinerien in Texas und Kalifornien. Hunderte von Milliarden Dollar hat die US-Regierung seit 2020 eingesetzt, um eine Lieferkette von der Mine bis zum Magneten zu etablieren.[21] Allerdings produziert die Mine in Mountain Pass überwiegend leichte, kaum schwere Seltene Erden. Und noch sind auch die USA abhängig vom größten Produzenten dieser Wundermetalle. Und das ist ihr größter Konkurrent auf dem Planeten: China.

China: Handelsmacht mit politischen Ambitionen

China ist politisch, militärisch und wirtschaftlich eine Großmacht. Aus einem bevölkerungsreichen Entwicklungsland hat Deng Xiaoping mit seinen Reformen von 1976 an das Land für Handel mit der Welt und Investitionen geöffnet, das vor allem billige Plastikprodukte und Elektronik lieferte. Damit hat er den Hunger eines Milliardenvolks bekämpft und eine solide Mittelschicht aufgebaut. Inzwischen kann China fast alles herstellen, was Menschen zum Leben brauchen – in konkurrenzfähiger Qualität bei konkurrenzlosen Preisen, etwa für Elektroautos. China kann billiger produzieren und besitzt die dafür notwendigen Rohstoffe. Der Westen muss sie dagegen kaufen – oft in China. China hat außerdem mit der sogenannten neuen Seidenstraße, die Belt and Road Initiative (BRI), seit 2013 ein Infrastrukturnetz aufgebaut: Häfen, Straßen, Bahnstrecken, Kraftwerke sowie Flughäfen, mit denen es nicht nur den ärmeren chinesischen Westen an das Reich einbindet, sondern weltweit Absatzmärkte und Rohstoffquellen erschließen kann. Längst investiert China auch in allerlei Bergbauprojekte.[22]

Dass China bereit ist, in einem Handelskrieg sein Quasi-Monopol einzusetzen, zeigte sich am 3. Juli 2023, als es zum August 2023 den Export von Gallium und Germanium unter strenge Kontrolle stellte. Die beiden Metalle sind eine Waffe, weil China laut Deutscher Rohstoffagentur (DERA) weit über 90 Prozent der 550 Tonnen Primär-Rohgallium und 80 Prozent der rund 225 Tonnen Germanium produziert.[23] China schickt sich an, Handelsmacht Nummer 1 zu werden.

In Afrika habe das Land mit seinen Megaprojekten »in den letzten zwanzig Jahren mehr bewegt als die westliche Entwicklungshilfe in sechzig Jahren«, schreibt Bartholomäus Grill in seinem Rechenschaftsbericht über ein halbes Leben als Afrikakorrespondent von *Zeit* und *Spiegel.* Inzwischen riefen ihm die Kinder in den hintersten Dörfern »›China! China!‹ nach – als hätte der weiße Mann seine Schuldigkeit getan«. Nicht mehr »West is best« sei die Devise, in Afrika laute sie »Look East!«. Die afrikanischen Herrscher kopierten das Modell der chinesischen Entwicklungsdiktatur »und müssen sich nicht mehr herumschlagen mit den westlichen Konditionen westlicher Partnerländer wie Menschenrechte, Transparenz,

Umweltauflagen oder Arbeitsschutz, die deren Konzerne oft selbst unterlaufen.«[24]

In der Bundesregierung und in der EU gilt das Wort, wonach China »gleichzeitig Partner, Wettbewerber und systemischer Rivale« sei. China bedroht Europa nicht militärisch. Wirtschaftlich schon. China verlängert allerdings den Krieg in der Ukraine, solange es zulässt, dass Russland sich anlehnt. Militärisch bedroht Peking Taiwan als abtrünnigen Teil Chinas, den nur wenige Staaten der Welt anerkannt haben und der nicht Mitglied der UN ist. Aufgrund von Kampfjets und des modernen Flugzeugträgers »Shandong« in den Gewässern um Taiwan warnen Beobachter, dass ein Angriff auf Taiwan näher rücken könnte. Gleichzeitig bereitet die chinesische Staatsführung die Bevölkerung propagandistisch auf die angestrebte »Wiedervereinigung« mit der Insel vor und treibt die militärische Aufrüstung entschlossen voran.

In Europa wächst mit dem möglichen außenpolitischen Rückzug der USA unter Donald Trump die Sorge, dass ein künftiger »Deal« zwischen Washington und Peking auch das Schicksal Taiwans besiegeln könnte.[25] Aber die USA sind wie die ganze Welt auf Taiwans Chips angewiesen. Wenn es um wirtschaftliche Interessen geht, wäre mit Trump zweifellos zu rechnen, der ja die Präsenz in der Region mit den wichtigen Schifffahrtsrouten nicht reduziert hat.[26] Die USA widmen sich spätestens seit der Regierung Obama dieser Weltregion, wie sein »pivot to Asia« zeigte. Inzwischen schickte auch Bundesverteidigungsminister Boris Pistorius die Marine durch die Straße von Taiwan. Diese Provokation hat China bestimmt genauso wenig beeindruckt wie die Schmähung des Staatschefs Xi Jinping durch die ehemalige Außenministerin im TV-Sender Fox News als »Diktator«.

Schnellschüsse sind von China nicht zu erwarten, weil Chaos auf den Weltmärkten auch zu Chaos im eigenen Land führen könnte. Innenpolitisch hat Chinas Regierung aber ohnehin schon mit einer geplatzten Immobilienblase, überalterter Bevölkerung und hoher Jugendarbeitslosigkeit infolge der rasanten Industrialisierung und der Robotik zu kämpfen. Die KP Chinas könnte deshalb versuchen, durch Konflikte mit Taiwan und im Südchinesischen Meer außenpolitisch abzulenken. Dass China warten kann, hat es in der Vergangenheit mehrfach bewiesen. Dass es zu agieren bereit und fähig ist, zeigt die Gegenwart.

Europa hat es versäumt, auf Chinas BRI zu reagieren. Dabei war die Seidenstraße ein Produkt europäischer Handels- und Machtpolitik. Reisten nicht die Römer und im 13. Jahrhundert Marco Polo über sie nach China? Dass Peking die Geschichte der alten Handelswege heute erneuert, entbehrt nicht der Ironie: China nimmt eine westliche Erzählung auf, deutet sie neu und macht sie zum Instrument globaler Einflussnahme. Europa hatte unterdessen vorrangig mit sich selbst zu tun: mit Eurokrise, Flüchtlingsfrage, Brexit. Strategische Infrastrukturpolitik und geopolitische Raumordnung spielten auch deshalb keine Rolle, weil die EU sich als normative Macht verstand, nicht als geostrategischer Akteur. Erst Jahre später, als Chinas Einfluss auf europäische Häfen, Glasfasernetze und Energiesysteme wuchs, reagierte die EU mit der »Global Gateway«-Initiative.

Die Heidelberger Sinologin Marina Rudyak plädiert für »Dialog mit dem Drachen«. »Die entscheidende Frage ist nicht, ob, sondern wie wir mit diesem China koexistieren können – auch mit einem autoritären.« Sie empfiehlt: »Wer hier auf moralische Abgrenzung statt auf strategisches Verstehen setzt, mag Haltung zeigen, verspielt aber Handlungsspielräume.«[27] Das gilt nicht nur wirtschaftlich, sondern auch politisch.

Russland: Imperiale Methoden gehören ins Geschichtsbuch

»Wer die Sowjetunion nicht vermisst, hat kein Herz; wer sie zurückwill, hat keinen Verstand.« Diesen Satz hat Wladimir Putin oft bemüht. Für ihn war der Zerfall des sowjetischen Imperiums nicht nur ein geopolitischer Einschnitt, sondern eine tiefgreifende nationale und persönliche Kränkung. In seinen Augen behandelte der Westen Russland wie einen abgewirtschafteten Reststaat – Barack Obama degradierte ihn zur »Regionalmacht«. Putins Politik ist von dem Wunsch getrieben, solche Demütigungen zu tilgen und Russland zu alter Größe zurückzuführen – nicht im Sinne sowjetischer Ideologie, sondern im Geist imperialer Machtprojektion. Die Ukraine ist dabei nicht nur Nachbar, sondern Schlachtfeld und Symbol zugleich: Wer sie kontrolliert, schreibt mit am neuen Kapitel der Weltordnung. Um seinen Überfall zu rechtfertigen, bemüht er oft einen früheren NATO-Einsatz.

Als die NATO im März 1999 Belgrad bombardierte, hatte sie dafür kein UN-Mandat. Für den Einsatz, der Serbiens Zugriff auf das Kosovo beenden sollte, verzichtete der Westen darauf, eine Resolution zur Abstimmung zu stellen, weil Russland und vermutlich auch China ein Veto eingelegt hätten.[28] Die NATO, angeführt durch die USA unter Präsident Bill Clinton, intervenierte. Dem finnischen Präsidenten Martti Ahtisaari gelang eine Vermittlungsmission mit dem US-Unterhändler Strobe Talbott und dem ehemaligen russischen Ministerpräsidenten Wiktor Tschernomyrdin; Belgrad zog sein Militär aus dem Kosovo zurück, die UN zog unter dem Schutz von KFOR-Soldaten ein.

Aus Putins Sicht ist es so: Die NATO hat erklärt, das Selbstbestimmungsrecht der Kosovaren schützen zu wollen; heute schützen wir das Selbstbestimmungsrecht der Russen auf der Krim und in der Ostukraine. Dabei hatte sogar Russland die Souveränität und die Grenzen der Ukraine anerkannt – im Budapester Memorandum von 1994. Dass die beiden Fälle nicht vergleichbar sind, liegt auf der Hand. Trotz der Friedensgespräche in Rambouillet, trotz zahlreicher UN-Resolutionen gegen die Politik von Serbiens Präsident Slobodan Milošević waren die Vertreibungen und Massaker im Kosovo bereits im Gange. Auf der Krim und in der Ostukraine war nichts dergleichen zu sehen, als Putin die Ostrepubliken annektierte. Der Internationale Gerichtshof (IGH) entschied 2010 auf Antrag Serbiens in einem Gutachten, dass die Unabhängigkeitserklärung des Kosovo im Jahr 2008 nicht gegen das Völkerrecht verstoßen habe. Die Annexion der Regionen Luhansk, Donezk, Saporischschja und Cherson dagegen verurteilte die UN-Generalversammlung als illegal.

Warum schritt die NATO im Kosovo ein? Und warum beteiligten sich erstmals deutsche Soldaten, Luftwaffe und Marine, an einem Krieg, noch dazu ohne UN-Mandat? Die NATO befürchtete eine sogenannte ethnische Säuberung und eine »humanitäre Katastrophe« – wie Bundesverteidigungsminister Rudolf Scharping es im Mai 1999 nannte –, Vertreibung und Morde gegen die albanischstämmige Bevölkerung im Kosovo, wo die jugoslawische, die serbische Armee gegen die ultranationalistische UCK kämpfte, die einen unabhängigen Staat anstrebte. Wenige Tage später trat Fischer dafür ein, die Bundeswehr erstmals im Ausland einzusetzen: im Kosovo. Damals waren die Grünen noch eine weitgehend pazifistische Partei. So flog denn auch beim Grünen-Parteitag in Bielefeld im Mai 1999 ein Farbbeutel an Fischers Ohr und verletzte sein Trommelfell. Er aber stellte sich den Pfiffen und Sprechchören der Gegner und trat mit rot gefärbtem Sakko auf die Bühne,[29] wo er den Kampf gegen Rassismus gegenüber Ausländern und Mordanschläge wie den in Solingen auf eine Stufe mit Vertreibung und ethnischer Kriegführung in Europa stellte, wo »eine blutige Ernte mittlerweile zu verzeichnen ist«. Was er dann sagte, verletzte nicht nur bei den Grünen ein Tabu: »Auschwitz ist unvergleichbar. Aber ich stehe auf zwei Grundsätzen, nie wieder Krieg, nie wieder Auschwitz, nie wieder Völkermord, nie wieder Faschismus. Beides gehört bei mir zusammen.«[30]

Erst nachdem er sich ans Parteivolk gerichtet hatte, ging er ins Krankenhaus – ganz im kämpferischen Stil des Alt-68ers. Am Ende folgte ihm der Parteitag. Überlebende des Holocaust sahen jedoch eine »neue Art der Auschwitzlüge, um den verhängnisvollen Verstoß gegen die gerade aufgrund der Lehren von faschistischem Krieg und Holocaust geschaffene UN-Charta zu begründen«.[31] Aber Fischer sprach es trotzdem immer wieder aus: »Nie wieder Ausschwitz«. Er war vom Massenmord in Srebrenica schockiert; vielleicht hätte »Nie wieder Srebrenica« gereicht.

Seine Worte hatte Fischer lange abgewogen, viel und lang mit Parteifreunden und Journalisten gesprochen, weil er ahnte, dass dieser Vergleich ihm angekreidet werden könnte. Aber Fischer hatte gute Gründe, sich einer deutschen Beteiligung am Kosovokrieg

»Nie wieder Krieg, nie wieder Auschwitz.«
Joschka Fischer mit seinem Team 1999 bei den Beratungen über die Intervention für das Kosovo im Außenministerium

nicht zu verweigern: Ich erinnere mich daran, dass die Außenministerin eines EU-Mitgliedstaats ihn bei einem multilateralen Treffen in Bonn in eine Ecke lotste und ihm eine Kopie des sogenannten Hufeisenplans reichte, der Milošević' Plan einer ethnischen Vertreibung beweisen sollte. Inzwischen wird die schiere Existenz eines solchen Plans bestritten. Wie dem auch sei, die Tatsachen sprachen für sich: Ich habe noch die Kosovaren vor Augen, die in Scharen über die Grenze nach Mazedonien flüchteten.

An einem Ostertag 1999 sollte mein Sohn in meinem Büro das Telefon bewachen, während ich mit Fischer in dessen Büro beratschlagte. Auf einmal kam der 13-Jährige zu uns und sagte: »Da ist einer in der Leitung, der sagt, er sei der mazedonische Außenminister, er wolle mit Joschka sprechen.« Fischer stellte auf laut, und ich höre noch die Stimme seines Kollegen, wie er um Hilfe bat, weil die Behörden der Flüchtlingsströme nicht Herr wurden, die sich durch den Matsch der Dörfer von Nordmazedonien schoben. Tatsächlich flohen 1999 Hunderttausende Kosovaren vor der Gewalt über die Grenzen in die Nachbarländer, nach Albanien mehr als 450 000, nach Mazedonien etwa 250 000, 70 000 nach Montenegro. Das war nach den Vertreibungen von 2,3 Millionen Menschen in den Jugoslawienkriegen der 1990er-Jahre die größte Flüchtlingsbewegung der Nachkriegszeit. Und ein klarer Beleg von *ethnic cleansing* – ob es den Hufeisenplan nun gab oder nicht.

Was anderes als einzugreifen hätten wir tun sollen? Wenn die UNO wegen Russland keine Entscheidung treffen kann, wenn die Generalversammlung sich (noch) nicht in der Lage sieht, sich darüber hinwegzusetzen, sollten wir dann ethnische Vertreibung und zivile Opfer zulassen? Der Hufeisenplan und die Bilder von den flüchtenden Kosovo-Albanern waren unsere Rechtfertigung für eine humanitäre Intervention, um eine Katastrophe zu verhindern.[32]

Kolonialismus? Weshalb Putin im Globalen Süden so erfolgreich ist

Die kritische Auseinandersetzung mit dem kolonialen Erbe Europas ist heute Teil einer notwendigen historischen und politischen Auseinandersetzung. Putin nutzt diesen Trend sehr geschickt aus. Indem er auf die europäischen Kolonialisten verweist und behauptet, Russland sei kein Kolonialstaat gewesen, hat er große Erfolge. Zahlreiche afrikanische Staaten haben den Ukraine-Resolutionen in der Generalversammlung nicht zugestimmt. Sie enthielten sich, weil Moskau zu Sowjetzeiten in der Tat auf der »richtigen Seite« stand, während westliche Unternehmen mit dem Apartheidregime und der Ausbeutung der schwarzen Bevölkerung jahrzehntelang gute Geschäfte machten. Der Vorwurf gegen Westeuropa ist insofern berechtigt.

Damals standen ganz offensichtlich wirtschaftliche und politische Interessen den Menschenrechten im Weg. Doch eine Heilige war die UdSSR mitnichten. Viele Völker im Westen und Süden schlossen sich ihr unfreiwillig an. Heute, da sich die europäischen Staaten mit dem Verlust ihrer Kolonien abgefunden haben, betreibt Russland in der Ukraine nach der Sezession 1991 eine Neo-Kolonialisierung. Schon fürchten sich die baltischen Völker, obwohl sie längst Mitglied der EU sind, weil Putin sich nicht mit dem Verlust ehemaliger Größe abfinden kann.

Das, immerhin, haben die Westdeutschen geschafft, die sich nach 1945 unter Schmerzen und in einem Kampf gegen die nationalen Revanchisten mit dem Verlust der sogenannten Ostgebiete und der Oder-Neiße-Grenze arrangierten. 1973 erkannten sich die beiden Teilstaaten an und traten in die UN ein. Diese Vernunft ist heute nicht überall zu haben. Martin Kimani aber hat es verstanden: »Fast jedes afrikanische Land wurde durch das Ende eines Empire geboren«, sagte der Botschafter Kenias in der UN-Generalversammlung am 21. Februar 2022, nachdem Russland die besetzten Teile der Oblaste Luhansk, Donezk, Saporischschja und Cherson annektiert hatte. »Unsere Grenzen zogen wir nicht selbst. Sie wurden in den fernen Kolonialmetropolen London, Paris und Lissabon festgelegt, ohne Rücksicht auf die alten Nationen, die sie spalteten.« Über diese Grenzen hinweg lebten heute Landsleute mit tiefen historischen, kulturellen und sprachlichen Verbindungen. »Statt (aber) Nationen zu bilden, die rückwärts in die Geschichte blicken mit einer gefährlichen Nostalgie, entschieden wir uns für den Blick nach vorn.« Dass die Nachfolgestaaten dieser zusammengebrochenen Empires viele Völker in sich tragen, die sich nach Integration mit Völkern in Nachbarstaaten sehnen, sei normal und verständlich. »Doch wir lehnten es ab, eine solche Sehnsucht mit Gewalt zu verfolgen. … Wir lehnten Irredentismus und Expansionismus ab. … Wir lehnen es auch heute ab.«[33] Lernen wir von diesem Kenianer. Grenzen zu hinterfragen öffnet die Büchse der Pandora. Putin hat es getan, der letzte Kolonialist auf dieser Erde. Dachte man.

Wenn er die Tatamimatte betritt, fühlt er sich zu Hause,
die Gemeinschaft mit Judoka ist ihm wie eine Familie. Auch Russlands
Präsident Wladimir Putin feilt sportlich an seinem Image.

»Der Frieden kann nicht gewahrt werden,
ohne den ihn bedrohenden Gefahren
mit kreativen Anstrengungen zu begegnen.«

Robert Schuman

Kapitel 3

Europas zweite Chance: Eine selbstbewusste Friedensmacht zwischen den Großen 3

Auf der ganzen Welt glauben mächtige Menschen an die Kraft des Kriegs. Auf der ganzen Welt? Nein, der EU ist es nach dem Zweiten Weltkrieg gelungen, auf militärische Gewalt zu verzichten und den Frieden nicht nur zu sichern, sondern ihn zu institutionalisieren. Kann eine Friedensmacht es schaffen, die großen und die kleinen Krieger zu zähmen? Hat Europa die Strahlkraft, mit seinen Mitteln die Zukunft als gleichwertiger Akteur neben China, USA, Russland sowie den selbstbewussten neuen Blockfreien mitzugestalten? Warum nicht mehr Europa wagen? Dann klappt's vielleicht sogar mit Big Three plus.

Es gibt erfahrene Politiker, die den alten Vorstellungen von einer Weltordnung nachhängen, der »Stabilität des Kalten Kriegs«, die doch nach einer jahrhundertelangen westlichen Dominanz immerhin noch eine berechenbare Weltordnung war. Aber nachdem das »Wunder Gorbatschow« die alte, bipolare Weltordnung aufgelöst hatte, ziehen sich jetzt die USA als letzte Supermacht zurück. Wieder erstarkende, historisch tief verwurzelte Mächte wie China, Indien, Brasilien oder Indonesien lösen bei vielen Menschen im Westen tiefes Unbehagen aus. Das neue Zeitalter konkurrierender Großmächte trägt für sie weniger die Verheißung von Gleichgewicht als den Geruch von Kontrollverlust.

Wie mutig dagegen die europäischen Bemühungen nach einer disruptiven Zeit, dem Zweiten Weltkrieg: Am 9. Mai 1950, nur fünf Jahre nach dessen Ende, machte der französische Außenminister Robert Schuman eine Idee öffentlich: Er wollte die europäische Kohle- und Stahlproduktion vergemeinschaften und damit den Sumpf austrocknen, der in der Vergangenheit die Waffen für die Kriege geliefert hatte. »Der Frieden kann nicht gewahrt werden, ohne den ihn bedrohenden Gefahren mit entsprechenden kreativen Anstrengungen zu begegnen«, sagte er. Seine Lösung war die Montanunion, die Europäische Gemeinschaft für Kohle und Stahl (EGKS), die Keimzelle der EU. Mitglieder dieser europäischen Mission, vereinbart am 18. April 1951 in Paris, waren Belgien, Frankreich, Italien, Luxemburg, die Niederlande – und das ehemalige Mitglied der Résistance, Schuman, wollte die junge Bundesrepublik Deutschland in diesen Bund aufnehmen, sechs Jahre nach dem Ende des nationalsozialistischen »Dritten Reichs«. Welch eine großzügige, großmütige, friedenstiftende Tat! Schluss mit dem grassierenden Nationalismus, Schluss mit jahrhundertealten Rivalitäten, Schluss mit all den blutigen Kriegen. Schuman legte den Grundstein für eine bis dahin einmalige Gemeinschaft unter Europas Völkern. Die europäische Einigung war daher von Beginn an keine rein wirtschaftliche Organisation, sondern sie hatte entscheidend ein politisches Motiv, nämlich nie wieder Krieg und nie wieder Diktatur.

Aber Schuman, dieser Visionär, weitete bald schon seinen Blick. 1963 schrieb er: »Wir müssen das geeinte Europa nicht nur im Interesse der freien Völker errichten, sondern auch um die Völker Osteuropas in diese Gemeinschaft aufnehmen zu können, wenn sie – befreit von den Zwängen, unter denen sie leiden – um ihren Beitritt und unsere moralische Unterstützung nachsuchen werden. Wir schulden ihnen das Vorbild des einigen, brüderlichen Europas. Jeder Schritt, den wir auf diesem Wege zurücklegen, wird für sie eine neue Chance darstellen. Sie brauchen unsere Hilfe bei der ungeheuren Aufgabe der Umstellung, die sie zu bewerkstelligen haben. Unsere Pflicht ist es, bereit zu sein.« Welch ein Vorbild! So können Staaten und Völker das Zeitalter der Gewalt überwinden. Könnte die EU Vorbild für andere Regionen der Welt sein?

Europas gutes Image: Machen wir mehr daraus!

Während die EU in den Debatten ihrer Großstädte eher schwarz als grau gezeichnet wird, Prügelknabe ist, verantwortlich für alles, was dort schlecht läuft, sieht es außerhalb Europas anders aus. Dort gilt die EU oft als eine »bedeutende Weltmacht«. Das hat eine Studie des European Council on Foreign Relations ergeben. Fast überall traut die Mehrheit der EU zu, auf Augenhöhe mit den USA und China zu verhandeln. Es seien »die Europäer selbst, die am wenigsten an die Macht Europas glauben, darunter die Briten und die Schweizer«. Viele erwarten laut den Autoren der Untersuchung (Timothy Garton Ash, Ivan Krastev, Mark Leonard), »dass der globale Einfluss der EU wachsen oder zumindest so stark bleiben wird wie heute«. Sie empfehlen allerdings: »Statt sich als moralischer Schiedsrichter über das

Verhalten aller anderen aufzuspielen, sollte Europa seine innenpolitische Stärke ausbauen und neue bilaterale Partnerschaften anstreben, um seine eigenen Werte und Interessen in einer transaktionalen Welt zu verteidigen.«[34]

Ein politisch erfahrener ägyptischer Freund, Mohammed Anwar el-Sadat, Neffe des ehemaligen ägyptischen Staatspräsidenten, wies in einer unserer Diskussionen darauf hin, dass die USA sein Land mit Milliarden Dollar unterstützten – und doch sei das amerikanische Image schlecht. Washington könne tun, was es wolle, an seinem Image werde sich nichts ändern. Deutschland dagegen sei immer noch hoch angesehen, es könne – trotz seiner Israelpolitik – tun, was es wolle, ohne dass sich dessen Image ändere. Das hat auch historische Gründe, auf die wir allerdings nicht stolz sein können. Rommel hat in der arabischen Welt einen guten Ruf, bis heute, ganz im Gegenteil zum Ruf der Franzosen und Briten, die noch immer als Kolonialmacht gelten. Die Deutschen müssen als Verlierernation des Ersten Weltkriegs dieses Erbe nicht mit sich schleppen. Dass Yoweri Museveni, Staatspräsident und Diktator von Uganda, mit dem ich während meiner Zeit im Kongo Kontakt hielt, mich – aus Stuttgart stammend – immer »kleiner Rommel« nannte, fand ich nicht witzig; er schon.

Mehr Europa wagen: Was den alten Kontinent stärker macht

Als jedoch Europas Mitte wegen des neuen US-Präsidenten in Schockstarre verfiel, schien der Bundeskanzler erwacht zu sein. Seine letzten Tage im Amt vor Augen, sagte er: »Das muss die Stunde Europas werden.« Zuvor hatte er Wochen, Monate, Jahre verstreichen lassen, in denen der Wecker vergeblich geklingelt und die Warnlampen unbemerkt geblinkt hatten. Auch im Umfeld seiner Vorgängerin, Angela Merkel, war niemand erwacht. Bloß nicht zu viel Europa, das galt ja schon zu Zeiten von Strauß und Stoiber. Was Europa betraf, stand Deutschland jahrzehntelang eher auf der Bremse.

Nicht nur Bayern, auch Berlin blieb sogar verzagt, als Europa keine Angst vor der »Macht in der Mitte« (Münkler) mehr hatte und selbst ein polnischer Politiker wie Außenminister Radosław Sikorski Deutschland schon 2011 aufforderte, eine angemessene Führungsrolle anzunehmen: »Deutsche Macht fürchte ich heute weniger als deutsche Untätigkeit.«[35] Viel war danach auch in Deutschland von Führung die Rede. Gleich drei Deutsche, Bundespräsident Joachim Gauck, Außenminister Frank-Walter Steinmeier und Verteidigungsministerin Ursula von der Leyen, erklärten auf der Münchner Sicherheitskonferenz 2014 die Bereitschaft, künftig bei internationalen Krisen eine bedeutendere Rolle zu spielen. »Europa kommt im Spiel der globalen Kräfte nicht voran«, meinte von der Leyen damals im Interview mit der Zeitschrift *Der Spiegel,* »wenn die einen sich immer dezent zurückhalten, wenn es um militärische Einsätze geht, und die anderen unabgestimmt nach vorne stürmen«. Sie plädierte für mehr internationale Verantwortung, selbstverständlich »im Rahmen unserer Bündnisse«. Gauck meinte, Deutschland müsse sich außenpolitisch »früher, entschiedener und substanzieller« einbringen, Steinmeier sagte, »Empörungsrhetorik« reiche nicht mehr, Deutschland sei zu groß, um die Weltpolitik nur von der Außenlinie zu kommentieren. Allein, es fehlten Taten.

Wie oft hat Emmanuel Macron für gemeinsame Außen- und Sicherheitspolitik (GSAP) geworben? Auf seine große Rede an der Sorbonne im Jahr 2017 antwortet die Kanzlerin nicht einmal. »Ein schwerer Fehler, ein Versäumnis«, urteilt der Ur-Europäer Elmar Brok (CDU), »dort blickte Macron mit klarem Blick in die Zukunft.«[36]

Europa sei »zu schwach, zu langsam, zu ineffizient«, sagte Macron damals, »aber allein Europa kann uns eine Handlungsfähigkeit in der Welt geben angesichts der großen Herausforderungen dieser Zeit«. Weitsichtig warb Macron für einen Europäischen Verteidigungsfonds, den es inzwischen immerhin gibt, für eine »europäische

Interventionsinitiative für die Entwicklung dieser gemeinsamen Strategiekultur«. Macron erkannte, dass Europa eigene Interessen hat und seine eigenen Strategien entwickeln muss, statt den USA zu folgen wie ein Hund dem Herrn. Sogar als die USA vollends zum unsicheren Kantonisten geworden waren, überließen Kanzlerin und Kanzler Macron das Feld. Folglich wandte sich der Franzose London zu, der zweiten Atommacht Europas, die allerdings nicht mehr Teil der EU ist, aber laut der genannten Studie ein europäisches Land bleiben will. Auch die Briten wollen sich nicht mehr auf die USA verlassen. Der gemeinsame Markt und die gemeinsame Währung haben Europa den Weg in eine wirtschaftlich und politisch erfolgreiche Zeit geebnet; in der Sicherheitspolitik fehlt es noch an der Einsicht, mehr noch an der Umsetzung, dass gemeinsames Handeln alle stärkt. Dass gemeinsame Rüstungsproduktion möglich ist, hat Euro-

Wieso sollte es nicht gehen? Dass gemeinsame Rüstungsproduktion möglich ist, hat Europa mit Airbus bewiesen. Ein Airbus A400M während des ersten feierlichen Roll-outs in Sevilla am 26. Juni 2008.

pa mit Airbus doch bewiesen. Die Europäerinnen und Europäer in politischer Funktion müssen mehr Fantasie entwickeln. Mehr Mut. Mehr Gemeinsinn. Deutschland sollte sich schnell dem Franzosen anschließen, den Stillstand rasch beenden. Vielleicht ist die Regierung Merz schon auf dem Weg.

Ein zentrales Hemmnis deutscher Außenpolitik liegt weniger in Schuldgefühl und Scham als in einer tief verankerten Unsicherheit gegenüber der eigenen Macht. Die historische Erfahrung, wie nationale Stärke einst in den Dienst des Grauens gestellt wurde, hat das Vertrauen in die eigenen guten Absichten nachhaltig erschüttert. Daraus ist eine nahezu zwanghafte Moralisierung außenpolitischer Entscheidungen erwachsen – als ob jeder Irrtum zwangsläufig Versagen bedeutete. Doch wer Verantwortung übernimmt, muss auch in Grauzonen handlungsfähig bleiben, selbst wenn nur schlechte und noch schlechteren Optionen zur Auswahl stehen. Wenn Europa auf Dauer sicher und stabil sein soll, wird Deutschland zusammen mit Frankreich nicht umhinkönnen, eine aktive Führungsrolle einzunehmen – nicht als Dominator, sondern als gestaltende Kraft im Dienst von Freiheit und Demokratie.

So fordert auch Jan Techau von der Bundesregierung, »den Deutschen die Angst vor sich selbst zu nehmen«. Der Politikwissenschaftler am Center for European Policy Analysis glaubt, dass Deutschland »sich außenpolitisch exponieren kann, ohne gleich wieder Gefahr zu laufen, falsch abzubiegen oder moralisch zu versagen«.[37]

Pflugscharen zu Waffen: Europa braucht eine gemeinsame Armee

Der Bundespräsident wies auf einen zentralen Punkt der Entwicklung von etwas mehr Größe und Selbstbewusstsein hin: »Europa braucht auch deutsche Streitkräfte, die mit modernster Ausrüstung und größerer Personalstärke glaubwürdig zur Abschreckung in Europa beitragen«, sagte er auf der 2. Westfälischen Friedenskonferenz in Münster. Dass man trotz Trump nicht das Kind mit dem Bade ausschütten solle, sagte er auch. Er halte nichts davon, »die NATO vorschnell für tot zu erklären und durch ein vages Fernziel der europäischen Armee zu ersetzen. Aber entschiedene Schritte zur gemeinsamen europäischen Verteidigung sind möglich – sind nötig, wenn wir an europäische Rüstungswirtschaft und -beschaffung denken.« Er nannte Frankreich, Polen, Großbritannien, Italien, Spanien und sagte: »Wer immer mitmacht, ist willkommen. Und wer nicht mitmachen will, soll uns jedenfalls nicht aufhalten.«[38]

Er hat recht, aber nur, wenn er die andere Seite der Medaille – eine aktive Friedenspolitik – gleichwertig mitdenkt. Frieden steht nicht auf einem Bein. Es braucht die Balance zwischen Abschreckung und Angebot. Daran fehlt es oft in der gegenwärtigen Diskussion. Eine europäische Armee wäre am besten in den NATO-Strukturen verankert. Und dann können wir zuversichtlich darauf warten, dass andere sich anschließen. Es gebietet sich ohnehin, dass Europa transatlantisch verankert bleibt, weil wir auf den Atomschirm der USA nicht verzichten können. Auch Joschka Fischer sieht in einer Abkehr Europas vom Transatlantismus und von der NATO ein politisches und wirtschaftliches »Selbstmordprogramm«. Europa würde sich dadurch in einem entscheidenden Augenblick des Übergangs von einer Weltordnung zu einer anderen von der globalen Bühne verabschieden, sich in einem neuen autoritären Zeitalter verlieren, seine Sicherheit aufs Spiel setzen und sich in Richtung eines Autoritarismus bewegen, wie er in Eurasien, in Moskau und Peking bereits heute vorherrscht. Nötig sei stattdessen eine Neugestaltung des gemeinsamen Militärbündnisses. Europa müsse konventionell aufrüsten und eine europaweite Luftabwehr aufbauen. Für Europa sieht er gleichzeitig die »einfachste (zugleich aber dennoch sehr komplizierte) Möglichkeit in der Ausdehnung des bereits existierenden nationalen Schutzes von Frankreich und Großbritannien, den beiden europäischen Nuklearmächten, auf die gesamte EU … unter Beibehaltung der nationalen Letztentscheidung«. Die EU müsse zeigen, dass sie »glaubhaft abschreckungs- und verteidigungsfähig ist und als starker europäischer Pfeiler der NATO der transatlantischen Brücke funktionieren kann«.[39]

Russland abschrecken: In Litauen stationiert Deutschland eine Panzerbrigade mit 5000 Soldatinnen und Soldaten. Für Verteidigungsminister Boris Pistorius ist die Brigade 45 (»Brigade Litauen«) ein »Leuchtturmprojekt der Zeitenwende«.

Tom Enders jedoch, der frühere CEO von Airbus und seit 2019 Präsident der Deutschen Gesellschaft für Auswärtige Politik (DGAP), plädierte in der *FAZ* vehement dafür, »dass wir uns so weit und so rasch wie möglich von amerikanischen Systemen unabhängig machen«. Selbst bei der Luftverteidigung gebe es Alternativen zur amerikanischen Patriot. Deutschland solle auch keine weiteren F-35-Kampfflugzeuge aus US-Produktion kaufen. Weil Washington jederzeit darauf zugreifen und die Maschinen abstellen könne und dürfe, sei das System »mit einer solchen so antieuropäisch gefärbten amerikanischen Regierung ein großes Risiko«. Europa solle nicht nur auf Artillerie, Panzer und Fregatten setzen, sondern in Kampfdrohnen investieren, deren Software sich beliebig skalieren lasse. Zum Schutz der NATO-Ostflanke empfiehlt er »eine Art Drohnenwall«. Mit Panzern und Truppenstärke allein könne man Putin nicht Paroli bieten. Sein Rat generell: »Buy European.«[40]

Frieden schaffen mit Waffen? Ja, aber Wettbieten erzeugt keine Strahlkraft

Europa sollte militärisch nicht mit den Großmächten konkurrieren wollen. Wir sollten uns nicht in einen Rüstungswettlauf treiben lassen, der sich an einer Prozentzahl des Bruttosozialprodukts bemisst. Schon Barack Obama war mit der Verteilung der Lasten in der NATO nicht zufrieden. Wir haben seine Ermahnungen schulterzuckend über uns ergehen lassen. Vor ihm fürchteten wir uns offenbar nicht so wie vor Trump, der fünf Prozent des Bruttosozialprodukts für Aufrüstung verlangt, Hunderte von Milliarden Euro. Plötzlich können die Ausgaben für Rüstung gar nicht hoch genug ausfallen.

Um nicht missverstanden zu werden: Ich bin davon überzeugt, dass militärische Hilfe für die Ukraine nötig und gerecht ist und dass die Staaten Europas auch ihre eigene Verteidigungsfähigkeit stärken müssen. Wir haben dies in den vergangenen Jahrzehnten in der Überzeugung vernachlässigt, dass es in Europa keine Kriege mehr geben werde. Das hat sich als Irrtum erwiesen. Die Logik, Militärausgaben an einer Prozentzahl des Bruttosozialproduktes zu messen, hat sich mir allerdings nie erschlossen. Sollten wir, bevor wir uns wie bei einer Auktion überbieten, nicht zuerst definieren, was wir militärisch brauchen? Wo ist die Fähigkeitslücke? Wie kann sie – europäisch – koordiniert und behoben werden? Sind Drohnen eine Alternative oder Ergänzung? Militärs und Politik müssen entscheiden, was die Bundeswehr braucht. Ob es dann drei, vier oder fünf Prozent sind, ist sekundär. Was unabdingbar ist, muss finanziert werden und kann nicht von der Wirtschaftsleistung abhängen. Die Bedrohung wächst und schrumpft doch nicht mit unserer ökonomischen Leistung. Außerdem erscheint mir diese Prozentzahl wie eine Verharmlosung. Drei, vier oder fünf Prozent, das klingt ja nicht viel. Wenn wir aber fünf Prozent der Wirtschaftsleistung (4300 Milliarden Euro) für Rüstung und militärische Infrastruktur ausgeben sollen, 215 Milliarden Euro, dann gehen 45 Prozent des Bundeshaushalts in die Rüstung. Dieselbe Verniedlichung findet statt, wenn ein gesonderter Etat von 100 Milliarden Euro als »Sondervermögen« bezeichnet wird, was doch in Wahrheit Sonderschulden sind.

Bei allem Verständnis für Aufrüstung und Bundeswehr bleibt doch wahr: Investitionen in Militärprodukte sind im Grundsatz eine Fehlallokation von Ressourcen. 2024 gaben die Staaten laut dem Stockholmer Institut für Internationale Friedensforschung (SIPRI) weltweit 2400 Milliarden Euro für Waffen aus. Das entspricht der Hälfte aller Bildungsausgaben. Stellen wir uns vor, das Geld stünde im Globalen Süden zur Verfügung, um alle Kinder kostenlos in gute Schulen zu schicken, ihnen ein Mittagessen zu spendieren und ein gebührenfreies Studium zu ermöglichen – Investitionen in Köpfe statt in Waffen. Noch ein Vergleich: Die Organisation, die für den Frieden zuständig ist, die UN, kann für Verwaltung, Friedenssicherung und politische Missionen insgesamt knapp zehn Milliarden Dollar ausgeben. Das sind 0,37 Prozent der Ausgaben für Rüstung.

Oder der Jahreshaushalt von Hamburg. Dass die Welt Milliarden in Rüstung investiert, uns aber nur Brosamen für den Frieden überlässt – dieser bittere Widerspruch hat mich immer wieder empört.

Viele meiner Generation demonstrierten 1983 auf der Hofgartenwiese in Bonn gegen den Nachrüstungsbeschluss; so auch ich, mit Frau und der Erstgeborenen im Kinderwagen. Ich weiß nicht, ob ich das heute wiederholen würde, denn Helmut Schmidt hatte den Beschluss zumindest mit einem Angebot an Russland verknüpft, nämlich dem von Abrüstungsverhandlungen. Natürlich müssen wir wehrhaft sein, aber wir dürfen andere Bedürfnisse nicht vernachlässigen. Gerade die Grünen müssten doch wissen, dass Waffen keine Fehler der Vergangenheit heilen und nicht nur abschrecken, sondern Tod und Zerstörung bringen. Umso mehr, wenn deutsche Unternehmen Waffen nicht für die Verteidigung des eigenen Landes und der NATO herstellen, sondern allerlei Kriegswerkzeuge exportieren. Und das auch noch in Staaten, die schwer gegen das humanitäre Völkerrecht verstoßen oder die Menschenrechte mit Füßen treten.

Parallel zu unserer Aufrüstung, die leider notwendig ist, muss Europa zu einem aktiven Akteur von globalem Abrüstungsdialog werden. Was früher möglich war, ist heute zwingend. Aufrüstung allein ist Ausdruck von Hilflosigkeit. Hier sehe ich außer Lippenbekenntnissen keine Initiativen.

Bündnis der Willigen: Wer könnte sich Kerneuropa anschließen?

Es ist richtig, dass die EU ohne Militär ein politischer Papiertiger bleibt; ohne politisches Gleichgewicht jedoch kippt jede militärische Stärke. Die Diskussion darf also nicht ausschließlich militärisch geführt werden. Eine stärkere gemeinsame Verteidigung allein macht die EU nicht schlagkräftiger. Die EU muss sich auch politisch als supranationale Organisation weiterentwickeln. Darüber wird schon lange gesprochen: dass die EU in der Sicherheits- und Außenpolitik mehr Gemeinsamkeit wagen muss; dass die europäischen Staaten ihre Waffensysteme harmonisieren müssen, dass die EU sich vor weiteren Beitritten konsolidieren und in den Bereichen, wo es noch das Einstimmigkeitsprinzip gibt, davon verabschieden muss, weil es bremst. Und warum nicht noch einmal darüber nachdenken, wie die EU sich doch noch enger zusammenschließen könnte, wie sich engstirnige, nationalistische, fremdenfeindliche Kleinstaaterei überwinden ließe.

Europa hat Fähigkeiten, die andere Staaten momentan hintanstellen, die USA und Russland allemal: Diplomatie, Staatskunst, Soft Power. Diese *skills* können Waffenarsenale ergänzen oder gar ersetzen, wenn sie gebündelt eingesetzt werden. Wenn alle in ein größeres Schiff einsteigen statt in kleine Boote, dann navigieren sie gemeinsam in die Zukunft. Das Schiff sollte nicht auf jene warten, die sich in den kleinen Booten wohler fühlen.

Joschka Fischers Vorschläge in seiner Humboldt-Rede aus dem Jahr 2000 sind bis heute wertvoll. Ältere Vorschläge von Karl Lamers und Wolfgang Schäuble aufgreifend, plädierte er für ein »Kerneuropa«, das allerdings ein »für alle offener Integrationsmagnet« sein solle. Denn Europa werde bald unweigerlich vor der Alternative stehen: »Springt eine Mehrheit der Mitgliedstaaten in die volle Integration und einigt sich auf einen europäischen Verfassungsvertrag zur Gründung einer Europäischen Föderation?« Alternativ könnte auch eine kleinere Gruppe von Mitgliedstaaten als Avantgarde vorausgehen, meinte er, »ein Gravitationszentrum aus einigen Staaten bilden, die aus tiefer europäischer Überzeugung heraus bereit und in der Lage sind, mit der politischen Integration voranzuschreiten«. Zu den vielen Gebieten, auf denen das möglich sei, gehöre natürlich auch Außen- und Sicherheitspolitik. »Ein solches Gravitationszentrum müsste die Avantgarde, die Lokomotive für die Vollendung der politischen Integration sein und bereits alle Elemente der späteren Föderation umfassen.«[41]

Die Humboldt-Rede von Joschka Fischer war Ergebnis zahlloser Besprechungen zwischen Europaabteilung des Auswärtigen Amts und dem Ministerbüro. Dort hatte Helga Schmid die Federführung, die sehr kompetente spätere langjährige Generalsekretärin des Europäischen Auswärtigen Dienstes und OSZE-Generalsekretärin, der Annalena Baerbock 2024 die Kandidatur als Präsidentin der UN-Generalversammlung entwand. Entwürfe wurden geschrieben, verworfen, neu gedacht. Fischer las, redigierte, formulierte um – immer wieder. Das Thema lag ihm spürbar am Herzen: Europa nicht nur verwalten, sondern gestalten. Er war getrieben von der Idee, in einem historischen Moment das europäische Projekt weiterzudenken – mutiger, politischer, föderaler. Die Rede war ein Bekenntnis. Wie bedauerlich, dass Baerbock als grüne Außenministerin nicht in seine Fußstapfen getreten ist.

Jetzt, fünf Jahre nach dem Brexit, kommt es mehr denn je auf die Deutschen an. Aber statt die Architekten und Brückenbauer Europas zu stärken, beschäftigen wir uns zu viel mit denen, die sie sabotieren. Wie lange wollen wir auf das Vernünftige und die Unvernünftigen warten? Wenn nicht alle EU-Staaten mehr EU wagen wollen, dann sollten die Freunde einer immer engeren EU trotzdem mutig voranschreiten und alle anderen einladen, ebenfalls aufs Schiff zu steigen. Wir sollten uns von der Frage trennen, wer möglicherweise nicht mitfährt. Es sind nicht nur die Kickls, Orbáns und Ficos, die der EU Stöcke zwischen die Speichen stecken. Das Problem waren bisher die Verzagten, auch Merkel und Scholz in Deutschland, die den Mutigen und Visionären im Weg stehen, den Macrons, weil sie zwar von Zeitenwende reden, aber die Zeiten nicht wenden. Fischer warnt: »Wenn der alte Kontinent die gegenwärtige Transformation zu einer eigenständigen europäischen Macht nicht schafft, wird es keine zweite Chance geben.«[42]

Eine Zwischenbilanz

Wir sehen: Europa hat Chancen, weil es sich von den mächtigen Drei unterscheidet. Will die Friedensmacht die Optionen einbringen und Einfluss auf die Zukunft nehmen, sind Reformen nötig. Europa braucht eine schlagkräftige, stärker gemeinsam agierende Armee. Da stimmen alle zu. Aber die Taten folgen in sehr bedächtigem Tempo. Es bedarf energischer, mutiger Schritte, wir sollten mehr Europa wagen. Schuman hat den Weg gewiesen: Frieden ist möglich. Die EU kann Vorbild sein – wenn sie sich nicht weiter auf ihren Lorbeeren ausruht oder gar in neue Nationalismen zurückfällt.

Höchste Zeit für Selbstbewusstsein. 450 Millionen Europäerinnen und Europäer müssen sich nicht vor China verstecken, dessen Bevölkerung zwar dreifach an der Zahl ist, aber überaltert, dessen Wirtschaft nicht größer ist als die europäische und stagniert und dessen Jugend mit Arbeitslosigkeit zu kämpfen hat. Wo gibt es positive diplomatische Ansätze? Wieso kommt niemand – weder in Europa noch in der UNO – auf die Idee, Vertreter aus Taiwan und China einzuladen? Vielleicht sagt Peking Nein, aber dann wissen wir wenigstens, dass Xi kein Interesse an Dialog hat – und sich in die Internationale der Irrationalen einreiht.

Russland mag die größte Landfläche haben, die Wirtschaftskraft reicht aber kaum an die Italiens heran. Ein Land, dem die Intellektuellen und die Start-up-Szene nach Georgien oder Europa weglaufen, erscheint wenig zukunftsfähig. Und eine Armee, die auf nordkoreanische Soldaten zurückgreifen muss, weil sie nicht genügend eigene Rekruten mobilisieren kann oder will, erscheint begrenzt kriegsfähig. Das Einzige, was Putin Stärke verleiht, sind mehr als 5000 atomare Sprengköpfe.

In den USA schließlich leben 340 Millionen Menschen. Wieso sind wir so kleinmütig? Wo ist unser Selbstbewusstsein? Wo ist die europäische Gegenstrategie zu MAGA? Unsere Wirtschaftsmacht von 450 Millionen ist Anlass für Selbstbewusstsein, um Trumps Amerika zu kontern – und gleichzeitig die Hand ausgestreckt zu lassen. Trumps Wüten könnte für Europa gar zu einer Chance werden, weil wir nicht an Ansehen verlieren, wenn wir prüfen, wie weit wir selbstständig werden wollen und können. Wir haben es jetzt mit einer Welt zu tun, die gefährlicher wird und unendlich viel teurer. Wenn Europa sich nicht von stärkeren Mächten herumschubsen lassen will, muss es sich den neuen Spielregeln der Weltbühne anpassen. Für einen Sonderweg fehlt Europa die Kraft.

Gleichzeitig aber hätte die EU etwas zu bieten, was andere nicht haben oder gerade aufgeben: Die EU sollte jetzt eine eigene Mediationseinheit aufbauen, um die wachsende Lücke zu schließen, die durch die Entlassung zahlreicher Vermittlungsexperten bei der UNO entsteht. Anstatt dieses wertvolle Wissen und Personal zu verlieren oder anderen Mächten zu überlassen, kann Europa erfahrene Mediatorinnen und Mediatoren an sich binden. China hat bereits eine eigene Mediationseinheit etabliert. Die EU sollte es nicht versäumen, Europas Stimme als ehrlicher Makler in internationalen Konflikten zu festigen. Das wäre ein praktischer Beitrag zu einer wirksameren, zivil orientierten europäischen Außenpolitik.

Im August 2025 wagte es Friedrich Merz, Donald Trump im Weißen Haus vor laufenden Kameras zu widersprechen. Bevor es zu einem weiteren Gipfeltreffen mit Putin kommen könne, sei ein Waffenstillstand unabdingbar. Trump stutzte, aber Emmanuel Macron und Keir Stamer sprangen dem Bundeskanzler bei. »Und siehe: der Himmel stürzte nicht ein«, kommentierte Jörg Lau in der Wochenzeitung *Die Zeit*.[43]

Sein Schluss ist auch meiner: »Es steht nirgends geschrieben, dass die Europäer sich in der Welt neuer Großmachtrivalitäten nicht behaupten können. Wenn sie zusammenhalten, können sie es. Nun reden sie wieder mit …«

»Alle Menschen sind frei und gleich
an Würde und Rechten geboren.
Sie sind mit Vernunft und Gewissen begabt
und sollen einander
im Geist der Brüderlichkeit begegnen.«

Allgemeine Erklärung der Menschenrechte, 1948

Kapitel 4

Die Vereinten Nationen: Leuchtturm der Welt mit flackerndem Licht

»Wir, die Völker der Vereinten Nationen«, so steht es in der Präambel der vor 80 Jahren gegründeten UN, sind »fest entschlossen, künftige Geschlechter vor der Geißel des Kriegs zu bewahren, die zweimal zu unseren Lebzeiten unsagbares Leid über die Menschheit gebracht hat«. Das ist manchmal gelungen, aber oft auch nicht. Und doch: Gäbe es die UN nicht, man müsste sie erfinden. Nötig erscheinen allerdings eine Reform und ein Generalsekretär mit Mut und Tatkraft. Kann eine Frau der Organisation Beine machen?

Für Ajatollah al-Sistani in der heiligen Stadt Nadschaf gab es nur einen Gesprächskanal mit der Welt außerhalb Iraks: den Vertreter der UNO. Er ist der oberste schiitische Kleriker im Irak. Als die Sunniten mit Saddam Hussein an der Spitze in Bagdad regierten, hatte er meist Hausarrest. Ali al-Sistani, 1930 geboren, ist einer der größten Gelehrten seines Landes. Er empfängt in einem schlichten Haus in der Nähe der goldenen Imam-Ali-Moschee, die zu den wichtigsten schiitischen Heiligtümern und Pilgerstätten zählt und in der sich der Schrein des Imam Ali bin Abi Talib befindet, Schwiegersohn des Propheten Mohammed. Sistani empfängt keine Ausländer, keine ausländischen Botschafter. Der Großajatollah, für Schiiten eine »Quelle der Nachahmung«, von denen es derzeit nur 20 gibt, redet allerdings mit den Vertretern der UNO; weder Nationalität noch Geschlecht spielen eine Rolle. Von August 2011 bis Mai 2013 war ich für Sistani der UN-Sonderbeauftragte für den Irak und Leiter der Unterstützungsmission der Vereinten Nationen im Irak – und damit Ansprechpartner oder Tor zur Welt.

A German in New York: Zu den Aufgaben eines UN-Missionsleiters gehört es auch, dem UN-Sicherheitsrat regelmäßig Bericht zu erstatten; im Bild Martin Kobler, SRSG für Libyen.

SONDERBEAUFTRAGTE DES UN-GENERALSEKRETÄRS

Sonderbeauftragte des UN-Generalsekretärs (Special Representatives of the Secretary-General, SRSG) sind die Leiterinnen und Leiter von Friedensmissionen. Es gibt rund 30 weltweit. Sie führen den Titel Botschafter und vertreten den Generalsekretär im Gastland. Sie sollen alle Aktivitäten der Vereinten Nationen bündeln und führen das UN-Team im Einsatzgebiet. Sie sprechen und verhandeln im Namen der UNO mit allen Konfliktparteien über Friedensverträge und Waffenstillstandsabkommen, kontrollieren und koordinieren den Friedensprozess.
Nicht zu verwechseln sind SRSG mit den Sondergesandten des Generalsekretärs (Special Envoys of the Secretary-General, SESG), ernannt für spezifische Aufgaben, die sich beispielsweise mit Völkermord, sexueller Gewalt oder Kindern in bewaffneten Konflikten beschäftigen.

Im Zusammenhang mit dem Regime in Iran sprechen Politiker und Journalisten oft abwertend vom »Mullah-Regime«; das ist unangemessen. Ein »Mullah« ist im Islam ein religiöser Rechtsgelehrter – geachtet, nicht verachtet. In Nadschaf traf ich einen sehr respektablen, ja weisen muslimischen Geistlichen. Sistani lebt bescheiden, sitzt mit seinen Gästen im Schneidersitz oder knieend auf Kissen rund um einen Teppich, man trinkt Tee und hängt an seinen Lippen. Manchmal gibt er Ratschläge. Ich habe mich immer danach gerichtet. Ajatollah Sistani zeigt mit der Sonderstellung, die er der UNO einräumt, welche Autorität die UNO haben könnte, wenn sie denn wollte.

Auch für mich sind die Vereinten Nationen weit mehr als ein Logo in Blau – sie sind der Herzschlag einer Welt, die ohne Dialog schlicht zerfällt. Einen wichtigen Teil meines Berufslebens habe ich in ihren Friedensmissionen verbracht, Schulter an Schulter mit

Menschen, deren Idealismus und Mut mich geprägt haben. Gerade deshalb schmerzt es mich, den langsamen Abrieb jener Werte zu erleben, die uns einst zusammenhielten. Wer heute an den Grundpfeilern der UNO sägt, gefährdet nicht irgendeine Institution, sondern das letzte gemeinsame Dach über unseren Köpfen.

Die UNO verfügt meist nur über die Kraft des Wortes, über die moralische Autorität, die sie ausstrahlt. Das habe ich oft gespürt, jenseits aller berechtigten oder unberechtigten Kritik. Oft ist nur die UNO in der Lage – dank ihrer *convening power,* also ihrer Fähigkeit und Autorität –, zwei verfeindete Staaten freiwillig an einen Tisch zu bringen. Sie ist eine ungewöhnliche Organisation mit einem ungewöhnlichen Vertrauensvorschuss. Regionalorganisationen wie die Afrikanische Union (AU) arbeiten ähnlich, haben aber ihre eigenen Mandate. Nationalstaaten verfolgen ihre eigenen Interessen. Die UNO ist die einzige universelle Organisation, sie vertritt die Werte, die in der UN-Charta stehen. Zu diesem Dokument haben sich alle 193 Mitglieder bekannt. Es ist unser aller Richtschnur, die schriftliche Übereinkunft der Werte, welche die ganze Menschheit teilt.

Es war in Kabul, als mir bewusst wurde, wie sehr mich diese Organisation beeindruckt und prägt. Ich hatte meist Schwierigkeiten mit nationalen, staatlichen Symbolen. Bei einer Flaggenparade der Bundeswehr ist die Fahne zu grüßen. Als ich mich während meiner Zeit bei der Bundeswehr weigerte, die Flagge zu grüßen, war eine Geldstrafe die Quittung. In Afghanistan aber empfand ich erstmals so etwas wie Stolz auf eine Fahne. Eines Samstags schlich ich mich aus unserem Wohnbereich – für ein Selfie vor der Flagge der UNO. Muss ich es selbst deuten? Wie ich damals stoßen auch heute Heerscharen von dynamischen jungen Zivilistinnen und Zivilisten, Weltverbesserern und Idealistinnen mit manchmal unausgegorenen Ideen zur UNO: *to make the world a better place.* Das Wort Work-Life-Balance habe ich im Feld selten gehört.

Die UNO stand trotzdem immer in der Kritik. Manchmal zu

Recht. Oft aber diente sie als bequemer Sündenbock für das eigene politische Versagen – nach dem Motto: Die UNO hat nichts getan. Inzwischen hat die Kritik eine neue Qualität erreicht. Der Multilateralismus wird bewusst angegriffen. Das frustriert vor allem diejenigen, die für diese Idee brennen. Sparzwänge strangulieren ganze Missionen. Es gibt ein Führungsversagen auf allen Ebenen bis in die Spitze. Schlimmer noch: Die systematische Aushöhlung der Kompetenzen, das schleichende Auseinanderfallen multilateraler Solidarität rauben der Organisation ihre Kraft. Junge Kolleginnen und Kollegen, die einst mit Überzeugung für die Weltorganisation eingetreten sind, wenden sich enttäuscht ab. Nicht weil sie an die Idee nicht mehr glauben – sondern weil sie erleben müssen, dass diese Idee politisch nicht mehr gewollt ist.

Die UNO ist inzwischen 80 Jahre alt und erlebt gerade ihre fünfte Phase: Nach der Gründung 1945 musste sie eine fragile Nachkriegsordnung stabilisieren und die Lehren des Zweiten Weltkriegs in eine verbindliche Struktur gießen. Sie wuchs, als die Kolonien sich befreiten und sie sich dem Rassismus entgegenstellte; ihre dritte und beste Phase hatte sie in der Zeit der Neuordnung der Welt nach dem Zusammenbruch der Sowjetunion in den 1990er-Jahren und dem Peacekeeping-Boom der Jahrtausendwende. 9/11 im Jahr 2001 und der völkerrechtswidrige Alleingang der USA im Irak läuteten – viertens – den Bedeutungs- und Glaubwürdigkeitsverlust der UNO ein. Inzwischen sieht sich die UNO als wichtiges Element der Staatenordnung einem Weltenbeben ausgesetzt, dessen zentrale Auslöser die Politik eines Triumvirats mächtiger Männer ist: Putin, Trump, Xi. Immer häufiger stellen mächtige Staaten ihre Interessen über die viel beschworene regelbasierte internationale Ordnung. Wenn sie deren Prinzipien und Normen schleifen, rauben sie der UNO die Macht.

Zum 50. Jahrestag des Beitritts der deutschen Staaten zur UNO beklagte Annalena Baerbock, dass die »Grundprinzipien der Vereinten Nationen ausgehöhlt werden«; gleichzeitig freute sie sich, dass immer mehr Staaten mit unterschiedlichen Ansichten die internationale Ordnung mitgestalten wollten. »Dass ihre Stimmen stärker gehört werden, ist überfällig.« Die regelbasierte Ordnung sei keine »westliche Ideologie«, schrieb sie; alle Staaten und Menschen hätten in ihr gleiche Rechte. »Für uns Deutsche sind diese Grundsätze auch eine Lehre aus dem Zweiten Weltkrieg und den Gräueltaten, die das nationalsozialistische Deutschland seinen Nachbarn angetan hat.«[44]

Die regelbasierte Ordnung steht allerdings seit spätestens 2020 weltweit in der Diskussion. Die deutsche Liebe dazu sei »nicht frei von Heuchelei«, meint Jörg Lau. Ein außenpolitisches Ziel werde »moralisch verbrämt, das zunächst einmal schlicht den begrenzten Machtmitteln einer Mittelmacht entspricht: Regeln als Instrument, um andere Akteure im eigenen Interesse zu Wohlverhalten zu zwingen«. Wenn aber dieses Interesse versteckt werde und man sich selber nicht an die Regeln halte, löse das »bei Partnern einen Widerwillen aus, den Berlin offenbar immer noch unterschätzt. Die Stilisierung Deutschlands zum Champion der regelbasierten Ordnung strahlt eine schwer erträgliche Selbstgerechtigkeit aus.« Mit Hinweis auf die vielen EU-Vertragsverletzungsverfahren gegen Deutschland mahnt Lau: »Nichts also gegen den Kampf für die regelbasierte Ordnung! Aber er sollte vielleicht mit einem tiefen Blick in den Spiegel beginnen.«[45]

Auch ich bin enttäuscht – ja auch verärgert –, dass die einst mächtige UNO nicht mehr in der Lage ist, ihrer zentralen Aufgabe der Konfliktprävention nachzukommen. Ich bin enttäuscht, dass sie vor dem Krieg in der Ukraine nicht viel mehr als Lippenbekenntnisse in Richtung Putin zustande brachte. Ich bin enttäuscht, dass die Organisation aus unerfindlichen Gründen ihre Mittel nicht ausschöpft. Ich bin enttäuscht, dass der jahrelange Ruf nach einer Reform des Sicherheitsrats der Taubheit der großen Nationen zum Opfer gefallen ist. Besonders enttäuscht bin ich, dass die UNO in diesem Weltenbeben nicht über eine Führung verfügt, die aktiv, präventiv, mutig am Steuer dieser Weltorganisation steht.

Die Welttruppe für den Frieden: Wie es begann

Das Völkerrecht war meist das Recht der stärkeren Völker, das Recht der Spanier, Holländer und anderen Konquistadoren, sich Land anzueignen, was seit dem 16. Jahrhundert unzählige Gottesdiener und Philosophen apologetisch für gut und gottgefällig erklärten. Von Gleichheit der Völker keine Spur, wie der britische Historiker Perry Anderson schreibt.[46] Das Land, das die spanischen Eroberer beanspruchten, war doch unbewohnt, oder nicht? Hatte nicht der Papst es der spanischen Krone zugesprochen? Und mussten die Christen die Heiden – es waren also doch Menschen da! – nicht bekehren? Die *native americans* durften sogar mit Waffengewalt gezwungen werden. Alles rechtens. Menschenrechte für die Ureinwohner? Diese Männer und Frauen verstanden es doch nicht einmal, den Boden fachgerecht zu nutzen, argumentierte John Locke, der Vater des Liberalismus; und so wenige waren es doch, man musste sie ja nicht vertreiben, aber etwas enger zusammendrängen konnte man sie doch, meinte Thomas Hobbes, der Theoretiker des Staates. Gleichberechtigung der Menschen und souveränen Staaten? Das lag Hobbes fern. Der Wiener Kongress von 1814/15 begründete sogar »eine offizielle Hierarchie innerhalb Europas«, berichtet Anderson. »Die Delegierten definierten England, Russland, Österreich, Preußen und Frankreich als Großmächte mit gewissen Privilegien.«

Auch der nach dem Ersten Weltkrieg gegründete Völkerbund änderte an dieser Hierarchie grundsätzlich nichts, nur dass die USA der Monroe-Doktrin entsprechend die Vormacht über ganz Amerika beanspruchen durften – zur »Erhaltung des Friedens«; trotz dieses Zugeständnisses verweigerte der US-Senat seine Zustimmung. Und weil im Völkerbundrat die Siegermächte das Wort führten, zog sich halb Südamerika aus der »Genfer Liga« zurück.

Der Völkerbund war von Beginn an ein zahnloser Tiger. Obwohl er als Lehre aus dem Ersten Weltkrieg gegründet wurde und den Anspruch hatte, eine neue Ära kollektiver Sicherheit einzuläuten, fehlten ihm die Mittel und die Macht, seine Ziele durchzusetzen. Der Umstand, dass die USA – die eigentliche Architektin der Idee – dem Bund nie beitraten, schwächte seine Autorität empfindlich. Noch schwerer wog das Prinzip der Einstimmigkeit im Völkerbundrat, was jede entschlossene Handlung blockierte und nationale Egoismen über kollektives Handeln stellte. Der Bund verfügte weder über eigene Streitkräfte noch über wirksame Durchsetzungsmechanismen. Sanktionen ergingen halbherzig, symbolisch oder gar folgenlos. In zentralen Konflikten der 1930er-Jahre – der japanischen Besetzung der Mandschurei, dem italienischen Überfall auf Äthiopien, dem deutschen Aufrüsten und der Annexion Österreichs – versagte der Bund auf ganzer Linie. Er blieb Beobachter, wo entschlossenes Handeln gefragt gewesen wäre. Viele seiner Mitgliedstaaten verfolgten nationale Interessen, statt sich dem Geist kollektiver Verantwortung zu verpflichten. So wurde der Völkerbund zu einer moralischen Appellinstanz ohne praktischen Einfluss – und scheiterte letztlich daran, dass ihm die Großmächte weder Vertrauen noch Instrumente gaben. Déjà-vu?

Solche Fehler und Mängel sollten beseitigt werden, schon während des Zweiten Weltkriegs schufen US-Präsident Franklin D. Roosevelt und der britische Premier Winston Churchill – auch die Sowjetunion war in die Pläne eingebunden – Entwürfe für eine Charta der Vereinten Nationen. Als sich am 25. April die Gesandten von 51 Staaten in San Francisco trafen, wollten sie in den folgenden neun Wochen die Grundlagen für eine friedliche Zukunft schaffen.

Aus dem Weißen Haus schickte US-Präsident Harry S. Truman um halb acht Uhr abends eine Radiobotschaft an die Delegierten: »Ich appelliere dringend an Sie alle, sich über persönliche Interessen zu erheben und an jenen erhabenen Prinzipien festzuhalten, die der gesamten Menschheit zugutekommen.« Alle Anwesenden sollten »Architekten einer besseren Welt« werden. Ihre einzige Aufgabe sei es, eine Charta zu schreiben, die Frieden nicht nur möglich macht, sondern gewiss. »Wenn wir nicht im Krieg sterben wollen, müssen wir lernen, in Frieden zu leben«, sagte er. »In Ihren Händen liegt unsere Zukunft.«[47] Viel Hoffnung allenthalben. Churchill sah es als Aufgabe der Versammlung, eine Weltordnung zu schaffen, »die die Tyrannei auf ewig ausschließt«. Charles de Gaulle legte Wert darauf, dass Frankreich als Großmacht einen Platz im Sicherheitsrat erhält. »Frankreich mag aus dem Krieg geschwächt hervorgegangen sein«, sagte er, »aber es wird nicht zulassen, in den Schatten der anderen Großmächte zu treten.« Stalin bestand darauf, dass die Großmächte die UNO gemeinsam kontrollierten: »Ohne ein Vetorecht im Sicherheitsrat wird es keinen Frieden geben.« Er legte Wert auf Einstimmigkeit – und konnte gegen eine befürchtete westliche Übermacht die Sowjetrepubliken Ukraine und Belarus als eigenständige Mitglieder der UN durchsetzen – ein interessanter Aspekt mit Blick auf Putins heutige Bemühungen, die Ukraine ins russische Reich zurückzuholen. Auch Chinas Außenminister T. V. Soong stellte Ansprüche: »Wir fordern, dass Asien eine starke Stimme in dieser neuen Ordnung hat.« So entstand die Gruppe der bevorrechtigten Weltpolizisten, der fünf Staaten mit Vetorecht im Sicherheitsrat.

Nicht alle waren zufrieden. Der uruguayische Delegierte Enrique Rodríguez Fabregat erhob sich und sprach mit klarer Stimme: »Wir, die kleineren Nationen, müssen darauf bestehen, dass dieses neue System nicht einfach eine Bühne für die großen Mächte bleibt. Wir verlangen echte Mitsprache – nicht nur in Worten, sondern in der Praxis.«[48] Einige Delegierte nickten, aber die Machtverhältnisse in der

SICHERHEITSRAT DER VEREINTEN NATIONEN

Der Sicherheitsrat der Vereinten Nationen (UNSC) wurde 1965 von zu Anfang 11 auf heute 15 Mitglieder erweitert, fünf ständigen (P5) und zehn nichtständigen. Letztere werden für jeweils zwei Jahre von der UN-Generalversammlung gewählt. Afrika stehen drei Plätze zu, Asien-Pazifik, Lateinamerika und Karibik sowie Westeuropa und anderen Staaten je zwei, Osteuropa ein Sitz. Jedes Jahr werden fünf nichtständige Mitglieder ausgetauscht. Jedes Mitglied des Sicherheitsrats hat eine Stimme. Beschlüsse benötigen die Zustimmung von neun Mitgliedern, darunter aller ständigen (Ausnahme: Verfahrensfragen). Die P5 verfügen über ein Vetorecht, ein Nein verhindert einen Beschluss.

UNO waren zu diesem Zeitpunkt bereits festgelegt. Am 24. Oktober 1945 stimmten 50 Staaten der Charta der Vereinten Nationen zu.[49]

Im Zusammenhang mit der UN-Charta von 1945 beschloss die Generalversammlung am 9. Dezember 1945 die »Konvention zur Verhütung und Bestrafung von Völkermord«, ein entscheidender Schritt zur Konkretisierung des in der Charta verankerten Schutzauftrags der internationalen Gemeinschaft. Sie übersetzt die in Artikel 1 Absatz 3 der Charta formulierte Zielsetzung – nämlich die Förderung und Achtung der Menschenrechte und Grundfreiheiten – in verbindliches Völkerrecht. Sie wurde maßgeblich initiiert durch den polnisch-jüdischen Juristen Raphael Lemkin, der den Begriff *Genozid* prägte und bereits während des Zweiten Weltkriegs auf die Notwendigkeit aufmerksam machte, Völkermord als eigenständiges internationales Verbrechen zu definieren. Die Konvention definiert in präziser Weise, was unter Völkermord zu verstehen ist, und verpflichtet die Vertragsstaaten ausdrücklich, ein solches Verbrechen zu verhindern und zu bestrafen.[50] Die Konvention ist zugleich eine direkte Antwort auf die Verbrechen der Schoa und steht im normativen Geist der Nürnberger Prozesse wie auch der Gründungsidee der UN: Nie wieder sollte ein solches Verbrechen ungesühnt und ungehindert geschehen dürfen. Angesichts der aktuellen Diskussionen um Vorwürfe des Völkermords im Krieg in Gaza zeigt sich die bleibende Brisanz und Relevanz der Völkermordkonvention: Sie ist nicht nur ein historisches Dokument aus dem Schatten des Holocaust, sondern ein lebendiger Maßstab, an dem sich auch heutiges staatliches Handeln völkerrechtlich messen lassen muss.

VÖLKERRECHT

Das Völkerrecht stützt sich auf drei Hauptquellen:

Völkergewohnheitsrecht: Entsteht aus einer allgemeinen, dauerhaften Staatenpraxis, die aus Überzeugung befolgt wird *(opinio juris)*. Beispiele sind die diplomatische Immunität oder das Gewaltverbot. Viele Grundlagen des modernen Völkerrechts basieren bis heute auf Gewohnheitsrecht, vor allem dort, wo keine Verträge existieren.

Völkervertragsrecht: Abkommen zwischen Staaten, Beispiele sind die UN-Charta oder die Genfer Konventionen. Sie gelten nur für Staaten, die sie ratifiziert haben. Ein Staat, der einen Vertrag unterzeichnet, erklärt damit seine grundsätzliche Zustimmung zu Inhalt und Ziel und verpflichtet sich, nichts zu unternehmen, was Zweck und Ziel des Vertrags vereiteln könnte. Erst mit der Ratifizierung (meist Zustimmung des Parlaments) wird der Vertrag völkerrechtlich verbindlich. Viele Regeln des Völkergewohnheitsrechts werden später in Verträge übernommen. Man spricht dann von kodifiziertem Völkergewohnheitsrecht.

Allgemeine Rechtsgrundsätze: Übergreifende Prinzipien, die aus den Rechtssystemen vieler Staaten abgeleitet werden, etwa das Verbot willkürlicher Gewalt oder das Recht auf ein faires Verfahren.

Die Allgemeine Erklärung der Menschenrechte wurde einen Tag später, am 10. Dezember 1948, von der Generalversammlung verabschiedet.[51] Sie ist rechtlich nicht bindend, aber eine starke politische und moralische Selbstverpflichtung der Staatengemeinschaft. Sie ist der erste globale Versuch, universelle Rechte für alle Menschen zu formulieren – unabhängig von Herkunft, Geschlecht, Religion oder politischer Überzeugung. Auch wenn sie formal nicht einklagbar ist, hat sie über die Jahrzehnte eine erhebliche normative Kraft entfaltet: Sie wurde zur Richtschnur für nationale Verfassungen, für internationale – bindende – Verträge wie die UN-Menschenrechtspakte von 1966 sowie weitere Konventionen wie die gegen Folter, gegen Rassismus und für Frauen- und Kinderrechte und prägt bis heute die Rechtsprechung und das Selbstverständnis internationaler Organisationen.

Allerdings beruhen die Werte der Menschenrechtserklärung stark auf liberalen, individualrechtlich geprägten Prinzipien westlicher Prägung – wie etwa Freiheit, Eigentum und Gleichheit vor dem Gesetz. Der Universalitätsanspruch, den sie erhebt, wurde daher von vielen nichtwestlichen Staaten später kritisch hinterfragt und führte in den 1980er- und 1990er-Jahren zu Debatten über kulturelle Relativität und alternative Menschenrechtskonzepte, vor allem in der islamischen Welt. Dennoch bleibt die Menschenrechtserklärung bis heute ein globaler Orientierungspunkt – nicht zuletzt, weil sie nicht nur Rechte, sondern auch eine gemeinsame Vision von Menschenwürde und Gerechtigkeit formuliert.[52] In diesen turbulenten Zeiten brauchen wir die UNO und ihre Werte, eine Organisation, in der sich alle Mitglieder auf Regeln geeinigt haben, vor allem wie Kriege zu verhindern, zu beenden und Waffenstillstandsvereinbarungen zu kontrollieren und durchzusetzen sind.

Pact for the Future: Wo bleibt der »Geist von San Francisco«?

Springen wir in das Jahre 2025: Die UN-Charta feiert ihr 80-jähriges Bestehen. Viele werfen ihr vor, sie habe sich von ihrer vornehmsten Aufgabe, der Friedenssicherung, zu weit entfernt. Statt ihre Kernkompetenz zu pflegen, habe sie sich zu viele andere Aufgaben aufgeladen. Der Enkel des ehemaligen UN-Generalsekretärs Thant Myint-U schreibt in *Foreign Affairs*, die UNO entwickle »ein Sammelsurium an Funktionen – Schutz von Flüchtlingen, Erleichterung von Klimaverhandlungen, Bereitstellung von Entwicklungshilfe«. Zwar halte sie den Dialog über globale Themen am Leben und biete zeitweise eine Plattform für eine Reihe internationaler Organisationen der Zivilgesellschaft; das Problem bestehe aber darin, »dass sich die Organisation durch ihre Zersplitterung von ihrem Hauptzweck abwendet, der Verhinderung von Kriegen«. Die UNO sei »unfähig, die größten Bedrohungen der Gegenwart zu bewältigen, darunter die russische Invasion in der Ukraine, Konflikte im Nahen Osten und Streitigkeiten um Taiwan und Gebiete im Südchinesischen Meer«. Nicht nur Thant missfällt das, denn: »Frieden ist die Hauptaufgabe der UN.« Die Welt jedoch sei »zurückgekehrt zu einer Zeit des Kriegs zwischen Staaten, genau das Gegenteil dessen, was die UN verhindern sollte«.[53] Thant junior weist darauf hin, dass der UN-Generalsekretär in dieser gefährlichen und unsicheren Zeit Möglichkeiten zur Konfliktlösung ausloten und schaffen könne. »Nur die UN haben die Autorität und Glaubwürdigkeit, diese Rolle zu spielen«, schreibt er zu Recht. »Und in den kommenden Jahren könnten sie den entscheidenden Unterschied zwischen Krieg und Frieden ausmachen.«

Der *Pact for the future* vom September 2024, eine 56 Punkte und Seiten lange Liste von anzustrebenden Zielen, beginnt tatsächlich mit dem Versprechen, die »Ziele für nachhaltige Entwicklung«

WAS VERSTEHT MAN UNTER JUS COGENS?

Jus Cogens bezeichnet Normen zwingenden Völkerrechts, die universell gelten und nicht durch Verträge aufgehoben werden dürfen. Beispiele sind das Verbot von Völkermord, Sklaverei, Folter oder Angriffskrieg. Diese Grundnormen binden alle Staaten – auch ohne ausdrückliche Zustimmung.

Non liquet als Grauzone
»Non liquet« heißt: *Es ist nicht klar.* Eigentlich darf ein internationales Gericht wie der Internationale Gerichtshof (IGH) kein Non liquet erklären – es muss jede Rechtsfrage lösen (Nicaragua-Urteil 1986). In der Realität entstehen dennoch Grauzonen: Beispiel: Israels Angriff auf Iran am 13. Juni 2025 wäre als Präventivschlag gegen Iran völkerrechtlich gerechtfertigt gewesen (Art. 51), wenn ein iranischer Angriff unmittelbar bevorstand. In solchen Situationen lässt sich oft eine solche Bedrohung nicht zweifelsfrei belegen – so entsteht ein faktisches Non liquet, eine völkerrechtliche Bewertung ist auf feststehender Faktenlage erst ex-post möglich.

(»Sustainable Development Goals« der Agenda 2030) zu erreichen »und niemanden zurück(zu)lassen«. Als da wären: Armut und sozialer Zusammenhalt, Ernährung und Handelssystem, Frauen- und Mädchenrechte, Klima, Umwelt, Kultur und Sport. Dann erst folgen »internationaler Frieden und Sicherheit«, beginnend mit der Aufgabe, Ursachen von Konflikten zu bekämpfen und die Zivilbevölkerung zu schützen. Dem folgen Bemühungen um Frieden, Frauen und Jugendliche; danach sind Sicherheit auf den Meeren, Terrorismus, Organisiertes Verbrechen, Atomwaffen, Abrüstung und Risiken neuer Technologien genannt. Selbstverständlich sind das alles ehrenwerte Ziele. Gegen Ende wendet sich die UNO der eigenen

Transformation zu: Der Sicherheitsrat müsse »repräsentativer, inklusiver, transparenter, effizienter, effektiver, demokratischer und rechenschaftspflichtiger« werden. (Action 39) Die Bemühungen sollen verstärkt werden, die Generalversammlung »wiederzubeleben« (42) und Reformen des internationalen Finanzsystems (zugunsten der Entwicklungsländer; 47 bis 51) zu beschleunigen. Was man eben so sagen muss, heutzutage, die übliche, langweilende, marketingerprobte, vertraute Wortwahl. Aber auch eine vertrauenerweckende?

Der Pakt ist bloß eine Absichtserklärung. Niemand verpflichtet sich damit zu etwas. Und so stimmten am Ende alle zu, auch den Fragen zu Menschenrechten. Das war ein diplomatischer Kraftakt, eine diplomatische Fleißarbeit. Aber der *Pact for the Future* ist kein Kompass – er ist ein Wunschzettel. Statt Prioritäten zu setzen, reiht er Schlagworte aneinander: Frieden, Klima, Digitalisierung, Gleichstellung, UN-Reform – alles wird genannt, nichts entschieden. Die großen Herausforderungen unserer Zeit – etwa die Lähmung des Sicherheitsrats oder das schwindende Vertrauen in internationale Ordnung – werden bestenfalls gestreift. Was fehlt, sind ein leidenschaftliches Plädoyer und der Mut zur Klarheit, ein »Geist von San Francisco«. Statt Konflikte offen zu benennen und strukturelle Reformen einzufordern, flüchtet sich der Text in weichgespülte diplomatische Unverbindlichkeit. So spiegelt der Pakt weniger eine Zukunftsvision als den Status quo einer blockierten Weltgemeinschaft wider. Die Koordinierung des Papiers übrigens lag bei Deutschland und Namibia, ein etwas seltsames Gespann mit Kolonialassoziation.

Konflikttreiber der Zukunft: Das Klima nicht vergessen

Dabei sind diese Themen entscheidend für die Zukunft – auch für den Frieden der Welt. Sie hätten offensiver, verbindlicher, pointierter angesprochen werden müssen. Beispiel Klima: »Trump wird die Welt teuer zu stehen kommen«, prophezeit Franz Baumann, Präsident des Akademischen Rats der UN (ACUNS). Globale Initiativen zu Klima und Artenschutz, aber auch Rüstungskontrolle und Freihandel werden zusammenschrumpfen. »Seine Steuergeschenke wird er durch Einsparungen bei der Energiewende finanzieren und die Förderung fossiler Energien intensivieren«, schreibt Baumann. Auch ich befürchte: Klima wird der größte Konflikttreiber der Zukunft. Klima wird in den kommenden Jahrzehnten die Konflikte der Welt bestimmen. Seit 50 Jahren reden wir darüber, warnen vor den Folgen des CO_2-Ausstoßes. Heute sagt uns die Wissenschaft: Unsere Prognosen sind noch übertroffen worden – im Negativen. Der Temperaturanstieg wird nicht »bloß« die Umwelt schädigen. Hitze und Stürme, Trockenheit und Starkregen, Anstieg des Meeresspiegels und Ernteausfälle werden Flucht und Migration beschleunigen. Menschen werden zu uns flüchten – wegen Hunger und Durst und mangelnder Lebensperspektiven. Wir aber nehmen das Thema noch immer auf die leichte Schulter und scheuen Konsequenzen. Weil es ein übernationales Problem und Konsens so schwierig herzustellen ist. Weil wir doch nur für zwei Prozent des CO_2-Ausstoßes verantwortlich sind und uns damit herausreden, dass Russland doch viel mehr sündigt. Wir sind unglaubwürdig, wenn wir die Staaten des neuen Südens ermahnen, ans Klima zu denken. Unser Versagen, Probleme zu erkennen und für Abhilfe zu sorgen, gilt für viele Bereiche, in denen der Westen nicht verzichten will. Nicht zuletzt, wenn immer noch ein Prozent der Weltbevölkerung die Hälfte des Vermögens besitzt. Die UNO verlöre an Schlagkraft, wenn sie diese Themen, die Thant für zweitrangig hält, nicht aufgriffe.

Frieden und Sicherheit sind zweifellos der Markenkern der UNO. Aber das Humanitäre ist nicht nur *nice to have,* sondern gehört ebenfalls zu ihren Pflichten. Wo nämlich Menschenrechte missachtet werden, wo Entwicklungsprobleme übersehen werden, da entstehen Konflikte, die zu Kriegen führen können. Dass wir uns nicht mit den Grundursachen von Konflikten beschäftigen, ist ein Fehler. Bisher ist es häufig so: Erst wenn die Menschen hungern, schicken wir Nahrungsmittel, dabei müssten wir für gerechtere Verteilung der Einkommen sorgen. Erst wenn Gewalt und Verbrechen regieren, schickt die UNO Friedensmissionen. Erst wenn Menschen krank werden, verteilen wir Aspirin, wo Antibiotika nötig wären – oder Impfstoffe, damit es erst gar nicht zu Epidemien kommt. Wenn die Menschen ertrinken, schicken wir Schwimmreifen, wenn sie hungern, schicken wir Nahrung; humanitäre Hilfe muss sein, ist aber meist eine Bankrotterklärung der Prävention. Wenn die Menschen aus Armut, wegen Chancenlosigkeit, weil sie keinen Strom und kein Wasser haben, zu uns flüchten, bauen wir Zäune und Mauern, statt dafür zu sorgen, dass sie ihr Land gar nicht erst verlassen müssen.

Zu den Aufgaben der UNO gehört auch die Prophylaxe. Sie muss sich einstellen auf die veränderte Kriegsführung. Künstliche Intelligenz und Drohnen werden Kriege entscheiden. Deshalb muss die UNO sich mit KI beschäftigen. Bevor ein Staat – boots on the ground – in ein Land einmarschiert, zerstört er heute ferngesteuert die dortige Infrastruktur. Dieser Entwicklung kann sich kein Staat entziehen. Auch die UNO nicht.

Die UN-Charta ist zu »westlich«? Was sich ändern muss

Die Unwilligkeit zur Reform zeigt sich in Artikel 109 der UN-Charta.[54] Zehn Jahre nach ihrer Gründung, also 1955, sollte die UNO einer Revision unterzogen werden. Eine solche gab es nicht, weder 1955 noch später. Warum geschieht das nicht? Obwohl doch die Länder des Globalen Südens behaupten, die regelbasierte Ordnung sei vom Westen diktiert und müsse modifiziert werden. Obwohl sie seit Jahrzehnten eine gerechtere Weltordnung fordern, insbesondere eine Reform des Sicherheitsrats. Sie könnten mit einer Zweidrittelmehrheit in der Generalversammlung und der Zustimmung von

9 der 15 Sicherheitsratsmitglieder eine Revisionskonferenz beschließen. Doch viele Staaten betrachten eine Revisionskonferenz nach Artikel 109 der UN-Charta als eine Pandorabüchse – einmal geöffnet, ist unklar, was sich daraus entwickelt. Warnende Stimmen gibt es auch in Deutschland: So geschehen auf einem Panel der DGAP im Juni 2023, als ich darauf hinwies, »dass die Menschen im Globalen Süden nicht mehr hinter der UN-Charta stehen«. Man könne ja an Verbesserungen der Charta denken. Staatssekretärin Susanne Baumann vom Auswärtigen Amt warnte dagegen davor, »dass man nicht mit einer schlechteren Charta herauskommt als die, die wir im Augenblick haben«.[55]

Die Angst vor einem unkontrollierbaren Prozess ist groß. Wer die Charta zur Disposition stellt, stellt auch bestehende Macht- und Schutzmechanismen infrage – etwa das Gewaltverbot, die Rolle des Sicherheitsrats oder die Zuständigkeiten der Generalversammlung. So paradox es klingt: Selbst jene, die mit dem Status quo unzufrieden sind, schrecken vor einer solchen Revisionskonferenz zurück – aus Furcht, am Ende mit weniger dazustehen als zuvor. In einer fragmentierten Weltordnung ohne klare Hegemonie kann selbst ein Aufbruch zur Erneuerung zum Moment der Desintegration werden. Artikel 109 bleibt deshalb ein stillgelegtes Instrument.

Worum könnte es bei einer solchen Konferenz gehen? Zentrale Fragen in unserer kriegerischen Welt sind das Gewaltverbot (Art. 2 Abs. 4) und das Selbstverteidigungsrecht (Art. 51). Wie legen wir Letzteres aus? Kann Putin behaupten, russische Minderheiten seien in ehemaligen Staaten der UdSSR gefährdet und dies rechtfertige eine Intervention? Darf Israel Irans Atomanlagen präventiv zerstören, weil Teherans Regierung kurz vor einer Atombombe steht? Durften die USA am 25. Oktober 1983 Soldaten nach Grenada schicken, einer ehemaligen französischen, dann britischen Kolonie in der Karibik, nördlich von Venezuela gelegen, um – wie es aus Washington hieß – nach einem Putsch linksextremer Offiziere dort lebende US-Bürger zu schützen? Trotz Widerspruchs der britischen Regierung und der UNO?

Kann es weitere Ausnahmen zum Gewaltverbot geben? Immerhin hat auch Deutschland die Intervention im Kosovo als »humanitäre Intervention« gerechtfertigt und sich ohne Mandat des UN-Sicherheitsrats daran beteiligt. All diese Fragen sind in den vergangenen 30, 40 Jahren entstanden. Warum also nicht darüber sprechen?

Die Macht der Generalversammlung: Kann Annalena Baerbock es richten?

Die Charta bietet Wege, der Dominanz der fünf permanenten Mitglieder (P5) zu begegnen. Die Suez-Krise war ein eindrucksvolles Beispiel dafür, wie die UNO bei einer Blockade des Sicherheitsrats aktionsfähig bleiben kann, auch wenn die Interessen seiner ständigen Mitglieder tangiert sind. Nachdem Ägyptens Präsident Gamal Abdel Nasser am 26. Juli 1956 den Kanal verstaatlicht hatte, marschierte Israel am 29. Oktober auf der Sinai-Halbinsel ein; kurz darauf folgten französische und britische Luftangriffe. Ziel war es, Nasser zu stürzen – *regime change* schon damals! – und den Zugang zum Kanal wieder unter westliche Kontrolle zu bringen.

Der Sicherheitsrat trat am 30. Oktober 1956 in einer Dringlichkeitssitzung zusammen. Die Vereinigten Staaten und die Sowjetunion forderten einen sofortigen Waffenstillstand und den Rückzug der Truppen. Doch Frankreich und Großbritannien, als unmittelbar Beteiligte, machten von ihrem Vetorecht Gebrauch – eine effektive Verurteilung der Aggression war damit blockiert.

Daraufhin übernahm die Generalversammlung auf Antrag der USA unter Berufung auf die Resolution »Uniting for Peace« (1950) die Verantwortung. Diese Ausweichregelung erlaubt es der Generalversammlung, Maßnahmen zur Wahrung des Weltfriedens zu empfehlen, wenn der Sicherheitsrat wegen eines Vetos handlungsunfähig ist.

Am 7. November 1956 beschloss die Generalversammlung, in der damals 80 Mitgliedstaaten saßen, mit großer Mehrheit (57 Ja-Stimmen, 19 Enthaltungen) die Entsendung einer Friedenstruppe der Vereinten Nationen: der United Nations Emergency Force (UNEF). Sie sollte den Waffenstillstand überwachen und den geordneten Rückzug der angreifenden Truppen sicherstellen. Die UNEF war damit die erste bewaffnete Friedensmission in der Geschichte der Vereinten Nationen. Sie verfügte über bis zu 6000 Soldaten, gestellt im Wesentlichen von Kanada, Norwegen, Schweden, Brasilien, Indien und Jugoslawien. Stationiert waren sie auf ägyptischem Boden – mit Zustimmung der Regierung in Kairo. Für die UNO war das der Beginn einer aktiveren Rolle in der Friedenssicherung. Sie hatte bewiesen, dass sie – zumindest in diesem Fall – auch gegen ihre eigenen Gründungsmitglieder und Vetomächte handeln konnte. Die britischen, französischen und israelischen Truppen zogen sich bis März 1957 vollständig zurück, der Suezkanal blieb unter ägyptischer Kontrolle.

UNITING VOR PEACE

Im Korea-Krieg war die legendäre Resolution »Uniting for Peace« eine direkte Reaktion auf die Blockadehaltung der Sowjetunion im Sicherheitsrat. Nachdem Nordkorea am 25. Juni 1950 Südkorea überfallen hatte, war der Sicherheitsrat blockiert, weil die Sowjetunion mit einem Veto drohte.

Am 3. November 1950 verabschiedete die Generalversammlung auf Initiative der USA mit 57 Ja-Stimmen gegen 5 Nein-Stimmen die Resolution 377 A (»Uniting for Peace«) – ein Novum in der Geschichte der UNO. Sie stellte klar, dass die Generalversammlung in Fällen, in denen der Sicherheitsrat wegen eines Vetos nicht handeln kann, sofortige Empfehlungen zur kollektiven Selbstverteidigung und zu Friedensmaßnahmen abgeben darf, einschließlich der Mobilisierung militärischer Mittel.

Die Resolution legitimierte nachträglich die unter US-Kommando stehende UN-Truppe in Korea und begründete das Prinzip, dass auch die Generalversammlung in Friedensfragen aktiv werden kann – ein Schritt, der die Gewaltenteilung zwischen Sicherheitsrat und Generalversammlung politisch, aber nicht rechtlich neu auslegte.

Heute hat die UNO einen unbekannten Helden, den Botschafter von Liechtenstein, Christian Wenaweser. Er repräsentiert ein kleines Land, in dem 670 000 Menschen leben, die zur Hälfte nicht einmal seine Staatsbürger sind. Wenaweser ging es offenbar gewaltig gegen den Strich, dass die fünf großen Staaten mit einem schlichten Nein einen Beschluss des Sicherheitsrats blockieren können. Also ergriff er die Initiative und erstritt 2022 hartnäckig die Resolution A/76/262, wonach Vetos künftig binnen zehn Arbeitstagen in der Generalversammlung zu rechtfertigen sind. Es ist lästig für China und Russland (die USA unterstützte die Initiative), öffentlich von der Weltgemeinschaft bloßgestellt zu werden. Ein kleiner Schritt für die Generalversammlung, schwer genug erkämpft, aber groß genug, um zu zeigen, dass es möglich ist, die UNO zu verändern. Denn die Generalversammlung hat Macht, sie kann die Mächtigen herausfordern. Sie muss nur den Mut und Willen aufbringen, sie zu nutzen.

Wenn der Sicherheitsrat sich bei Fragen um Krieg und Frieden nicht einigen kann oder will, wächst die Bedeutung der Generalversammlung. Sie hat die Möglichkeit, durch Resolutionen für mehr Demokratie in der UNO zu sorgen, aber auch der Sicherheitsrat selbst könnte mehr gegen eine drohende Selbstparalyse tun. Dafür hatten die Gründerstaaten selbst schon in San Francisco eine Beschränkung des Vetos eingebaut, die bis heute ein Schattendasein führt, weil dem SR häufig der Mut fehlt, die Möglichkeiten der Charta auszuschöpfen. Artikel 27 Abs. 3 der UN-Charta bietet solch eine Option. Der jüngste Fall betrifft Russland.

Unzweifelhaft war Russlands Überfall der Ukraine am 24. Februar 2022 völkerrechtswidrig und »eine Bedrohung oder ein Bruch des Friedens oder eine Angriffshandlung« (Artikel 39, UN-Charta). Dieser Angriff galt auch der westlichen Werteordnung, den universellen Regeln des zwischenstaatlichen Zusammenlebens und damit auch der UN-Charta. Als die USA und Albanien tags darauf im Sicherheitsrat Russland verurteilen und den Abzug der Truppen fordern wollen, hebt Russlands Botschafter Wassili Nebensja seinen Arm: Veto. Es ist erfolgreich, weil laut Artikel 27 der UN-Charta alle ständigen Vertreter einer Resolution zustimmen müssen, soll sie in Kraft treten. Dasselbe geschieht im Oktober: Eine Resolution wegen der Annexion von vier ostukrainischen Gebieten blockiert Russland wieder.

Die Frage drängt sich auf: Warum darf Russland überhaupt abstimmen, wenn die UNO sich mit dem Überfall auf die Ukraine befasst? Russland ist doch ganz offensichtlich Konfliktpartei. Genau an diese Fälle haben die Gründer gedacht. Nach Artikel 27 Abs. 3 Satz 2 hat bei Beschlüssen nach Kapitel VI, also zur »friedlichen Beilegung von Streitigkeiten, deren Fortdauer geeignet ist, die Wahrung des Weltfriedens und der internationalen Sicherheit zu gefährden«, ein an dieser Streitigkeit beteiligtes Mitglied kein Stimmrecht.[56] Eindeutiger könnte der Wortlaut hier nicht sein. Ein Veto könnte Russland nur einlegen, wenn es um Zwangsmaßnahmen nach Kapitel VII der Charta ginge, etwa Sanktionen.

Der Sicherheitsrat hätte – wenn er denn gewollt hätte – mit einer Verfahrensentscheidung, die nicht dem Veto unterliegt, beschließen können, Russland von der Abstimmung auszuschließen. Bereits nach der Annexion der Krim im März 2014 brachte der Sicherheitsrat mehrere Entwürfe zu Resolutionen ein, die Russlands Vorgehen kritisierten oder internationale Maßnahmen einleiten wollten. Russland als direkte Streitpartei hätte sich hierbei eigentlich der Stimme enthalten müssen. Auch damals wurde Russland nicht daran gehindert, an den Abstimmungen teilzunehmen und Veto um Veto einzulegen. Sollte Streit darüber entstehen, hätte der Sicherheitsrat auch jederzeit die Möglichkeit, den Internationalen Gerichtshof – ein Organ der Charta – um ein Rechtsgutachten zu bitten *(Advisory opinion)*.[57] Auch das ist nicht geschehen. Der Sicherheitsrat hat diese Option in den letzten Jahren nur einmal genutzt[58] – aus einem einfachen Grund: Die ständigen Mitglieder, vor allem USA und China, haben ein gemeinsames Interesse daran, weder eine Streitpartei wie Russland vom Stimmrecht auszuschließen noch die Diskussion über ihre Stimmenthaltungspflicht durch ein Gutachten rechtlich klären zu lassen, weil sie einmal selbst davon betroffen sein könnten. Eine Krähe hackt auch hier der anderen kein Auge aus. Warum ergreifen nicht Frankreich und Großbritannien Initiative? Damit bleibt auch Artikel 27 Absatz 3 ein Papiertiger.

Immerhin fand sich eine Alternative, wenn auch mit weniger Schlagkraft. Weil der Sicherheitsrat keine Zwangsmaßnahmen (Kapitel VII) gegen den Aggressor durchsetzen konnte, berief er am 27. Februar 2022 auf Initiative von USA und Albanien eine Notfall-Sondersitzung der Generalversammlung ein – nach der bereits erwähnten »Uniting for Peace«-Resolution aus dem Jahr 1950. Der Sicherheitsrat hätte dies formal nicht verhindern können. In der Folge forderte die Generalversammlung Russland am 2. März mit 141 von 193 Stimmen auf, den Krieg zu beenden und sich von ukrainischem Boden zurückzuziehen.[59]

Im April 2022 setzte die UNO Russlands Mitgliedschaft im Menschenrechtsrat aus (93 Ja-Stimmen, 24 Gegenstimmen). Am 12. Oktober verurteilten 143 Staaten die völkerrechtswidrigen Annexionen Russlands bei 35 Enthaltungen und fünf Gegenstimmen von Russland, Belarus, Syrien, Nicaragua und Nordkorea. Weitere Resolutionen folgten, die allerdings für den Kreml keine Folgen hatten.

Reform des Sicherheitsrats: Vom Vetorecht zur Verantwortungspflicht

Der Sicherheitsrat ist das versteinerte Herz der UNO, er ist vom Wächter zum Hindernis geworden. Wenn Recep Tayyip Erdoğan die UN kritisieren möchte, hat er einen Standardsatz: »Die Welt ist größer als fünf.« Damit meldet er Ansprüche auf eine Führungsrolle an. Und er will die »Amtszeit« der ständigen und nichtständigen Mitglieder des Sicherheitsrats begrenzen und das Vetosystem abschaffen.[60]

Bei der Eröffnung der Chatham House London Conference im Juni 2023 verlangte der vormalige britische Außenminister James Cleverly: »Wir wollen mehr permanente afrikanische Repräsentation sehen und die Erweiterung um Indien, Brasilien, Deutschland und Japan.« Er nannte das »eine kühne Reform. Aber sie wird den Sicherheitsrat in die 2020er führen.«[61]

Aber die Veto-Regel blieb bisher erhalten, weil die P5 das Instrument brauchen, um Zwangsmaßnahmen gegen sich selbst sowie Verbündete abzuwehren. Keine Großmacht hätte sich ohne das Vetorecht an der UNO beteiligt. Die Opposition kleinerer Staaten zerschmetterte der US-Delegierte, Senator Tom Connally, in San Francisco mit Verve: »Sie können, wenn Sie wollen, aus San Francisco zurückkehren … und berichten, dass Sie das Veto besiegt haben«, erklärte er in seinen Memoiren. »Aber Sie können dann gleich dazu sagen: ›Wir haben die Charta besiegt.‹« Mit diesen Worten habe er die Charta, die er in Händen hielt, zerrissen und die Fetzen auf den Tisch geschleudert.[62]

Mehr als andere Staaten nutzte die Sowjetunion das Veto, alle 57 Vetos bis 1955 legte Moskau ein. Das geschehe, »weil wir in der Minderheit sind«, erklärte dessen Vertreter damals. »Wären wir in der Mehrheit, könnten wir großmütige Gesten zeigen …« Und doch war allen klar, dass »eine UNO, der die Sowjets, auch mit einer exzessiven Anwendung des Vetos, angehören, besser ist als gar keine UNO«.[63]

Auch die USA nutzten das Instrument häufig. China, das sich früher meist lediglich enthielt, setzt das Veto inzwischen auch ein. Frankreich und Großbritannien, die sich meistens lediglich enthielten, legten ihre letzten Vetos am 23. Dezember 1989 ein, um zu verhindern, dass die USA wegen deren Invasion zum Sturz des damaligen Präsidenten von Panama Manuel Noriega verurteilt werden sollte. Noch einmal hätte Frankreich dieses Instrument genutzt – am 14. Februar 2003 gegen die USA, die im Sicherheitsrat eine Resolution zum Einmarsch im Irak erzwingen wollte. Als klar war, dass Paris nicht zustimmen würde, zogen die USA den Antrag zurück – und marschierten trotzdem ein (ausführlich siehe Kapitel 2).

Die Folge: Wenn es ernst wird, ist die UNO eine *lame duck*. Das ließe sich ändern, wenn nach einer Reform die Generalversammlung aller Staaten den Sicherheitsrat mit Zweidrittelmehrheit überstimmen könnte. Bereits 2013 hatte Frankreichs Präsident François Hollande in einer Rede vor der Generalversammlung vorgeschlagen, das Vetorecht im Sicherheitsrat freiwillig einzuschränken, wenn es um Massenverbrechen wie Völkermord, Kriegsverbrechen oder Verbrechen gegen die Menschlichkeit geht.[64] Besser wäre, dies in einer Charta-Änderung zu verankern.

Sicherheitsratsreform: Der Globale Süden fordert, was ihm zusteht

Geografisch gesehen, besteht der Globale Süden nur aus 32 Ländern, die vollständig südlich des Äquators liegen, während 54 in Gänze nördlich davon liegen. Der US-amerikanische Politiker und Autor Joseph Nye weist darauf hin, dass dazu auch China und Indien gehören, die bevölkerungsreichsten Länder der Welt.[65] »Trotzdem wird er oft irreführend als Kürzel für eine globale Mehrheit genutzt, obwohl die Mehrzahl der Weltbevölkerung nördlich des Äquators lebt (wo sich auch der größte Teil der Landmasse befindet).«

Wir definieren den Begriff nicht geografisch, sondern verstehen darunter Staaten mit postkolonialer Vergangenheit und (in der Folge) vergleichsweise schwacher Wirtschaftskraft. Auch wenn wir darüber streiten können, wer zu dieser Gruppe gehört, so ist doch unübersehbar: Im UN-Sicherheitsrat, in dem die *Primary Responsibility for Peace and Security* liegt, ist der Süden unter-, der Westen überrepräsentiert – zuvörderst Europa. Dabei finden 80 Prozent der Kriege in den ärmeren Regionen des Globus statt. Und wo Nye Indien schon erwähnt: Es gibt eigentlich keine Argumente, diesem Land eine zumindest gleichwertige Position wie Großbritannien vorzuenthalten.

Trotz dieser Schieflage waren seit 1990 deutsche Stimmen zu hören, die einen ständigen Sitz im Sicherheitsrat anstrebten. Erstmals öffentlich vertrat Außenminister Klaus Kinkel diese Forderung 1992, verbunden mit dem Ruf nach einer Reform der UNO. Es war der Staatssekretär im Auswärtigen Amt, Gunter Pleuger, der dieses Ziel zum Ende von Helmut Kohls Regierungszeit leidenschaftlich vorantrieb, wie der langjährige EU-Parlamentarier Elmar Brok berichtet. »Auf dem G7-Gipfel in Birmingham (Mai 1998) sagte Pleuger zu Kohl, er müsse das Thema bei Präsident Clinton ansprechen. Der werde ihm recht geben und ihm offiziell im Rahmen von G7 Unterstützung zusagen. Doch Clintons Unterstützung ist unterblieben. Warum das? Weil Kohl die Frage gar nicht stellte. Ich habe ihn später gefragt, warum er das nicht getan hat. Er antwortete: ›Ständiger Sitz im Sicherheitsrat, das bringt nur Ärger und kostet Geld.‹«[66] Pleuger, von 2002 an Ständiger Vertreter der Bundesrepublik Deutschland bei der UNO in New York, insistierte später auch bei Gerhard Schröder und Joschka Fischer. Auch ihnen war die Sache nicht so wichtig, aber sie ließen Pleuger laufen. Und mit ihm als eine treibende Kraft legte die sogenannte G4-Gruppe in der UNO (Deutschland, Japan, Indien, Brasilien) einen konkreten Vorschlag zur Erweiterung des Sicherheitsrats auf 25 Mitglieder vor, sechs zusätzliche ständige und 4 zusätzlich nichtständige Sitze. Seine Argumente für Deutschland: viertgrößte Wirtschaftsmacht, hohe Beiträge zu UN-Friedensmissionen, damals zweitgrößter Finanzier der UNO. Der Entwurf scheiterte 2005 am entschiedenen Widerstand wichtiger Staaten: Italien wollte Deutschland, Pakistan Indien und China Japan nicht im Sicherheitsrat als ständige Mitglieder sehen, eine Zweidrittelmehrheit in der Generalversammlung war völlig unrealistisch.

So richtig aufgegeben hat Deutschland diesen Wunsch jedoch noch immer nicht. Aber warum sollte Deutschland als ständiges Mitglied in den Sicherheitsrat? Weil wir einer der größten Beitragszahler sind? Weil wir uns an Frankreich und Großbritannien orientierten? Heute heißt es manchmal: Paris und London seien P5-Mitglieder, weil sie Atommächte seien. Auch ein Scheinargument. Zur Zeit der Gründung der UNO gab es aber nur eine Atommacht, die das gerade unter Beweis gestellt hatte, in Hiroshima und Nagasaki. Über Pleugers Wunsch nach einem deutschen Sitz ist die Zeit hinweggegangen. Diskutiert wird allenfalls ein zusätzlicher ständiger Sitz der EU. Dafür müsste aber die Charta geändert werden, da Regionalorganisationen bislang nicht Mitglied des Sicherheitsrats werden können. Das gilt auch für die Afrikanische Union oder die Arabische Liga. Solange es keine Vereinigten Staaten von Europa gibt, scheidet diese Möglichkeit aus.

Auch andere Regionen wünschen allerdings eine Erweiterung des Sicherheitsrats. Schon 2005 forderte die Afrikanische Union im sogenannten Ezulwini-Konsens zwei permanente und fünf nicht permanente Sitze im Sicherheitsrat. Zuletzt hat Razali Ismail, Präsident der Generalversammlung, vorgeschlagen, den Sicherheitsrat auf 24 Mitglieder zu erweitern, um fünf ständige (ohne Vetorecht) und vier nichtständige.[67]

HAUSHALT DER VEREINTEN NATIONEN: WER FINANZIERT DIE UN?

Der Gesamthaushalt der UNO einschließlich aller Friedensoperationen beläuft sich auf knapp 10 Milliarden Dollar. Der reguläre Haushalt für Verwaltung, politische Missionen, Menschenrechte und Kommunikation (ohne Beiträge zur Finanzierung der Friedensmissionen) beläuft sich 2025 auf 3,75 Milliarden US-Dollar (bis Ende April 2025 knapp 195 Millionen aus Deutschland, Japan 237, UK 137, Frankreich 132).[68] EU und UK kommen auf einen Anteil von 28 Prozent, USA ist auf 22 Prozent gedeckelt. Die Friedensmissionen schlagen mit weiteren 5,6 Milliarden Dollar zu Buche. Das Budget für Verwaltung und Friedensmissionen entspricht nicht einmal einem halben Prozent der weltweiten Militärausgaben, laut Sipri 2,7 Billionen US-Dollar im Jahr 2024. Pro Dollar für Waffen gibt es für die UN-Friedensdienste nicht einmal einen halben Cent.

Susan Rice, frühere US-Botschafterin bei den UN und spätere Nationale Sicherheitsberaterin unter Präsident Obama, brachte es in einer Rede vor dem Council on Foreign Relations am 12.8.2009 auf den Punkt: »Für jeden Dollar, den wir in UN-Friedensmissionen investieren, würden wir das Achtfache zahlen, wenn wir dasselbe mit eigenen Truppen tun müssten.«

Generell gilt: Die Charta ist nicht in Stein gemeißelt, sie kann geändert werden. Zugegeben erscheint dies gerade wenig realistisch. Über die Forderungen der aufstrebenden Staaten schweigend hinwegzugehen, würde die UNO allerdings schwächen. Sie muss darauf reagieren, will sie – konkret: der Sicherheitsrat – nicht an Legitimität verlieren. Andere Organisationen wie BRICS plus, Shanghai Cooperation Council oder ASEAN würden an Einfluss gewinnen.

BRICS UND ANA

Das Bündnis BRIC versammelte 2006 vier, von 2010 an als *BRICS* fünf so unterschiedliche Staaten wie Brasilien, Russland, Indien, China und Südafrika. BRICS Plus nahm sechs weitere Mitglieder auf, darunter Iran. Ob das zu größerer Stärke führen wird? Primäres Ziel des Verbunds: die Regeln von Weltbank und Internationalem Währungsfonds zu verändern und auch im UN-Sicherheitsrat für mehr Mitsprache und Gerechtigkeit zu sorgen.
Das Konzept »Active Non-Alliance« (ANA)[69] geht über bloße Neutralität hinaus und setzt auf engagierten Multilateralismus ohne Blockbindung. Trotz aller politischen, wirtschaftlichen und kulturellen Unterschiede besteht hier bemerkenswerte Einigkeit in fünf zentralen Punkten:
Erstens wächst der Wunsch nach außenpolitischer Unabhängigkeit – Staaten wollen sich nicht länger entlang der Linien der Großmächte positionieren, sondern ihre Interessen selbstbestimmt verfolgen.
Zweitens nimmt die Unzufriedenheit mit dem gegenwärtigen multilateralen System zu: Internationale Organisationen wie die UNO oder die Weltbank spiegeln aus Sicht vieler nicht mehr die Realität des 21. Jahrhunderts wider.
Drittens kritisiert der Globale Süden die wirtschaftliche Vormachtstellung des Nordens – sowohl staatlich als auch durch privatwirtschaftliche Strukturen.
Viertens lehnen viele Länder das westlich dominierte Sanktionsregime ab, insbesondere die politische Instrumentalisierung von Dollar, Zahlungsverkehr und Internetinfrastruktur.
Fünftens wächst die Frustration über ein internationales Regelwerk, das als asymmetrisch, westlich dominiert und machtpolitisch funktionalisiert erlebt wird – vor allem im Schatten der globalen Führungsrolle der USA.

»Bei den BRICS-Staaten handelt es sich nicht mehr um aufstrebende Volkswirtschaften an der Wegscheide zu mehr Demokratie und Liberalismus, so wie es vor 20 Jahren den Anschein hatte«, kommentierte Stefan Kornelius in der *Süddeutschen Zeitung*. »Hier versammeln sich Handels- und Rohstoffmächte mit wachsendem Hang zu autoritärer Regierungsform, mangelnder Transparenz, regelwidriger Manipulationskraft und hoher Toleranz für Kriegsverbrecher aller Couleur. Die BRICS-Staaten verstehen sich unter stiller Führung Chinas als antiwestliche Alternative.« Die BRICS seien »eine Art globale Anti-Eliten-Bewegung«, sie pflegten »das Feindbild ›Westen‹«, lehnten die USA als Führungsmacht einer regelgebundenen Weltordnung ab und festigten ihre Macht durch Korruption, globale Desinformation und Ausbeutung ihrer eigenen Gesellschaften. Zum Gipfeltreffen der Antiwestler in Kasan, etablierte Staaten und 40 Möchtegernpartner, geht es laut Kornelius um Folgendes: »schneller handelspolitischer Vorteil, Rohstoffe, Pipelines, Finanzsysteme – unangreifbar durch westliche Sanktionsregimes, Lieferkettendokumentationen oder Forderungen nach Transparenz in den Bankgeschäften«.[70]

Und doch müssen wir BRICS nicht fürchten. Die Europäische Wirtschaftsgemeinschaft hatte schon bei sechs Mitgliedern zu kämpfen, um sich immer wieder auf eine einheitliche »europäische« Politik zu verständigen. Das 27-teilige EU-Mobile, in dem sich weitere Antragsteller einhängen möchten, ist noch schwerer auszutarieren. Die BRICS, kulturell, wirtschaftlich und politisch extrem divers, werden mit denselben Problemen zu kämpfen haben.

UNO-Generalsekretäre: Von mutigen und zaudernden Männern

Niemand ist geeigneter, die Strukturen der UNO zu korrigieren, als ihr Generalsekretär. Einige der bisherigen neun Chefs vollbrachten Großes, der größte von ihnen war der zweite.

Dag Hammarskjöld: Unerschrocken, standhaft, unverwechselbar

Der Schwede Dag Hammarskjöld nutzte die Möglichkeiten seines Amts mutig. Beherzt beendete er zusammen mit der Generalversammlung 1956 die Suez-Krise, nachdem Ägyptens Präsident Gamal Abdel Nasser die Gesellschaft verstaatlicht und unter Armeeschutz gestellt hatte (siehe hierzu Kapitel »Die Macht der Generalversammlung«, Seite 83 ff.). Er war ein mutiger Generalsekretär, eine Ausnahmeerscheinung in der Geschichte der UNO. 66 Jahre später – im Falle der Ukraine – wollte diesen Weg niemand mehr gehen.

Hammarskjölds letzte Initiative galt dem Kongo, dessen Bodenschätze belgische Konzerne jahrzehntelang ausgebeutet hatten. Dorthin schickte er nach der Unabhängigkeitserklärung und dem folgenden Machtkampf rund 20 000 Blauhelmsoldaten. Im Kongo regierte Patrice Lumumba, der Sympathien für die UdSSR hegte und im Januar 1961 ermordet wurde (siehe Kapitel 9, Afrika, »Kolonialismus«). Acht Monate nach ihm starb Hammarskjöld bei einem Flugzeugabsturz mit 15 weiteren Passagieren in der Nähe von Ndola (Nordrhodesien, heute Sambia) auf dem Weg zu Verhandlungen über einen Waffenstillstand in Ostkongo. Die Ursache ist bis heute nicht geklärt. Als wahrscheinlich gilt mittlerweile ein Angriff gegen die Maschine, eine DC-6 mit dem Namen »Albertina«.

U Thant: Post an Kennedy und Chruschtschow

Ist es nicht merkwürdig, dass die UNO ausgerechnet während des Kalten Kriegs ihre Kraft entwickelte, als sich die Supermächte gegenüberstanden, waffenstarrend und offensiv im verbalen Schlagabtausch und in Stellvertreterkriegen? Die USA stationierten Mittestreckenraketen in der Türkei bei Izmir, die Atomsprengköpfe tragen und sowjetrussische Gebiete erreichen konnten. Daraufhin sann Chruschtschow auf strategischen Ausgleich. Die sich in der Folge entwickelnde Krise um Kuba 1962 war nach der Berlinblockade 1948 und dem Mauerbau 1961 die wohl gefährlichste im Kalten Krieg. Auch Hammarskjölds Nachfolger U Thant aus Burma, dem heutigen Myanmar, schöpfte damals seinen Spielraum maximal aus. Er tat etwas, beschränkte sich nicht aufs Beobachten und Händeringen und ein gelegentliches Statement. Als am 24. Oktober sechs russische Frachtschiffe Kurs auf Kuba hielten und anscheinend in die von den USA festgelegte Blockadezone eindringen wollten und die »Poltawa« mit Abschussrampen für SS-5-Raketen sich ebenfalls nahe an dieser Sperrzone bewegte, sorgte U Thant mit Vorschlägen an Chruschtschow und Kennedy dafür, dass die Kontrahenten durchatmeten, statt vorschnell Knöpfe zu drücken. Sein Vorschlag: Die USA setzen die Blockade Kubas aus, Moskau sollte zusagen, keine weiteren Waffen zu liefern. U Thants aktiv betriebene Vermittlungsbemühungen trugen wesentlich dazu bei, den Konflikt zu entschärfen, sodass aus der Kubakrise kein Krieg wurde. Kennedy sagte später: »Die Welt steht tief in U Thants Schuld.«[71]

Es ist auch kein Wunder, dass die UNO nach 1990 an Einfluss verlor, als die Welt sich am »Ende der Geschichte« wähnte, weil der Kalte Krieg vorüber zu sein schien, aber die USA nach dem Wegfall ernsthafter Konkurrenz meinten, sich selbst und allein besser um den Frieden auf der Welt kümmern zu können: zuvörderst im Irak ohne Autorisierung durch die UNO, und dieser Trend scheint sich im anbrechenden autoritären Zeitalter zu verschärfen.

Ban Ki-moon: »Act, don't ask!«

Die Verdienste von Ban Ki-moon werden bisher nur unzureichend gewürdigt. Sein öffentliches und diplomatisches Image war ambivalent – gelobt für seine Sachlichkeit und Disziplin, kritisiert für sein blasses Auftreten und fehlendes Charisma. Er war »mein« Generalsekretär, die Nummer 8 von 2007 bis 2016, ein koreanischer Konservativer und überzeugter Menschenrechtler. Wenn wir uns in der Mission, in New York oder beim jährlichen »Konklave« in Genf trafen, dann war sein Wort an uns immer: »Act, don't ask!« Dann lobte er unsere Kollegin Hilde Johnson, die als SRSG für die Peacekeeping-Mission in Südsudan (UNMISS) zuständig war. »Sie hat es richtig gemacht«, sagte er. Als die Sudan People's Liberation Army (SPLA) und die Sudan People's Liberation Army in Opposition (SPLA-IO) von Präsident Salva Kiir mit Anhängern des früheren Vizepräsidenten Riek Machar kämpften, litt – wie immer in Bürgerkriegen – die Bevölkerung am meisten. Hunderttausende waren auf der Flucht, und im Dezember 2013 standen 13 000 Menschen in Angst vor Milizen und dem Tod vor dem UN-Stützpunkt in der Hauptstadt Juba und baten um Asyl. »Macht die Tore auf«, befahl sie. Aber ihre Leute waren dagegen. Sie beharrte: »Tore auf!« Sie rettete viele Menschenleben. »Ich hatte keine Zweifel, dass ich das Tor öffnen musste", schrieb Johnson in ihrem Buch *South Sudan: The Untold Story from Independence to Civil War.* »Es war eine Frage der Menschlichkeit.«[72]

Mit seinem zweiten Mantra, »Human rights upfront!«, forderte Ban uns immer wieder auf, die Regierungschefs unserer Einsatzländer hart zu konfrontieren. Wir sollten die Themen offensiv und immer wieder ansprechen: Accountability (Rechenschaftspflicht), Antikorruption, Menschenrechte. »Ich erwarte, dass eure Staatschefs sich bei mir über euch beschweren.«

Er konfrontierte die Herren der Krisenländer auch selbst. Ende Januar 2015 trafen sich die Sonderbeauftragten der afrikanischen Missionen mit ihm in Addis Abeba, tags darauf sollte er auf dem

24. AU-Gipfel sprechen, und er ging mit uns seine Rede durch. Da würden sie alle vor ihm sitzen, die afrikanischen Diktatoren, Joseph Kabila und Umar al-Baschir, Yoweri Museveni und Robert Mugabe, die ewigen Machthaber in ihren Staaten. »Kann ich denn sagen, dass ich unter den Staatschefs einige sehe, die längst ihre Macht hätten abgeben müssen?« Wir bejahten begeistert. Und er sagte es ihnen ins Gesicht: »Weltweit sind Menschen besorgt über Politiker, die sich weigern, ihr Amt nach Ablauf ihrer Amtszeit niederzulegen.« Er teile diese Besorgnis. »Undemokratische Verfassungsänderungen und Gesetzeslücken dürfen niemals dazu genutzt werden, an der Macht zu bleiben. Ich fordere alle führenden Politiker Afrikas und der ganzen Welt auf, auf ihre Bürger zu hören. Moderne Politiker können es sich nicht leisten, die Wünsche und Hoffnungen derer, die sie vertreten, zu ignorieren.«[73] Leider hörten die Gemeinten schlecht, die nicht einmal das Angebot des bereits erwähnen britisch-sudanesischen Milliardärs und Philantropen Mo Ibrahim locken konnte: fünf Millionen Dollar für afrikanische Staatschefs bei demokratischem Machtübergang.

»Act, don't ask!« Die Verdienste von Ban Ki-moon werden bisher nur unzureichend gewürdigt.

Ban Ki-moon war risikobereit. Mehr als sein Nachfolger. Und für den Fall, dass etwas misslingen sollte, versprach er: Dann stelle ich mich vor euch. Das ist in der Politik selten, dort wird man schnell zur heißen Kartoffel. Nur einmal hat Ban Ki-moon einen Missionschef gefeuert. In der Zentralafrikanischen Republik waren Fälle von sexueller Ausbeutung und Missbrauch bekannt geworden, und Babacar Gaye, ein senegalesischer General, musste gehen.[74] UN-Soldaten, die am Tag so viel verdienten wie Menschen dort in zwei Monaten, hatten mit einheimischen Frauen verkehrt und Minderjährige vergewaltigt. So wütend hatte ich Ban zuvor nie erlebt. Für UN-Soldaten sind sexuelle Beziehungen während der Einsatzzeit strikt verboten (käuflicher Sex sowieso für Militärs und Zivilisten gleichermaßen). Das allerdings schafft Probleme sexueller Frustration. Das galt auch für Kongo. Dort erbte ich das Problem der Kinder von Blauhelmen, die sozial gebrandmarkt waren.

Das Thema Prostitution und Blauhelme hat Ban Ki-moon enttabuisiert. Wir richteten eine Hotline ein und starteten eine Plakatkampagne. Binnen zwei Wochen flog ich die meisten meiner Einheiten mit insgesamt 20 000 Soldaten unserer Mission ab. Bei dieser Aufklärungs-Roadshow erfuhr ich, dass einzelne Blauhelmeinheiten Bordelle in ihrer Nähe organisiert hatten. Mit einem Fotografen ging ich in eine dieser Einrichtungen und konfrontierte die Verteidigungsministerin des Landes, aus dem die ertappten Blauhelmsoldaten stammten, mit den Fotos; sie nannte sie Fake.

Und dann war Ban Ki-moon wieder ganz in der Tradition asiatischer Philosophie, wenn er mit uns über Diplomatie sprach. Er verglich sie mit Wasser: Wasser sei flexibel und finde immer seinen Weg; es umfließe Hindernisse, forme sich neu und könne stärker sein als Stein. Als Dampf entfalte es Kraft, treibe Maschinen an und könne selbst massive Blockaden sprengen. Als Eis werde Wasser hart und widerständig. Diese Wandlungsfähigkeit sah Ban Ki-moon als

Vorbild für Diplomatie: sanft, geduldig, aber auch entschlossen und kraftvoll, wenn die Lage es erfordert.

António Guterres, act!

»Der Generalsekretär kann die Aufmerksamkeit des Sicherheitsrats auf jede Angelegenheit lenken, die nach seinem Dafürhalten geeignet ist, die Wahrung des Weltfriedens und der internationalen Sicherheit zu gefährden.« So ist es in Artikel 99 der Charta zu lesen. Der amtierende Generalsekretär scheint das nicht als Aufforderung zu verstehen. Ukraine und Nahost wären Grund genug gewesen. Guterres hätte den Sicherheitsrat einberufen können, ja müssen.

Meine Kollegin und langjährige UN-Diplomatin Kerstin Leitner veröffentlichte eine fiktive Rede, die António Guterres hätte halten können – oder vielmehr: hätte halten sollen. Unter dem Titel »Die Rede, die nie gehalten wurde« formulierte sie einen leidenschaftlichen Appell an die moralische Verantwortung des UN-Generalsekretärs angesichts des russischen Angriffs auf die Ukraine. Leitner kritisierte damit nicht nur die politische Sprachlosigkeit des höchsten Amts der Vereinten Nationen, sondern legte Guterres in den Mund, was viele aus der internationalen Zivilgesellschaft und diplomatischen Gemeinschaft erwarteten: eine klare, unmissverständliche Haltung im Namen des Völkerrechts, des Friedens und der Menschenwürde.[75]

Die Rede, obgleich nie gehalten, wirkte wie ein Weckruf: für eine UNO, die ihre Stimme nicht verlieren darf – und für ein Generalsekretariat, das sich nicht im Schatten der Großmächte verstecken sollte. Leitners Text ist weniger Anklage als eindringliches Plädoyer für das, was die UNO sein könnte: eine moralische Instanz in einer enthemmten Weltpolitik.

Der Generalsekretär war nicht der Einzige, der die Eskalation in der Ukraine unterschätzt hatte, der nicht – was er hätte tun müssen und können – präventiv vermittelt hat zwischen der russischen und der ukrainischen Regierung. Er hätte intervenieren, den Sicherheitsrat mit dem Fall Russland befassen können, wenn er eine Bedrohung der internationalen Sicherheit sah. Seine politische Zurückhaltung war ein Fehler. Der Generalsekretär ist der Wächter der Charta. Guterres hätte frühzeitig Strukturen für spätere Friedensverhandlungen schaffen und Sonderbeauftragte ernennen können, die er schon früh nach Moskau und Kiew hätte schicken oder zu einem Treffen aller betroffenen Parteien etwa in Genf (Russische Föderation, Ukraine, EU, Vereinigtes Königreich, Beijing und andere) einladen können. Der diplomatischen Fantasie sind dabei keine Grenzen gesetzt.

Das alles tat Guterres nicht. Und als das Kind in den Brunnen gefallen war, berief nicht er in New York den Sicherheitsrat ein, sondern Washington. Das wiederholte sich in Nahost: Sollte ihm zu Ohren gekommen sein, dass ganz Gaza und die Grenzanlagen untertunnelt waren und dadurch Israels Sicherheit bedroht ist, hätte er intervenieren können. In jeder Zeitung war jahrelang zu lesen, was alles aus Ägypten hineingeschleust wurde: Personen, Autos, Waffen und Sprengstoffe. Er hätte eine Fact-Finding-Mission einsetzen können, die die Vorwürfe mit den ägyptischen Behörden und den Verantwortlichen der Hamas klärt. Wozu haben wir den United Nations Special Coordinator in the Occupied Territories (UNSCO), einen Kollegen in Jerusalem mit Kontakten zur Hamas, der sich auch darum hätte kümmern können. Eine Mitverantwortung trägt auch der schweizerisch-italienische UNRWA-Chef, Philippe Lazzarini, dessen Leute jeden Stein in Gaza kannten. Dass unter den 13 000 UNRWA-Angestellten in Gaza neun am Überfall Israels am 7. Oktober beteiligt waren, was er ja meldete, hat er zwar politisch zu verantworten, aber UNRWA muss auch gewusst haben, dass Gaza untertunnelt war. Lazzarini hätte einschreiten müssen. Auch Missionschefs haben eine Rechenschaftspflicht und sollten zurücktreten, wenn ihnen schwerwiegende Fehler unterlaufen. Die UN kann nicht *accountability* bei anderen predigen und bei sich selbst ein Auge zudrücken.

Während Anwärter auf Vorstandsposten in der Wirtschaft *Assessment Centers* durchlaufen müssen, gibt es in der UNO zu oft Buddy-Planungen für Politikerinnen und Politiker, die aus einem Amt ausgeschieden sind – Ex-Präsidenten oder Ex-Ministerinnen, bei denen nicht nach Durchsetzungs- und Teamfähigkeit und anderen für die Aufgabe nötige Fertigkeiten gefragt wird.

Schauen wir in die Zukunft: Alle sprechen von einem möglichen Konflikt um Taiwan und im Südchinesischen Meer. Auch hier könnte der Generalsekretär schon jetzt eine diskrete Diskussion zur Lage im Südchinesischen Meer anregen. Dort geht es um Frieden und Sicherheit. Bestimmt würde das nicht einfach mit China und den USA, aber den Zug tatenlos auf sich zurollen zu sehen, ist keine Alternative. Eine Erfahrung war in diesen Zusammenhängen für mich immer beruhigend: Bei der UNO zählt nicht der sichere Erfolg – sondern der unbeirrbare Wille, immer wieder das Beste zu geben.

Wann bekommt die UNO eine Generalsekretärin?

Es ist ja nicht so, als wäre António Guterres nicht durchsetzungsfähig. Bei seiner Wahl war er es schon. Der Nachfolger von Ban Ki-moon sollte eigentlich kein Westeuropäer sein; das Vorschlagsrecht hätte – keine verbindliche Regelung, eher eine Tradition – Osteuropa zugestanden, das noch keinen Generalsekretär gestellt hatte. Auch eine Frau wäre erwünscht gewesen. Ideal wäre also eine osteuropäische Frau gewesen. Irina Bokowa, die UNESCO-Chefin aus Bulgarien, stand zur Debatte. Möglicherweise hatte sie keine Chance, weil sie in Moskau studiert hatte. Oder Kristalina Georgiewa, ebenfalls Bulgarin, die jetzt Chefin des IWF ist und die ich als charismatische Frau in Erinnerung habe. Sie war bis 2014 Kommissarin für internationale Zusammenarbeit, humanitäre Hilfe und Krisenreaktion bei der EU. Wer von einem Treffen mit ihr kam, wusste, was zu tun war, und hat ihren Rat umgesetzt. Sie hat Führungsfähigkeiten. Aber schon früh, im Dezember 2015, kündigte Guterres seine Kandidatur an. Dass er von 1999 bis 2005 Präsident der Sozialistischen Internationale war, mag ihm geholfen haben. Er hatte jedenfalls breite Unterstützung der Mitgliedstaaten des Globalen Südens. Seine zehnjährige Amtszeit als UN-Flüchtlingshochkommissar (UNHCR) wies ihn durchaus als praktischen Krisenmanager aus. Bei Testabstimmungen (»straw polls«) war er stets die Nummer 1, keine Vetomacht war gegen ihn. Und so empfahl der Sicherheitsrat der Generalversammlung am 5. Oktober 2016 einstimmig Guterres als künftigen Generalsekretär. Die Frauen und Osteuropa mussten weiter warten.

Immerhin hat Guterres für die Leitung von Missionen eine Frauenquote eingeführt. Das relativiert allerdings mitnichten den Vorwurf, dass die UNO bisher keine Generalsekretärin hatte und deshalb gegen ihr eigenes Versprechen handelt, das sie sich mit der Resolution 1325 (»Frauen, Frieden und Sicherheit«) aus dem Jahr 2000 gegeben hat: »die Stärkung der Teilhabe von Frauen an politischen Prozessen und Institutionen bei der Bewältigung und Verhütung von Konflikten«.

Es ist höchste Zeit, dass auf Guterres eine Generalsekretärin folgt. Die Mitglieder von *Diplomats Without Borders* unterstützen daher die Kampagne »1 für 8 Milliarden«, qualifizierte Kandidatinnen für das Amt zu nominieren. Nachdrücklich plädiere ich für ein offenes Auswahlverfahren und Chancengleichheit, damit »die bedauerliche Tatsache, dass bisher keine Frau Generalsekretär gewesen ist« (Pact for the Future) korrigiert werden kann.

Mehr UN wagen: Wie Europa zur Modernisierung beitragen kann

Die Stärkung der Vereinten Nationen beginnt nicht in New York – sie beginnt in Berlin, Paris, Rom und Brüssel. Sie beginnt in den Köpfen der Regierungschefs Europas, in den Kabinetten, in den Köpfen der Analystinnen und Kommentatoren, in den außenpolitischen Grundsatzpapieren und vor allem in der öffentlichen Sprache. In den aktuellen Krisen – ob in der Ukraine oder im Nahen Osten – tauchen die Vereinten Nationen in Statements europäischer Politikerinnen und Politiker oft nur am Rande auf, wenn überhaupt. In den deutschen Leitmedien ist es ähnlich. Wo allerdings keine Initiativen präsentiert und keine Treffen initiiert werden, gibt es auch keine Schlagzeilen. Doch eine Weltorganisation, die nur mit – wenn auch klugen – Worten präsent ist und die Initiative anderen überlässt, verliert real an Bedeutung.

Das sollte sich ändern. Wenn die EU die UN ernsthaft stärken will, dann muss die UN-Perspektive integraler Bestandteil europäischer Außen- und Sicherheitspolitik werden. Es braucht ein »UN-Mainstreaming« – in politischen Analysen, in diplomatischen Initiativen, in öffentlichen Reden und Strategiepapieren der EU-Staaten muss gefragt werden: Welchen politischen Beitrag kann die UNO hier leisten. Jede politische Lagebeurteilung, jede Konfliktstrategie, jede Friedensmission muss sich fragen: Was sagt die UN? Was tut die UN? Wie können wir sie einbinden und unterstützen?

Nur wenn die Vereinten Nationen als selbstverständlicher Referenzrahmen europäischer Außenpolitik gedacht und kommuniziert werden, kann ihre Autorität wieder wachsen. Es geht nicht um idealistische Beschwörungen, sondern um handfeste strategische Einsicht: Eine stärkere UNO ist eine Voraussetzung für eine stabilere Welt – und damit für Europas Zukunft. Wer die UN außen vor lässt, schwächt nicht nur sie, sondern auch sich selbst. Das betrifft beispielsweise auch die Sitzfrage. Ist die UNO in New York gut aufgehoben, in einem Land, das sich zum Ziel gesetzt hat, den Multilateralismus zu zerschlagen?

Der *Guardian* schlug im November 1988 schon einmal vor: »Warum nicht die UNO ganz von New York, wo sie jederzeit zur Geisel einer US-Laune werden kann, in das neutrale Genf verlegen, wo ohnehin schon heute viele UNO-Organisationen sitzen?« Andreas Zumach hielt das in einem Kommentar in der *taz* für »völlig unrealistisch«. Dabei sollte das damals nicht einmal für immer sein. Die Fantasien über einen Umzug löste die kurzfristige Entscheidung der US-Regierung unter Ronald Reagan aus, Jassir Arafat nicht einreisen zu lassen, um vor den Vereinten Nationen zu sprechen. Begründung: Arafats PLO stand auf der Liste der Terrororganisationen. Selbst die Frage, ob eine einmalige Verlegung möglich wäre, erschien unwahrscheinlich – auch wegen der Kosten.[76]

Was Zumach und der *taz* völlig unrealistisch vorkam, wurde wahr. Die Generalversammlung beschloss, die Sitzung ausnahmsweise in die Schweiz zu verlegen, damit Arafat reden konnte. Man könnte das rückblickend als gelungene Generalprobe für den Fall der Fälle betrachten. Zwar könnte die UNO auch dann weiter aus New York operieren, aber Genf wäre eine Alternative.

Ich war damals Referent im UN-Referat des Auswärtigen Amts. Dort bereiteten wir die Generalversammlung vor, die am 13. Dezember 1988 im Palais des Nations in Genf zusammentraf. Es war richtig, dass Arafat reden konnte. In Genf anerkannte er die UN-Resolutionen zu Palästina, auch die UN-Resolution 242 von 1967, welche die »Souveränität, territoriale Unversehrtheit und politische Unabhängigkeit eines jeden Staates in der Region« garantiert. Arafat bekräftigte damit einen Monat nach der »Unabhängigkeitserklärung des Palästinensischen Nationalrats« in Algier erstmals öffentlich, dass die PLO das Existenzrecht Israels anerkenne und Gewalt nicht länger als Mittel der Politik betrachte – ein entscheidender Schritt in Richtung des Oslo-Friedensprozesses.

Dass die Generalversammlung öfter in Europa stattfindet, könnte sich wiederholen, denn die USA sind wegen Trumps Motto »America, first!« kein verlässlicher Anführer der multilateralen Welt mehr. Die Unterstützung Washingtons (ohnehin ein säumiger Zahler) für die UNO könnte schwanken, und die USA könnten sich nur noch bei nationalem Interesse engagieren. Weil auch Frankreich und das Vereinigte Königreich – nicht zu vergessen China – im Sicherheitsrat ihre nationalen Interessen pflegen, haben die Mitgliedstaaten in der zweiten Reihe die Chance, sich als »Schlüsselpartner im Multilateralismus« zu profilieren. Wenn Europa sich enger mit der UNO verbindet, könnte es als verlässlicher und konstruktiver Partner der Weltgemeinschaft an Profil gewinnen. Naheliegend und im gemeinsamen Interesse könnte die EU Motor für Reformen des Sicherheitsrats werden, die dem Globalen Süden entgegenkommen.

Europas Handschrift: Ein Friedensrat für die UNO

Den Bedürfnissen des Globalen Südens käme ein Instrument entgegen, das bereits mehrere Organisationen der Friedens- und Konfliktforschung und das jährliche Friedensgutachten angeregt haben: ein UN-Friedensrat. Er könnte helfen, Blockaden des Sicherheitsrats zu brechen. Statt militärisch für Frieden und Sicherheit zu sorgen, wenn das Kind in den Brunnen gefallen ist, wäre sein Ziel, frühzeitig Gewalt zu verhindern: durch Konfliktanalyse, Mediation, Einbindung regionaler Akteure und Förderung ziviler Lösungen. In den *Pact for the future* vom September 2024 hat es der Friedensrat nicht geschafft. Im Globalen Süden trifft die Idee jedoch auf offene Ohren, weil ein Friedensrat regionale Perspektiven und zivilgesellschaftliche Stimmen stärker einbezieht und Prävention statt Intervention priorisiert. Weil ein Friedensrat für mehr Gleichgewicht und Mitsprache im internationalen System sorgt, könnte aus einer europäischen Reformidee eine globale Bewegung werden – getragen von der gemeinsamen Hoffnung auf eine gerechtere Friedensordnung. Die EU sollte diesen Gedanken forcieren. Ein Friedensrat würde seinen Einfluss als zivile Ordnungsmacht stärken, ohne militärische Dominanz zu beanspruchen. Er entspricht dem europäischen Ansatz von Friedenspolitik: Konflikte nicht nur einzudämmen, sondern Strukturen zu stabilisieren, Institutionen aufzubauen und Friedensprozesse langfristig abzusichern – dort, wo der Sicherheitsrat längst an seine Grenzen gestoßen ist.

Im Sicherheitsrat selbst gilt es, die bereits bestehende Abstimmung zu gemeinsamen Positionen zu sichern und weiter zu festigen. Und sollten die USA ausfallen, sollte sich die EU dazu entschließen, die fehlenden Beiträge vorübergehend zu kompensieren. Das wäre gute, glaubwürdige Werbung für Europa als Partner.

»Straflosigkeit darf nicht hingenommen werden.
Wir müssen alles tun, damit
Täter von Verbrechen gegen die Menschlichkeit
vor Gericht gestellt werden.«

Kofi Annan, 20.9.1999
vor der UN-Generalversammlung

Kapitel 5

Der Internationale Strafgerichtshof: Wo Macht Grenzen findet und die Welt Recht spricht

Der Internationale Strafgerichtshof ist Ergebnis eines hartnäckigen Bemühens auch eines Deutschen, Hans-Dietrich Genscher. Wer das Bedürfnis auf Stolz hat, hier ist er berechtigt. Der Sitz dieses unabhängigen Gerichtshofs ist Den Haag. Er ahndet Völkermord, Verbrechen gegen die Menschlichkeit, Kriegsverbrechen und Verbrechen der Aggression. Bedauerlich ist, wenn auch europäische Staaten die Kompetenz und die Befugnisse des IStGH unterlaufen, indem sie Haftbefehle aus Gründen politischer oder wirtschaftlicher Opportunität ignorieren und ihn damit seiner Wirksamkeit berauben.

Es war ein dickes Brett, das Hans-Dietrich Genscher damit bohrte. In den 18 Jahren als Bundesaußenminister erarbeitete er sich zielstrebig die Zuneigung der Deutschen und die Abneigung der Führer in Moskau und Ostberlin. »Wenn ich Genscher sehe, wird mir übel«, sagte Leonid Breschnew. »Dieser Mann ist mir widerlich.« Für Honecker war Genscher »ein mieser Kerl«, er stehe »der CDU näher als der SPD«. Genschers Streben nach einem Internationalen Strafgerichtshof (IStGH) für Menschenrechte gefiel dem »Helden der Sowjetunion« gar nicht. Aber Honecker kündigte an: »Wir werden in der UNO alle unsere Verbündeten mobilisieren. Er wird eine Bauchlandung machen.«[77] Es sollte anders kommen.

Nach dem Fall des Eisernen Vorhangs sah Genscher die Chance, die UN in einer neuen Weltordnung zur Friedensinstanz zu erheben. Der angestrebte Gerichtshof sollte dafür sorgen, dass Individuen für Kriegsverbrechen und andere Verletzungen von Völkerrecht und Menschenrechten juristisch verfolgt werden. In Deutschland war das Staatsräson, eine Lehre aus den Nürnberger Prozessen und aus historischer Verantwortung Bestandteil der westdeutschen Nachkriegsethik. Artikel 25 des Grundgesetzes hielt fest: »Die allgemeinen Regeln des Völkerrechts sind Bestandteil des Bundesrechts.«

Dazu bedurfte es eines internationalen Gerichtshofs mehr denn je. Am 17. Juli 1998 unterzeichneten 120 Staaten das »Römische Statut des Internationalen Strafgerichtshofs«. Als der IStGH (engl.: International Criminal Court, ICC), eine der größten zivilisatorischen Errungenschaften des vorigen Jahrhunderts, 2002 seine Arbeit aufnahm, sagte Annan: »Es kann keinen dauerhaften Frieden ohne Gerechtigkeit geben. Es kann keine Versöhnung ohne Rechenschaftspflicht geben.«

DAS RÖMISCHE STATUT UND SEINE UNTERZEICHNER

Das Römische Statut, Grundlage des IStGH, haben 137 der 193 Mitgliedstaaten der UNO unterzeichnet, 125 haben es auch ratifiziert (Stand: Januar 2025). Zu den Nichtunterzeichnern oder Nichtratifizierern zählen die mächtigsten Staaten der Welt, China, Russland und die USA, für die es damit nicht verbindlich ist. China hat sich dem Statut nie angeschlossen, angesichts seines Umgangs mit Tibetern, Mongolen und Uiguren selbsterklärend; auch die Türkei hatte kein Interesse (Kurden). US-Präsident Clinton hatte das Römische Statut zwar im Dezember 2000 unterschrieben, es aber nicht an den Senat zur Ratifizierung weitergeleitet; Präsident Bush zog die Unterschrift nach dem Einmarsch in Afghanistan wieder zurück, weil er Ermittlungen gegen US-Soldaten befürchtete. Auch Russland hatte das Vertragswerk nie ratifiziert und zog seine Unterschrift 2016 zurück, nachdem Chefanklägerin Fatouh Bensouda erklärt hatte, die Annexion der Krim und das Eingreifen in der Ostukraine könnten zu einem bewaffneten Konflikt zwischen Russland und der Ukraine führen.

Das Weltgericht: Der Internationale Strafgerichtshof (IStGH) in Den Haag verfolgt Völkermord, Verbrechen gegen die Menschlichkeit, Kriegsverbrechen und Verbrechen der Aggression.

Luis Moreno Ocampo aus Argentinien, erster Chefankläger und damit vergleichbar mit einem Staatsanwalt, initiierte erste Verfahren in Uganda, der Demokratischen Republik Kongo, Darfur (Sudan) und der Zentralafrikanischen Republik wegen Kriegsverbrechen, Völkermord sowie Verbrechen gegen die Menschlichkeit. Seit 2017 werden auch »Verbrechen der Aggression« (Angriffskrieg) verhandelt – und zwar überall dort, wo nationale Gerichte nicht für Recht sorgen können oder wollen.

Zu den ersten Richtern am IStGH gehörte ein Deutscher: Hans-Peter Kaul, ein sachkundiger, etwas kauziger Jurist und Leiter des Völkerrechtsreferats im Auswärtigen Amt. Als Leiter der deutschen Delegation hatte er in Genschers Auftrag die Verhandlungen von 1996 an maßgeblich vorangetrieben. Er war ein Überzeugungstäter. Für ihn war das Völkerrecht ein Instrument der Gerechtigkeit, keinesfalls ein politisches Werkzeug. Um Richter des IStGH werden zu können, sein Herzenswunsch, hat er einen ungewöhnlichen Weg einschlagen. Weil er sich vom Auswärtigen Amt nicht genügend unterstützt sah, suchte er internationale Förderung, und das ausgerechnet bei den USA, die das Römische Statut noch gar nicht ratifiziert hatten. Er schrieb einen Brief an Präsident Bush – eine Grenzüberschreitung im diplomatischen Dienst, die sich lohnte. Kaul wurde 2003 Richter am IStGH.

April 2017: Besuch bei einer furchtlosen Frau in Den Haag. Fatou Bensouda untersuchte auch Verbrechen in Afghanistan, weshalb Donald Trumps Verwaltung ihr das Visum entzog.

Das erste Urteil des »Weltstrafgerichts« erging 2012 gegen Thomas Lubanga Dyilo, den kongolesischen Warlord der mit Uganda verbündeten Union des Patriotes Congolais (UPC): 14 Jahre Haft wegen Anwerbung und Einsatzes von Kindersoldaten zwischen 1998 und 2003. Ocampos Nachfolgerin, Fatou Bensouda, ermittelte gegen Staatschefs wie Uhuru Kenyatta (Kenia) und Laurent Gbagbo (Elfenbeinküste). Als sie 2017 Verbrechen in Afghanistan untersuchen und dabei auch Armee und Geheimdienst der USA in den Blick nehmen wollte, entzog Donald Trumps Verwaltung ihr und weiteren Beteiligten das Visum. Der Nationale Sicherheitsberater John Bolton bezeichnete die Untersuchungen als Angriff auf die Souveränität seines Landes, Trump bestritt jegliche Legitimität des IStGH.

Wie es begann: Die Vorgänger des IStGH

Im Jahr 1993 richtete der UN-Sicherheitsrat ein Sondertribunal für das ehemalige Jugoslawien (International Criminal Tribunal for the former Yugoslavia, ICTY) in Den Haag ein. Vorbild waren die Nürnberger Prozesse gegen die nationalsozialistischen Hauptkriegsverbrecher. Nun sollte Den Haag Kriegsverbrechen im zerfallenden Jugoslawien aufklären. Erste Chefankläger waren Richard Goldstone und Louise Arbour, sie ermittelten unter anderem gegen Politiker und Militärs, darunter den serbischen Präsidenten Slobodan Milošević und andere Serbenführer wie Radovan Karadžić und Ratko Mladić. 1999 übernahm Carla Del Ponte und brachte die Fälle zur Anklage. Die unerschrockene und kompromisslose Schweizerin ließ politische Einmischung abtropfen und kritisierte Staaten, wenn sie die Festnahme von Angeklagten verzögern wollten. Auch für Joschka Fischer kamen ihr hartnäckiges Ermitteln gegen Milošević und der Haftbefehl 1999 zur Unzeit, weil sie seine Verhandlungen mit dem Serben wegen der Luftangriffe der NATO und des Kriegs im Kosovo erschwerten. Für die Politik kommen Haftbefehle meist zur Unzeit.

Für Milošević war klar: Wenn aus Krieg Frieden wird, muss er damit rechnen, ausgeliefert zu werden. Wieso also sollte er sich ohne Hoffnung auf politische Rück- und Nachsichten an den Verhandlungstisch setzen? 2001, wenige Monate nach seinem Sturz, fand die neue Regierung in Belgrad den Mut, ihn auszuliefern. Dessen Leibwächter eröffneten das Feuer, sodass 400 Polizisten anrücken mussten, um den »Schlächter des Balkans« am 1. April 2001 in Belgrad aus seiner Villa zu holen. Milošević drohte damit, sich, seine Frau und seine Tochter zu erschießen. Schließlich ließ er sich doch abführen. Knapp sechs Jahre später starb er in seiner Zelle in Den Haag an einem Herzinfarkt, bevor ein Urteil gesprochen werden konnte.

Parallel tagte in Arusha (Tansania) das *International Criminal Tribunal for Rwanda (ICTR)*. Es verhandelte gegen führende Köpfe des Genozids an den Tutsi und war das erste Gericht, das systematische Vergewaltigungen als Tatbestand des Völkermords anerkannte. Diese und weitere Fälle zeigten, dass das Völkerrecht eine juristische Lobby hatte.

Dass Deutschland ein Treiber des IStGH war und stets für dessen Unabhängigkeit vom Sicherheitsrat eintrat, ist ein Grund, einmal stolz zu sein – oder wenigstens zufrieden mit dem eigenen Engagement für eine bessere Welt. Aber nicht alle sind damit zufrieden. »In der deutschen Außenpolitik hat der Kampf gegen Straflosigkeit keine Priorität«, bedauerte die Gesellschaft für bedrohte Völker 2018. »Wirtschaftlichen, politischen und strategischen Interessen wird oft Vorrang vor Fragen der Gerechtigkeit eingeräumt.«[78]

Keine falschen Rücksichten: Haftbefehle gegen Putin und Netanjahu

Am 17. März 2023 erließ die Vorverfahrenskammer des IStGH auf Antrag Karim Khans, seit 2021 Chefankläger des IStGH, einen Haftbefehl gegen Wladimir Putin, zunächst wegen »Deportation und rechtswidriger Überführung von Kindern aus besetzten Gebieten der Ukraine nach Russland«. Es geht um mehrere Tausend ukrainische Kinder, die in von Russland kontrollierte Gebiete oder nach Russland gebracht und zur Adoption freigegeben worden sein sollen. Putins Fall war der erste, den der IStGH gegen das Staatsoberhaupt eines ständigen Mitglieds des UN-Sicherheitsrats richtete. Alle 124 Vertragsstaaten des Römischen Statuts müssen ihn festnehmen und ausliefern, wenn er ihren Boden betritt. Das schränkt seine Bewegungsfreiheit ein, weshalb er sich beim BRICS-Gipfel in Südafrika 2023 von Außenminister Lawrow vertreten lassen musste. Khans Paukenschlag zeigt, dass niemand über absolute Immunität verfügt, nicht einmal der mächtige Präsident eines Staats mit Vetorecht im UN-Sicherheitsrat. Auch wenn dieser Haftbefehl wohl niemals vollstreckt wird, ist diese Entscheidung eine historische.

Bundeskanzler Scholz sagte damals, »dass niemand über Recht und Gesetz steht«. Estlands damalige Ministerpräsidentin Kaja Kallas, inzwischen EU-Außenbeauftragte und Vizepräsidentin der Europäischen Kommission, twitterte, der Haftbefehl erinnere daran, dass niemand immun sei, nicht einmal Staatsoberhäupter. Sie versprach: »Das russische Regime wird zur Rechenschaft gezogen werden.«[79] Dmitri Medwedew, der in Europa lange als Hoffnungsträger galt, drohte in der inzwischen üblichen bedauerlichen Kremlmanier mit »atomaren Folgen«. Dass der Chefankläger des IStGH, Karim Khan, Putin schon länger auch wegen anderer Verbrechen im Auge hatte, belegt sein Besuch in der ukrainischen Stadt Butscha, wo Russlands Armee wenige Tage nach dem Einmarsch ein Massaker angerichtet hatte. Zu hoffen ist, dass auch daraus Konsequenzen entstehen.

Es gibt aber auch einen Fall, in dem die Begeisterung gedämpfter war als in der Causa Putin, zumindest in Deutschland. Am 21. November 2024 erließ die Vorverfahrenskammer des IStGH in Den Haag Haftbefehle gegen den israelischen Premierminister Benjamin Netanjahu und dessen Verteidigungsminister Yoav Gallant. Bereits im Mai hatte Chefankläger Karim Khan entsprechende Anträge gestellt und beiden mutmaßliche Kriegsverbrechen und Verbrechen gegen die Menschlichkeit im Zusammenhang mit der Gaza-Offensive vorgeworfen, weil sie »absichtlich und wissentlich der Zivilbevölkerung im Gazastreifen wesentliche Dinge für ihr Überleben einschließlich Nahrung, Wasser sowie Medikamente und medizinische Hilfsmittel sowie Brennstoffe und Strom vorenthalten« hätten. Mit dem Einsatz von Hunger als Kriegswaffe durch die Blockade der Lieferung von Nahrungsmitteln und Wasser, Treibstoff und medizinischen Gütern in den Gazastreifen hätten sie eine schwere humanitäre Krise zu verantworten. Artikel 8, Absatz 2 des Römischen Statuts wertet als Kriegsverbrechen »die vorsätzliche Aushungerung von Zivilpersonen als Kriegsmethode durch die Entziehung von für ihr Überleben unerlässlichen Gegenständen, einschließlich der vorsätzlichen Behinderung von Hilfslieferungen gemäß den Genfer Abkommen«, was auch für bewaffnete nichtinternationale Konflikte gilt. Laut Genfer Abkommen sind Besatzungsmächte dazu pflichtet, die Zivilbevölkerung mit lebensnotwendigen Gütern zu versorgen.

Die Kammer wies die Einwände der israelischen Regierung gegen die Zuständigkeit des Gerichts zurück und erklärte, dass hinreichende Gründe für eine strafrechtliche Verfolgung vorlägen. Netanjahu nannte die Haftbefehle »antisemitische Entscheidungen« von »voreingenommenen Richtern getrieben von antisemitischem Hass gegen Israel«.[80] Karim Khan hatte die bereits gestellten Anträge auf Haftbefehl auch gegen den Chef der Hamas im Gazastreifen Jahja Sinwar, den Militärchef der al-Qassam Mohamed Deif sowie den Vorsitzenden des Politbüros der Hamas Ismail Haniyeh nach deren Tötung in Gaza und Teheran wieder zurückgezogen.

Im Fall Netanjahu und Gallant gibt es Stimmen, die an das Subsidiaritätsprinzip erinnerten. Israel verfüge über eine funktionierende Judikative, die Netanjahu selbst anklagen könne. Allerdings wird deren Effektivität immer wieder kritisiert, weil gewaltsame Übergriffe durch israelische Siedler auf Palästinenser kaum strafrechtliche Konsequenzen haben. Diese Lücken im nationalen Rechtsschutz nähren den Ruf nach internationaler Gerichtsbarkeit – nicht als Ersatz, sondern als notwendige Ergänzung, wo staatliche Mechanismen versagen.

DER ISTGH UND DAS SUBSIDIARITÄTSPRINZIP

Der Internationale Strafgerichtshofs (IStGH) darf nur tätig werden, wenn nationale Justizsysteme nicht willens oder nicht in der Lage sind, Verbrechen ernsthaft zu verfolgen. Wenn jedoch nationale Gerichte ihre Aufgabe vernachlässigen, kann der IStGH eingreifen. Dass dies bei der Gewalt von Siedlern und israelischem Militär gegen die palästinensische Zivilbevölkerung im besetzten Westjordanland und Ostjerusalem der Fall ist, belegen Medienberichte sowie etliche Studien von Hilfsorganisationen und NGOs. UNRWA berichtet über 924 Tote zwischen dem 7. Oktober 2023 und dem 26. April 2025, darunter mindestens 196 Kinder. Für April 2025 hält der Bericht fest: »Im gesamten Westjordanland wurde eine verstärkte Gewalt israelischer Siedler verzeichnet.«[81]

Die Bundesregierung jedoch wand sich: Wir unterstützen natürlich die internationale Gerichtsbarkeit, hieß es, aber nur Staaten können Mitglied des IStGH sein, und Palästina sei kein Staat. Das Auswärtige Amt bemühte ein Gutachten und schickte dem IStGH am 6. August 2024 einen »Amicus Curiae«-Brief (»Freund des Gerichts«), eine schriftliche Stellungnahme.[82] Auch Deutschland bezweifelte darin die Zuständigkeit des Gerichts mit Hinweis auf das Komplementaritätsprinzip. Israel sei selbst in der Lage, die genannten Vorwürfe zu verfolgen. Der Gerichtshof ging darüber hinweg. Israel sei zwar nicht Mitglied des IStGH, aber die Kriegsverbrechen geschahen auf palästinensischem Territorium. Und der Gerichtshof hatte Palästina 2015 als 123. Mitglied aufgenommen, obwohl es völkerrechtlich kein Staat sei.

Diese Begründung und der Haftbefehl gegen Netanjahu stießen auf Kritik, auch unter Juristen. Für Ignaz Stegmiller birgt diese Entscheidung »politischen Sprengstoff«. Der IStGH müsse sich auf Postkonfliktsituationen konzentrieren. »Ein Eingreifen des IStGH in laufende Konflikte überfrachtet diesen mit zu hohen Erwartungen. Der IStGH ist weder Vermittler zwischen Staaten noch ein Streitschlichtungsgremium.« Er riet dem IStGH, darauf zu achten, nicht »für andere Zwecke als strafrechtliche Verfahren instrumentalisiert zu werden«.[83]

Und doch muss auch die Bundesregierung die Entscheidung des Gerichtshofs anerkennen, selbst wenn sie ihrer Rechtsauffassung widerspricht, so wie sie auch ein Urteil des Bundesverfassungsgerichts oder der europäischen Gerichte akzeptieren muss, das sie für falsch hält. Das gilt für alle Staaten, deren Regierungen die Römischen Verträge unterzeichnet haben. Würden Entscheidungen des IStGH selektiv ignoriert (Putin-ja, Netanjahu-nein), würde dies nicht nur das Prinzip universeller Gerechtigkeit aushöhlen, sondern auch die Autorität des Gerichts selbst untergraben.

Deutschland hat sich außerdem am 12. Januar 2024 in einem Verfahren eines anderen Gerichts an die Seite Israels gestellt, das Südafrika bereits am 29. Dezember 2023 gegen Israel wegen mutmaßlichen Völkermords vor dem Internationalen Gerichtshof (IGH) initiiert hatte und einige Monate später mit einem 5000-seitigen Dossier unterfütterte. Diese Vorwürfe seien unbegründet, es gebe keine Anhaltspunkte für einen Genozid durch Israel. Das Gericht, das sich seit Gründung der UNO mit Verbrechen von Staaten, nicht von Einzelpersonen beschäftigt, sah auch dies anders und forderte Israel auf, sofort dafür zu sorgen, dass humanitäre Hilfe ungehindert geleistet werden kann. Im Mai 2024 verlangte das Gericht auch, den Militäreinsatz zu beenden. Der IGH hat Israel auch mehrfach wegen dessen Siedlungspolitik gerügt. Solche Rügen bleiben allerdings folgenlos.

IGH UND ISTGH

Der Internationale Gerichtshof (IGH) und der Internationalen Strafgerichtshof (IStGH) arbeiten beide in Den Haag, sie unterscheiden sich aber grundsätzlich. Der IGH ist ein Organ der UN, verhandelt Streit unter Staaten, der IStGH ist ein Strafgericht, das Einzelpersonen wegen Völkermord, Kriegsverbrechen, Verbrechen gegen die Menschlichkeit zur Rechenschaft zieht.

Zumal Israel, als der IGH es wegen seiner Verpflichtungen in den palästinensischen Gebieten anhören wollte, eine Teilnahme ablehnte. »Kein anderes Land – weder eine Demokratie noch ein anderes Regime – wurde so oft vor den IGH gebracht wie Israel«, sagte Außenminister Gideon Saar im April 2025. »Keine andere Nation wird so systematisch mit zweierlei Maß gemessen.« Saars Einwurf ist nicht völlig unbegründet. Tatsächlich verabschiedete der UN-Menschenrechtsrat mehr Resolutionen zu Israel als zu jedem anderen Staat. In der Generalversammlung steht Israel häufiger am Pranger als andere Staaten, die dazu Anlass gäben.

Anders als im Fall Israels hatte sich einige Monate zuvor, im November 2023, die Bundesregierung gemeinsam mit Kanada, Dänemark, Frankreich, Großbritannien und den Niederlanden der Klage von Gambia gegen das mehrheitlich buddhistische Myanmar vor dem IGH angeschlossen. Dabei ging es um den Vorwurf des Völkermords gegen die Minderheit der muslimischen Rohingya. Weil sich die Bunderegierung bei mutmaßlichen Verbrechen gegen die Menschlichkeit gegenüber Israel zurückhält, urteilte eine Gruppe ehemaliger deutscher Botschafter im April 2025 so: »Dass wir uns so dem Vorwurf der Doppelmoral aussetzen, darf nicht verwundern.«[84]

Wer würde Putin, Netanjahu, al-Baschir ausliefern?

Nachdem der IStGH den Haftbefehlt gegen Netanjahu ausgestellt hatte, kam schnell die Frage auf: Welcher Staat würde Israels Ministerpräsidenten festnehmen und nach Den Haag überstellen? Frankreichs Präsident Emmanuel Macron legte sich sofort und kompromisslos, aber zu Unrecht (siehe oben die Äußerungen im Falle Putins) fest: Netanjahu sei als Staatschef immun. Die deutsche Regierung, in ihrem Schwanken zwischen »Staatsräson« aus Geschichtsbewusstsein und Achtung von Völkerrecht und rechtsstaatsbasierter Ordnung, entschloss sich zu einem entschiedenen Ich-weiß-nicht. Doch bald legte sich auch der damalige Kanzlerkandidat Friedrich Merz fest, er werde Netanjahu einladen, Deutschland werde ihn nicht verhaften. Von einer Einladung hat er als Bundeskanzler allerdings nicht mehr gesprochen.

Dagegen wiederum protestierten in der *FAZ* 77 Völkerrechtler. Sie verlangten »Respekt für das Völkerrecht«. Die Bundesrepublik müsse die völkerrechtlichen Verpflichtungen einhalten, die sie eingegangen sei. »Gerade in einer Zeit, in der das Völkerrecht von mächtigen Staaten gebrochen wird, appellieren wir eindringlich an Entscheidungsträger in Bund und Ländern, diese Errungenschaft nicht aufs Spiel zu setzen.« Das gelte für Putin ebenso wie für Netanjahu, »und zwar ungeachtet dessen, ob wir einen Haftbefehl des Internationalen Strafgerichtshofs inhaltlich richtig finden und ungeachtet unserer Einschätzungen der Reichweite persönlicher Immunität. Eine Einladung Netanjahus nach Deutschland unter Zusicherung von Immunität verstieße gegen das Völkerrecht und gegen deutsches Recht.«[85] Dass Merz seine Ankündigung zunächst nicht umsetzen musste, verdankte er ausgerechnet dem ungarischen Ministerpräsidenten Victor Orbán, der den Israeli seinerseits eingeladen hatte und im April empfing. Im Mai verfügte er den Austritt Ungarns aus dem Rom-Statut nach 24 Jahren Mitgliedschaft.

Merz' Lavieren ist jedoch völlig unnötig, denn es gibt in den Römischen Verträgen eine Passage, die einen Besuch ohne peinliche Konsequenzen im Rahmen von Gesetz und Ordnung ermöglicht. In Artikel 16 (»Aufschub der Ermittlungen oder der Strafverfolgung«) heißt es: »Richtet der Sicherheitsrat in einer nach Kapitel VII der Charta der Vereinten Nationen angenommenen Resolution ein entsprechendes Ersuchen an den Gerichtshof, so dürfen für einen Zeitraum von 12 Monaten keine Ermittlungen und keine Strafverfolgung aufgrund dieses Statuts eingeleitet oder fortgeführt werden; das Ersuchen kann vom Sicherheitsrat unter denselben Bedingungen erneuert werden.« Das wäre eine Lösung, um Netanjahu Reisen in Mitgliedstaaten des IStGH zu ermöglichen – wie auch Putin. Zu begründen wäre der Antrag mit Gesprächen über ein Ende des Kriegs.

Das wäre auch im Fall Omar al-Baschir möglich gewesen: 2005 verwies der Sicherheitsrat seinen Fall nach Kapitel VII der UN-Charta an den IStGH (Resolution 1593). Al-Baschir weigerte sich zu kooperieren. 2009 und 2010 erhob der IStGH Anklage gegen den sudanesischen Präsidenten (und weitere Personen aus Sudan) im Zusammenhang mit dem Konflikt in der Region Darfur, konkret: Tötung von Tausenden von Zivilisten, Massenvergewaltigungen, systematische Vertreibungen, ethnische Säuberungen. Sudan war und ist kein Vertragsstaat des Römischen Statuts. Dass der IStGH gegen Baschir ermittelt und zwei Haftbefehle ausstellte, gefiel weder ihm noch seinen Unterstützern; auch viele afrikanische Staaten bekundeten ihm Solidarität, und die AU forderte ihre Mitgliedsstaaten auf, Baschir nicht zu verhaften, darunter auch Vertragsstaaten des IStGH, die dazu verpflichtet gewesen wären. So konnte Baschir trotz internationaler Haftbefehle nach Ruanda, Südafrika, Äthiopien und in andere Länder reisen, ohne festgenommen zu werden. Seit er 2019 gestürzt wurde, windet sich das mittlerweile in einem brutalen Bürgerkrieg verstrickte Land, wenn es um seine Auslieferung geht.

Wenn Politiker und Politikerinnen gemeinsam eine Friedenslösung suchen, sollen sie mit Genehmigung des Sicherheitsrats reisen dürfen, auch solche, gegen die ein Haftbefehl besteht: Putin, Netanjahu, al-Baschir und all die anderen. Denn ohne sie ist oft keine Einigung möglich ist.

Ungeachtet dessen gilt im Völkerrecht wie im nationalen Recht: Selbst gravierende Provokationen oder Angriffe rechtfertigen keine eigenmächtige Gewaltanwendung außerhalb der rechtlichen Regeln. Ob das Recht der Selbstverteidigung verhältnismäßig eingesetzt wird, kann juristisch verbindlich ausschließlich ein internationales Gericht bewerten – nicht die Konfliktparteien selbst.

Donald Trump ficht das nicht an, er setzt die Säge am Hochsitz der Völkerrechtswächter an. Im Februar 2025 unterzeichnete er ein Dekret, das Sanktionen gegen all jene im IStGH androht, die gegen US-Bürger oder gegen Verbündete der USA ermitteln, sprich: Netanjahu. Damit stellte sich eine neue Frage: Werden die Ermittler des IStGH künftig noch in Kriegsgebiete reisen, um Vorwürfe von Kriegsverbrechen gegen einen mächtigen Aggressor zu prüfen und Beweise zu sammeln? Werden sie sich noch Gefahren aussetzen, wenn sie fürchten müssen, selbst verhaftet zu werden?

Obstruktion: Wie die internationale Gerichtsbarkeit unterlaufen wird

Kaum ein völkerrechtliches Instrument wird so oft beschworen und zugleich so gezielt behindert wie die internationale Strafjustiz – durch mangelnde Kooperation, politische Einflussnahme und gezieltes Nichtvollstrecken internationaler Haftbefehle. Internationale Gerichtsbarkeit lebt aber von Kooperation – und scheitert zunehmend an ihrer systematischen Verweigerung.

Noch einmal Omar al-Baschir: Am 7. April 2014 saß ich direkt hinter ihm, als zehntausend Ruander im Amahoro-Stadion von Kigali trauerten und am 20. Jahrestag des Genozids an den Tutsi in Ruanda gedachten, ein nationales Trauma in Ruanda bis heute. Die Gedenkfeier im Stadion sollte ein Schritt auf dem langen Weg der Versöhnung sein. Immer wieder durchbrachen herzzerreißendes Schluchzen und kaum unterdrückte Schreie das betretene Schweigen, Menschen fielen zu Boden, Sanitäter trugen sie fort, eine beklemmende Atmosphäre. Und in den vorderen Reihen saßen die großen Anführer afrikanischer Staaten, Ruandas Präsident Paul Kagame, der im Jahr darauf die Verfassung ändern sollte, um Präsident bleiben zu können, daneben Ugandas Yoweri Museveni, seit 28 Jahren im Amt, und al-Baschir im 25. Jahr seiner Präsidentschaft im Sudan und trotz Haftbefehls noch unangefochten. Und neben ihn hatte das Protokoll meinen Chef gesetzt, UN-Generalsekretär Ban Ki-moon. Er ließ diese Spitze über sich ergehen. Auch wenn weder Ruanda noch Sudan Mitglieder des Römischen Statuts sind, gehen einige Völkerrechtler davon aus, dass eine Resolution des Sicherheitsrats (hier: 1593/2005) alle UN-Mitglieder bindet. Auch der IStGH selbst geht davon aus, dass sie in einem solchen Fall zur Kooperation verpflichtet sind.

Das gilt zwingend für Südafrika. Pretoria hat das Römische Statut unterzeichnet. Gleichwohl sagte die Regierung al-Bashir Immunität zu, als er Mitte Juni 2015 am Gipfeltreffen der Afrikanischen Union in Johannesburg teilnahm. Das Hohe Gericht in Pretoria verbot ihm auf Antrag einer Menschenrechtsorganisation, Südafrika zu verlassen, um über eine mögliche Festnahme zu befinden. Die Entscheidung kam jedoch zu spät; als sie erging, war Baschir schon in der Luft. Die Regierung hatte seine Ausreise schnell zugelassen, und die Regierungspartei ANC ließ verlauten, der IStGH sei »kein brauchbares Instrument mehr, um die Ziele zu erreichen, für die er geschaffen wurde: die Verfolgung und Bestrafung von Verbrechen gegen die Menschlichkeit!« Das Gericht sei ein Instrument der Kolonialmächte und verfolge und klage nur Afrikaner an. Die vom IStGH angeklagten Afrikaner waren allerdings, wie Ulrich Ladurner anmerkte, mit einer Ausnahme alle von afrikanischen Regierungen an den IStGH überwiesen worden. Ugandas Präsident Yoweri Museveni hatte die afrikanischen Staaten trotzdem schon lange aufgefordert, den IStGH zu verlassen. »Jetzt hat Zuma genau das vollzogen«, schrieb Ladurner bedauernd. »Als Präsident des Landes, das man einmal fröhlich die Regenbogennation nannte. Ein Land, das nach dem Ende der Apartheid im Namen der Menschenrechte wiedergeboren worden war.«[86] Den Ausstieg korrigierte die Regierung Zuma später. Im Fall von Putins Erscheinen beim BRICS-Gipfel im August 2023 befürwortete Präsident Cyril Ramaphosa erneut den Ausstieg seines Landes. Das nahm er wenig später jedoch wieder zurück; Putin verzichtete auf eine Teilnahme und schickte Außenminister Sergej Lawrow.

In die Mongolei dagegen reiste Putin selbst. Bei seinem Besuch im September 2024 hätte er festgenommen werden müssen. Aber Präsident Ukhnaa Khurelsukh ließ seinen russischen Kollegen in Ulan-Bator über einen roten Teppich gehen, flankiert von einer Ehrengarde.

Auch Giorgia Meloni hat ein Herz für vom IStGH gesuchte Männer. Das Gericht hatte einen Haftbefehl gegen den Libyer Osama

VORWURF GEGEN DEN ISTGH: DOPPELMORAL

Vor allem afrikanische Staaten werfen dem IStGH Doppelmoral vor, weil sich seine Ermittlungen überwiegend gegen Personen ihres Kontinents konzentrierten. Tatsächlich eröffnete der IStGH in den ersten 15 Jahren seiner Tätigkeit (2003 bis 2018) Verfahren fast ausschließlich gegen Personen aus Afrika. Die Afrikanische Union nannte den IStGH »Instrument westlicher Machtpolitik«. Allerdings schaltete er sich meist auf Bitten von afrikanischen Regierungen ein, auch afrikanische zivilgesellschaftliche Organisationen riefen nach einem Eingreifen. Daher ist es kein Zufall, dass die zweite Chefanklägerin Afrikanerin war, Fatou Bom Bensouda.

Seit 2016 sehen wir auch Ermittlungen gegen Personen aus anderen Weltgegenden, von Afghanistan über Myanmar/Bangladesch wegen der Verfolgung der Rohingya bis nach Europa, gipfelnd in Haftbefehlen gegen Wladimir Putin (und die russische Beauftragte für Kinderrechte, Maria Lvova-Belova) sowie Benjamin Netanjahu.

Najeem erlassen, weil er Kriegsverbrechen und Verbrechen gegen die Menschlichkeit begangen und Gefangene ermordet, gefoltert und vergewaltigt haben soll. Am 19. Januar 2025 kam er nach einem Hinweis des Gerichtshofs in Turin in Haft, war aber zwei Tage später wieder frei. »Unmittelbar danach flog Najeem ins libysche Tripolis, wo er von Anhängern jubelnd empfangen wurde«, wusste *Der Spiegel* zu berichten. Meloni habe auf Facebook verbreitet: »Ich lasse mich nicht erpressen, ich lasse mich nicht einschüchtern und deshalb bin ich, sagen wir mal, bei denen unbeliebt, die nicht wollen, dass Italien sich ändert und besser wird.« Klingt trumpig. Außenminister Antonio Tajani – auch nicht intelligenter – ließ verlauten, der Internationale Strafgerichtshof sei »nicht das Wort Gottes und nicht die Quelle aller Wahrheit«. Italien sei ein souveränes Land »und wir treffen unsere eigenen Entscheidungen«.[87]

Das ist bedauerlich, denn Italien hat das Römische Statut unterzeichnet (es ist auch noch nach Rom als dem Ort seiner Verabschiedungskonferenz benannt) und nun aber der internationalen Gerichtsbarkeit einen schlechten Dienst erwiesen. In Artikel 86 des Römischen Statuts verpflichten sich die Vertragsstaaten, den Gerichtshof bei sämtlichen Ermittlungen und Strafverfolgungen im Rahmen seiner Zuständigkeit zu unterstützen. Diese Verpflichtung umfasst auch die Festnahme und Übergabe von Beschuldigten. Er ist die völkerrechtliche Grundlage für die praktische Funktionsfähigkeit des Gerichtshofs – ohne Mitwirkung der Mitgliedstaaten ist der IStGH rechtlich machtvoll, aber operativ machtlos.

Die Philippinen haben das verstanden. Sie haben ihren ehemaligen Präsidenten Rodrigo Duterte verhaftet – und ihn gleich an den IStGH überstellt, obwohl das Land auf Dutertes Veranlassung seit 2019 nicht mehr Mitglied ist. Der IStGH bleibt allerdings trotzdem für Taten zuständig, die während der Mitgliedschaft (2011 bis 2019) begangen wurden. Duterte hätte auch vor ein einheimisches Gericht gestellt werden können, sofern dort ein faires, rechtsstaatliches Verfahren zu erwarten wäre. Seine Nachfolgeregierung fürchtete wohl Dutertes langen Arm in den Justizapparat und insinuierte selbst, dass auf den Philippinen ein faires Verfahren gegen ihn nicht möglich sei. Die Vorwürfe gegen Duterte wiegen schwer. Seinem »Krieg gegen die Drogen« sind mehrere Tausend Menschen zum Opfer gefallen, darunter viele Straßenkinder und Jugendliche; er soll auch selbst getötet haben. Duterte hatte Polizei und Todesschwadronen zu äußerst konsequentem Handeln ermuntert. Er selbst sagte in einer Rede so zynisch wie menschenverachtend, wie Hitler Millionen ermordet habe, so wolle er gern Drogenabhängige töten.[88]

Um erfolgreich arbeiten zu können, braucht die internationale

Gerichtsbarkeit Rückhalt von standhaften Demokraten, von prinzipienfesten Politikerinnen und Politikern sowie eine zähe Zivilgesellschaft, damit Menschen, die politisch und militärisch für die genannten Verbrechen verantwortlich sind, mit Folgen rechnen müssen. Dieses Versprechen, dieser gerechte Grundsatz schützt Menschen ohne Macht vor Übergriffen der Mächtigen. Der IStGH muss verteidigt werden. Kein Staat, der die Römischen Verträge unterzeichnet hat, darf sich darüber hinwegsetzen. Pacta sunt servanda.

Der IStGH hat sich wie die UNO und die EU den *Fight against impunity* zur Aufgabe gemacht, die Bekämpfung der Straflosigkeit. Wer die regelbasierte Ordnung predigt, muss sich auch zum IStGH bekennen. Wer das nicht will, sollte austreten, statt es auszuhöhlen und die gemeinsamen Werte zu schleifen. Strafverfolgung aufgrund sogenannter übergeordneter Erwägungen zu blockieren führt zu Verlust an Glaubwürdigkeit. Zumal das Weltrechtsprinzip es jedem Staat erlaubt, einen Kriegsverbrecher auch ohne internationalen Haftbefehl zu verhaften. Auch dessen Unterstützer müssen überall auf der Welt, und so auch in Europa, mit Ermittlungen und Strafverfolgung rechnen.[89]

Das geschah in Deutschland erstmals im Prozess gegen Ignace Murwanashyaka, Präsident der FDLR-Miliz, und seinen Stellvertreter Straton Musoni, die seit Jahren in Deutschland legal lebten, aber über Mobilfunk und Internet engen Kontakt zur Führung der »Demokratischen Kräfte zur Befreiung Ruandas« (FDLR = Forces Démocratiques de Libération du Rwanda) im Kongo hielten. Das Gericht warf ihnen Verbrechen gegen die Menschlichkeit und Kriegsverbrechen in der Demokratischen Republik Kongo (2008 bis 2009) vor: Massaker an Zivilisten, Plünderungen, Vergewaltigungen und Rekrutierung von Kindersoldaten. Das Verfahren, 2011 in Stuttgart eröffnet, dauerte vier Jahre und endete mit langen Haftstrafen wegen Kriegsverbrechen (Murwanashyaka) und Mitgliedschaft in einer terroristischen Vereinigung.

WELTRECHTSPRINZIP

Das Weltrechtsprinzip, auch universelle Gerichtsbarkeit genannt, erlaubt es Staaten, besonders schwere Verbrechen wie Völkermord, Verbrechen gegen die Menschlichkeit und Kriegsverbrechen ohne nationalen Bezug unabhängig vom Tatort und der Nationalität von Tätern und Opfern zu verfolgen. In Deutschland ist das Weltrechtsprinzip seit 2002 im Völkerstrafgesetzbuch (VStGB) verankert. Es verpflichtet die Bundesanwaltschaft dazu, bei einem Anfangsverdacht auf Völkermord, Verbrechen gegen die Menschlichkeit oder Kriegsverbrechen Ermittlungen einzuleiten – auch dann, wenn weder Täter noch Opfer deutsche Staatsangehörige sind und die Taten im Ausland begangen wurden. Hält sich ein mutmaßlicher Täter auf deutschem Boden auf, besteht die Pflicht zur Strafverfolgung. In solchen Fällen ist Deutschland gehalten, entweder selbst zu ermitteln oder die Auslieferung an ein zuständiges internationales Gericht zu prüfen.

Transitional Justice: Zwischen Schuld, Einigung und Versöhnung

Der nächste Regierungschef, gegen den zu ermitteln wäre, heißt Baschar al-Assad. Die Verbrechen, die das Regime des syrischen Diktators zu verantworten hat, müssen auch juristisch bearbeitet werden. Das sollte am besten ein glaubwürdiges nationales Gericht übernehmen, aber Assad ist Ende Dezember 2024 nach Moskau geflüchtet; außerdem gibt es nicht viele Menschen in und außerhalb von Syrien, die dem neuen starken Mann mit islamistischer Vita, Ahmed al-Scharaa (alias Abu Mohammed al-Djulani), und dessen Gefolgschaft ein faires Verfahren zutrauen.

Da Syrien nicht Vertragspartei des Römischen Statuts ist, müsste der Sicherheitsrat den IStGH damit beauftragen, gegen Assad zu ermitteln – so wie zuvor im Fall Baschir. Aber auch Assad kann mit Unterstützung rechnen: Es ist wohl (wie schon mehrfach) mit einem russischen Veto zu rechnen.

Wünschenswert wäre außerdem, wenn Syrien nach einer juristischen auch eine zivilgesellschaftliche Aufarbeitung der Vergangenheit gelänge und es einen Prozess der Versöhnung einleiten könnte. Andere Staaten haben das bereits geschafft.

In Deutschland wurde die Aufarbeitung der Geschichte zumindest versucht. Die juristische Aufgabe übernahm zunächst das Internationale Militärtribunal der Siegermächte des Zweiten Weltkriegs (USA, Großbritannien, Sowjetunion und Frankreich) gegen 24 Hauptkriegsverbrecher, dem folgten in allen westlichen Besatzungszonen bis 1949 Prozesse gegen weitere Nazigrößen. Dabei ging es nicht nur darum, Kriegs- und Menschenrechtsverbrechen zu belegen und zu bestrafen, sondern auch persönliche Verantwortung der Angeklagten festzustellen. Die Wahrheit ans Licht befördern sollten auch die Spruchkammern, denen sich Millionen Deutsche in der amerikanischen Zone ausgesetzt sahen. Sie sollten 131 Fragen beantworten, woraus sich erschließen ließ, wer schuldig, belastet oder minderbelastet war. Vom Urteil der Spruchkammern hing das weitere Leben ab, von Haft über die Verpflichtung zu Trümmerbeseitigung bis hin zu den Chancen auf einen Neubeginn oder Fortsetzung im Beruflichen. Viele hatten Glück, auch Täter, die in den »Mitläuferfabriken« (Lutz Niethammer) einen »Persilschein« erhielten. Zwei Jahrzehnte lang beschwiegen[90] Schuldige ihre Taten, deckten sich gegenseitig. Kein Blick zurück, die Vergangenheit sollte dem Wiederaufbau der Institutionen nicht im Weg stehen. Allerdings kamen auf Betreiben des mutigen und isoliert dastehenden Staatsanwalts Fritz Bauer ab Anfang der 1960er-Jahre die sogenannten Auschwitzprozesse in Gang. Und dann wollten mit Macht die 1968er die Wahrheit wissen über die Eltern und Großeltern, die älteren – meistens – Herren auf den Lehrstühlen, in den Forschungseinrichtungen und im Militär, in Justiz und Verwaltung und in der Presse. Auch wenn viele Täter ungeschoren davonkamen, so wissen die Deutschen heute immerhin: Es war nicht Hitler allein, der für die Verbrechen während der Naziregierung verantwortlich war. Der Gerechtigkeit war leidlich Genüge getan, und Nürnberg wurde zum Muster für die heutige internationale Gerichtsbarkeit.

Heute nennen wir das Übergangsjustiz – *Transitional justice*. Das ist der Prozess, in dem eine Gesellschaft versucht, nach schweren, gewalttätigen Konflikten und Menschenrechtsverletzungen ihren Frieden wiederzufinden. Bei allen rechtlichen, politischen und gesellschaftlichen Bemühungen geht es nicht allein darum, die Wahrheit zu klären, Täter zu bestrafen und Opfer anzuerkennen. Rache und Siegerjustiz stehen der Versöhnung im Weg. Mit Augenmaß gelingt der Übergang zu Frieden, Demokratie und Rechtsstaatlichkeit und schließlich zu einem künftigen Zusammenleben. Nur so kann verhindert werden, dass aus Revanche neue Revanchegelüste erwachsen. Neben der Strafjustiz haben sich Wahrheitskommissionen, Reformen bei den eigentlichen Rechtsgaranten Polizei, Militär und Justiz, Reparationen sowie Amnestien bewährt.

Auch andere Staaten suchten und suchen Wege, um nach einer gewaltsamen Vergangenheit mit schweren Menschenrechtsverletzungen wieder zu Frieden und Ordnung zurückkehren zu können. Voraussetzung dafür ist, dass die Menschen das Gefühl von Gerechtigkeit zurückgewinnen.

Wenn Kriegsverbrecher in Prozessen verurteilt werden, ist das die juristische Seite der Medaille. Wenn die Anführer verurteilt werden, ob vor nationalen oder internationalen Gerichten, dann dient das der Gerechtigkeit; aber gelingt dadurch auch gesellschaftliche Aussöhnung? Wie können die Menschen miteinander weiterleben, die Nachbarn und Kolleginnen, wenn sie sich in den Jahren zuvor feindselig gegenüberstanden?

Auf diese Frage wollten die südafrikanischen Truth Commissions eine Antwort geben, um die Schmerzen der jahrzehntelangen Apartheid zu mildern. Auch in Ruanda gab es neben dem vom Sicherheitsrat eingerichteten Sondertribunal die sogenannten Gacaca-Gerichte, um Verbrechen während des Genozids offenzulegen. Gacaca heißt Gras. Diese Gerichte werden traditionell von einem Stammesältesten geleitet, um Nachbarschaftsstreitigkeiten auf lokaler Basis zu verhandeln und zu entscheiden. Fast zwei Millionen Gewalttaten haben diese Gerichte öffentlich besprochen. Ziel war es, die Wahrheit zu ermitteln, Tätern die Chance zu geben, ihren Taten ins Auge zu sehen und um Verzeihung zu bitten, und Versöhnung und damit soziale Reintegration zu ermöglichen. Ein herkömmliches Gericht würde überführte Täter zu Haftstrafen verurteilen, der Versöhnung dient das nicht unbedingt. Außerdem kann man bei Verbrechen wie Apartheid und Genozid nicht Hunderttausende Menschen strafrechtlich aburteilen. Bei Gacaca standen die Gesten des Vergebens und Versöhnens am Ende und im Mittelpunkt. Der Gefolterte muss dem Folterer vergeben, der Folterer muss sein Haupt beugen, dadurch kommt die Versöhnung zustande. Das war Ziel in Südafrika und in Ruanda. Diese *Restorative Justice,* Wiedergutmachungsjustiz, führt durch Vergebung und Versöhnung zu sozialer Integration, zur Heilung.

Auch im israelisch-palästinensischen Verhältnis wird die Frage der *transitional justice* eine Rolle spielen. Nach dem Ende der aktuellen erschütternden Gewalt wird auch eine tiefere, oft verdrängte Frage unausweichlich sein: Wie können Israelis und Palästinenser mit ihren Traumata und ihrem Schmerz leben, ohne in neuer Gewalt zu enden? Politische Lösungen allein greifen zu kurz – es braucht auch Räume für Anerkennung des Leids, für menschliche Begegnung und für eine langsame, behutsame Arbeit an Versöhnung. Ohne diese Heilung bleibt jeder Frieden zerbrechlich.

»Es gibt kein christliches, kein muslimisches,
kein jüdisches Blut. Es gibt
nur menschliches Blut.
Drum sei Mensch!«

Margot Friedländer

Kapitel 6

Israel und Palästina: Staatsräson verpflichtet, jetzt ist Mut gefragt

Extremisten auf allen Seiten torpedieren seit Jahrzehnten Versöhnung und Frieden in Nahost. Auf den brutalen Überfall der Hamas vom 7. Oktober 2023 reagierte Israel militärisch. Die in diesem Krieg geschlagenen Traumata werden auf die kommenden Generationen vererbt. Trotz des Kriegs mit Iran im Juni 2025 bleibt der ***zentrale*** *Konflikt der Region der israelisch-palästinensische. Deutschland hat sich aus »Staatsräson« solidarisch mit Israel gezeigt, die Bevölkerung teilt das nicht uneingeschränkt. Trägt Deutschlands Politik wirklich zur Sicherheit Israels bei? Und wie soll Versöhnung gelingen?*

Der kurze Frühling der Hoffnung im Nahen Osten dauerte zwei Jahre und endete mit einem Mord. Am 13. September 1993 hatten Israels Ministerpräsident Jitzchak Rabin und Palästinenserführer Jassir Arafat die in Oslo verhandelte Prinzipienerklärung unterzeichnet und sich unter Bill Clintons Fittichen die Hand gereicht. Rabin versprach damals: »Wir, die wir gegen euch gekämpft haben, die Palästinenser, wir sagen euch heute mit lauter und klarer Stimme: genug des Bluts und der Tränen, genug!«

Nicht, dass Jitzchak Rabin sich für einen souveränen palästinensischen Staat ausgesprochen hätte, aber Selbstverwaltung westlich des Jordan und in Gaza schien damals möglich. In seiner Rede vor der Knesset sprach er am 5. Oktober 1995 von einer »dauerhaften Lösung für einen Staat Israel, der den größten Teil des Landes Israel umfassen wird, wie es sich unter der Herrschaft des britischen Mandats befand«, und daneben »eine palästinensische Einheit, die den

Zeit voller Hoffnung: Jitzchak Rabin, Bill Clinton und Jassir Arafat vor dem Weißen Haus in Washington, 1993.

meisten palästinensischen Bewohnern des Gazastreifens und des Westjordanlands eine Heimat bieten wird«. Wie sollte diese Lösung aussehen? »Wir streben eine palästinensische Entität an, die weniger als ein Staat ist und die unabhängig die Angelegenheiten der Palästinenser, die unter ihrer Autorität leben, regeln kann.«[91]

Nicht allen gefiel das, sie demonstrierten fast täglich vor seinem Haus, sie trugen einen Sarg mit seinem Bild und Plakate spazieren, die den Premier in SS-Uniform zeigten, das Palästinensertuch um den Hals, und einer stahl ein Kühleremblem von Rabins Cadillac. »Wir haben seinen Wagen gekriegt, wir kriegen auch ihn«, sagte der Dieb vor TV-Kameras. Der Mann, der sich damit brüstete, heißt Itamar Ben-Gvir, ist verurteilt wegen Unterstützung einer terroristischen Vereinigung und heute Teil von Netanjahus Kabinett.[92]

Auch die Friedensfreunde demonstrierten. Mehr als 100 000 Menschen hörten am 4. November 1995, Samstagabend, bei einer Demonstration auf dem Platz der Könige in Tel Aviv ihrem Ministerpräsidenten zu: »27 Jahre lang war ich ein Mann der Armee; solange es keine Gelegenheit für den Frieden gab, habe ich gekämpft«, sagte er. »Heute glaube ich, dass es eine Chance für den Frieden gibt, eine große Chance. Diese Chance müssen wir ergreifen, zum Segen jener, die hier stehen, und auch für all jene, die nicht hier stehen – und sie sind viele.« Seine Rede endete mit dem Satz: »Ich bin überzeugt: Eine Mehrheit des Volkes will Frieden – und will für einen Frieden auch Risiken in Kauf nehmen. Denn die Gewalt zerstört die Grundlage der israelischen Demokratie.«

Jigal Amir wollte keinen Frieden. Es war 21:45 Uhr, als der nationalreligiöse Jurastudent Rabin, der auf dem Weg zu seinem Wagen war, mit einer Beretta in den Rücken schoss. Es gab Stimmen, die machten nicht Gott, sondern den Oppositionsführer der nationalliberalen Likud-Partei verantwortlich, der dauernd gegen die Osloer Verträge agitiert hatte: Netanjahu. Rabin starb keine Stunde nach den Schüssen in der Klinik, in seiner Tasche fand sich ein Blatt Papier mit dem Text des »Lieds für den Frieden«, das er auf der Bühne leise mitgesungen hatte, getränkt mit seinem Blut.

OSLO: PRINZIPIENERKLÄRUNG ÜBER EINE VORÜBERGEHENDE SELBSTVERWALTUNG

Das Oslo-Abkommen von 1993 zwischen dem Staat Israel und der nichtstaatlichen PLO war ein politisches Rahmenabkommen und völkerrechtlich nicht verbindlich, (Art. I: »This Declaration of Principles represents a political framework«), erst recht kein Friedensvertrag. Mit dem »Interimsabkommen über das Westjordanland und den Gazastreifen«, bekannt als Oslo II, regelten die beiden Seiten am 24. September 1995 den Rückzug der israelischen Armee aus einigen palästinensischen Gebieten und unterteilten das Westjordanland in drei Zonen: die großen Städte (A-Zonen), die unter palästinensischer Sicherheitsverantwortung standen, die B-Zonen mit geteilter Sicherheitsverantwortung und die C-Zonen mit israelischer Sicherheitsverantwortung. Dieser Flickenteppich sollte schrittweise zu einer palästinensischen Autonomie führen – so Rabins Vorstellung. Für die Palästinenser war damit die Hoffnung auf eine »Zwei-Staaten-Lösung« verbunden.

Um mich herum brummten zu dieser Zeit die Mobilgeräte, auch meines. Ich saß beim Abendessen in einer Festhalle in Gaza, das Jassir Arafat zu Ehren des portugiesischen Präsidenten Mário Soares ausgerichtet hatte. Unter den vielen Dutzend Gästen waren auch die Vertreter der »Palestinian Authority«, der palästinensischen Regierung, und die Generalkonsuln aus Ostjerusalem. Das Gebrumme begann während der Tischreden. Alle schauten auf ihr Display, alle starrten auf eingehende SMS und Meldungen von Nachrichtenagenturen. Wir gingen alle von einem palästinensischen Attentäter aus, wieder einmal. Nach einer Weile schauten sich Arafat und Soares in die Augen, Arafat warf einen Blick auf die Tür, und die beide standen auf und gingen, wortlos. Das Dinner war beendet, Getuschel im Saal, Rufe, dann eilten auch die übrigen Gäste zu ihren Wagen, um schnell über die Grenze zu kommen, bevor das israelische Militär sie schließen würde.

Bald war klar: Kein Palästinenser, sondern ein jüdischer Israeli hatte Rabin getötet. Unsere Kinder waren damals 13, 10 und 4 Jahre alt und gingen auf eine internationale Schule in Israel. Das Attentat war dort das beherrschende Thema. Der Kleinste stellte bange Fragen. Meine Frau und ich fuhren mit den Kindern zum Platz der Könige und hielten sie an den Händen. Stille. Nichts konnte die Leere füllen, die dieser Schuss hinterlassen hatte. Mein ältester Sohn legte eine weiße Lilie nieder, unsere Tochter einen Zettel, auf den sie ein Herz und das Wort Schalom gemalt hatte.

Wir wussten: Ein Traum war geplatzt, der Traum von Frieden unter den Menschen in Israel und in den besetzten Gebieten. Was ich befürchtete: dass die Gewalt eskalieren könnte. Was ich hoffte: dass die Vernunft trotzdem siegen möge. Zwei Monate nach diesem Attentat übernahm Benjamin Netanjahu die Macht. 50,5 Prozent der Wählenden hatten ihm ihre Stimme gegeben. Die Gutwilligen beider Lager hatten nicht nur Rabin verloren, sondern die Zukunft. 28 Jahre nach Rabins Tod sollte die Welt eine unvergleichliche Orgie der Gewalt sehen, die der ganzen Region 2023 Krieg, Gewalt und Zerstörung brachte.

Am Morgen des 7. Oktober 2023 durchbrachen Kämpfer der Hamas den Sicherheitszaun zum Gazastreifen. Sie drangen mit Motorrädern, Pick-ups und zu Fuß in Städte wie Sderot und 21 israelische Kibbuzim ein und überfielen ein Musikfestival. Binnen weniger Stunden töteten sie mehr als 1200 Menschen, fast ausschließlich Zivilisten: Männer und Frauen, Kinder und Senioren; Tausende trugen Verletzungen davon. Israelische Soldaten und Rettungskräfte fanden später verkohlte, verstümmelte und enthauptete Leichen, auch Babys mit durchtrennten Kehlen. Der UN Women Report berichtet über systematische Vergewaltigungen. Etwa 250 Menschen nahmen die Angreifer als Geiseln mit. Diejenigen, die überlebten und die sie entließen, kehrten nach Monaten in dunklen Hamas-Tunneln mit ausgemergelten Gesichtern zurück. Die *Tagesschau* bemühte den Vergleich mit der Vernichtung der Juden im sogenannten Dritten Reich: »Es ist der schlimmste Pogrom an Juden seit dem Ende des Holocaust.«[93]

Die massenhaften Lynchmorde, die Brutalität, die absolute Menschenverachtung und der entgrenzte Hass gegenüber Israel, die brutale Folter der israelischen Geiseln und die fortgesetzten Aufrufe der Hamas und anderer Iran-Proxies zur Vernichtung Israels hinterlassen ein Trauma in der gesamten jüdischen Bevölkerung. Es wird immer fortwirken. Es war Terror, mit einem »Befreiungskampf« hatte dies nichts zu tun.

Deshalb fehlt in der israelisch-jüdischen Gesellschaft die Kraft, das tragische Schicksal der Menschen in Gaza anzuerkennen. Deren Leid durch Israels rücksichtlose militärische Antwort, die bis zu 100 000 Toten, darunter 15 000 Kinder,[94] Hunderttausende beschädigte und zerstörte Wohnungen, verwüstete Kliniken, der Hunger – all das hinterlässt ebenfalls schwere Traumata. Kein Sicherheitsinteresse, kein politisches Kalkül darf das Recht auf Nahrung, Wasser, medizinische Versorgung außer Kraft setzen. Zwischen der berechtigten Sorge um die Sicherheit Israels und dem Leiden der Menschen in Gaza abzuwägen offenbart einen hohen Grad an ethischer Abstumpfung. Die Frage ist nicht, was politisch klug ist, sondern was menschlich geboten ist. »Bleib Mensch.« So lautet der eindringliche Appell von Margot Friedländer, Überlebende der Schoa.

Um nicht missverstanden zu werden: Israel hat alles Recht, sich gegen den Angriff vom 7. Oktober 2023 zu wehren. Was sich am Anfang noch im Rahmen des Völkerrechts bewegte, schlug später in eine unverhältnismäßige Gegenreaktion um, die weit über die völkerrechtlich zulässige Verhältnismäßigkeit hinausging (siehe unten). Dazu zählten gezielte Vertreibungen der Zivilbevölkerung aus ganzen Stadtvierteln, die systematische Zerstörung der Lebensgrundlagen, Sperrung von Grundversorgungsgütern wie Nahrung, sauberem Wasser, Treibstoff und medizinischer Hilfe. Diese Praxis führt zu einer dramatischen humanitären Lage und betrifft vor allem die schwächsten Teile der Gesellschaft: Kinder, Kranke und Alte. Die Äußerungen des israelischen Verteidigungsministers Yoav Gallant, der die Palästinenser öffentlich als »menschliche Tiere« bezeichnete, sollten auch als Rechtfertigung einer Politik der Vertreibung und des Aushungerns dienen. Eine solche Entmenschlichung verschiebt auch moralische Grenzen. Doch Entmenschlichung kann man keine Entmenschlichung entgegensetzen – sie untergräbt den Kern gemeinsamer humanitärer Prinzipien. Das humanitäre Völkerrecht fordert, dass die Zivilbevölkerung unter allen Umständen zu schützen und ihre Versorgung sicherzustellen ist.

Der Blick nach Gaza zeigt: Israel hat zwar militärische Stärke demonstriert, sich aber langfristig geschwächt, moralisch und politisch. Wie konnte es dazu kommen? Schauen wir zurück.

Jahre in Jericho zwischen Hoffnung und Staub

Es war nicht mein Rucksack, der auf meine Schultern drückte, als ich in Tel Aviv durch die Ankunftshalle des Flughafens ging. Es war die Verantwortung. Die hat zwar jeder Diplomat, jede Diplomatin, aber in Israel wiegt sie schwerer, jedenfalls für Deutsche. Ich war dorthin versetzt, weil ich das Vertretungsbüro der Bundesrepublik Deutschland bei den palästinensischen Autonomiebehörden aufbauen und leiten sollte. Ich wohnte mit meiner Familie nördlich von Tel Aviv und pendelte täglich ins Westjordanland oder nach Gaza. Damals, von 1994 bis 1997,[95] lag Aufbruch in der Luft, ein stilles Aufatmen, ein tastender Optimismus, ein Hauch von Zukunft in einer Region, die so lange nur Stillstand und Gewalt gekannt hatte. Es war, als hätte sich ein Fenster geöffnet – weit und voller Versprechen. Etwas hatte sich verändert. Internationale Organisationen, Entwicklungshelferinnen, Diplomaten und Politikerinnen trafen täglich ein, um »mitzubauen« an etwas Neuem – einem Staat, einem Frieden, einer Vision. In den Gesprächen mit den palästinensischen Partnern war der Wille zum Wandel greifbar. Auch Arafat sprach von Verantwortung, von Staatlichkeit, von einer neuen Ära.

Deutsche Regierungsmitglieder drängten im Wochentakt nach Israel. Alle wollten ihre Solidarität mit Israel ausdrücken und den Friedensprozess stützen. Viele besuchten auch uns in Jericho, und alle wollten Arafat in Gaza treffen, der einen langen Weg vom bewaffneten palästinensischen Widerstand – manche sagen vom Terroristen – zum verantwortungsbewussten Politiker gegangen war. Auch Helmut Kohl wollte ihn im Juni 1995 treffen, in Jericho. Der Bundeskanzler stieg im King David Hotel in Jerusalem in einen einfachen Bus (er wollte keine gepanzerte Limousine, aber Bein- und Sichtfreiheit, weshalb wir seiner Statur geschuldet die vordere Bank ausbauen lassen mussten). Größere Ansprüche stellte Arafat: Er wollte eine Art Staatsbesuch, mit Militärparade und Nationalhymne. Ich weiß nicht mehr, ob wir Israel um Erlaubnis fragten, aber das deutsche Protokoll winkte Arafats Wunsch durch. Statt Soldaten standen ein paar Polizisten Spalier, und eine Band aus Bethlehem sollte die Hymnen spielen; die deutsche war trotz meiner Notenblätter und mehrmaligen Probenbesuchen in einer Kirche in Bethlehem kaum zu erkennen. Es war aber zumindest nicht die Hymne der ehemaligen DDR, was in den Jahren nach der Wiedervereinigung des Öfteren vorkam. Kohl nahm es gelassen. Was aber auf den dort entstandenen Fotos nicht zu übersehen war: Arafat trug wie immer sein Markenzeichen, das »From the River to the Sea«-Kopftuch, die Kufiya, die die Umrisse von – in seinen Augen – Palästina nachzeichnete. Man musste es nur sehen wollen. Er hatte sie auch getragen, als Bill Clinton hinter ihm und Rabin stand, bei der Unterzeichnung des Oslo-Abkommens und der Verleihung des Friedensnobelpreises.

Netanjahu seinerseits zeigte am 22. September 2023 vor der UN-Generalversammlung eine Karte, auf der stand: »The New Middle East«; darauf war das Gebiet Israels eingefärbt, es reichte »from the sea to the river«, inklusive aller besetzten Gebiete.

Das waren und sind eindeutige Ansagen, sie melden den Anspruch an auf eine territoriale Expansion vom Jordan-Graben bis zum Mittelmeer – von beiden Seiten. Palästinenser und Israelis hegen also »From the River to the Sea«-Fantasien, beide führen nicht weiter. Israel zeigt diesen Anspruch ganz offen durch die rasante Besiedlung der besetzten Gebiete, die einer schleichenden De-facto-Annexion gleichkommt. Ariel Scharon, der Rabin wegen Oslo

Auch er glaubte nach den Vereinbarungen von Oslo an eine neue Ära: Jassir Arafat noch mit seinem Markenzeichen, der »From the River to the Sea«-Kufiya, 1995.

einen Verräter genannt hatte, förderte als Netanjahus Minister für die nationale Infrastruktur den Siedlungsbau massiv und besuchte den Tempelberg. Das löste die zweite Intifada aus, die Al-Aksa-Intifada. Vom ersten Tag an, dem 28. September 2000, gab es Tote. Der UN-Sicherheitsrat warf Israel unverhältnismäßige Waffengewalt vor. Auch die Gewalt durch Siedler gegen die palästinensische Bevölkerung nimmt zu. 2006 wiesen Statistiken 118 gewalttätige Vorfälle aus, wie sie der Film »No other land« zeigt, bis August 2023 waren es schon 1189.[96] Und mit Kriegsbeginn stieg die Zahl rapide an.

Arafats Anspruch auf Staatlichkeit dokumentierte sich nicht nur in seiner Kleidung. Ich war bereits einige Monate in Jericho, als das Telefon klingelte. Draußen war es längst dunkel, ich war müde und wollte mich in unserem Haus nördlich von Tel Aviv gerade schlafen legen. Am Apparat war Arafats Büro. Ein Problem, ein großes Problem. Der Präsident wolle mich sprechen. Sofort! Ich setzte mich in unseren privaten VW Passat – kein gepanzertes Fahrzeug – und fuhr die einstündige Strecke nach Gaza. Am Grenzkontrollpunkt Erez wurde ich ungewöhnlich schnell durchgewunken. Hinter den israelischen Kontrollen hatte Arafat eine bewaffnete Eskorte bereitgestellt. Wir rasten durch die Dunkelheit zu Arafats Amtssitz. Kurz darauf stand ich vor seinem Büro, einem kleinen Zimmer im Erdgeschoss eines zweistöckigen Gebäudes. Drin spürte ich sofort die Anspannung.

Sobald Arafat mich sah, sprang er hinter seinem Schreibtisch auf, sein Gesicht glühte, seine Hände zitterten. »Was fällt Ihrer Regierung ein, das Passprojekt zu stoppen!«, schrie er. Ich hatte keine Ahnung, worum es ging. Er redete und schrie weiter, seine Stimme bebte vor Wut. »Aber, Herr Präsident«, sagte ich auf Arabisch – er brüllte weiter. »Aber, Abu Amar« – nichts konnte ihn beruhigen. Die Augen seiner Sicherheitsbeamten suchten ein Loch im Boden oder schienen aus dem Fenster flüchten zu wollen. Ich spürte, wie die Situation außer Kontrolle geriet. Und da sah ich es: das Maschinengewehr rechts neben Arafat, halb verdeckt von einer blauen Plastiktüte; das Patronenband deutlich sichtbar. Ich schluckte schwer. Plötzlich war ich allein mit ihm; seine Sicherheitsleute, einer nach dem anderen, hatten sich nach draußen geschlichen. Arafats Augen weiteten sich, aus seinem Mund spritzten Wörter und Spucke. Mein Herz, mein Hals, mein Kopf pochten, und meine Augen fanden immer wieder diese verdammte Waffe. Minuten vergingen, die mir wie Stunden vorkamen. Als er Luft holte, entwanden sich mir die Worte: »Herr Präsident, ich verspreche Ihnen, mich zu erkundigen und morgen wiederzukommen.« Er starrte mich an – und nickte.

Schon im Auto sitzend, schlotterten meine Knie, meine Hände krampften sich ans Steuer. Es war dunkel, es war nach Mitternacht, und ich fühlte mich nicht in der Lage, nach Hause zu fahren. Da fiel mir Terje Rød-Larsen ein, der United Nations Special Representative for the Secretary General in Gaza. Er wohnte in der Nähe. Ich fuhr zur UN-Residenz und bat den Wachmann, Larsen zu wecken. Er ließ mich zu seiner Wohnung bringen und verstand sofort, was geschehen sein musste; ich musste nicht ein Wort sagen, er kannte Arafat. Er zog mich herein, schenkte ein halbes Glas Whisky ein und sagte: »Trink! Auf ex! Das hilft!« Tatsächlich: Das Zittern hörte schnell auf. Er drückte mir einen Mundspray in die Hand und sagte grinsend: »Jetzt geh zurück zu Arafat. Der hat sich bestimmt beruhigt.« So war es, aber seine Blicke durchbohrten mich noch immer. Ich versprach, mich zu erkundigen und morgen um die Mittagszeit wiederzukommen.

Als ich am nächsten Tag zu ihm fuhr, wusste ich, was tags zuvor geschehen war: Frangi hatte Arafat informiert, dass die Deutschen den Druck von Passvordrucken gestoppt hatten, die Arafat zügig erhalten sollte, damit Palästinenser aus den Autonomiegebieten »nach Mekka pilgern konnten«, wie Abdallah Frangi in seinen Memoiren schreibt. Ein Prestigeprojekt, nicht nur für die Palästinenser, sondern auch für Frangi, den PLO-Vertreter in Bonn. Der Grund? Auf den Druckfahnen war nicht die korrekte Bezeichnung »*Palestinian Authority*« verwendet worden, wie es das Oslo-Abkommen vorsah. Stattdessen stand dort »*Palestine National Authority*«. Das Auswärtige Amt hatte die israelische Botschaft gefragt, ob das mit dem »*national*« in Ordnung sei – »und die hatten sofort ihr Veto eingelegt«, schreibt Frangi. »Aus Arafats Plan wurde also nichts, und er ließ seinen Zorn an Martin Kobler aus.«[97]

Israel achtete damals penibel darauf, dass die Vorgaben des Oslo-Abkommens exakt eingehalten wurden. »*Palestine National Authority*« war eindeutig unzulässig – zu viel Staatlichkeit, zu wenig Autonomie. Dass auch Arafat das verstanden hatte, sah ich am nächsten Tag; er war nicht wiederzuerkennen. Er lächelte, umarmte mich und küsste mich zur Begrüßung auf beide Wangen. »Guten Morgen, mein Freund!« Als wäre nichts geschehen, diskutierten wir das Problem ruhig, und schließlich war es vom Tisch. Seine Einladung zum Mittagessen konnte ich wegen anderer Termine nicht annehmen. Er verabschiedete mich mit den Worten »Wer eine Einladung zum Essen ausschlägt, muss mir ein Kamel schenken«. Am nächsten Tag brachte ich ihm ein kleines handgeschnitztes Holzkamel. Es stand lange Zeit im Besucherzimmer – als kleines Zeichen der Versöhnung. Wenig später erhielt Arafat, der Mann mit dem Maschinengewehr und ehemalige Terrorist, den Friedensnobelpreis.

Das Oslo-Abkommen und die Zeit des Terrors

Meine Zeit in Palästina war die Zeit der Hoffnung, aber auch die Zeit des Terrors. »An die verbrecherischen Zionisten: Lasst ab von unserem Volk – unseren Städten – unseren Flüchtlingslagern – unseren Dörfern; unser Kampf mit euch ist ein existenzieller Glaubenskampf!«, schrieb Scheich Ahmed Yassin, der Gründer der Hamas, auf einem Flugblatt. Die Hamas lehnte, wie auch viele säkulare

Palästinenserinnen und Palästinenser außerhalb der besetzten Gebiete, die Osloer Vereinbarungen ab. Aber die Palästinensische Befreiungsorganisation (PLO) mit Arafat an der Spitze erkannte 1993 das Existenzrecht Israels an und schwor dem Terrorismus ab.

HARAKAT AL-MUQAWAMA AL-ISLAMIYYA (HAMAS)

Die sunnitische islamische Widerstandsbewegung Hamas ist am 14. Dezember 1987 während der ersten Intifada um Scheich Ahmed Yassin als Ableger der ägyptischen Muslimbruderschaft entstanden. Sie war und ist sowohl eine politische als auch eine soziale und religiöse Bewegung gegen die israelische Besatzung. Das Akronym Hamas bedeutet auf Arabisch »Eifer« oder »Kampfgeist«. Israel sah diese Gründung zunächst mit Wohlwollen, weil sie nicht nur ein Gegenpol zur säkularen, damals terroristischen PLO bzw. der Fatah war, sondern soziale Aufgaben erfüllte, zu denen eigentlich Israel in den besetzten Gebieten verpflichtet war. Die Hamas verselbstständigte sich allerdings und schuf einen militärischen Arm: die Izz ad-Din al-Qassam-Brigaden, benannt nach einem syrisch-palästinensischen Kämpfer gegen die britische Mandatsmacht. Ihre Ziele: Israel in einem »heiligen Krieg« vernichten und eine islamische Herrschaft in ganz Palästina errichten. Sie ist verantwortlich für Selbstmordanschläge in Israel, vor allem während der Zweiten Intifada (2000 bis 2005), sowie für zahlreiche Raketenangriffe aus dem Gazastreifen – zuletzt im Rahmen des massiven Angriffs am 7. Oktober 2023.

Nach den palästinensischen Parlamentswahlen 2006 übernahm die Hamas 2007 die Macht im Gazastreifen. Mit der Fatah, die als palästinensische Autonomiebehörde im Westjordanland »regiert«, hat sie gebrochen.

Dass es dazu kommen konnte, ist dem bereits erwähnten Terje Rød-Larsen, dem norwegischen Soziologen und Leiter des gemeinnützigen norwegischen Fafo Instituts, und seiner Frau, der norwegischen Diplomatin und späteren UN-Botschafterin Mona Juul, zu verdanken. Während sich, initiiert von den USA und der Sowjetunion, Delegierte aus Israel, Jordanien, Libanon, Syrien mit Palästinensern um den Arzt, Politiker und späteren Oslo-Gegner Haider Abdel-Shafi in Madrid ohne offizielle Beteiligung der PLO (weil Israel nicht direkt mit ihr verhandeln wollte) trafen, organisierten zur gleichen Zeit Larsen und Juul ein geheimes Format in Oslo. Finanziert von der Fafo, konnten dort erstmals Vertreter der PLO direkt mit israelischen Vertretern sprechen. Larsen sorgte dafür, dass alle Beteiligten auf geheimen Wegen ein Landhaus in der Nähe der Hauptstadt finden konnten. Dass das möglich war, ist auch den Mühen von Yossi Beilin zuzuschreiben, dem stellvertretenden Außenminister Israels unter Schimon Peres in der zweiten Regierung Rabin von 1992 bis 1995. Während die Kameras der Welt in Madrid standen, brachte das Diplomaten-Duo Delegationen der beiden Parteien in dem norwegischen Landhaus zusammen und ließ sie miteinander reden. Heraus kam die »Prinzipienerklärung über eine vorübergehende Selbstverwaltung«, eine zunächst auf fünf Jahre begrenzte palästinensische Selbstverwaltung. Beilin brachte das Ergebnis dieser Geheimgespräche zu Peres, und die Zustimmung von Rabin und Arafat gipfelte in deren historischem Handschlag am 13. September 1993 im Rosengarten des Weißen Hauses.

Doch dann explodierten die Bomben, meistens der Hamas. In Jerusalem (4. Oktober 1993), Afula, Chadera und Tel Aviv-Jaffa (1994) sowie bei vielen weiteren Anschlägen in den beiden folgenden Jahren sprengten Selbstmordattentäter Busse in die Luft, um das Pflänzchen des Friedens, gesät in Oslo, zu zertreten. Immer gab es Tote und Verletzte. Die Übergänge zur Westbank und nach Gaza waren damals oft über Wochen geschlossen. Die Gefahr reichte manchmal bis in unser Privatleben, wenn unsere Kinder in der Innenstadt waren und der Fernsehapparat einen Selbstmordanschlag zeigte. Die Kinder waren dann nicht erreichbar, weil das Telefonnetz überlastet war. Die Angst, wenn von Toten die Rede ist. Und die Erleichterung, sobald sie wieder zu Hause waren.

Rabin aber hatte ein klares Prinzip: »Bekämpfe den Terror, als ob es keinen Friedensprozess gäbe. Aber verfolge den Friedensprozess, als ob es keinen Terror gäbe.« Er drohte mit seiner militärischen Stärke – glaubwürdig für den Mann, der im Sechstagekrieg 1967 Chef des Generalstabs gewesen war, die Voraussetzung für die Besatzung geschaffen hatte, während der Ersten Intifada (1987 bis 1993) als Verteidigungsminister »die Knochen der Aufständischen brechen« wollte und dies auch tun ließ – und reichte gleichzeitig eine Hand. Er demonstrierte, dass der Weg zum Frieden beschreitbar ist, auch wenn Bomben explodieren. Wir könnten für die heutigen gewaltsamen Auseinandersetzungen von Rabin viel lernen. Der Aggression klar zu begegnen, sie zu benennen, Täter zu bestrafen und gleichzeitig Diplomatie für Frieden einzusetzen, das verlangt allerdings Größe. Und Mut. Rabin hatte diesen Mut und setzte sich damit zwischen alle Stühle – mit einem klaren Ziel: Frieden in Nahost.

Als Israel vom August 1994 an die Sperranlage in Gaza ausbaute, galt unausgesprochen: Der 52 Kilometer lange Zaun soll nur für eine Übergangszeit bestehen. Bis er stand, war es tatsächlich noch möglich, relativ ungehindert von Gaza nach Jerusalem zu fahren, durch israelisches Kernland. Es gab zwar Kontrollen, aber keine durchgehende Mauer oder Zaunanlage. Mit den Oslo-Verträgen, dem Beginn der zweiten Intifada, dem israelischen Abzug aus Gaza (2005) und dem Hamas-Sieg 2006/07 ist daraus ein dauerhaft abgeriegeltes Territorium geworden. Die Hoffnung war gefangen zwischen Zäunen und einem tiefen gegenseitigen Misstrauen und einer eskalierenden Gewalt gewichen.

Wenn ich zur »Morgenrunde« in der deutschen Botschaft in Tel Aviv stieß, erzählte ich Botschafter Franz Bertele und den Kolleginnen und Kollegen, wie es hinter den Zäunen und Mauern zuging. Als ich von einem Apartheidsystem sprach, waren manche empört. Aber auch der Botschafter hatte seine eigene Meinung. Einmal sagte er, der Schwabe: »Was oim ned g'hört, kann man ned b'halda.«

Jassir Arafat und der Traum vom palästinensischen Staat

In den 1990ern hatten die Menschen in Gaza eine Chance auf einen eigenen Staat, eine Zukunft schien greifbar nah. Schon 20 Jahre zuvor hatte sich Arafat vom Terrorismus losgesagt, die Arabische Liga akzeptierte die PLO als Sprachrohr der Palästinenser, und Arafat sagte in der UN-Generalversammlung, bekleidet mit seinem Kopftuch, der Kufiya, und Pistolengurt: »Heute kam ich zu euch, in einer Hand den Ölzweig und in der anderen Hand das Gewehr der Revolution. Lasst den grünen Zweig nicht aus meiner Hand fallen!«

Arafats Prestigeprojekt war ein eigener Flughafen in Gaza, der (wie auch ein nie gebauter Hafen) in den Oslo-Vereinbarungen von 1995 unter bestimmten Sicherheitsauflagen und in Absprache mit Israel grundsätzlich erlaubt war.

Die Bevölkerung Gazas war seit 1948 von ca. 300 000 auf fast eine Million im Jahr 1994 angewachsen. Ich hatte Verständnis für den Wunsch dieser Menschen nach einer Nabelschnur, einem Symbol der Verbindung nach außen, denn über Israel konnten sie Gaza nur unter Schwierigkeiten verlassen. Ich konnte dafür sorgen, dass sich das Bundesministerium für wirtschaftliche Zusammenarbeit (BMZ) mit zehn Millionen Mark an dem Flughafen beteiligte. Auch Japan, Spanien und die Europäische Union trugen bei. Arafat selbst organisierte noch arabisches Geld. Eine Fluggesellschaft hatte er ja

DIE FATAH, DIE PLO UND ISRAEL

Die PLO (Palestine Liberation Organisation) entstand 1964 auf Initiative des ägyptischen Präsidenten Nasser als Vertretung des palästinensischen Volks unter dem Dach der Arabischen Liga. Nach dem Sechstagekrieg 1967 näherten sich die PLO und die sozialistische Partei Fatah an, beide waren säkulare Organisationen. 1969 übernahm Jassir Arafat die Führung, der bis dahin durch Terroranschläge seiner zur Fatah gehörenden Militärorganisation al-Assifa aufgefallen war. Als Ziele der PLO galten von nun ein Staat Palästina in den Grenzen des früheren britischen Mandatsgebiets sowie die Beseitigung Israels. Während des Aufstands von 1987, der ersten Intifada und dem »Krieg der Steine« rief die PLO im algerischen Exil den Staat Palästina aus. 1993 schrieb Arafat an Rabin: »Die PLO erkennt das Recht des Staates Israel auf Existenz in Frieden und Sicherheit an.« Mit dem ersten Abkommen von Oslo bestätigte er das, Rabin erkannte die PLO als Vertreterin des palästinensischen Volkes an. 1994 bekamen PLO-Chef Arafat sowie Rabin und Peres gemeinsam den Friedensnobelpreis. 1996 versprach der Nationalrat der PLO mit großer Mehrheit, die 1964 verfasste PLO-Charta zu ändern, die einen säkularen Nationalstaat der Palästinenser anstrebt und den Teilungsplan von 1947 anlehnt. Diesen Beschluss hat sie allerdings nie vollzogen. Das PLO-Hauptquartier befindet sich heute in Ramallah.

schon, wie jeder Staat – und als solchen sah er Palästina. Die Palestinian Airlines mit Sitz in Ägypten besaßen zwei oder drei von den Niederlanden gespendete Fokker mit eigenem Logo. Von 1998 an flogen diese Maschinen zum und vom »Internationalen Flughafen Jassir Arafat« bei Rafah. Eines Tages hob dort ein Airbus ab, in dem Bundesaußenminister Joschka Fischer saß, begleitet auch von mir, seinem Büroleiter. Ein symbolträchtiger Flug, zu dem ich Fischer bewegen konnte, obwohl die Flugbereitschaft lieber von Tel Aviv aus geflogen wäre. Im VIP-Terminal winkte Arafat diesem Flugzeug und seinen Insassen nach. Ganz offensichtlich war zwischen ihm und Fischer Vertrauen entstanden, vielleicht sogar so etwas wie Sympathie. Das sollte sich noch einmal auszahlen.

Vertrauen macht's möglich: Zwei Kämpfer raufen sich zusammen

Schon als Bundestagsabgeordneter war Joschka Fischer mehrfach nach Israel gereist, und immer besuchte er auch die Westbank, Gaza und Arafat. Ich war während meiner Zeit in Jericho immer dabei und beobachtete, wie über die Jahre ein Vertrauensverhältnis zwischen den beiden wuchs; vielleicht trugen dazu beider Geschichten als Kämpfer bei, die von Arafat als Symbolfigur des palästinensischen Widerstands und die von Fischer als wütender junger Mann auf den Straßen Westdeutschlands. Diese geteilte Biografie des Aufbruchs, der Radikalität und der späteren Transformation zu pragmatischen Politikern schuf eine Art gemeinsames Grundverständnis.

Während einer dieser Reisen des Außenministers nach Israel und in die palästinensischen Gebiete sprengte sich am 1. Juni 2001 ein Selbstmordattentäter eine halbe Stunde vor Mitternacht nur wenige Hundert Meter von unserem Hotel entfernt in die Luft und tötete vor der Diskothek Dolphinarium 21 junge Menschen, die tanzen wollten. Es war Freitagabend, Schabbat, und es war die Zeit der Al-Aksa-Intifada, es gab zahlreiche Attentate. Fischer wollte sofort zum Ort des Geschehens, die israelischen Sicherheitsbehörden rieten davon sehr entschieden ab. Doch es drängte ihn, Arafat zu treffen, um zu versuchen, die absehbare Eskalation zu bremsen. Nach einigem Hin und Her gab auch Außenminister Perez seinen Segen, aber nicht ohne ihm eine Aufgabe mitzugeben: Arafat müsse die Tat vor den

Fernsehkameras glasklar verurteilen. Und er warnte uns: Wenn es losgeht, müsst ihr schnell raus.

Es war eine kleine Delegation, die nach Gaza fuhr: Fischer, Pressesprecher Andreas Michaelis, die Sicherheitsbeamten und ich. Vielleicht besteht eine Chance, sagte Fischer zu Arafat, Israels Gegenreaktion abzuwenden. Arafat antwortete mit einer wütenden Suada, er sei für das Attentat nicht verantwortlich, sondern die fortdauernde israelische Besatzungspolitik. Aber Fischer und Nabil Schaath, Minister für Planung und Internationale Zusammenarbeit in der Autonomiebehörde der Palästinenser, konnten ihn etwas abkühlen. Also entwarfen sie ein Statement. Fischer gab die Stichwörter, Schaath schrieb den Text auf Arabisch nieder und reichte Arafat den Entwurf. Er ging an die Decke: »Das sage ich nicht!« Zweiter Versuch, neues Hin und Her. Bis Fischers Telefon, das er mir gegeben hatte, in meiner Tasche brummte. Peres rief an. »Sagen Sie Ihrem Chef, wenn ich Arafat nicht in zehn Minuten im Fernsehen sehe, dann macht euch besser schnell aus dem Staub.« Telefon eingeklappt, rüber zu Fischer. Er nickt und sagt zu Arafat: »Wir müssen jetzt sofort vor die Presse.« Nun gibt Arafat nach und verliest den Text. Schaath übersetzt Satz für Satz ins Englische. Seine Worte klingen vielleicht etwas schärfer als Arafats arabischer Text. Der Abschied fällt kurz aus: schnelles Händeschütteln, hastige Umarmung, rein in die Autos, und wir fahren mit hoher Geschwindigkeit in Richtung Grenze. Schon ruft Peres an. Er ist zufrieden, Ramallah war vorerst gerettet.

Wenige andere hätten das geschafft, und Voraussetzung waren die vielen vertrauensvollen Gespräche und Telefonate in den Jahren zuvor, Gespräche mit einem Mann, der als Terrorist galt. Dass sich das gelohnt hat, zeigte sich im Krisenfall, in dem das über Jahre aufgebaute Vertrauen ein schnelles Treffen ermöglichte. Dieser Anschlag ist mit dem vom 7. Oktober 2023 nicht vergleichbar. Aber vielleicht hat an diesem Tag und in den Wochen danach eine Persönlichkeit gefehlt, die mit beiden Seiten verbunden ist – eine Stimme, die vermitteln, Vertrauen schaffen und vielleicht das verhindern hätte können, was sich nach dem 7. Oktober entfaltet hat.

Joschka Fischers Roadmap: Kann der Friedensprozess reanimiert werden?

Mit der zweiten Intifada hatten sich alle Bemühungen um Frieden als Illusion erwiesen. Niemand glaubte mehr an eine friedliche Zukunft. Aber einer gab nicht auf: Joschka Fischer. Als Freund Israels und der Palästinenser suchte er im Frühjahr 2002 nach einem Weg, den festgefahrenen Nahostprozess wiederzubeleben und international zu stützen. Ich erinnere mich, als sei es gestern: die langen Abende im Auswärtigen Amt, das fahle Licht über den Aktendeckeln, der Geruch von abgestandenem Kaffee, als wir die Roadmap für den Nahen Osten konzipierten. Ich war einer von denen, die damals im Ministerbüro von Joschka Fischer daran feilten, abstimmten, sondierten, entwarfen. Fischer war voller Energie. Ich sehe ihn noch, wie er sich mit hochgekrempelten Ärmeln auf die Tischkante setzt und sagt: »Wir müssen das größer denken. Bilaterale Flickschusterei bringt nichts. Wir brauchen eine internationale Architektur – die Amerikaner, die Europäer, die Russen, die UN. Alle.« Er war fest überzeugt, dass Europa eine Rolle spielen könnte – nicht als Juniorpartner der Amerikaner, sondern als eigener Akteur.

Ich saß oft in seinem Büro, wenn die Anrufe aus Washington kamen, wenn er mit Colin Powell sprach, mit Kofi Annan, mit Xavier Solana, mit Peres, mit Arafat. Wir schrieben und stellten um, stritten um Formulierungen, suchten die Balance zwischen Ambition und Realismus. Fischer war oft ungeduldig und unzufrieden. Während einer Reise nach Afghanistan verlangte er unwirsch das Konzept und sagte: »Ich mach das jetzt selber.« Und so legte er in einer Transall der Bundeswehr, das Papier auf seinen Knien balancierend, letzte Hand an die »Roadmap«. Sie wurde im Frühjahr 2002 öffentlich –

ein Stufenplan für eine Zwei-Staaten-Lösung zwischen Israel und den Palästinensern. Wir wussten: Ohne Gewaltstopp, ohne institutionellen Aufbau, ohne ein festes Gerüst würden Gespräche ins Leere laufen. Wir wussten auch: Ohne die Amerikaner würden wir am Ende nicht genug Gewicht haben. Fischer war der wichtigste Verfechter und europäische Impulsgeber des 2002 gegründeten »Nahost-Quartetts«, einer Plattform bestehend aus den USA, der EU, den Vereinten Nationen und der Russischen Föderation.

Dieses »Nahost-Quartett« verabschiedete am 30. April 2003 die »Roadmap for Peace«. Sie legte einen dreistufigen Prozess fest:

1. Einstellung der Gewalt und Ende der Intifada, palästinensische Reformen, israelischer Siedlungsstopp und Rückzug der Armee.
2. Aufbau palästinensischer Institutionen und provisorische Grenzen.
3. International abgestützte Verhandlungen über Endstatusfragen, endgültige Friedensregelung.

Es waren unsere Ideen, unsere Entwürfe, geboren in langen Nächten. Nun lagen sie auf dem Tisch der Mächtigen. Wir waren stolz, dass das Nahost-Quartett sie übernommen hatte, dass unser Stufenplan international zirkulierte. Es war uns gelungen, Europa Gehör zu verschaffen.

Tief drinnen ahnten wir jedoch: George W. Bush konzentrierte sich auf den Kampf gegen den Terror; und Ariel Sharon hatte die Roadmap am 25. Mai 2003 zwar akzeptiert (allerdings mit 14 Vorbedingungen), spielte aber ein doppeltes Spiel und vertraute auf den Ausbau der Siedlungen in der Westbank. Die Palästinensische Autonomiebehörde hatte dem Plan vorbehaltlos zugestimmt, aber Jassir Arafat und sein Premierminister Mahmoud Abbas (Abu Mazen) waren zu schwach, sie hatten bei den Menschen in Palästina an Glaubwürdigkeit und Ansehen verloren. Und wir? Wir waren Europäer mit Ideen, aber ohne Hebel.

Wir hatten gekämpft, mit Worten, mit Konzepten, mit Leidenschaft. Und doch mussten wir lernen, dass die schönste *Roadmap* nichts nützt, wenn niemand bereit ist, ihr zu folgen. Ich höre Fischers Stimme noch heute, wenn ich darüber nachdenke: »Wir müssen es trotzdem immer wieder versuchen. Sonst hört Politik auf, Politik zu sein.«

In der Folge löste Israel 2005 seine Siedlungen in Gaza auf. Am 25. Januar 2006 wurde die Hamas bei den palästinensischen Parlamentswahlen mit einer deutlichen Mehrheit gewählt. Es war eine demokratische Wahl unter internationaler Aufsicht, an der sowohl der Gazastreifen als auch das Westjordanland teilnahmen. Der Wahlsieg der Hamas kam für viele Beobachter überraschend. Für viele Palästinenser galt sie als unbestechlich, glaubwürdig und näher an der Lebensrealität der Bevölkerung; anders als die Fatah, der viele Korruption und politische Erstarrung vorwarfen. Die internationale Gemeinschaft – allen voran die USA und die EU – verweigerte der neuen Regierung jedoch die Anerkennung und stellte ihre Finanzhilfen ein, solange sich die Hamas nicht von Gewalt lossagte, Israel anerkannte und frühere Abkommen akzeptierte.

Die Spannungen zwischen Hamas und Fatah eskalierten im Jahr 2007 in blutigen Auseinandersetzungen. Im Juni übernahm die Hamas mit Waffengewalt die vollständige Kontrolle über den Gazastreifen, während die Fatah unter Mahmud Abbas fortan nur noch das Westjordanland verwaltete. Seither ist die politische Landschaft der Palästinenser tief gespalten – mit zwei getrennten Machtzentren in Gaza und Ramallah.

Was häufig vergessen wird: Israel tolerierte seit 1967 die Muslimbrüder in den besetzten Gebieten und von 1987 an die Hamas, um einen Gegenspieler zur säkularen PLO Arafats zu schaffen. Israel wollte der PLO bzw. der Fatah nicht die Sozialarbeit in der Westbank überlassen. Toleriert und indirekt durch die Israelis unterstützt, hat die Hamas Schulen, Moscheen, Gesundheitsstationen und Krankenhäuser gebaut und der israelischen Zivilverwaltung die Arbeit abgenommen, zu der sie als Besatzungsmacht verpflichtet gewesen wäre. Die Übergabe der Sozialarbeit, einer zentralen religiösen und sozialen Pflicht gegenüber der Gemeinschaft (Umma) und tief in der islamischen Lehre verwurzelt, begründete das Image der Hamas, eine helfende Organisation der Volkssolidarität zu sein. Dass die Hamas nicht nur die PLO bekämpfte, sondern auch eine große Bedrohung für Israel sein würde, erkannte Israels Führung erst während der ersten Intifada 1987. Die Geister, die sie rief, wurde sie nicht mehr los.

Land zwischen Fluss und Meer: Wem gehört Palästina?

Wem gehört das Land, das sich die Israelis und die Palästinenser teilen? Wie weit in der Geschichte dürfen diejenigen zurückgehen, die ein Recht auf das Erbe des Osmanischen Reichs reklamieren?

Der israelische Staat war nicht der erste in der Region, wie gern behauptet wird. Vorher gehörte Palästina zum Osmanischen Reich. Danach, seit dem Ersten Weltkrieg, beherrschten die Briten und die Franzosen die Region, sie teilten sie 1916 in Einflusssphären auf. Im Gebiet westlich des Jordan war es schon früher zu Besiedlungen durch Juden gekommen, die erste 1882: Rischon LeZion, am heutigen südlichen Stadtrand von Tel Aviv/Jaffa gelegen. Mit dem Buch *Der Judenstaat* versuchte Theodor Herzl 1896, »eine moderne Lösung der Judenfrage« zu finden. Die Schrift war eine Antwort auf die Verfolgung der Juden in Europa bereits vor dem »Dritten Reich«. Der erste Zionistenkongress in Basel suchte und fand 1897 eine »Heimstätte in Palästina«. Es zog sie ins »Gelobte Land«. Die religiöse Begründung für den Anspruch darauf stammt aus dem Alten Testament. Dort heißt es im Buch Genesis, Gott habe zu Abraham gesprochen: »*Deinen Nachkommen gebe ich dieses Land.*« (Genesis

12,7). Diese Verheißung wurde im Judentum über Jahrhunderte hinweg als geistliches Versprechen verstanden – und im politischen Zionismus des 19. und 20. Jahrhunderts zunehmend auch als legitimatorische Grundlage für das Rückkehrrecht ins Land Israel interpretiert.

1947, nach dem Menschheitsverbrechen gegen die Jüdinnen und Juden Europas während der Zeit des Nationalsozialismus, verabschiedete die UN-Generalversammlung einen Teilungsplan für Palästina, der zwei Staaten vorsah, einen palästinensischen und einen jüdischen; die Verwaltung Jerusalems sollte der UNO unterstellt sein, die Mandatszeit spätestens am 1. August 1948 enden. Staaten waren damit noch nicht geschaffen. Die arabischen Staaten lehnten den Teilungsplan ab. Nachdem Großbritannien das Mandat bereits am 14. Mai ablegte, verkündete David Ben-Gurion am selben Tag unter einem Foto von Theodor Herzl (»Seher des jüdischen Staats«) stehend »die Errichtung eines jüdischen Staates im Lande Israel«, wie es die UNO im Jahr zuvor »unwiderruflich« für Recht erklärt habe.

In der folgenden Nacht drangen die Armeen von Ägypten, Transjordanien, Libanon, Irak und Syrien ins Land ein, der Krieg endete erst im Januar 1949 mit einem Sieg Israels, das in diesem »Unabhängigkeitskrieg« (Araberinnen und Araber sprechen von »Nakba«, Katastrophe) beträchtliche Teile der für den Palästinenserstaat vorgesehenen Gebiete und Jerusalem besetzte. Um die 700 000 Palästinenserinnen und Palästinenser wurden vertrieben oder flüchteten – davon 200 000 nach Gaza, wie die Familie von Abdallah Frangi, bis 2005 offizieller Vertreter der PLO in Deutschland; sie zogen aus Beerscheba nach Gaza, als ein Nachbardorf in Flammen stand. 280 000 kamen in das von Jordanien kontrollierte Westjordanland. Hunderttausende Jüdinnen und Juden aus Europa wanderten in Israel ein.

Volk ohne Land für ein Land ohne Volk?

Ein Volk ohne Land hatte ein Land ohne Volk gesucht. Das aber gab es nicht. Der Keim für den bis heute ungelösten Kampf um das Land zwischen Fluss und Meer war gelegt. Vor der Gründung der ersten zionistischen Siedlungen während des Osmanischen Reichs lebten in Palästina höchstens 25 000 Juden und 450 000 Palästinenser. Bei der Staatsgründung Israels 1948 waren es 700 000 Juden und 1,4 Millionen Palästinenser. Nach Vertreibung und Flucht von 630 000 Palästinensern überwog die Zahl der Israelis zwischen Fluss und Meer.[98]

Wem gehört das Land? Wer hat ein Recht, dort zu leben? Was wäre geschehen, wenn die Araber 1948 den Friedensplan und den UN-Teilungsplan angenommen hätten? Sich nicht für Krieg entschieden hätten? Wäre die Westbank noch jordanisches Gebiet, ebenso Ostjerusalem sowie die Altstadt und die Klagemauer? *Roads not taken.* Es ist müßig zu fragen, was gewesen wäre, wenn die arabischen Staaten 1948 friedlich geblieben wären. Die Geschichte lässt sich nicht umschreiben – aber sie drängt uns, aus dem Schmerz und den Fehlern von damals die Sprache und den Mut für eine Zukunft zu finden, in der nicht mehr Schuld die Richtung vorgibt, sondern Verantwortung.

2019 war ein Gleichstand von jüdischer und palästinensischer Bevölkerung zwischen Meer und Fluss erreicht, wie mir der damalige Ministerpräsident der Palästinensischen Autorität Mohammed Shtayyeh stolz erklärte. Die palästinensische Bevölkerung wächst stark, getreu dem Motto Arafats: Jede palästinensische Frau solle zwölf Kinder bekommen, »zwei für sich und zehn für mich«. Und wohin sollen die sieben Millionen Menschen, die in Lagern im Libanon und anderen arabischen Staaten leben, wenn sie in ihre Herkunftsorte zurückkehren wollen?

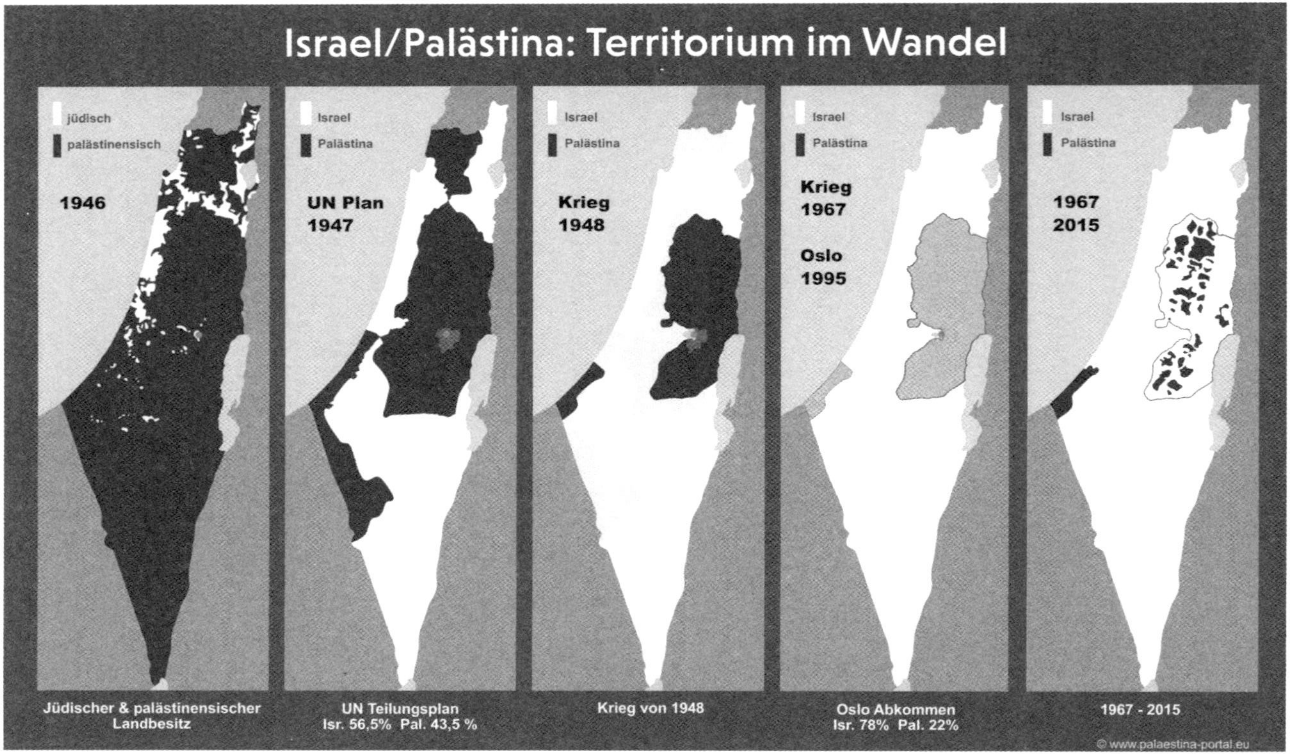

Israel/Palästina: Territorium im Wandel
jüdisch
palästinensisch
1946
Israel
Palästina
UN Plan
1947
Israel
Palästina
Krieg
1948
Israel
Palästina
Krieg
1967
Oslo
1995
Israel
Palästina
1967
2015
Jüdischer & palästinensischer Landbesitz
UN Teilungsplan
Isr. 56,5% Pal. 43,5 %
Krieg von 1948
Oslo Abkommen
Isr. 78% Pal. 22%
1967 - 2015
© www.palaestina-portal.eu

Israels Waffengang in Gaza: Traumata auf beiden Seiten

Noch einmal in aller Klarheit, damit keine Missverständnisse aufkommen: Israel hat wie jeder andere Staat alles Recht, sich gegen Angriffe zu verteidigen. Aber es gilt auch, dass sich diese Verteidigung im Rahmen des Völkerrechts bewegen muss; sie muss verhältnismäßig sein. Der Überfall der Hamas mit all den Toten, den Entführten, den Traumatisierten rechtfertigt eine israelische Gegenreaktion dieser Wucht nicht. Ein ganzes Volk auszuhungern, ganze Städte unbewohnbar zu machen, Wasser- und Stromversorgung über Krankenhäuser bis hin zu Schulen zu zerstören, öffentlich Vertreibungen anzukündigen, alle Lebensgrundlagen zu zerstören, um militärische Ziele zu erreichen – das alles verletzt das humanitäre Völkerrecht und nährt den Verdacht, Israel gehe es darum – was viele auch ganz offen aussprechen –, die Bevölkerung Gazas auf den Sinai zu verdrängen.

Die humanitäre Lage in Gaza hat längst jedes erträgliche Maß überschritten. Während Bomben fallen, hungern Hunderttausende, weil Hilfslieferungen blockiert oder gezielt verzögert werden.[99] Es fehlte an sauberem Wasser, Nahrungsmitteln und Medizin für zweieinhalb Millionen Menschen. Menschen, die in langen Schlangen auf eine Tüte Reis oder etwas Brot warteten, wurden wiederholt beschossen.[100] Sauberes Wasser ist Mangelware, die Stromversorgung bricht zusammen, Krankenhäuser operieren ohne Betäubungsmittel, weil es an allem fehlt: an Treibstoff, Medikamenten, Verbandsmaterial.[101]

Doch das Leid endet nicht in Gaza. Im provisorischen israelischen Internierungslager Sde Teiman im Negev berichten Überlebende von systematischer Folter, Demütigung und medizinischer Vernachlässigung. Menschen, die dort festgehalten werden, liegen stundenlang mit verbundenen Augen und gefesselten Händen auf nacktem Boden. Sie werden mit Hunden eingeschüchtert, mit Elektroschocks misshandelt; es gibt Berichte über Verstümmelungen durch zu eng sitzende Fesseln, über Operationen ohne Narkose, über sexuellen Missbrauch.[102]

Wer in der Lage ist, so zu handeln – oder so etwas hinzunehmen oder zu unterstützen –, hat sich entfernt von dem, was Menschlichkeit im Kern ausmacht. Es geht um Mitgefühl, um Menschlichkeit. Und um die schlichte Erkenntnis: Wenn wir zulassen, dass das zur Norm wird, dann verlieren wir uns selbst. So gesehen, hat Israel den Krieg bereits moralisch verloren, seine politische und wirtschaftliche Position geschwächt. 2024 verließen 82 000 Israelis das Land, während es bis 2021 durchschnittlich 36 000 waren. Die Immigration fiel 2024 auf 32 000. Nicht nur Menschen, gerade die klügsten Köpfe in Schlüsselbereichen, sowie Kapital fließen in erheblichem Umfang ab.[103]

Für den ehemaligen UN-Nothilfekoordinator Martin Griffiths, der über fünf Jahrzehnte unzählige kriegs- und katastrophenbedingte Notlagen weltweit gesehen hat, ist die Situation in Gaza die schlimmste von allen. Weil die Menschen von dort nicht fliehen können, weil dort wie nirgendwo sonst das internationale Recht, die Meinung des Internationalen Gerichtshofs, des UN-Generalsekretärs und des Sicherheitsrats missachtet werden. Griffiths berichtet von traumatisierten Teams, die »jeden Tag ihr Leben riskieren und daran gehindert werden, die benötigte Hilfe zu leisten«. Und er rügte Israels langjährige Bemühungen, das UN-Hilfswerk für Palästina-Flüchtlinge im Nahen Osten (United Nations Relief and Works Agency for Palestine Refugees in the Near East, UNRWA) zu untergraben. Humanitäre Hilfe sei in Gaza (wie auch in der Ukraine) »zu einer Art Alibi für Mitgliedstaaten geworden«, die zwar versuchen, das menschliche Leid infolge von Konflikten zu lindern, dafür aber »nicht so viel tun, um die Ursachen tatsächlich zu bekämpfen«.

UN-HILFSWERK FÜR PALÄSTINA-FLÜCHTLINGE IM NAHEN OSTEN (UNRWA)

UNRWA, 1949 gegründet, versorgt registrierte Palästinaflüchtlinge mit Nahrungsmitteln, leistet Gesundheits- und soziale Dienste, darunter auch Bildungsprogramme. Die meisten der 310 Toten der UN im Gaza-Krieg waren Teil von UNRWA, darunter Lehrerinnen und Ärzte, Krankenschwestern und andere humanitäre Helfer. So viele Todesopfer in einem einzelnen Konflikt hatte die UN seit Gründung nicht zu beklagen.
Nach Vorwürfen Israels fand UNRWA im Januar 2024 Beweise, dass neun ihrer 15 000 Mitglieder an den Hamas-Angriffen beteiligt waren. Mehrere Geberländer, darunter die USA, setzten danach ihre Finanzierung aus. Israel beendete die Zusammenarbeit mit der Organisation.

UN-Generalsekretär António Guterres kritisierte Israel, als es begann, den Gazastreifen zu beschießen und zu besetzen. »Es ist wichtig zu erkennen, dass die Angriffe der Hamas nicht im luftleeren Raum stattfanden.« Er erinnerte an die Besatzung seit 56 Jahren, den Siedlungsbau, die Gewalt der Besatzer, zerstörte Häuser und Vertriebene. Der Angriff der Hamas könne die »kollektive Bestrafung des palästinensischen Volkes nicht rechtfertigen«.[104] Dass Guterres auch die Hamas kritisierte, konnte ihm heftige Kritik aus Israel nicht ersparen. Er wurde mit einem diplomatischen Bannstrahl belegt und zur »Persona non grata« erklärt.

Trauma und Terror: Die Ursachen und die Folgen des Kriegs in Gaza

Um ein vollständiges Bild über diesen Krieg zu gewinnen, wird es nach dem Ende der Kämpfe Fact-Finding-Missionen (FFMs) wie in der Vergangenheit in Syrien, im Südsudan, in der Ukraine und an anderen Kriegsschauplätzen geben müssen. Sie müssen unabhängig recherchieren dürfen, um die Verantwortlichen für Kriegsverbrechen, Verbrechen gegen die Menschlichkeit oder schwere Menschenrechtsverletzungen zu ermitteln. Eine unabhängige, multilaterale Kommission wird Angriffe beider Seiten auf zivile Ziele untersuchen, Geiseln, Soldaten und Opfer interviewen, die Verhältnismäßigkeit des Einsatzes von militärischen Mitteln prüfen und Belege für die Strafverfolgung der Verantwortlichen vor dem Internationalen Strafgerichtshof (IStGH) beibringen. Während des Kriegs untersagte Israel solche Recherchen, auch westlichen Journalisten sowie UNRWA und vielen NGOs, die sich nur eingeschränkt bewegen konnten.

Das wahre Ausmaß dieses Kriegs wird erst sichtbar werden, wenn die Waffen schweigen, wenn der Staub sich legt, wenn die Trümmer von Gaza freigelegt und dokumentiert werden. Wenn Forensiker und unabhängige Beobachter damit beginnen, die Spuren der Zerstörung zu sichten, die Wahrheit zu rekonstruieren, die Fakten zu sammeln. Dieser Tag wird kommen. Er wird Israels Ansehen noch über Jahre belasten. Und an diesem Tag wird es nicht nur um die Täter gehen, sondern auch um die stillen Mitwisser. Um jene, die schwiegen, obwohl sie Bescheid wussten. Um Regierungen, die Waffenlieferungen genehmigten, obwohl längst ersichtlich war, dass mit diesen Waffen humanitäres Völkerrecht verletzt wird. Um Politiker, die sich hinter dem Begriff »Staatsräson« versteckten, während Kinder verhungerten. Um all jene, die sagten, es sei zu kompliziert, zu weit weg, nicht der richtige Moment für Kritik. Aber niemand wird sagen können: Wir haben es nicht gewusst. Niemand wird behaupten können, die Aussagen von Itamar Ben Gvir, Bezalel Smotrich oder Yoav Gallant seien an ihnen vorbeigegangen – jene entmenschlichenden Worte, die nicht Ausrutscher waren, sondern Teile einer systematischen Rhetorik. Niemand wird sagen können: Wir haben es nicht gewusst, dass Hilfslieferungen blockiert, Hunger als Waffe eingesetzt, zivile Infrastruktur zerstört wurden. Und darum werden wir uns im Angesicht dieses Wissens messen lassen müssen – nicht nur in der Geschichte, sondern in unserem jetzigen Menschsein. Schweigen ist keine Option, sich herauszuhalten. Schweigen ist Entscheidung. Schweigen ist Mitverantwortung.

Die Mörder und Vergewaltiger vom 7. Oktober 2023 kamen zur Welt, als die Hoffnung ihrer Eltern auf Frieden sich in Luft aufgelöst hatte. Ihre Kinder der Jahrtausendwende wuchsen auf in einer Enklave aus Stacheldraht, Beton und Enttäuschung. Ihre Welt verschloss sich, aus Grenzübergängen wurden Schleusen der Demütigung, die Eltern verloren ihre Arbeit, wenn Israel sie aussperrte, und ihre Familien hingen am Tropf der UN. Sie wuchsen auf in einem Käfig mit zusammengebissenen Zähnen, mit Wut, mit Stolz, mit einer tiefen, ungestillten Sehnsucht nach Leben.

Die Terroristen von morgen sind die Kinder von heute. Was sie sehen, ist eine zerstörte Welt: Häuser, Kliniken, Wasserversorgung – nichts und niemand bleibt verschont. Es fehlt an Lebensmitteln und Medikamenten. Mütter können ihre Kinder nicht stillen. Die Kinder leiden Hunger, was ihr Wachstum und ihre zerebrale Entwicklung hemmt. Die Folge nennt die Wissenschaft *Stunting.* Sie werden wahrscheinlich keine höhere Schule oder Universität besuchen können. Was heute versäumt wird, ist morgen nicht nachzuholen. Jenseits der Sperranlage dagegen stehen erstklassige Universitäten, die Tore zur Welt.

Im Gazastreifen wurde der Entzug von Nahrung damit gerechtfertigt, dass er die Auslösung der Geiseln erreichen sollte. Als der bereits genannte israelische Sicherheitsminister Itamar Ben-Gvir im April 2025 die USA besuchte, schlug er sogar vor, Lebensmittel- und Hilfsgüterdepots in Gaza zu bombardieren. Ob das die letzten Geiseln in Freiheit gebracht hätte? Erhöht dieses Pingpong der Gewalt die Sicherheit Israels? Der Palästinenser? Mitnichten! Jeder Schlag auf der einen Seite schafft neuen Hass auf der anderen. Aber um keine Missverständnisse aufkommen zu lassen: Natürlich muss die

Hamas die Geiseln ohne Wenn und Aber freilassen und anerkennen, dass es für sie in Gaza keine politische Zukunft gibt.

Der israelische Kolumnist und Aktivist Gershon Baskin ging – zu Recht – mit der Hamas hart ins Gericht: »Habt ihr, Hamas-Führer, die leiseste Vorstellung davon, wie viel Tod und Zerstörung ihr dem palästinensischen Volk gebracht habt? Haltet ihr euch verantwortlich für all die Tragödien von Palästina und seinen Menschen? Bedauert ihr, was ihr getan habt?«, fragte er am 13. April 2025 via WhatsApp. Auch er wisse, dass die Besatzungsmacht der Feind und für den Tod von vielen unschuldigen Menschen in Gaza verantwortlich sei. Aber es gebe viele alternative, aber bisher nicht beschrittene Wege, dem ein Ende zu bereiten. »Wenn ihr verstündet, dass das Israelische Volk nicht der Feind ist, sondern die Lösung, hättet ihr eure Freiheit, aber ihr könnt nicht alles haben. Es gibt zwei Völker zwischen Fluss und Meer, und alle dort lebenden Menschen müssen die gleichen Rechte haben.« Es gebe keine militärische Lösung, schrieb Baskin. »Überzeugt die israelischen Menschen, dass ihr bereit seid für ein Leben in Frieden, und ihr werdet eure Freiheit erreichen.«[105]

Iran: Wo beginnt, wo endet das Recht auf Selbstverteidigung

Das Völkerrecht erlaubt keinem Staat, ein anderes Land präventiv zu entwaffnen, sagte der UN-Sonderberichterstatter für die Förderung der Menschenrechte, Ben Saul. »Das ist völlig gesetzlos.« Viele Länder hätten Gegner, »die sie gern ohne Waffen sehen würden«. Das zu erlauben wäre »ein Rezept für weltweites Chaos«.[106] Gilt das auch für Israels Angriff gegen Iran im Juni 2025? Als Netanjahu das Land bombardieren ließ, Politiker, Wissenschaftler und die Atomanlagen angriff? War der Angriff völkerrechtswidrig? Zumindest war es die jahrzehntelange Drohung Irans, Israel auszulöschen.[107]

Angela Merkel hatte vor 17 Jahren recht, als sie auf Iran als große Gefahr hinwies. Politiker in Europa dürften nicht aus Furcht vor der öffentlichen Meinung davor zurückschrecken, Iran mit weiteren und schärferen Sanktionen zum Stopp seines Nuklearprogramms zu bewegen. Verzichteten wir darauf, »dann hätten wir weder unsere historische Verantwortung verstanden noch ein Bewusstsein für die Herausforderungen unserer Zeit entwickelt. Beides wäre fatal.« Sie sah das iranische Nuklearprogramm als Gefahr für Frieden und Sicherheit. So sah es auch der Nachfolger ihres Nachfolgers, Friedrich Merz: »Dieses Mullah-Regime hat Tod und Zerstörung über die Welt gebracht.« Der israelischen Armee und der Staatsführung zollte er »größten Respekt« für den Mut, Iran anzugreifen, weil wir sonst den Terror dieses Regimes weiterhin gesehen hätten, möglicherweise »mit der Atomwaffe in der Hand«. Israel mache gegenwärtig »die Drecksarbeit für uns alle«.[108] Wenn auch ein Bundeskanzler seine Worte sorgfältiger wählen sollte, so sehr ist dies in der Sache auch nachzuvollziehen.

Im Juni 2025 glaubte Netanjahu, Iran mit tagelangen Angriffen so geschwächt zu haben, dass er das Problem an der Wurzel wegräumen könnte, sofern Donald Trump bereit wäre, die dafür nötigen Raketen einzusetzen. Trump tat ihm den Gefallen, und Teheran schien tatsächlich einzulenken; nach einem angekündigten Pro-forma-Angriff auf amerikanische Basen im Nahen Osten kehrte zunächst Ruhe ein. Das Regime schien mehr am eigenen Machterhalt und an der Rettung seines Atomprogramms interessiert zu sein als an einer Fortsetzung der Machtprobe.

Die Frage ist: Wird es auf die militärische Anreicherung verzichten und sich einem transparenten Inspektionsregime unterwerfen, wenn im Gegenzug ein Ende der Sanktionen stünde? Die Chance ergreifen, damit wirtschaftlich auf die Beine zu kommen? Oder ist die iranische Führung besorgt, wegen des Eindrucks einer Kapitulation ihr Gesicht zu verlieren, und deshalb bereit, durch weitere Akte der Selbstschädigung – etwa eine Blockade der Straße von Hormuz – weitere militärische Gegenreaktionen der USA, aber auch den Ärger seiner wichtigsten Partner wie China oder Indien zu riskieren?

Die Lage war nicht eindeutig, als dieses Buch abgeschlossen wurde. Aber durch den Rauch hindurch war zu erkennen: Der zentrale Konflikt der Region war, ist und bleibt der israelisch-palästinensische. Wir hatten uns in den vergangenen Jahrzehnten auf den sunnitisch-schiitischen Gegensatz konzentriert – mit Iran im Fokus. Doch dieser hat den ursprünglichen Konflikt nur überlagert, wie sich in aller Dramatik zeigte. Entscheidend ist nicht, wie Israel oder die arabische Welt und Iran zueinanderstehen, sondern das israelisch-palästinensische Verhältnis. Einen Machtwechsel in Iran würden die meisten begrüßen, auch in Iran. Aber der Wandel müsste von innen kommen, und es ist unklar, was darauf folgen würde. Militärische Überlegenheit hat bisher keinen nachhaltigen Frieden für die Menschen in Israel gebracht. Ich wünschte, Netanjahu möge Israel nicht weiter ins moralische, diplomatische und völkerrechtliche Abseits führen, seine Agenda der schleichenden Annexion von Gaza und Westbank aufgeben, aus seiner Position der Stärke die Hand ausstrecken, den Palästinensern mit Respekt begegnen und einen Friedensprozess einleiten, der diesen Namen verdient. Das ist gerade unwahrscheinlich. Also braucht es Geduld. Vielleicht öffnet sich nach Netanjahu ein historisches Fenster, in dem sich die gesamte Region neu ordnen könnte – unter Einschluss Irans.

Deutsche Debatten: Staatsräson und Sonderrolle im Nahen Osten

Mit ihrer Rede in der Knesset im März 2008 hat Angela Merkel den Ton gesetzt, was später zu schwierigen Diskussionen führen sollte. Sie bezeichnete Israels Existenzrecht als deutsche Staatsräson, sprich:

einen Daseinszweck Deutschlands, gespeist aus unserer historischen Verantwortung nach dem Menschheitsverbrechen der Nationalsozialisten an Millionen Juden, der Singularität der Schoa. Daraus entstand für sie die Verpflichtung, alles zu tun, was Israels Sicherheit garantiert, und alles zu unterlassen, was sie gefährdet. Das wurde als bedingungslose Loyalität verstanden.[109]

»Staatsräson« ist ein politischer Begriff, eine moralische Selbstverpflichtung, kein einklagbarer Grundsatz. Politische Entscheidungen, die sich auf die Staatsräson berufen, müssen allerdings grundgesetz- und völkerrechtskonform sein. Weder die Staatsräson noch außenpolitische Loyalität können rechtliche Verpflichtungen außer Kraft setzen.

Aus Deutschlands historischer Verantwortung und Verpflichtung gegenüber Israel ergibt sich auch eine moralische Verantwortung gegenüber den Menschen, deren Schicksal untrennbar mit der Gründung Israels verbunden ist. Die Erinnerung an die Schoa steht nicht im Widerspruch zur Anerkennung der Nakba.[110] Die Schoa war auch kausal für die Vertreibung der Palästinenser 1948. Beider Seiten Leid anzuerkennen, ohne die Singularität des Holocaust infrage zu stellen, würde es Deutschland ermöglichen, eine glaubwürdigere Rolle als Brückenbauer zwischen Israel und der arabischen Welt zu übernehmen – und der deutschen Außenpolitik im Nahen Osten moralische Kohärenz zurückgeben, die heute oft vermisst wird.

Als Israels Raketen auf Gaza niedergingen, sagte Merkels Nachfolger Olaf Scholz recht lakonisch, er gehe davon aus, »dass die israelische Armee auch bei dem, was sie macht, die Regeln beachten wird, die sich aus dem Völkerrecht ergeben«. Das war – mit Verlaub – entweder naiv oder politisch gewollte Blindheit: Auch dieser Bundeskanzler dürfte gewusst haben, dass Israel sich seit 1967 mitnichten an Völkerrecht hält. Sowohl die UNO als auch die EU haben wiederholt die israelische Besetzung der Westbank als völkerrechtswidrig eingestuft. Am 23. Dezember 2016 stellte der UN-Sicherheitsrat in der Resolution 2334 fest, dass die Siedlungen in den besetzten palästinensischen Gebieten, einschließlich Ostjerusalem, »keine rechtliche Gültigkeit« haben und einen »eklatanten Verstoß« gegen das Völkerrecht darstellen.

Israel führt auch Sicherheitsgründe an, die die Kontrolle der Westbank rechtfertigen. Das Land wurde 1948 und 1967 angegriffen, die Regierung hat vom Recht auf Selbstverteidigung Gebrauch gemacht. Von 1967 an hat Israel jedoch jordanisches Land besetzt und in den folgenden Jahrzehnten größere palästinensische Gebiete schleichend annektiert; Israel hat Olivenbäume, Landwirtschaft, systematisch große Teile der Westbank als »Staatsland« oder »militärisches Sperrgebiet« neu definiert, auch um Siedlungsbau zu legitimieren. Israel hat damals begonnen, eine etablierte Kultur auszulöschen.

Dabei müsste Israel sich, wie jede Besatzungsmacht, an Regeln und Verpflichtungen halten, die sich aus der IV. Genfer Konvention von 1949 und dem Haager Abkommen von 1907 ergeben: Schutz und Versorgung der Zivilbevölkerung, Verbot der Annexion und Veränderung des Status quo, Schutz des Privateigentums und öffentlicher Einrichtungen, Verbot des Transfers eigener Bevölkerung, Verbot kollektiver Strafen. Dazu gehört, die demografische Struktur dort nicht zu ändern. Dagegen hat Israel vielfach verstoßen. In der Westbank und Ostjerusalem leben inzwischen 700 000 jüdische Siedler. Wie soll so ein palästinensischer Staat entstehen? Was taugt da unser mantraartiges Bekenntnis zur Zwei-Staaten-Lösung noch?

Unbegreiflich, dass ein Bundeskanzler sagen kann, er gehe davon aus, dass sich Israel als Demokratie an das Völkerrecht hält. Auch enge Solidarität entbindet Staaten nicht von der Pflicht zur Anerkennung des Rechts. Wo Menschenrechte verletzt werden, darf niemand schweigen. Wahre Freunde Israels auch nicht. Die fortgesetzte Lieferung von Waffen im Wert von Hunderten Millionen Euro,[111] die auch gegen Zivilisten eingesetzt werden, widerspricht Deutschlands erklärter wertegeleiteter Außenpolitik. Das sorgt international für

Kopfschütteln, Deutschland wird zunehmend als selektiv und moralisch doppelbödig wahrgenommen. »Wegen der bedingungslosen Unterstützung für Israels Krieg wird Deutschland in vielen Teilen der Welt längst als Heuchler gesehen«, kommentierte das Magazin *Der Spiegel.* »Die Partnerschaft zwischen Deutschland und Israel beruht nicht nur auf der Vergangenheit, sondern auch auf gemeinsamen Werten.«[112]

Indem die Bundesregierung lange mit Kritik an Israel zögerte, Waffenlieferungen genehmigte und sich seit 30 Jahren nicht entschieden für den Friedensprozess engagierte, trug sie dazu bei, den Status quo zu verlängern. Waffenlieferungen *allein* bringen die Region dem Frieden nicht näher, wenn sie ohne Bedingungen geleistet werden. Sicher ist dagegen, dass sie unsere Glaubwürdigkeit bei denen schwächen, die jene Werte und Regeln mit Füßen treten, die wir für vorbildlich halten und aller Welt mit so viel Verve empfehlen.

Lösungen für Palästina und Israel entstehen nicht am Reißbrett

30 Jahre nach dem Mord an Rabin und im Angesicht der Ruinen im Gazastreifen präsentierte Donald Trump eine wirre Vision: »Wir werden ihn besitzen.« Er fantasierte eine »Riviera des Nahen Ostens« herbei. Während einst Arafat von einem »Singapur des Nahen Ostens« geträumt hatte, an eine prosperierende Region für die Menschen, die dort wohnen, will Trump die Einwohner umsiedeln; er will 45 Quadratkilometer Land palästinenserfrei machen.[113] Das ist zynisch und menschenverachtend.

Dass er die Menschen in Gaza nicht einmal gefragt hat, ist Trumps Arroganz geschuldet. Er fragte sie auch nicht, als er zwischen Israel einerseits und Bahrain, Marokko, Sudan und den Vereinigten Arabischen Emiraten andererseits vermittelte, die ihre Beziehungen normalisieren wollten oder sollten. Die dabei entstandenen Abraham Accords folgten der Strategie »outside-in«: Trump und Netanjahu setzten darauf, dass regionale Annäherung und Normalisierung zwischen Israel und arabischen Staaten den Weg für eine spätere Lösung des Palästina-Konflikts ebnen würden. Mit den Abraham Accords schien Frieden in Nahost wieder machbar zu sein. Aber die Übergangenen konnten das als Ausverkauf ihrer Ambitionen auf einen palästinensischen Staat interpretieren, weshalb diese Bestrebungen – insbesondere ihre Ausweitung Richtung Saudi-Arabien – wohl mitursächlich für den Hamas-Angriff am 7. Oktober 2023 waren.

ABRAHAM ACCORDS

Die Abraham-Abkommen (so benannt nach dem Stammvater von Juden, Muslimen und Christen) sind Vereinbarungen zwischen Israel einerseits und den VAE, Bahrain (später auch Sudan, Marokko) andererseits sowie den USA, die von 2020 an die Beziehungen zwischen Israel und arabischen Staaten ohne palästinensische Vorbedingungen normalisieren sollten. 2023 bemühten sich die USA durch intensive Vermittlung zwischen Israel und Saudi-Arabien, das Abkommen auszuweiten, einschließlich eines Sicherheits- und Nuklearpakts mit den USA. Die »Palästinenserfrage« blieb bewusst ausgeklammert, was die Hamas (und auch die PA) so interpretierten: Die arabischen Staaten geben uns auf. Hamasführer Ismail Haniyya nannte »die arabische Normalisierung mit dem zionistischen Gebilde ohne Rücksicht auf die Rechte des palästinensischen Volkes« eine »Katastrophe«.

Auf israelischer Seite gewinnt die Überzeugung, dass die Westbank das gelobte Land ist, an Stärke, je mehr Säkulare abwandern. Seit Trumps zweiter Amtszeit hoffen rechte Kreise in Israel noch mehr auf eine Annexion, und sie reden darüber mit Netanjahu. »Die

Westbank ist das Land, das der Herr uns versprochen hat«, sagt auch eine meiner israelischen orthodox-jüdischen Bekannten. Sie lebt in einer Siedlung in der Westbank, reicht aus religiösen Gründen Männern nicht die Hand, denkt aber erfrischend unorthodox. Sie erinnert an Moses, der auf dem Berg Nebo stand, im Abarim-Gebirge, östlich des Jordan, 800 Meter über dem Toten Meer, im heutigen Jordanien. Dort oben soll Gott ihm das Gelobte Land gezeigt haben. Das war die Westbank, sagt sie, Kanaan, »das Land, das der Herr den Kindern Israels versprochen hat. Da will ich mit meinen Kindern sein.« Sie ist aber gegen eine Annexion: »Ob ich unter palästinensischer Autorität lebe oder unter israelischer, das ist mir gleichgültig.« Und wenn es ein Abkommen gäbe, sie würde ihren Schutz auch Palästinensern anvertrauen. Hauptsache, sie kann im gelobten Land bleiben. »Bei euch leben doch auch Ausländer, in Deutschland leben Franzosen, Amerikaner permanent. Wieso sollte ich nicht in Palästina leben?«

Leben hinter Mauern: palästinensische Wohngebiete im Westjordanland

Im Kern stehen zwei nationale Narrative nebeneinander: Für Israel geht es um die Sicherheit des Staats Israel und die Bewahrung seiner jüdischen Identität, für die Palästinenser um Freiheit, Würde und das Ende von Besatzung und Entrechtung. Wie ist das am besten in Übereinstimmung zu bringen?

Die sogenannte internationale Gemeinschaft drängt auf eine Zwei-Staaten-Lösung; sie will Klarheit, auch wenn es Trennmauern perpetuiert. Wenn ich wie vor einigen Monaten in der Westbank auf palästinensischen Straßen fahre, sehe ich israelische Siedler über ihnen vorbehaltene Brücken und Straßen zu ihren Siedlungen fahren.

Sind derartige Trennungen von Palästinensern und Israelis zukunftsfähig? Machen sie das Leben aller sicherer? Eine Zwei-Staaten-Lösung würde – wie bereits 1994 – absehbar wieder zu zwei unterschiedlichen politischen Systemen führen. Ich bin zutiefst überzeugt – heute mehr als damals –, dass Israelis und Palästinenser nur dann dauerhaft Seite an Seite leben können, wenn sie sich auf gemeinsame Grundwerte ihrer politischen Systeme verständigen. Ein repressives Palästina wird niemals friedlich an der Seite eines demokratischen Israel existieren können. Auch das andere Modell, eine »Einstaatenlösung« mit einer inzwischen palästinensischen Bevölkerungsmehrheit, erscheint undenkbar. Ein gleichberechtigtes Zusammenleben von Muslimen und Juden würde die jüdische Identität Israels infrage stellen.

Was bleibt also übrig? Dass auch die Palästinenser eine Staatlichkeit wollen, ist verständlich; warum nicht als Teil einer Konföderation? Ein solches Modell haben Yossi Beilin, einer der Architekten der Oslo-Verträge, und die palästinensische Juristin Hiba Husseini 2022 in ihrer »Holy-Land-Initiative« vorgestellt. Sie knüpft an die klassische Zwei-Staaten-Lösung an, geht aber bewusst einen Schritt weiter, indem sie das Prinzip der Trennung mit dem der Kooperation verbindet. Kern der Vision ist die Existenz zweier souveräner

Staaten – Israel und Palästina – auf der Basis der Grenzen von 1967 mit jeweils eigenen Regierungen und internationaler Anerkennung. Anders als in früheren Modellen sieht die *Holy Land Confederation* jedoch offene Grenzen für die Bürger beider Staaten vor. Israelis und Palästinenser sollen in bestimmten Fällen im jeweils anderen Staat leben, arbeiten und sich frei bewegen können. Jerusalem soll als geteilte Hauptstadt fungieren – verwaltungstechnisch getrennt, aber physisch offen, mit gemeinsam koordinierter Infrastruktur. Darüber hinaus schlägt das Modell konföderative Strukturen vor: gemeinsame Institutionen für Themen wie Wasser, Umwelt, Infrastruktur und Sicherheit, die auf Kooperation und Gleichberechtigung beruhen. Auch für das sensible Flüchtlingsthema enthält die Initiative einen pragmatischen Vorschlag: begrenzte Rückkehrmöglichkeiten nach Israel, vor allem aber Ansiedlung in Palästina oder Drittländern mit international abgestimmten Entschädigungen. Das Modell der *Holy Land Confederation* geht über das Denken in Trennung hinaus und stützt sich auf bereits existierende, wenn auch begrenzte Realität. Ein Vorbild, so fragmentarisch es sein mag, existiert bereits: die faktische Freizügigkeit innerhalb Jerusalems. Trotz aller politischen, juristischen und sozialen Spannungen ist es Alltag, dass Palästinenser aus Ostjerusalem mit der Straßenbahn ins westliche Stadtzentrum fahren, um zu arbeiten, einzukaufen oder Krankenhäuser aufzusuchen. Umgekehrt kann die jüdisch-israelische Bevölkerung frei in den Osten der Stadt. Diese Realität der Durchlässigkeit, des Nebeneinanders zeigt: Koexistenz ist nicht nur eine Vision, sondern bereits gelebte Praxis, wenn auch auf unsicherem und rechtlich umstrittenem Boden. Wäre ein solches Modell nicht auch für das gesamte Gebiet »*from the sea to the river*« denkbar?

Auf zwei Staaten basiert der Plan von Ehud Olmert, von 2006 bis 2009 Ministerpräsident Israels, und Nasser al-Kidwa, von 2005 bis 2006 palästinensischer Außenminister. Sie schlugen im Juli 2024 vor, die wichtigsten israelischen Siedlungsblöcke einschließlich derer um Jerusalem an Israel anzugliedern, 4,4 Prozent des Westjordanlands. Im gleichen Umfang solle israelisches Staatsgebiet dem Staat Palästina angegliedert werden. Damit könnten rund 80 Prozent der israelischen Siedler in ihren Häusern bleiben; die übrigen müssten das Land entweder verlassen oder unter palästinensischer Autorität leben. Jerusalems Altstadt mit den religiösen Stätten soll von einer Treuhandschaft von fünf Staaten verwaltet werden, zu denen Israel und Palästina gehören; damit bliebe die freie Religionsausübung aller Konfessionen garantiert. Gaza und das Westjordanland werden durch einen souveränen palästinensischen Korridor verbunden. Olmert und Kidwa waren mit diesen Gedanken sogar beim Papst. Sie fanden in EU und UNO Zustimmung, aber (noch) nicht bei den Beteiligten.

Unsinn? Unmöglich? Unrealistisch? Vielleicht. Aber wollen wir so weitermachen wie bisher? Warum denken wir so kurz, so fantasielos? Warum nicht umkehren, um aus der Sackgasse zu kommen?

Dass es keine militärische Lösung geben wird, haben wir auch Arafat immer gesagt. Er müsse mit Israel reden, seine Kommunikation nicht nur auf die eigenen Leute abstellen. Auch die israelische Regierung sollte sich fragen, ob es richtig ist, ausschließlich auf Gewalt zu setzen. Die Palästinenser werden nicht verschwinden. Sie vertreiben zu wollen ist keine Lösung; sie werden nicht gehen. Der totale Sieg einer Seite ist auch im Nahen Osten unmöglich. Realistisch ist – wie so oft in Friedensprozessen – ein Kompromiss, Trump würde sagen: ein Deal. Bei Unfähigkeit zu Kompromissen – alte Diplomatenweisheit – gibt es nur Verlierer.

Kein Wiederaufbau ohne politische Erneuerung

Über Jahrzehnte haben wir die Palästinensische Autonomiebehörde (PA) unterstützt, ein zunehmend korruptes System, gebaut auf Repression. Das war schon unter Arafat so, als Jibril Rajoub (im Westjordanland) und Mohammed Dahlan (in Gaza) von 1994 an zentrale Rollen beim Aufbau der palästinensischen Sicherheitsstrukturen einnahmen. Davor verschlossen wir – auch ich – unsere Augen ebenso wie vor der Erkenntnis, dass öffentliche Mittel auch in privaten Kanälen verschwanden, in der PA wie in der PLO. Die Europäische Union gehört seit Jahren zu den größten Gebern der PA und leistet regelmäßig sogenannte Budgethilfe – also direkte Zahlungen zur Deckung von Gehältern im öffentlichen Dienst, für Sozialtransfers und zur Aufrechterhaltung grundlegender Verwaltungsfunktionen, insbesondere in der Westbank, jährlich Hunderte von Millionen Euro.[114] Laut OECD und Europäischem Rechnungshof gehörten die Menschen in den besetzten Gebieten 2019 mit einer durchschnittlichen Pro-Kopf-Hilfe von 500 US-Dollar zu den größten Empfängern von Entwicklungshilfe weltweit.

Wir dachten, wenn wir die palästinensische Polizei bezahlen, entlastet das Israel und sorgt für Sicherheit. Ein Trugschluss. Ergebnis war, dass Fatah-Präsident Mahmoud Abbas und die PA ihre Autorität verloren und die Hamas sie in Gaza übernommen hat – auch wegen ihres Rufs, nicht korrupt zu sein. Und mit dem Geld, das auch aus dem Ausland kam, gruben sie unter den Augen der Welt Tunnel, organisierten Waffen und rüsteten für einen Kampf gegen Israel.

Auch wegen anhaltender Korruptionsvorwürfe gegen die palästinensische Führung und der mangelhaften Kontrollen der Mittelverwendung ist diese EU-Hilfe nicht unumstritten. Denn das Geld fließt einem autoritär geführten Regime ohne demokratische Legitimation zu, das sich gegen jede Form politischer Erneuerung abschottet. Auch damit verrät die EU ihre politischen und moralischen Grundsätze und trägt dazu bei, einen gescheiterten Apparat zu stabilisieren, den Aufbau eines lebensfähigen palästinensischen Staats zu blockieren und die Bevölkerung ruhig zu halten.

Im Westjordanland bringt der 90-jährige Abu Masen seinen Sohn Yasser als Nachfolger ins Spiel. Dort betreiben die Familienclans der Fatah ihre zweifelhaften Aktivitäten nach wie vor. Ihre Anführer sitzen in Ramallah, wo die Supermärkte voll sind. Entspannt wirken sie, sie setzen auf den demografischen Faktor. Und wenn sie vorrechnen, was der Wiederaufbau von Gaza kosten wird, sehen sie auch Chancen für sich selbst. An die 100 Milliarden Dollar wird der Wiederaufbau des Gazastreifens in den kommenden 20 Jahren kosten. Damit dieses Geld nicht in intransparente oder korrupte palästinensische Strukturen oder an die Hamas fließt, ist eine verlässliche politisch akzeptierte Struktur nötig. Sie muss für Transparenz, Rechenschaftspflicht und Zugang für Kontrolleure sowie eine multilaterale Koordination und politische Neutralität sorgen. Die Mittel für eine Wiederaufbauagentur für Gaza sollten international verwaltet werden, mit einem Palästinenser an der Spitze. Viele hielten den Ökonomen Salam Fayyad für geeignet, er arbeitete einst beim Internationalen Währungsfonds (IWF), war dann hoch angesehener palästinensischer Finanz-, dann Premierminister der PA. Sein technokratischer Ansatz wurde oft als »Fayyadismus« bezeichnet, er versuchte trotz Besatzung eine transparente, leistungsstarke Verwaltung aufzubauen.

Frieden braucht Architektur: Europa als Impulsgeber

Europas Stärke liegt nicht in militärischer Dominanz, sondern in der Verknüpfung von Diplomatie, wirtschaftlichen Anreizen, institutionellem Know-how und normativer Glaubwürdigkeit, also der Kohärenz zwischen eigenen Werten und tatsächlichem Handeln. Beste Voraussetzungen, um als Architekt einer nahöstlichen Friedensordnung aufzutreten. Dazu müsste es die eigene außenpolitische Kohärenz stärken und bereit sein, politisches Kapital in den Nahostprozess zu investieren. Was könnte Europa also tun?

1. Statt weiter einem seit Jahrzehnten erfolglosen Lippenbekenntnis einer Zwei-Staaten-Lösung nachzuhängen, sollte die EU einen politischen Prozess eröffnen, sobald die Umstände sich ändern, sprich: Netanjahu Geschichte ist. Hilfreich wäre dann auch, dass die UNO und Israel wieder zusammenarbeiten könnten. Warum denken wir nicht über eine Konferenz für Sicherheit und Zusammenarbeit im Nahen Osten (KSZNO) nach dem Modell des Helsinki-Prozesses nach, die der norwegische Friedensforscher Johan Galtung schon 1991 vorschlug und Bundesaußenminister Klaus Kinkel 1997 in einer Rede in Jerusalem aufnahm? Die Chancen stehen heute besser als im vorigen Jahrhundert, als die arabischen Staaten in Konfrontation zu Israel standen – mit Ausnahme von Jordanien und Ägypten, die Friedensverträge abgeschlossen haben. Die Lage hat sich grundlegend geändert. Iran ist geschwächt, die Achse mit Syrien und Südlibanon gehört der Vergangenheit an, Lieferrouten für Waffen sind unterbrochen. Die Golfstaaten streben nun den Ausgleich mit Israel an, das haben die Abraham Accords gezeigt. Saudi-Arabien signalisiert Offenheit. Mit der Integration von Israel in die Region, mit fruchtbaren Wirtschaftsverflechtungen, wie sie vor dem 7. Oktober entstanden waren, erkennbar an täglich 13 Flügen zwischen Tel Aviv und Dubai. Durch den Krieg in Gaza und Israels Waffengang gegen Iran ist das alles freilich wieder infrage gestellt. Die ganze Region steht unter Revision.
   Europa hat zueinandergefunden über die gemeinsame Wirtschaft der Sechs. Warum sollten die Bevölkerungen des Nahen Ostens nicht ebenso über wirtschaftliche Zusammenarbeit zu Frieden finden können? Eine KSZNO müsste sich nicht nur mit dem israelisch-palästinensischen Konflikt befassen, sondern auch mit dem Konflikt zwischen Iran und der sunnitischen Welt. Deutschland und Frankreich könnten nach dem Krieg und in einer Zeit nach Netanjahu eine solche Konferenz unter Einschluss Israels,

der Palästinenser und der Arabischen Liga initiieren, mit der gesamten EU und den USA anschieben und schließlich die UNO einbinden, um diesen Prozess unter ihrem Dach laufen zu lassen. So könnte Europa einen Rahmen aufbauen, in dem die Region ihre Konflikte selbst verhandeln kann. Einwände wären zu erwarten, Bedenken und Absagen. Aber eine Absage dokumentiert auch etwas: dass jemand kein Interesse an Ausgleich, Versöhnung und Frieden hat.

2. Israel ist noch immer die einzige Demokratie im Nahen Osten – trotz der gegenwärtigen Vorbehalte. Israel ist eine lebendige Gesellschaft mit Meinungsfreiheit und unabhängigen Gerichten. Wenn ich mit jungen Palästinenserinnen und Palästinensern spreche, dann höre ich: So etwas wollen wir auch – Demokratie und Menschenrechte. Sie sind begierig auf Zukunft, und überdurchschnittlich viele haben eine gute Ausbildung. Das israelische Gesundheitswesen könnte ohne palästinensische Ärzte nicht existieren, viele arbeiten auch in Riad, Doha und Abu Dhabi. Die jungen Frauen und Männer in Palästina, aber auch Ägypter, Pakistanis und Syrer sind hoch motiviert, gut ausgebildet, geschäftstüchtig, wirtschaftlich erfolgreich. Die besten finden wir leider in der Diaspora, in Europa, England, den USA. Um den jungen Leuten zu Demokratie und Menschenrechten zu verhelfen, könnte Europa künftige Hilfen und politische Unterstützung klarer als bisher an Bedingungen knüpfen: den Aufbau tragfähiger palästinensischer Institutionen, freie Wahlen, Rechtsstaatlichkeit und den Schutz der Menschenrechte.
3. Frieden braucht, soll er halten, Versöhnung und *Transitional Justice,* Übergangsjustiz. Das sind all die rechtlichen, politischen und gesellschaftlichen Bemühungen, um die Vergangenheit von Konflikten, Diktaturen oder systematischen Menschenrechtsverletzungen aufzuarbeiten. Sie suchen Gerechtigkeit ohne Rache und Siegerjustiz. Nur so ist künftiges Zusammenleben möglich, nur so

kann der Übergang zu Frieden, Demokratie und Rechtsstaatlichkeit gelingen. Nach den Oslo-Vereinbarungen – wer kann sich das noch vorstellen – patrouillierten israelische IDF-Soldaten mit palästinensischen Polizisten gemeinsam im Jeep. Die Menschen aus Israel und Palästina müssen sich zusammensetzen. Sinnvoll wäre ein israelisch-palästinensisches Jugendwerk.

Träume? Deutschland und Frankreich haben Versöhnung geschafft, mit Städtepartnerschaften *(Jumelages)* und Schüleraustausch. Auch in Südafrika und Ruanda hat sich gezeigt: Versöhnung ist möglich. Dieser Wunsch lebt auch unter Palästinensern und Israelis. Der Dokumentarfilm »Das Herz von Jenin« von Marcus Vetter[115] und Leon Geller zeigt es herzzerreißend. Er dokumentiert eine wahre Geschichte. Israels Armee hatte im November 2005 in einem Flüchtlingslager einen palästinensischen Jungen erschossen, der mit anderen auf der Straße spielte – mit Spielzeugwaffen. Der Vater, Ismael Khatib, und seine Frau wollten nicht Rache, sondern Versöhnung. Deshalb entschließen sie sich, Ahmeds Organe israelischen Kindern zu spenden. Als ein Mädchen aus einer jüdisch-orthodoxen Familie die Niere brauchen könnte, fragt Khatib den Mufti und den Chef der Al-Aksa-Brigaden in Dschenin um Erlaubnis. Der Mufti sagt, das sei keine Frage von Jude oder Nichtjude, es gehe um Menschen. Auch für das Herz gab es eine Empfängerin. Aber deren orthodoxer Vater sagt zunächst: Ein Herz von einem Palästinenser für meine Tochter kann ich nicht nehmen. Am Ende akzeptierte er doch. Als Avi Primor Khatib den Hessischen Friedenspreis überreichte, sagte er: In beiden Religionen heiße es, wer ein Leben rettet, rettet die ganze Welt. »Sie haben die Welt fünfmal gerettet.« Primor endete mit dem simplen Wort »Shukran«. Danke. Margot Friedländer würde sagen: »Sei Mensch.«

»Was gibt es da zu feiern?
Ich sehe nur
Ströme von Blut.«

Mahatma Gandhi, 1947

Kapitel 7

Fatale Federstriche: Die Schatten der Kolonialzeit und Südasiens Kampf um eine selbstbestimmte Zukunft

In Afghanistan beteiligte sich Deutschland an der Seite der USA erstmals nach dem Zweiten Weltkrieg militärisch an einem Kriegseinsatz. Er endete nach 20 Jahren mit einem desaströsen Ausstieg. Das Vakuum haben die Taliban gefüllt. Afghanistan ist wieder ins vorige Jahrhundert zurückgefallen, die USA, Russland und China beschränken sich aufs Beobachten. Aber das Land und seine Menschen wegen der Taliban allein zu lassen ist keine sinnvolle Strategie. Europa sollte sich engagieren – und die gesamte Region im Blick behalten statt einzelner Staaten.

Als das Vereinigte Königreich Britisch-Indien aufgab, hinterließ es schlecht vernähte Wunden, die bis heute immer wieder bluten. Eine davon verursachte der Außenminister der Kolonialregierung, Sir Henry Mortimer Durand, indem er 1893 eine gezackte Linie auf eine Landkarte kritzelte. Damit legte er die Grenze der Kronkolonie zu Afghanistan fest, das während des »Great Game« des 19. Jahrhunderts als Pufferstaat Großbritanniens zu Russland fungierte. Der afghanische Emir Abdur Rahman Khan musste beträchtliche Gebietsverluste hinnehmen. Er akzeptierte auch, dass Durands Linie mitten durch das Herz des Volks der Paschtunen schnitt, die niemand um ihr Einverständnis gebeten hatte. Sie trennt bis heute ihre traditionellen Siedlungsgebiete, Stämme von ihren Weiden, Dörfer von ihren Tälern, und sie trennt heute zwei Staaten, die sich stets misstrauten: das 1947 geborene Pakistan und Afghanistan, das damals als einziger Staat gegen die Aufnahme seines jungen Nachbarn in die Vereinten Nationen stimmte. Damit wollte Kabul ein Zeichen für einen verlorenen Teil seines Staatsgebiets setzen, und viele Afghanen und Afghaninnen unterstützen seither die Idee eines »freien Paschtunistans«, was Islamabad als existenzielle Bedrohung empfindet. In den 1950er- und 1960er-Jahren ging Durands vergiftete Saat auf, die Zeitungen berichteten häufig von Scharmützeln an der Grenze. Auch nach der Machtübernahme der Taliban im August 2021 gab und gibt es an der Durand-Linie Gefechte, namentlich in den Provinzen Khost, Kunar, Nangarhar und dem Grenzgebiet um Chaman im pakistanischen Belutschistan.

Der zweite fatale Federstrich betrifft die Grenze zwischen dem heutigen Pakistan und Indien. Vor dem Abzug bekam Sir Cyril Radcliffe 1947 den Auftrag, den britisch-indischen Nachlass zu regeln. Überaus hastig zog auch er eine Grenzlinie, die Indien mit seiner hinduistischen Mehrheit vom neuen Staat Pakistan mit überwiegend Muslimen im Nordwesten und Nordosten trennen sollte. Dieser britische Jurist hatte seinen Fuß nie auf indischen Boden gesetzt, sah sich aber befugt, binnen fünf Wochen Teilungslinien für die Provinzen Punjab im Westen und Bengalen im Osten festzulegen. Für 12 bis 15 Millionen Menschen – vor allem Hindus und Sikhs aus dem Westpunjab und Muslime aus dem Ostpunjab – führte das zu Flucht und Vertreibung, Zehntausende Frauen wurden vergewaltigt, entführt oder zwangsverheiratet, eine Million Menschen starben, ganze Dörfer verschwanden.

Die Folgen von Radcliffes und Durands Federstrichen gleichen anderen gezeichneten Katastrophen, dem ebenfalls willkürlichen Sykes-Picot-Abkommen, das nach dem Ersten Weltkrieg die ehemaligen Gebiete des Osmanischen Reichs im Nahen Osten neu verteilte, und anderen kolonialen Trennlinien in Afrika, allesamt gezogen, ohne die Menschen zu fragen, die dort wohnen. In Südasien legten sie den Keim für spätere Kriege und Auseinandersetzungen. So etwa den mit äußerster Härte gegen die bengalische Bevölkerung

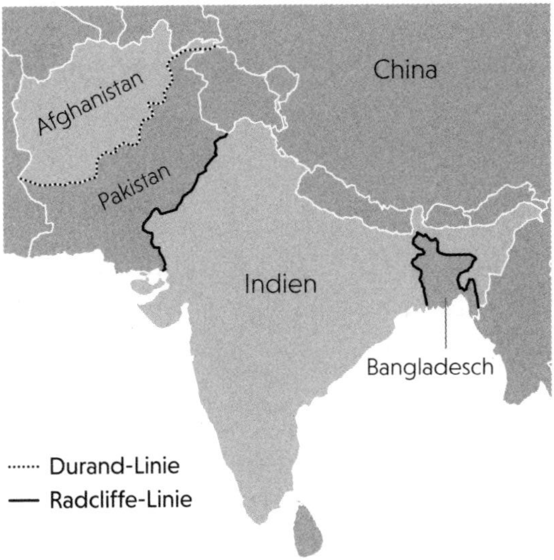

Ein Erbe des Kolonialismus: die Durand-Linie, die mitten durchs Herz des Volkes der Paschtunen schneidet.
Ebenso willkürlich: die Radcliffe-Linie, die Pakistan von Indien trennt

geführten indisch-pakistanischen Krieg 1971, der zur Loslösung des heutigen Bangladesch führte, womit Pakistan die Hälfte seiner Bevölkerung und ein Sechstel seines Territoriums verlor.

Unklare Grenzen führen auch in der Region Kaschmir zu Krisen und Kriegen. So wieder einmal am 22. April 2025. Als bebte die Welt nicht schon genug unter Krisen, Kriegen und Konflikten, erschütterte an diesem Tag ein Terrorangriff die Staaten am Himalaja. Was wie ein lokaler Konflikt aussieht, hat das Potenzial zu einem großen Krieg, denn in Kaschmir stehen sich zwei Atommächte gegenüber, welche die von den Kolonialmächten gezogenen Grenzen nicht anerkennen: Pakistan und Indien. Ein Fünftel der Region gehört darüber hinaus zu China, ebenfalls Atommacht, und alle, die sich am Himalaja gegenüberstehen, misstrauen einander seit fast 80 Jahren. Afghanistan wiederum sieht sich als »Heart of Asia«, umgeben im Norden und Osten von Tadschikistan, Usbekistan und Kirgisistan, im Westen von Iran, und im Süden und Osten von Pakistan und Indien. Afghanistan sitzt zwischen allen Stühlen, ein Dilemma, aber auch eine Chance. Doch der Reihe nach:

Von Königin Victoria bis Breschnew: Afghanistan und das Great Game

Sie nannten es das »Great Game«, das große Spiel. Großbritannien beherrschte Indien, aber vom Norden her drückte Russland gen Afghanistan, das indische Meer im Blick.

Um Moskaus Expansion zu verhindern und die britische Herrschaft auf dem Subkontinent zu sichern, fasste Königin Victoria einen fatalen Entschluss: Sie ließ 16 500 britische und indische Soldaten der Ostindischen Kompanie mit 35 000 Zivilisten in Afghanistan einrücken und in Kabul Stellung beziehen. Dieser Schachzug sollte in einem der verlustreichsten von Victorias 72 Feldzügen enden.[116] Nachdem die Besatzerin das Unternehmen 1842 wegen Aufständen und mangels finanzieller Mittel aufgeben wollte, setzten sich fast 5000 Soldaten und Tausende Hilfskräfte, Frauen und Kinder in Bewegung, um nach Britisch-Indien zurückzukehren. Der Auszug aus Kabul endete mit mehreren Gefechten auf dem Weg zum Khyber Pass. Nur ein Europäer schaffte es nach Dschalalabad, der Armeearzt William Brydon. Theodor Fontane beschrieb das Fiasko der Briten:

»Wir waren dreizehntausend Mann,
Von Cabul unser Zug begann,
Soldaten, Führer, Weib und Kind,
Erstarrt, erschlagen, verraten sind.
Zersprengt ist unser ganzes Heer,
Was lebt, irrt draußen in Nacht umher,
Mir hat ein Gott die Rettung gegönnt,
Seht zu, ob den Rest ihr retten könnt.«
Sir Robert stieg auf den Festungswall,
Offiziere, Soldaten folgten ihm all',

"SAVE ME FROM MY FRIENDS!"

Pufferzone während der Zeit des sogenannten Great Game: der afghanische Emir Schir Ali, eingeklemmt zwischen seinen »Freunden« Russland (Bär) und Vereinigtes Königreich (Löwe); Karikatur von 1878

Sir Robert sprach: »Der Schnee fällt dicht,
Die uns suchen, sie können uns finden nicht.«
»Sie irren wie Blinde und sind uns so nah,
So laßt sie's hören, daß wir da,
Stimmt an ein Lied von Heimath und Haus,
Trompeter, blas't in die Nacht hinaus!«
(...)
Die hören sollen, sie hören nicht mehr,
Vernichtet ist das ganze Heer,
Mit dreizehntausend der Zug begann,
Einer kam heim aus Afghanistan.

Noch zweimal versuchte England, Afghanistan zu kolonisieren, bevor es 1919 seine Unabhängigkeit durch den Vertrag von Rawalpindi[117] akzeptieren musste.

Stellvertreterkrieg: Einmarsch der Sowjetarmee in Afghanistan

Mit der Invasion vom 27. Dezember 1979 versuchte der sowjetische Staatschef Leonid Breschnew, den Kampf des kommunistischen Regimes in Kabul gegen traditionelle Muslime zu stützen. Vergebens forderte die UN-Vollversammlung im Januar 1980 den »sofortigen, bedingungslosen und vollständigen Abzug« der Sowjetarmee aus Afghanistan. Das machte Pakistan zur Drehscheibe des globalen Antikommunismus. Millionen Afghanen flüchteten über die Grenze. Peshawar wurde zur Hauptstadt der afghanischen Exilpolitik – und zur Werkstatt einer neuen Generation von Gotteskriegern. Der pakistanische Geheimdienst ISI baute islamistische Kämpfer auf. Und die USA fütterten den Widerstand der Mudschahedin mit Waffen und Ausbildung von Kämpfern in den Flüchtlingslagern in Pakistan.

MUDSCHAHEDIN

Der Begriff Mudschahedin (»die sich im Dschihad engagiert«) bezeichnet ursprünglich Menschen, die sich für die Sache des Islam einsetzen. Während der sowjetischen Besatzung Afghanistans in den 1980er-Jahren wurde der Begriff im internationalen Sprachgebrauch spezifisch für die afghanischen islamischen Guerillakämpfer verwendet. Die oft genutzte deutsche Übersetzung »Gotteskrieger« greift zu kurz, da sie die Vielfalt politischer, nationalistischer und religiöser Motivationen nicht abbildet.

Bereits am 3. Juli 1979 hatte Präsident Jimmy Carter die erste Direktive zur geheimen Unterstützung der Gegner des prosowjetischen Regimes in Kabul unterzeichnet, wissend, dass das zu einer sowjetischen Militärintervention führen könnte. US-Sicherheitsberater Zbigniew Brzeziński nannte die Operation 1998 in einem Interview »eine ausgezeichnete Idee. Sie hatte zur Folge, dass die Russen in die afghanische Falle gelockt wurden.« Am Tag des russischen Angriffs schrieb er an Präsident Jimmy Carter: »Wir haben jetzt die Gelegenheit, der UdSSR ihren Vietnamkrieg zu bescheren.« Ein Krieg, der beinahe ein Jahrzehnt andauerte, zehrte an den Ressourcen und am Selbstverständnis der Sowjetunion – und beschleunigte ihren Zerfall.

Bald kontrollierten die Mudschahedin fast zwei Drittel des Landes und Michail Gorbatschow musste einsehen, dass dieser Krieg nicht zu gewinnen war. Was nach dem Abzug der Sowjetunion blieb, waren schwer bewaffnete Freiheitskämpfer, die sich oft mit den radikal-islamischen Taliban aus den pakistanischen Koranschulen verbündeten, die bald große Teile Afghanistans beherrschten. Als die Taliban 1996 Kabul eroberten, gehörte Pakistan zu den ersten Staaten, die das neue Regime anerkannten.

DIE TALIBAN

Die Taliban (»Schüler«) sind keine traditionelle islamische Bewegung, sondern ein Produkt aus Krieg, Exil, Radikalisierung und geopolitischer Instrumentalisierung. Nachdem Moskau seine Armee 1989 abgezogen hatte, führten zahlreiche Warlords das Land in einen verheerenden Bürgerkrieg. Die politische Leerstelle füllten schließlich die Taliban, die 1994 im südafghanischen Kandahar entstanden waren. Ihr Regime von 1996 bis 2001 erkannten nur Pakistan, Saudi-Arabien und die Vereinigten Arabischen Emirate (VAE) an. Die große Mehrheit der Staaten und die UN betrachteten weiterhin die gestürzte Regierung der Islamischen Republik Afghanistan (unter Burhanuddin Rabbani) als legitime Vertretung Afghanistans. Nach den Anschlägen vom 11. September 2001 und der US-geführten Intervention in Afghanistan entzogen auch Pakistan, Saudi-Arabien und die VAE den Taliban die Anerkennung.

Mitglieder der Taliban waren hauptsächlich paschtunische Koranschüler aus den Flüchtlingslagern in Pakistan, oft Waisen des sowjetischen Kriegs. Ihr Ziel: ein Emirat Afghanistan mit einem »Amir al-Mu'minin« (Oberhaupt der Gläubigen) nach einer streng konservativen Lesart des sunnitischen Islam. Den Titel des »Amir al-Mu'minin« führt heute der Emir des »Islamischen Emirats Afghanistan« Hibatullah Akhundzada in Kandahar. Die Taliban konzentrieren sich auf ihr Land, denken nicht an einen globalen Dschihad, sind keine global agierende Terrororganisation wie Al-Qaida oder der »Islamische Staat«. Dass die USA ihren Fokus auf das Land richteten, hatte einen anderen Grund: Die Taliban weigerten sich nach 9/11, Bin Laden auszuliefern.

Im selben Jahr kehrte Osama bin Laden aus dem Sudan zurück und bat die Taliban um Asyl. Nach den Regeln des Pashtunwali, insbesondere dem Prinzip des Nanawatai (Zuflucht), gehört es zur moralischen Verpflichtung, einem um Schutz bittenden Gast Asyl zu gewähren, auch wenn die größte Militärmacht der Welt seine Auslieferung verlangt. Das mag auch in Pakistan mit eine Rolle gespielt haben, wohin sich bin Laden nach dem 11. September 2001 und der Eroberung Kabuls durch die US-Armee flüchtete. Afghanistans Nachbar Pakistan saß damit zwischen den Stühlen: offiziell Partner der USA, inoffiziell Gastgeber von deren erbittertstem Gegner.

9/11 und die Suche nach einer Regierung ohne Taliban

Wer erinnert sich nicht an die Bilder der Flugzeuge, die sich in die Türme des World Trade Centers bohren? In Berlin wie in New York schien die Sonne, während Außenminister Joschka Fischer mit seinem jemenitischen Kollegen Abu Bakr al-Kirbi im Hotel Adlon zu Mittag aß. Wir ahnten nicht, dass sich in diesen Stunden eine Katastrophe mit weltweiten Folgen anbahnte. Als wir gegen 15 Uhr ins Auswärtige Amt zurückkehrten, stürzte Clemens von Goetze, Fischers persönlicher Referent, mit bleichem Gesicht auf uns zu. »Machen Sie sofort den Fernseher an!«, rief er. Und da standen wir dann – fassungslos, sprachlos – und sahen live die Bilder: Gerade schlug ein Flugzeug in den zweiten Turm des World Trade Center ein. Wir starrten auf den Feuerstoß, den Rauch, die brennenden Hochhäuser, die Menschen, die sich aus den Fenstern stürzten, den Niedergang erst des einen, dann des anderen Turms, die fliehenden Menschen, die Staubwolke. Und neben uns Fischer, der die Dimension dieser Attacke sofort begriff und in ein Wort fasste: »Das ist eine Zeitenwende.« Das war nicht nur ein verheerender Terroranschlag, sondern ein Angriff auf die offene Gesellschaft, auf das Selbstverständnis der westlichen Welt.

Wenig später fuhr er zu Bundeskanzler Schröder ins Kanzleramt, der tags darauf im Bundestag Deutschlands »uneingeschränkte Solidarität« versicherte und von einer »Kriegserklärung an die zivilisierte Völkergemeinschaft« sprach. Peter Struck sagte: »Heute sind wir alle Amerikaner.«[118] Als sich herausstellte, dass Al-Qaida diesen Angriff gegen die USA von Afghanistan aus gesteuert und die Regierung der Taliban in Kabul das zumindest toleriert hatte, entschied die Bundesregierung sehr schnell, sich an der internationalen Koalition gegen den Terror zu beteiligen. Statt Nahost, der Balkan und die europäische Integration bestimmte von nun an Afghanistan unsere außenpolitische Agenda.

AL-QAIDA

Al-Qaida (»die Basis«) entstand als lose Struktur aus den »Arab-Afghans«, die nach dem sowjetischen Rückzug aus Afghanistan in den globalen Dschihad überführt werden sollten. Ihre Gründer waren Osama bin Laden, ein saudischer Millionär und islamistischer Ideologe, sowie der ägyptische Islamist Aiman Al-Zawahiri und weitere Mitstreiter. Bin Laden war Anführer, Geldgeber, Symbolfigur und strategischer Kopf der Organisation, die, beginnend in den 1990er-Jahren, vor allem Anschläge gegen US-amerikanische und westliche Ziele plante und verübte, darunter die Bombenanschläge auf US-Botschaften in Kenia und Tansania (1998), das Attentat auf die USS »Cole« (2000) und die Terroranschläge vom 11. September 2001.

Nach dem Scheitern Großbritanniens und der Sowjetunion versuchten im Oktober 2001 nun also die USA und deren Alliierte, in Afghanistan für Ordnung zu sorgen. »Enduring Freedom« nannte George Bush die Operation im Rahmen seines »Kriegs gegen den Terror« nach den Anschlägen vom 11. September 2001. Vom 7. Oktober an flogen amerikanische und britische Flugzeuge Angriffe gegen Stellungen der Taliban und von al-Qaida. Auch Deutschland und andere europäische Staaten waren Teil der Koalition Bush, nachdem der Bundestag Mitte November zugestimmt hatte. Er stimmte kurz vor Weihnachten auch der Beteiligung der Bundeswehr an der International Security Assistance Force (ISAF) zu, ein Mandat, das er jährlich verlängerte. Krieg durfte allerdings damals in Deutschland nicht Krieg genannt werden.

Die Afghanistan-Konferenz auf dem Bonner Petersberg

Wenige Tage nach Kriegsbeginn rief Thomas Matussek an, einer meiner Vorgänger als Leiter des Ministerbüros unter Genscher und Kinkel und jetzt im Auswärtigen Amt für die Beziehungen zum Globalen Süden zuständig, ein Kollege mit Gespür für die Dynamik dieser Situation – und für Öffentlichkeitsarbeit. Er klang ungewohnt aufgeregt, fast atemlos. »Die Afghanen, die Amerikaner, die UNO – alle könnten sich auf Deutschland als Gastgeber für eine Afghanistan-Konferenz einigen«, sagte er. »Das ist eine einmalige Chance.« Ich spürte sofort: Das war kein gewöhnlicher Vorschlag, sondern ein diplomatisches Fenster, das sich nur für kurze Zeit öffnete. Ich rief sofort Fischer an. Fischer zögerte keine Sekunde. »Das machen wir«, sagte er. Das war ein politisches Bekenntnis: Deutschland wollte Verantwortung übernehmen, als ehrlicher Makler, als Gastgeber, als Brückenbauer.

Wenn ein Ort den Anspruch auf Neutralität, historisches Gewicht und logistische Machbarkeit vereinen konnte, dann war es der Petersberg bei Bonn – das frühere Gästehaus der Bundesregierung. Es war gut abschirmbar und erreichbar. Allerdings war der Petersberg zu klein für das, was da nun auf Deutschland zukam. Die Konferenzräume reichten für die afghanische Delegation, die UNO, die Vertreter der eingeladenen Staaten. Aber was war mit der Presse? Für die Lösung hatte Andreas Michaelis, der damalige Pressesprecher des Auswärtigen Amts, eine unorthodoxe Idee: Er schlug vor, die täglichen Pressekonferenzen auf einem Schiff auf dem Rhein abzuhalten – direkt unterhalb des Petersbergs, mit Blick auf das historische Hotel. Und so erfuhr die Weltöffentlichkeit vom 27. November 2001 an von einem Boot auf dem Rhein, wie die Welt über die Geburt eines neuen Afghanistans beriet – während oben auf dem Berg Kofi Annans Sonderbeauftragter für Afghanistan, das UN-Urgestein Lakhdar Brahimi, in Absprache mit den USA, Großbritannien, Frankreich und Russland mit Vertretern afghanischer Gruppen um eine Nachkriegsordnung für Afghanistan und eine Übergangsregierung rang. Joschka Fischer überließ Bundeskanzler Schröder die Eröffnung – mit einer gewissen Ironie im Blick, die seine berühmte Bemerkung über Koch und Kellner damals schon vorweggenommen hatte –, doch hinter den Kulissen sorgte er gemeinsam mit Brahimi für den Erfolg der Konferenz. Er stand mit seinen Kollegen, vor allem Colin Powell, in engstem Kontakt und schaltete sich auch mehrmals auf Bitten Brahimis in die Verhandlungen ein.

Am 3. Dezember kam es zu einem entscheidenden Telefonat zwischen Fischer und Burhānuddin Rabbāni, dem Präsidenten der Nordallianz, einem 1996 gegründeten militärisch-politischen Bündnis gegen die Taliban, bestehend aus Usbeken, Tadschiken und Hazaras. Rabbāni hatte zuvor gefordert, dass eine Delegation vom Petersberg nach Kabul reisen solle, um dort die Personalfragen zu besprechen. Fischer wandte ein, dass das die Konferenz erheblich verzögern und ihren Erfolg gefährden könnte. Rabbāni lenkte ein, und die Delegation der Nordallianz gab ihre Vorschlagsliste für die Übergangsregierung frei. Dieses Telefonat trug entscheidend dazu bei, dass das Bonner Abkommen unterzeichnet werden konnte. Eine aufregende Zeit auch für mich als Note-taker.

Warum saßen die Taliban nicht am Tisch? War es ein Fehler? Damals galt – wie so oft – die rein militärische Logik: Die Taliban waren besiegt, ihre Führer auf der Flucht, ihr Regime gestürzt. In den westlichen Hauptstädten – vor allem in Washington – waren alle Beteiligten überzeugt, dass eine neue politische Ordnung ohne die Taliban aufgebaut werden konnte, die auf die Nordallianz, Exilgruppen wie die Rom-Gruppe um König Mohammed Zahir Shah, Vertretern von Paschtunen und anderen Anti-Taliban-Kräften fußen sollte. Langfristig zeigte sich jedoch, dass die Taliban keineswegs verschwunden waren. Stattdessen formierten sie sich neu, vor allem in Pakistan, und koordinierten einen Aufstand gegen die afghanische Regierung und die internationalen Truppen. Viele Experten argumentieren heute, dass es nützlich gewesen wäre, moderatere Teile der Taliban oder mit ihnen verbundene Stämme einzubeziehen.

Aber war es damals überhaupt denkbar, den Taliban einen Platz am Tisch einzuräumen? Die Erinnerung an ihre brutale Herrschaft, ihre Verbindungen zu al-Qaida und die Frische des 9/11-Traumas ließen wenig Raum für Kompromisse. Eine Beteiligung der Taliban wäre für die Nordallianz völlig inakzeptabel gewesen. Fischer sagte später im Bundestag selbst: »Dann hätte die Konferenz nicht stattgefunden.«

Am 5. Dezember 2001 stand die Bonner Vereinbarung. Hamid Karzai, ein gemäßigter Paschtune aus Kandahar, sollte die »Afghan Interim Authority« führen, die provisorische Übergangsverwaltung. Binnen sechs Monaten sei eine Loya Jirga einzuberufen, die eine Übergangsregierung wählt und Legitimität nach afghanischer Tradition verleiht. Eine neue Verfassung solle erarbeitet werden, die für ein demokratisches System mit Achtung der Menschenrechte – insbesondere der Rechte von Frauen – sorgen solle. Eine UN-Mission (UNAMA) und die International Security Assistance Force (ISAF) sollten zunächst für Kabul und Umgebung unter britischer Leitung für Sicherheit sorgen. Afghanistan sollte nie wieder Ausgangspunkt für internationalen Terrorismus sein.

DIE LOYA JIRGA

Die Loya Jirga ist eine traditionelle afghanische Ratsversammlung, die als höchstes nationales Forum gilt, um grundlegende politische und gesellschaftliche Entscheidungen zu treffen. Sie bringt Stammesälteste, religiöse Führer, regionale Würdenträger und Vertreter gesellschaftlicher Gruppen zusammen und dient als Instrument kollektiver Legitimation – oft gerade dann, wenn staatliche Strukturen schwach oder umstritten sind. Historisch spielte die Loya Jirga eine Schlüsselrolle bei der Gründung und Gestaltung Afghanistans: 1747 wählte sie Ahmad Schah Durrani zum Herrscher und begründete damit den afghanischen Staat. Unter Amanullah Khan legitimierte die Versammlung 1923 die erste afghanische Verfassung. Besonders einflussreich war die Loya Jirga von 1964 unter König Zahir Schah. Sie beschloss eine demokratische Verfassung, die erstmals Gewaltenteilung und ein Parlament vorsah.

Ein Jahr später kam die Welt erneut auf dem Petersberg zusammen, um den Aufbau der Afghanischen Nationalarmee (ANA) als Gegenstück zu den zahllosen Milizen zu verhandeln. 2003 sollte endlich eine Loya Jirga über eine neue Verfassung beraten, 2004 Präsidentschafts- und später Parlamentswahlen stattfinden. Fischer war zu der Zeit Taktgeber, Moderator, Katalysator und oft Seismograf. Bei den entscheidenden Telefonaten, den Krisenrunden, den nächtlichen Strategiegesprächen arbeitete er bis an den Rand der Erschöpfung. Mehrfach flogen wir nach Afghanistan. Es waren strapaziöse Reisen, meist über Taschkent. Dort stiegen wir in eine Bundeswehr-Transall; ich sehe ihn noch sitzen im kalten Laderaum, harte Sitze, Helm und Weste griffbereit, den Mantelkragen hochgeschlagen, auf die Startfreigabe wartend. Einmal mussten wir umkehren, weil der Hindukusch im Nebel lag. »Dann eben morgen«, sagte er – wissend, dass Diplomatie Geduld braucht.

Fischer fiel damals nicht durch Erklärungen auf, er schüttelte nicht nur Hände fürs Fernsehen. Er hörte bei Gesprächen mit Hamid Karzai, Vertretern von UNAMA oder Vertretern der Zivilgesellschaft genau zu, lange und konzentriert; stets versprach er Unterstützung, aber er hatte keine Illusionen. Ihm war klar: Ohne afghanische Eigenverantwortung konnte der Aufbau nicht gelingen; aber ohne internationale Solidarität konnte er nicht einmal beginnen. In einem Gespräch mit Karzai hörte ich Fischer leise, fast nebenbei sagen: »Wissen Sie, Herr Präsident, es gibt keinen schnellen Frieden. Es gibt nur einen langen Weg, wenn man ihn wirklich gehen will.« Es war einer dieser Sätze, die nicht fürs Protokoll gedacht waren – aber die das Wesen seiner Diplomatie trafen. Für mich war es berufliches und persönliches Glück, diesen Weg mitzugehen. Für meine Familie leider weniger – sie sah mich kaum noch.

In Afghanistan aber sprachen in diesen Jahren vor allem die Waffen. Deutschland schickte ein 1200-köpfiges Bundeswehrkontingent in den Norden des Landes, damit »pseudoreligiös legitimierte und motivierte Gewalt durch demokratisch legitimierte Gegengewalt außer Kraft gesetzt werden kann«, wie Bundeskanzler Gerhard Schröder es formulierte. Oder wie Verteidigungsminister Peter Struck, der 2004 sagte: »Die Sicherheit der Bundesrepublik Deutschland wird heute auch am Hindukusch verteidigt.« Dieser Krieg sollte 20 Jahre dauern, und er endete mit einem Trauerspiel, einer Tragödie.

Ein Trauerspiel: Kampf den Taliban und Flucht aus Afghanistan

Weil die USA unter George Bush bald auch in den Irak einmarschierten, verlor die Welt Afghanistan vorübergehend aus den Augen; alle schauten auf das, was nach dem Sturz von Saddam Hussein geschah. Über ein Ende des Afghanistan-Engagements – eine *exit strategy* – dachte damals niemand nach. Als das Engagement am Hindukusch sich hinzog, warnte Brzeziński, auf dessen Betreiben die USA die Mudschahedin damals aufgerüstet hatten, die NATO 2008 vergebens, Moskaus Fehler zu wiederholen. »Wir laufen Gefahr, das Gleiche zu tun wie die Sowjets«, sagte er. »Anstatt das Land schnell wieder zu verlassen und wirtschaftlich zu unterstützen, versuchen wir, mit einer großen ausländischen Präsenz einen modernen Staat zu schaffen.«[119]

Aber wie könnte Frieden einkehren? Der SPD-Vorsitzende Kurt Beck hatte bereits 2007 vorgeschlagen, auch »die gemäßigten Taliban« zu einer Afghanistan-Friedenskonferenz einzuladen, um »die Möglichkeit der nationalen Versöhnung unter Einbeziehung von Taliban« auszuloten. Henryk M. Broder nannte das im *Spiegel* »naiv«, und er spottete: »Sie an einen runden Tisch zu bitten, um ihnen die Gelegenheit zu geben, an der Lösung der Konflikte mitzuwirken, deren Ursache sie sind«, zeuge von einem »Wunderglauben, der an Voodoo grenzt. Als Nächstes könnte Kurt Beck vorschlagen, Drogendealer in den Kampf gegen den Drogenhandel einzubinden.«[120] CSU-Generalsekretär Markus Söder höhnte, man merke, dass Beck »sich bislang mehr um Winzer als um Weltpolitik gekümmert« habe.[121] Jahre später – auf dem Weg nach Doha – konnte es mit den Kontakten zu den Taliban allerdings nicht schnell genug gehen. Die Geschichte Afghanistans wäre möglicherweise anders verlaufen, wenn Stimmen wie jene von Beck und Brzeziński mehr Einfluss gehabt hätten.

No Exit: Rückkehr nach Kabul und die Suche nach einem Ausgang

Als Barack Obama 2009 mit dem Amt des Präsidenten der USA auch den Krieg in Afghanistan übernahm, suchte er nach einem Ausstieg. Finden sollte ihn Richard Holbrooke, der erfahrene US-Diplomat, der einst in Dayton den Frieden auf dem Balkan ausgehandelt hatte.

Obama machte ihn zum Sondergesandten für Afghanistan und Pakistan. Holbrooke kannte die Region, und auch er sprach intern davon, dass der Krieg gegen die Taliban militärisch nicht zu gewinnen sei. Den Generälen, insbesondere David Petraeus, gefiel das nicht. Sie hielten wenig von politischen Gesprächen mit Aufständischen. Auch Karzai misstraute Holbrooke – der zu direkt war, zu ungeduldig, zu amerikanisch. Aber Holbrooke sondierte, diskret über Mittelsmänner, auch über europäische Kontakte. Es gab Treffen mit Taliban-Vertretern in München in einem *safe house* des BND, in Katar, in Genf. Nichts Offizielles. Noch kein Mandat. Aber ein Abtasten: Gibt es Gesprächsbereitschaft?[122]

Holbrooke hatte erkannt, dass es unverzichtbar ist, alle regionalen Kräfte zu integrieren, sollte der afghanische Knoten zerschlagen werden. Deswegen hätte er seinen Zuständigkeitsbereich für Afghanistan und Pakistan gern um Indien erweitert. Aber Obama – die beiden mochten sich nicht – ließ das nicht zu. Holbrooke musste sich mit »AfPak« begnügen, und daran hat sich die gesamte internationale Gemeinschaft orientiert. Das war ein Fehler.

Ein Fehler war auch, dass Richard Holbrooke 2009 bei UN-Generalsekretär Ban Ki-moon einen Vertrauten als Stellvertretenden Sonderbeauftragten in die UN-Mission durchgesetzt hatte: Peter W. Galbraith. Er und sein Chef, der damalige Sonderbeauftragte Kai Eide, sprachen nicht mit einer Stimme. Während Eide auf Neutralität, Ausgleich und behutsames Vorgehen setzte, bevorzugte Galbraith eine konfrontative, teils fordernde Gangart gegenüber der afghanischen Regierung, insbesondere bei der umstrittenen Präsidentschaftswahl 2009. Galbraith warf der UNAMA-Führung – namentlich Eide – vor, über die massiven Wahlfälschungen zugunsten Hamid Karzais hinwegzusehen oder sie zu relativieren. Er ging mit diesen Vorwürfen an die Öffentlichkeit. Ein klassischer Fall von Illoyalität in einer ohnehin fragilen Mission. Generalsekretär Ban Ki-moon sah sich gezwungen, Galbraith zu entlassen. Am Ende musste auch Eide gehen. Zurück blieben eine geschwächte UNAMA und ein beschädigtes Vertrauensverhältnis zur afghanischen Regierung. Es war ein Lehrstück über Macht, Loyalität – und darüber, wie nationale Interessen selbst die besten Absichten multilateraler Diplomatie aushebeln können.

Staffan de Mistura, ein charismatischer schwedisch-italienischer Kollege mit jahrzehntelanger Erfahrung in UN-Diensten, sollte UNAMA wieder auf die Beine helfen. Ich war einer seiner Kandidaten für seine Nummer 2 in Kabul. Nach einem langen Gespräch in einer kleinen Trattoria nahe der Piazza Navona in Rom gingen wir zu Fuß in Richtung Hotel. Auf halber Strecke blieb er stehen, zückte sein Telefon, rief im Büro des Generalsekretärs in New York an und sagte: »My choice is made.« Dann wandte er sich mir zu, schob das Handy in die Tasche und sagte lakonisch, fast beiläufig: »Wir sind jetzt ein Team.«

Als ich 2010 nach Kabul zurückkehrte, fuhr ich durch eine zerstörte Stadt. Häuser mit Narben, Mauern mit Einschusslöchern, überall Beton und improvisiertes Leben. Und ich saß auf der Fahrt zum UN-Compound nach Jahren wieder einmal mit einer Schutzweste in einem Wagen, der von bewaffneten Fahrzeugen eskortiert war. Der UNAMA-Hauptsitz im Zentrum der Stadt war abgeschirmt durch mehrere Kontrollpunkte, Hochsicherheitszonen und schwer bewaffnete Wachen.

Schnell stellte sich heraus, woran UNAMA krankte: Die Mission wurde nicht als neutral wahrgenommen. Unser Mandat sollte zwar den Wiederaufbau, den politischen Dialog und die Menschenrechte fördern, aber es war an eine strategische Vorgabe gebunden, die alles verkomplizierte: UNAMA sollte die internationale militärische Präsenz – namentlich ISAF – politisch flankieren. Deshalb waren wir nicht *über* den Konfliktparteien positioniert, sondern standen – zumindest in der Wahrnehmung vieler Afghanen – an der Seite der westlichen Intervention. Die UNO, eigentlich als unparteiische Instanz gedacht, wurde als Teil der Besatzung wahrgenommen. Die Folgen waren offensichtlich: Verlust an Glaubwürdigkeit, vor allem in ländlichen Regionen, in denen die NATO mit Luftschlägen und Razzien auch ziviles Leid verursachte. »Ihr seid doch alle eins – UN, ISAF, Amerikaner«, hörten wir nicht selten. Das erschwerte den Zugang zu lokalen Machthabern, Kommandeuren und gemäßigten Taliban, die uns als Gegner betrachteten, nicht als Vermittler. Auch Teile der afghanischen Regierung – vor allem jenseits von Karzais unmittelbarem Umfeld – beäugten uns misstrauisch. Ich selbst spürte diese Spannung bei Reisen durchs Land, in Gesprächen mit Provinzgouverneuren, Dorfältesten, Jugendgruppen. Oft stand die Frage im Raum: »Für wen arbeitet ihr eigentlich?«

Und dann lief Holbrookes Zeit auch noch zu früh ab, im Dezember 2010 erlitt er während einer Besprechung mit Hillary Clinton einen Aortendurchbruch. Noch im Krankenhaus sollen seine letzten Worte gewesen sein: »You've got to stop this war in Afghanistan.« Mit seinem Tod verlor der diplomatische Flügel in der US-Administration seinen wichtigsten Kopf. Die Initiative fiel wieder vollends

Waren wir überhaupt noch willkommen in Afghanistan? Mit dem damaligen SPD-Fraktionsvorsitzenden Frank-Walter Steinmeier im Juni 2011 in Kabul, zehn Jahre nach der Afghanistan-Konferenz auf dem Petersberg.

zurück an das Pentagon, das auf Stabilisierung durch Stärke setzte.[123] Die Verhandlungen ruhten.

Die Folgen waren am 1. April 2011 zu besichtigen: In Mazar-e Sharif versammelten sich nach dem Freitagsgebet Hunderte von Demonstranten, um gegen die Verbrennung eines Exemplars des Korans durch einen US-Pastor zu protestieren. Eine beträchtliche Zahl der Protestierenden begnügte sich damit nicht, sondern marschierte zum UNAMA-Büro, wo sie afghanische und UN-Sicherheitskräfte überrannten und das Gelände stürmten. Am Ende waren sieben Menschen tot, vier nepalesische Sicherheitskräfte und drei internationale Kollegen. Ein Trauma, das in meinen Gesprächen mit Überlebenden immer wieder die Frage aufwarf: Sollen wir überhaupt wieder zurückkehren? Waren wir überhaupt noch willkommen?

Demütigung und Demut: Der würdelose Abzug aus Afghanistan

Barack Obama war bereits einen Schritt weiter. Er blies zum Rückzug. In seiner Rede zur Lage der Nation kündigte er 2013 an, bis 2014 die Hälfte der Soldaten zurückzuholen, 34000. Der Rest sollte zunächst bleiben, um afghanische Truppen auszubilden und notfalls in den Kampf gegen den Terrorismus einzugreifen. Unter dem Radar netzwerkte aber ein Mann weiter, der schon unter Bush US-Botschafter in Kabul und bei der UNO gewesen war: Zalmay Khalilzad. Er beriet Thinktanks, hielt Kontakt zu alten Bekannten in Islamabad, Doha und Abu Dhabi – und sprach auch mit den Taliban. Khalilzad glaubte weniger an Nation Building als an Realpolitik. Er wusste: Wer die Taliban ignorierte, würde Afghanistan verlieren. Tatsächlich eröffneten die Taliban ein Verbindungsbüro in Doha, gegen das die USA nichts einzuwenden hatten. Als sie dort jedoch die Flagge des »Islamischen Emirats Afghanistan« hissten, war diese Dialogoption schon wieder beendet. Präsident Karzai fühlte sich übergangen – zu Recht. Wie kann über Afghanistan verhandelt werden, ohne Kabul einzubinden?

Dieser kurze Frühling der Diplomatie endete also rasch, wärmer wurde es erst wieder, als Donald Trump Khalilzad im September 2018 zum US-Sondergesandten für den afghanischen Versöhnungsprozess ernannte. Er leitete die Verhandlungen mit den Taliban in Doha, Katar. Bis Februar 2020 verhandelte er dort mit den Taliban – ohne Beteiligung der Zentralregierung in Kabul und nur locker koordiniert mit internationalen Partnern – über den Abzug der amerikanischen Truppen. Als Botschafter in Pakistan sprach ich mehrfach mit ihm. Er klagte über erheblichen Zeitdruck; ich hatte den starken Eindruck, Trump sitze ihm im Nacken. Der Präsident wolle *speed, speed, speed,* sagte er. Das aber ist Gift für Verhandlungen mit den Taliban. Und tatsächlich: Wegen des Zeitdrucks entstand ein verheerendes Übereinkommen, das mit den Partnern abzustimmen die USA nicht für nötig hielten; Europa und Kabul waren nur marginal eingebunden.

Am 29. Februar 2020 schüttelten sich der US-Sondergesandte Khalilzad und Taliban-Unterhändler Mullah Abdul Ghani Baradar die Hand, nachdem das Doha-Abkommen unterzeichnet war. Es legte den vollständigen Truppenabzug der USA binnen 14 Monaten fest; die Taliban versprachen, keine terroristischen Gruppen wie al-Qaida auf afghanischem Boden zu dulden und Gespräche mit der afghanischen Regierung aufzunehmen, um eine politische Lösung zu finden. Die Partner durften sich dem »Deal« anschließen. Trumps Nachfolger Joe Biden musste nachverhandeln, und das Ergebnis war ein demütigender Rückzug der Amerikaner und ihrer Alliierten. Ein Desaster, weil für das Land in 20 Jahren wenig erreicht war.

Am 15. August 2021 standen die Taliban vor Kabul, sie waren den abziehenden Armeen im Windschatten gefolgt, und die afghanischen Sicherheitskräfte, geschult vom Westen, wollten keinen Widerstand mehr leisten. Für wen? Für ein korruptes Regime, das Hunderte von Millionen Dollar nach Dubai verschoben hatte? Für Kommandeure, die Soldaten auf Listen führten, die nicht existierten, und sich an deren Sold bereicherten? Provinz für Provinz war gefallen – nicht in monatelangen Gefechten, sondern oft kampflos, wie im freien Fall. Zwei Tage zuvor noch hatte der BND es für »eher unwahrscheinlich« gehalten, was nun unausweichlich war: eine baldige Übernahme der Hauptstadt durch die Taliban. Auch andere westliche Nachrichtendienste, darunter der französische Auslandsgeheimdienst Direction Générale de la Sécurité Extérieure (DGSE), hatten den Vormarsch der Taliban im Sommer 2021 unterschätzt. Es gab keine Schlacht um Kabul – nur ein Öffnen der Tore, ein Schweigen der Waffen, ein verstörendes Einverständnis in die Unausweichlichkeit. Kabul fiel, Präsident Ashraf Ghani floh ins Ausland, die Taliban nahmen das Land in den Schwitzkasten.

Was mit unserer Hilfe aufgebaut worden war, ging innerhalb von Tagen verloren. Der afghanische Staat, jahrelang gestützt durch Milliarden Dollar und Euro, Ausbildungsmissionen, diplomatische Begleitung, stürzte in sich zusammen wie die Türme in Manhattan. Die Bilder vom Flughafen in Kabul gingen um die Welt: Menschen, die sich an die Fahrwerke amerikanischer Transportflugzeuge klammerten, verzweifelte Blicke, zurückgelassene Hoffnung. Zu besichtigen war nicht nur das Ende einer Mission – sichtbar war das Scheitern eines Versuchs, mit internationaler Unterstützung Zukunft zu ermöglichen.

Es war ein würdeloser Abzug. Die internationalen Truppen gingen, die meisten NGOs verließen das Land. Allein die UNO blieb. Aber afghanische Mitarbeiterinnen und Mitarbeiter standen plötzlich allein da – gefährdet, verfolgt, im Stich gelassen. Tausende afghanische Ortskräfte, die für deutsche Institutionen wie die Bundeswehr, die GIZ oder das Auswärtige Amt gearbeitet hatten, waren in akuter Lebensgefahr. Von den Taliban wurden sie als Kollaborateure betrachtet, und sie befürchteten nun Verfolgung, Inhaftierung oder sogar den Tod. Für viele Ortskräfte und ihre Familien blieb nur die Flucht über Land, meist nach Pakistan.[124]

Afghanistan: Rückblick auf eine nicht bestandene Prüfung

Afghanistan war eine Prüfung: für internationale Politik, für multilaterale Zusammenarbeit, für moralische Haltung. Wir haben sie nicht bestanden. Weil wir in ein Land gegangen sind, ohne genau zu wissen, wofür – und wie lange. Wir hatten viele Erwartungen und wenig strategische Klarheit. Nation Building, Demokratisierung, Terrorbekämpfung, Menschenrechte – all das war richtig. Aber nicht alles zugleich und nicht alles überall. Wir können lernen: Waffen können Territorien sichern, aber keine Legitimität schaffen. Ohne afghanische Eigenverantwortung, ohne lokale Einbindung, ohne Respekt für kulturelle Dynamiken bleibt jede Intervention äußerlich. Die UN-Mission in Afghanistan war von westlichen Interessen durchdrungen, Multilateralismus braucht jedoch Unabhängigkeit. Wer vermitteln will, darf nicht Partei sein. Und schließlich: Verantwortung endet nicht mit Rückzügen. Der überstürzte Abgang, das Zurücklassen von Ortskräften, das kollektive Verstummen der westlichen Staaten – das war nicht nur ein logistisches, sondern ein moralisches Versagen. Wenn wir von »Werten« sprechen, dann müssen sie auch in den letzten Tagen eines Einsatzes gelten.

Über eines wird bis heute nicht genügend gesprochen: Als sich abzeichnete, dass der Einsatz seine militärischen und zivilen Ziele verfehlte, ließen Bundeskanzleramt, Verteidigungsministerium und Auswärtiges Amt einen offenen, kritischen Diskurs vermissen. Fachleute und Verantwortungsträger, die erkannten, dass die Mission in eine Sackgasse geraten war, dass die neuen staatlichen Strukturen fragil blieben, dass Korruption, fehlende Legitimität und lokale Machtverhältnisse alle Bemühungen untergruben, wagten es nicht, diese Wahrheiten anzusprechen. Karrieregründe, Loyalitätsdruck, politische Opportunität oder schlicht institutionelle Trägheit führten dazu, dass sie Zweifel selten nach außen trugen oder gegenüber der politischen Führung energisch vertraten. So entstand eine Atmosphäre des selbstverstärkenden Schweigens. Dabei ist Voraussetzung für verantwortungsvolles Handeln, gerade in sicherheits- und außenpolitischen Fragen, Raum für Widerspruch, ehrliche Analyse und Debatte zu lassen. Ein Blick auf aktuelle Kriege und Krisen, etwa den Krieg in Gaza, zeigt, dass wir nicht genug aus Afghanistan gelernt haben. Nicht nur im Auswärtigen Amt halten sich weitgehend dieselben strukturellen Muster: blinde Flecken, eine schwach ausgeprägte interne Debattenkultur, Tabuisierungen. Wer wagt, das Unverhältnismäßige zu benennen, wer auf das Völkerrecht pocht, wer diplomatische Alternativen einfordert, wird schnell in die Nähe der Einseitigkeit oder Parteilichkeit gerückt. Vorauseilender Gehorsam ersetzt den offenen Diskurs. Es ist zu hoffen, dass die neue Generation von Diplomatinnen und Diplomaten im Rahmen ihrer Loyalität für eine offenere Dissenskultur kämpft.

Das ist kein »j'accuse«. Nicht alles war falsch. Aber vieles war falsch gewichtet, falsch gedacht, falsch beendet. Und doch glaube ich: Wer einmal die Augen eines afghanischen Jungen gesehen hat, der in einem zerstörten Klassenzimmer mit leuchtendem Blick ein Schulheft aufschlägt, der weiß – es hat sich dennoch gelohnt, dort gewesen zu sein. Vieles blieb auch bis jetzt erhalten.

Tanz der Atommächte: Das Südasien-Mobile

Es griffe zu kurz, die Länder der Region isoliert zu betrachten. Pakistan, Indien und Afghanistan teilen eine lange gemeinsame Geschichte bis ins Mogulreich und ins Britische Empire. Afghanistan war über Handelswege mit dem indischen Subkontinent verflochten, der wichtigste war die Khyber-Pass-Route. Afghanistan, Pakistan und Indien sind auch heute über Handelsrouten, Energieprojekte und regionale Kooperationen – etwa über die South Asian Association for Regional Cooperation (SAARC) – Teil derselben wirtschaftlichen Großregion. Religiöse Minderheiten und historische Sprachräume reichen über heutige Grenzen hinweg. Alle Konflikte in der Region strahlen auf alle Staaten aus.

Obwohl Afghanistan Zentralasien zugeordnet werden kann, weisen viele internationale Organisationen und Analysen der UN, der Weltbank oder des IWF das Land nicht nur als Schnittstelle zu Zentralasien aus, sondern zusammen mit Pakistan und Indien der Region Südasien zu. Und von Osten her blickt China seit jeher auf diese Region. Afghanistan ist umgeben von Atommächten: Neben Pakistan sind das Indien und China.

Als China 1964 seinen ersten Atomtest absolviert hatte, leuchteten in Neu-Delhi rote Lampen. Verständlich, dass Indien, das selbst längst an der Entwicklung einer Atombombe arbeitete, 1968 dem Vertrag über die Nichtverbreitung von Kernwaffen nicht zustimmen wollte. Als Indien am 18. Mai 1974 im Wüstengebiet von Pokhran seinen »Smiling Buddha« erfolgreich testete, den »friedlichen nuklearen Sprengsatz«, trat es stattdessen dem Klub der Atommächte bei. Nun war auch Pakistan unter Druck. Premierminister Zulfikar Ali Bhutto kündigte an, Pakistan werde »notfalls Gras essen«, um seinerseits eine Atombombe zu bauen. Als seine Tochter Benazir Bhutto 1988 im US-Kongress vor der US-Flagge stand, schwor sie, »dass wir keine Atomwaffen besitzen und auch nicht die Absicht haben, Atomwaffen herzustellen«[125] – glatt gelogen. Schon zwei Jahre später sah sich George Bush nicht mehr in der Lage, Pakistan für atomwaffenfrei zu erklären. Am 28. und 30. Mai 1998 zündete Pakistan sechs Atomwaffen in den Bergen von Chagai in Belutschistan – zwei Wochen nach Indiens neuerlichen fünf Tests in Pokhran.

Pakistan ist Chinas strategischer Partner, um den Einfluss Indiens in der Region zu begrenzen. Die Partnerschaft beim China-Pakistan Economic Corridor (CPEC), einem Infrastrukturprojekt im Rahmen von Pekings Belt and Road Initiative (BRI), sichert China den Zugang zum Arabischen Meer über den Hafen von Gwadar. China beliefert auch die pakistanische Armee, die das Land de facto politisch und wirtschaftlich regiert, mit Kampfflugzeugen und Luftabwehrsystemen.[126] Deshalb sieht Pakistans Führung über die Verfolgung seiner Glaubensbrüder in China, die Uiguren in der autonomen Region Xinjiang, nonchalant hinweg.

Ein pakistanisches Wort zur Freundschaft mit China lautet: »höher als der Himalaja, tiefer als der Ozean, stärker als Stahl, süßer als Honig«. Zweifellos ist die chinesisch-pakistanische Allianz keine Liebesgeschichte, sondern eine strategische Zweckgemeinschaft gegen gemeinsame Gegner und sich ergänzende Interessen. Die »ewige Brüderlichkeit« ist allerdings eine Partnerschaft zwischen zwei ungleichen Brüdern geworden. Der CPEC ist weniger Entwicklungshilfe als strategischer Korridor – durch belutschisches Land und ohne demokratische Kontrolle. Die in diesem Rahmen errichteten Kohlekraftwerke haben chinesische Unternehmen gebaut und finanziert, Pakistan muss die dort erzeugte Energie zu festen Tarifen abnehmen, weshalb China Pakistans größter Kreditgeber ist. Zudem beruhen viele der im Rahmen von CPEC nach Pakistan gelieferten chinesischen Kohlekraftwerke auf veralteter, subkritischer Technologie. Sie entsprechen nicht dem internationalen Stand der Technik und verursachen deutlich höhere Emissionen als moderne Kohlekraftwerke. Pakistan, könnte man sagen, klebt an China.

In Afghanistan will China Ruhe und Stabilität – nicht aus Sympathie, sondern aus Eigeninteresse. Durch Investitionen in Afghanistan, darunter den Ausbau von Infrastruktur und Energieprojekten, sichert sich China Zugang zu wichtigen Ressourcen und Handelsrouten. In Afghanistan locken beträchtliche unerschlossene Rohstoffvorkommen, darunter Lithium, Kupfer und Seltene Erden. Indien strebt danach, seine Position als regionale Führungsmacht zu festigen und den Einfluss Chinas einzudämmen. Indien hat – in permanenter Abneigung zu Pakistan – in der alten Republik Afghanistan in Schulen, Staudämme, Verwaltung investiert. Richard Holbrooke hatte die Abhängigkeiten und Gegnerschaften in der Region klar verstanden. Schauen wir uns also die einzelnen Staaten und ihr Verhältnis zueinander an.

Pakistan: Das Stiefkind deutscher Außenpolitik

Im Tross von Joschka Fischer war ich 2002 erstmals in Pakistan – Thema war unsere Beteiligung am Krieg gegen die Taliban. Präsident Pervez Musharraf gab uns unverblümt zu verstehen, dass unser Engagement in Afghanistan zum Scheitern verurteilt sei. Sein Land und er selbst hätten sich nur auf massiven Druck hin bereit erklärt, als Transitland für die US-Truppen zu fungieren.

Jahrzehntelang hatten wir Pakistan entweder durch die Afghanistan- oder die Indienbrille gesehen: als Transitstaat, als Sicherheitsrisiko, als geopolitisches Anhängsel. Wir sahen einen Hort des Terrors und der Instabilität, nicht den geopolitischen Akteur, wir waren zwar präsent – aber nicht zugewandt. So ist es auch heute noch. Hochrangige Besucher aus Europa habe ich während meiner Zeit in Pakistan selten gesehen. Auch deutsche Ministerinnen und Minister, Bundestagsabgeordnete und Delegationen von Landesregierungen fliegen meist über Pakistan hinweg – direkt nach Indien. Als während meiner Zeit als deutscher Botschafter von 2017 bis 2019 ein Außenminister doch einmal nach einem Besuch in Afghanistan für einige Stunden in Islamabad erschien – Heiko Maas –, interessierte ihn ein Lager mit afghanischen Flüchtlingen mehr als der gerade zum Premierminister gewählte charismatische Imran Khan, der Mannschaftskapitän der Kricket-Weltmeister von 1992, ein Mann, der nicht nur kämpfte, sondern gewann, kurz: Er war die große Hoffnung auf eine bessere Zukunft für das hoch verschuldete Land. Viele in Pakistan fühlten sich stiefmütterlich behandelt, sagten es mir auch so. Dabei ist Pakistan mit rund 240 Millionen Einwohnern das Land mit der fünftgrößten Bevölkerung der Welt, das geostrategisch zwischen China, Afghanistan, Iran und Indien eine Schlüsselrolle spielt.

Tweeting ambassador: Die Kraft der »Public Diplomacy«

Wenn Europa mehr sein will als ein technokratischer Partner, dann braucht es eine neue diplomatische Kultur der Nähe – eine, die nicht nur mit Regierungen spricht, sondern mit Lehrern und Studentinnen, Unternehmerinnen und Künstlern, TikTokern, Imamen und Journalistinnen. Ich habe das in Pakistan versucht und dabei den Titel »tweeting ambassador« erworben. Ich ließ mir in Peshawar die Haare schneiden, in einem der kleinen lebhaften Salons in den Gassen der Altstadt, wo Männer über Politik, Kricket und das Leben diskutieren, während sie auf dem Stuhl sitzen. Ein Tweet über eine Rasur unter einer Brücke in Karachi in einem improvisierten Straßenbarbershop, mitten im Lärm der Millionenstadt, mit einem alten Stuhl, Spiegel an der Wand, wurde zum Tweet des Monats. Meine Botschaft lautete: gekommen, um zuzuhören. In einer Region, die oft nur durch die Linse der Sicherheitsbedenken wahrgenommen wird, wollte ich Vertrauen, Neugier und Respekt zeigen. Ohne lange Vorbereitung, ohne Medien, ohne Eskorte – mit einem kleinen Team, etwas Wagemut und viel Vertrauen.

Auf dem Rückweg von einem offiziellen Termin sah ich am Rand einer der ansonsten herrlich grünen Straßen Islamabads einen großen Haufen leerer Plastikflaschen. Ich ließ den Fahrer anhalten, stieg aus, fotografierte mich inmitten des Müllhaufens und verschickte das »Selfie« noch aus dem Auto. Binnen zwei Stunden war der Tweet *breaking news* in sämtlichen pakistanischen Sendern und Onlineportalen.

Für mich war die Aufgabe eines Botschafters immer auch damit verbunden, für die Menschen da sein. Immer fragte ich sie, was sie dachten, fühlten, forderten, immer versuchte ich zu zeigen, dass Deutschland, Europa Partner sein wollen. Ich war überrascht, als ich bemerkte, dass es in Pakistan noch Sklaverei gab. Die Eigentümer von Ziegelbrennereien hielten sich ganze Familien, die pro Tag tausend Ziegel fertigen mussten. Schafften sie das nicht, gab es Abzüge von einem Hungerlohn, den sie für den Einkauf in betriebseigenen Läden nutzen mussten. In der Regel waren die Familien verschuldet und damit abhängig, die Schulden übertrugen sich bei Tod auf die Kinder. Das ist moderne Sklaverei. Ich war der Meinung, Kinder gehörten in die Schule, und ich sagte das auch öffentlich. Der Gouverneur von Punjab und heutige Premierminister forderte mich auf, Kinder bei der Arbeit zu fotografieren. Häufig hielt ich deshalb auf dem Weg von Lahore nach Islamabad an, um durch die Ziegeleien zu spazieren. Ich verhandelte mit den Eigentümern der Sklaven, die durchaus schuldbewusst waren, und ich unterstützte Organisationen, die Sklaven freikauften – was aber keine grundsätzliche Lösung ist.

Als mir die scheidende DPA-Korrespondentin in Islamabad einen alten, aber noch fahrbereiten VW Käfer, in Pakistan freundlich »Foxy« genannt, anbot, zögerte ich nicht lange. Ich ließ ihn liebevoll restaurieren und in der farbenfrohen Tradition der pakistanischen *Truck Art* bemalen: mit Ornamenten, Blumen, Nationalmotiven, dem Namen meiner Kinder und Enkel und einer überbordenden Freude an Farbe und Details. Der Käfer wurde zur fahrenden Botschaft, ein rollendes Kunstwerk, das die Symbiose zweier Kulturen symbolisierte: ein deutsches Kultauto und pakistanische Kreativität. Bei manchen Reisen durchs Land war dieses bunte Fahrzeug nicht nur Transportmittel, sondern Gesprächsthema, Selfie-Magnet und Twitter-Star.[127]

Zwei Tabus hatte ich mir in den sozialen Medien allerdings selbst auferlegt: Kritik an Sicherheitskräften und an der Armee sowie

Tweets über Religion. Unangenehm wurde es nach einem Tweet, in dem ich die Kritik von Dorfbewohnern an Korruption im Straßenbau weitergab. Der Geheimdienst ISI ließ ihn kurzerhand aus dem Netz nehmen. Außerdem bat mich der pakistanische Außenminister Shah Mehmood Qureshi zum Gespräch. Wir sprachen freundlich über die bilateralen Beziehungen – und am Ende lobte er charmant meine Kommunikationsarbeit. Dass unter einem Stapel Papiere ein Ausdruck meines Tweets hervorlugte, signalisierte wortlos: Es gibt auch in der digitalen Diplomatie rote Linien. Man darf sich bewegen – aber nicht zu schnell, nicht zu weit und nicht zu laut.

Neben »Wohlfühl-Tweets« über aromatisches Streetfood, Tandoori in Lahore, Besuche bei Bauern im südlichen Punjab und schneebedeckte Berge in Gilgit-Baltistan, die ein vielfältiges, schönes und gastfreundliches Land zeigten, griff ich auch kritische Themen auf: Pressefreiheit, Gewalt gegen Frauen, religiöse Intoleranz, Verschwindenlassen von Aktivisten. 2018 hatte der damalige Oppositionsführer Imran Khan, der charismatische Parteichef der Pakistan Tehreek-e-Insaf (PTI), eine Kampagne initiiert: Mit seinem »One Billion Tree Tsunami« wollte er die Provinz Khyber Pakhtunkhwa wieder begrünen – ein international beachtetes Projekt. Die regierende Partei um Nawaz Sharif warf Khan jedoch Augenwischerei vor: Die Bäume existierten nicht, alles PR, alles Fake. Das wollte ich genau wissen. Mit einem Kollegen fuhr ich dorthin, bat das Forstministerium der Provinz Khyber Pakhtunkhwa um Pläne der Standorte. Wir zählten in einem Abschnitt die Bäume, ermittelten eine durchschnittliche Pflanzdichte, rechneten hoch, überprüften auf Plausibilität – und kamen zu dem Schluss: Ja, dort waren tatsächlich Bäume. Es waren viele. Und das ließen wir die Follower wissen. Der Regierungspartei gefiel das nicht, aber Diplomatie kann sich nicht auf Höflichkeit beschränken. Sie braucht Haltung und darf sich nicht auf den Kontakt mit Eliten beschränken. Khan, später Premierminister, hat mir das nie vergessen.

Chinas Diplomatie überzeugt mit ihrer Wirtschaftsmacht, die USA mit ihrer Militärmacht – ich versuchte, die Menschen meine Sympathie für das Land spüren zu lassen, und ermöglichte dadurch gleichzeitig Kritik an problematischen Entwicklungen im Gastland – Public Diplomacy eben. In Pakistan funktionierte das. Als ich den Posten verließ, hatte der tweetende Botschafter fast 300 000 Follower.

Imran Khan: Trotz Haft noch immer Hoffnungsträger der Jugend

Natürlich traf ich auch die Eliten, mehrfach Imran Khan, nachdem aus seiner Protestbewegung gegen Korruption die Partei der Jugend und der städtischen Mittelschicht geworden war, was ihn 2018 ins Amt des Ministerpräsidenten brachte, unterstützt von der Armee. Er durchbrach das Regierungs-Pingpong zwischen der säkularen, linksnationalistischen Bhutto-Familie und ihrer Pakistan Peoples Party (PPP) sowie der konservativen und wirtschaftsnahen Sharif-Familie mit ihrer Pakistan Muslim League-N (PML-N), der viele Nepotismus vorwarfen. Khan war ein Volksheld, ein Idol der Jugend. Hochgewachsen, charismatisch, eloquent – die Verkörperung von Disziplin und Ehrgeiz in einem Land, das sich seit Jahrzehnten zwischen Militärherrschaft, Korruption und struktureller Ohnmacht bewegte. 2022 verlor er sein Amt durch ein Misstrauensvotum, 2023 sah er sich mehreren Vorwürfen ausgesetzt, darunter Korruption. Im Januar 2024 verurteilte ihn ein Gericht zu zehn Jahren Gefängnis, was zu Massenprotesten und sogar Angriffen auf Armeekasernen führte. Er teilt seither das Schicksal mehrerer seiner Vorgänger, darunter Nawaz Sharif. Viele der Vorwürfe wirken politisch motiviert, insbesondere nach seinem Bruch mit dem Militär. Khan war kein typischer Kleptokrat, wie ihn Pakistan kannte. Persönlich lebte er nicht luxuriös, weder in Zeiten als Premierminister noch davor. Es gibt keine Beweise für ein ausländisches Konto, keine anonymen

Offshore-Firmen wie bei Sharif, die in den Panama Papers nachgewiesen sind. Völlig unbestechlich mag Khan nicht gewesen sein, aber er war moralisch glaubwürdiger als seine Vorgänger. Jetzt ist er für seine Anhängerinnen und Anhänger ein Märtyrer. Für junge Pakistanis ist er auch in der Diaspora ein Hoffnungsträger.

Deep state: Das Militär als Wirtschaftsmacht

Vorläufig gescheitert ist Khan an den unsichtbaren roten Linien des Deep State. Das Militär ist gleichzeitig der größte Unternehmer der Wirtschaft. Die pakistanische Politikwissenschaftlerin Ayesha Siddiqa prägte den Begriff »Milbus« – kurz für Military Business. 2007 legte sie in ihrem Buch *Military Inc.* erstmals den Umfang des Wirtschaftsimperiums offen, in dem sie das Militär als eine »Schattenökonomie« mit hohem Autonomiegrad bezeichnete. Deren Umsatz soll bei bis zu 25 Milliarden Dollar liegen, davon Hunderte Millionen in zivilen Sektoren mit Millionen Arbeitsplätzen. Das Militär hat ein weitverzweigtes Imperium aufgebaut, das von der Schwerindustrie bis hin zu Bäckereien reicht.[128] Es besitzt außerdem schätzungsweise zwölf Prozent des Landes und wertvolle städtische Immobilien. Dieser Staat im Staat hat nicht nur wirtschaftliche Interessen, sondern stärkt durch seine ökonomische Macht auch seinen politischen Einfluss. Anders als in Indien folgt in Pakistan die Politik den Militärs. Das hat Folgen für Demokratie und Marktwirtschaft. Dass sie Steuervorteile haben, verzerrt den Markt, es erstickt den Mittelstand. Dagegen hilft auch keine Förderung durch Entwicklungshilfe. Im Gegenteil: Dieses System schreckt ausländische Unternehmen ab und führt bei der Jugend auf zunehmende Entfremdung vom Establishment.

Aus meiner Erfahrung im und mit dem Land kann ich versichern: Pakistan wäre offen für eine EU, die strategischer auftritt. Die Jugend begrüßte es sogar, verträte sie europäische Werte nachdrücklicher und positionierte sich als glaubwürdige Alternative zu autoritären Einflussmodellen. Doch die EU bleibt trotz ihres wirtschaftlichen Gewichts und entwicklungspolitischen Engagements politisch unsichtbar. Inzwischen ist sie nach China Pakistans zweitwichtigster Handelspartner mit einem Warenhandel von jährlich rund zwölf Milliarden Euro. Es kann seit 2014 nach dem Handelspräferenzsystem der EU vor allem Textilien, Bekleidung, Lederwaren und landwirtschaftliche Produkte zollfrei in die EU exportieren. Im Gegenzug soll Pakistan 27 internationale Kernübereinkommen zu Menschenrechten, Arbeitsrechten, Umwelt- und Klimaschutz sowie guter Regierungsführung umsetzen.[129] Das konsequenter einzufordern würde Pakistan helfen – vor allem der Jugend.

Terror in Pakistan: Die Geister, die man rief

Pakistan kämpft heute mit dem Erbe der eigenen Doppelmoral: Während das Land Anti-Terror-Partner des Westens war, förderte es dschihadistische Netzwerke. Der pakistanische Geheimdienst ISI half beim Aufbau der Taliban, bewaffnete sie und ließ ihnen Rückzugsräume in Quetta und Nordwaziristan. Pakistan lag und liegt immer noch daran, in Kabul eine paschtunische propakistanische Regierung zu etablieren. Die Nordallianz war eher proindisch orientiert. Entstanden ist aber gleichzeitig die islamistisch-militante Tehrik-i-Taliban Pakistan (TTP), gegründet 2007 durch Baitullah Mehsud, der mehrere militante Gruppen in den Stammesgebieten Nordwestpakistans vereinen konnte. Sie sind Pakistans größte Bedrohung im Innern, weil sie die pakistanische Regierung stürzen, ein islamisches Emirat und die Scharia als einziges Rechtssystem einführen wollen. Ideologisch unterscheidet sie sich kaum von den afghanischen Taliban.

Als die Taliban 2021 nach 20 Jahren Krieg erneut in Kabul einmarschierten, erwartete Pakistan Dankbarkeit, hoffte auf Ordnung. Doch die TTP griff erneut pakistanische Sicherheitskräfte an, im Swat-Tal, in Peshawar und in Islamabad. Und die Taliban? Sie schwiegen zum Terror gegen ihre einstigen Förderer. Für Pakistan ist dies Folge einer Politik, die jahrzehntelang Gewalt instrumentalisiert und Milizen mit kalkuliertem Kontrollverlust eingesetzt hat.

Die Taliban in Kabul fühlen sich den Brüdern von der TTP näher als dem alten Patron aus Islamabad – nicht unbedingt aus Sympathie,

FLÜCHTLINGE ZWISCHEN PAKISTAN UND AFGHANISTAN

Die Geschichte der Fluchten aus Afghanistan ist lang. Nach der sowjetischen Invasion flüchteten mehr als drei Millionen Menschen, besonders Paschtunen, nach Pakistan. Während des Bürgerkriegs in den 1990er-Jahren und unter dem Taliban-Regime kam es zu einer zweiten Welle. Dies wiederholte sich nach dem Sturz der Taliban 2001. Seit 2021 waren es vor allem Ortskräfte, Frauenrechtlerinnen, Journalisten und andere gefährdete Gruppen, die das Land verließen. Als die UdSSR ins Land kam und als die Taliban regierten, war auch Iran Ziel von Flüchtenden, darunter die schiitische Minderheit der Hazara.

Im Oktober 2023 begann Pakistan, massenweise Afghaninnen und Afghanen abzuschieben, bis Ende 2025 sollen es bis zu drei Millionen sein. Pakistan reagierte damit auf Anschläge der Tehrik-i-Taliban Pakistan (TTP) in Islamabad, Peshawar und im Swat-Tal. Von der jüngeren Generation, die in Pakistan geboren wurde, kennen viele das Land ihrer Eltern gar nicht. Sie kommen mittellos an, Uhren und Schmuck, Brillen und Zahngold werden ihnen oft an der pakistanischen Grenze abgenommen. Die Taliban nehmen diese Heimkehrer positiv auf, auch wenn die Kriminalität im Osten steigt. Auch Iran hat nach Schätzungen des UN-Flüchtlingshilfswerks UNHCR die Hälfte der 3,8 Millionen afghanischen Geflüchteten abgeschoben. Der Entzug der Hilfen von USAID führt zu Not und Tod. Es wäre humanitäre Verpflichtung der EU, das zu kompensieren – ungeachtet der Taliban.

sondern eher aus Angst vor Spaltung, aus Loyalität aus der Kriegszeit. Heute operieren die TTP auch aus Rückzugsräumen im paschtunischen Grenzgebiet Afghanistans. Und so jagt Pakistan die Kämpfer, die es einst genährt hat, reagiert mit Luftschlägen und mit der Ausweisung von Afghaninnen und Afghanen, die einst als Flüchtlinge Unterschupf gefunden hatten. Wir lernen wiederum: Ein Staat, der Dschihadismus züchtet, um ihn zu nutzen, wird ihn nie ganz kontrollieren. Wer Wind sät, wird Sturm ernten.

Indien und Europa: Alte Mächte, neue Allianzen?

Als ich in den 1990er-Jahren mit meiner Familie nach Indien kam, befand sich das Land an einem Wendepunkt seiner Geschichte. Es stand wirtschaftlich am Rand eines Staatsbankrotts, musste seine Goldreserven ins Ausland schaffen, um IWF-Kredite zu sichern – da steuerte es um. Premierminister P. V. Narasimha Rao und sein damaliger Finanzminister Manmohan Singh setzten auf eine liberale Wirtschaft, öffneten das Land für ausländische Investoren, für neue Märkte, für Ideen; Importlizenzen fielen weg, Zölle sanken, der staatlich dominierte Industriesektor wurde schrittweise dereguliert. Aus der geschlossenen Planwirtschaft wurde langsam eine offene, global orientierte Volkswirtschaft. Den Grundstein für das heutige IT-Wunderland und den indischen Mittelstand hat Indien in diesen Jahren gelegt.

Aber in Indien wuchs während meiner Dienstzeit auch der religiöse Nationalismus. Am 6. Dezember 1992 zerstörten radikale Hindu-Gruppen die Babri-Moschee in der Stadt Ayodhya im Bundesstaat Uttar Pradesh – ein Fanal für jahrzehntelange Polarisierung. Aufgepeitschte Anhänger hindunationalistischer Organisationen stürmten das Gelände und begannen mit bloßen Händen,

Vorschlaghämmern und Spitzhacken, die Moschee Stein für Stein niederzureißen. Die Polizei griff kaum ein. Die Folge waren landesweite Ausschreitungen, Pogrome, Vergeltungsakte, besonders in Städten mit gemischter Bevölkerung wie Mumbai, Delhi, Hyderabad oder Ahmedabad. Weitere Moscheen und Hindu-Tempel brannten, mehr als 2000 Menschen starben, die überwiegende Mehrheit von ihnen Muslime. Es war eine der blutigsten inneren Konfliktwellen seit 1947. Die Regierung verhängte über Neu-Delhi den Ausnahmezustand, das Militär patrouillierte, Märkte blieben geschlossen, die sonst vibrierende Stadt verharrte in unruhiger Stille. Diese brutale Konfrontation machte uns mit der Realität religiöser Identitätspolitik bekannt, mit gezielter Polarisierung, mit den Abgründen des Populismus; und sie zeigte uns, wie fragil das Gleichgewicht in einem so vielfältigen, riesigen Land wie Indien sein kann – und wie schnell es kippen kann, wenn politische Kräfte religiöse Emotionen instrumentalisieren.

Auch Korruption, marode Infrastruktur, Stromausfälle, Bürokratie, zähe Verwaltungsprozesse erschwerten den Menschen das Leben. Sie begegneten dem Chaos mit Improvisation. Und wir, Eltern von drei kleinen Kindern, versuchten in einem Balanceakt zwischen diplomatischen und elterlichen Verpflichtungen, unseren Kindern eine möglichst reiche, unvergessliche Zeit zu schenken. Ein Leben zwischen Elefantenrücken, Himalaja-Pfaden, Tigern und Schlangenbeschwörern vor der Haustür, für die Kinder *die* Attraktion.

Indien und Pakistan: Bis 1947 ein Staat, heute zwei Feinde

Inzwischen dominiert seit mehr als zehn Jahren die hindunationalistische Bharatiya Janata Party (BJP, Indische Volkspartei) unter Premierminister Narendra Modi. Mit Modi, 1992 noch ein aufstrebender Funktionär der bereits 1925 gegründeten hindu-radikalen Rashtriya Swayamsevak Sangh (RSS, Verband nationaler Freiwilliger), hat die Mehrheitsbevölkerung der Hindus mit seiner auf

INDIEN UND PAKISTAN: KRIEGE UND KRISEN

14./15.8.1947 – Indian Independence Act: Aus Britisch-Indien entstehen am 14. August der Islamische Staat Pakistan (mit Ost- und Westflügel) und einen Tag später die Republik Indien. Erster Indisch-Pakistanischer Krieg in Kaschmir.

1971 – Bangladesch-Krieg: Indien unterstützt Unabhängigkeitsbewegung in Ostpakistan. Indien siegt militärisch – 93 000 pakistanische Soldaten kapitulieren. Bangladesch entsteht.

1972 – Shimla-Abkommen: Vereinbarung bilateraler Streitbeilegung, Umwandlung der Waffenstillstandslinie zur Line of Control (LoC).

1987 – Indisches Großmanöver »Brasstacks« (Messingnägel) nahe Pakistan; erstmals Gefahr eines Atomkriegs, diplomatische Deeskalation durch Rajiv Gandhi und Zia-ul-Haq.

1998 – Atomwaffentests: Im Mai testen beide Länder offiziell Atomwaffen.

1999 – Kargil-Konflikt: Pakistanische Truppen infiltrieren Höhenzüge in Kargil (indisch kontrolliertes Kaschmir). Indien schlägt zurück, Pakistan zieht sich zurück.

2001 – Anschlag auf indisches Parlament in Neu-Delhi: Angriff islamistischer Kämpfer. Indien beschuldigt pakistanisch-basierte Gruppen (Jaish-e-Mohammed, Lashkar-e-Taiba), massiver Truppenaufmarsch auf beiden Seiten, Waffenstillstand 2003.

2008 – Mumbai-Anschläge: Terroranschläge durch Lashkar-e-Taiba; 166 Tote.

2016 – »Surgical Strikes«: Nach Angriff auf Armeestützpunkt in Uri tötet Indien mutmaßliche Terroristen in grenznahen Lagern in Pakistan.

2024/2025 – Anschlag in Kaschmir: Indien weist Pakistanis aus, schränkt den Flugverkehr ein und macht mobil.

Hindunationalismus (Hindutva) gegründeten Ausrichtung hinter sich, die wirtschaftliche Stabilität und kulturelle Selbstbehauptung verspricht. Was aber geschieht, wenn aus Identität Ideologie wird, ist inzwischen auch in Indien zu erkennen: Religiöse Minderheiten – insbesondere Muslime, aber auch Christen und Dalits, unterste Gruppe der Hindu-Hierarchie – fühlen sich an den Rand gedrängt. Gewaltakte und Hetzkampagnen, Rechtlosigkeit, Einschränkungen von NGOs, Zensur im kulturellen Bereich und geänderte Schulcurricula zeugen von einem Klima der Intoleranz. Das kann, weil Indien nach Indonesien das zweitgrößte muslimische Land der Welt ist, nicht ohne Folgen bleiben.

Kaschmir: Wo die UN seit 1947 erfolglos bleibt – und warum

Am 22. April 2025 hielten bewaffnete Männer im Ferienort Pahalgam im indisch kontrollierten Teil Kaschmirs in einem Waldgebiet Touristen an, fragten sie nach ihrer Religionszugehörigkeit und töteten 26 hinduistische indische Männer. Als Urheber des Anschlags bekannte sich die militante Gruppe The Resistance Front (TRF), die sich seit 2019 als einheimische Widerstandsgruppe gegen die indische Besatzung Kaschmirs etabliert hat. Die USA und die UN warnten vor einer Eskalation, EU-Kommissionspräsidentin Ursula von der Leyen schickte einen Tweet an »jedes indische Herz, das heute trauert«: Sie wisse, dass Indiens Geist nicht zu brechen (»unbreakable«) sei. Und sie versprach: »Europa wird an Ihrer Seite stehen.«

Die TRF steht in engem Verhältnis zur 1987 in Pakistan gegründeten islamistischen Organisation Lashkar-e-Taiba (LeT), die Kaschmir von indischer Herrschaft »befreien« und unter islamische Kontrolle bringen möchte. Indien beschuldigt Pakistans Geheimdienst Inter-Services Intelligence (ISI), die TRF zu unterstützen. Pakistan bestreitet dies. LeT, die für zahlreiche Anschläge in Indien verantwortlich ist, darunter jenen 2008 in Mumbai mit 170 Toten, betreibt Ausbildungslager in Pakistan, darunter das Hauptlager Markaz-e-Taiba in Muridke.

THE RESISTANCE FRONT (TRF) UND LASHKAR-E-TAIBA (LET)

The Resistance Front (TRF, »Bewegung des Widerstands«) ist eine seit 2019 in Kaschmir aktive militante Gruppe, die sich als lokale Widerstandsbewegung präsentiert, von indischen Behörden als Tarnorganisation von Lashkar-e-Taiba (LeT) eingestuft wird, um internationalen Terrorlistungen zu entgehen.
»Lashkar-e-Taiba« bedeutet wörtlich übersetzt »Armee der Reinen«. Der Name verweist auf einen stark religiös geprägten Selbstanspruch: Die Gruppe sieht sich als eine »reine« islamische Kämpfertruppe, die aus ihrer Sicht die Verteidigung des Islam betreibt. Der Begriff »Taiba« ist ein poetischer Beiname für die Stadt Medina, was die symbolische Verbindung zu einer als heilig verstandenen Mission unterstreicht.

Der Kaschmirkonflikt gleicht einem Vulkan, der hin und wieder ausbricht. Er brodelt seit 1947, nachdem aus Britisch-Indien zwei unabhängige Staaten hervorgegangen waren. Pakistan erlaubt es der UNO, sich in den von Pakistan kontrollierten Gebieten von Jammu und Kaschmir (Azad Jammu and Kashmir und Gilgit-Baltistan) frei zu bewegen. Indien dagegen betrachtet Kaschmir als innere Angelegenheit Indiens und setzt auf bilaterale Verhandlungen mit Pakistan; die UNMOGIP kann sich auf indischer Seite nur eingeschränkt bewegen. Beide Seiten aber bemühen sich nicht um eine Lösung durch die UN, weil sie das für aussichtslos halten und eher Risiken als Chancen sehen.

DER KASCHMIRKONFLIKT: DATEN UND FAKTEN

1947 – Teilung Kaschmirs: Pakistanische Stämme und reguläre Truppen besetzen Teile Kaschmirs. Jammu und Kaschmir wird vom hinduistischen Maharadscha Hari Singh regiert, der Indien um militärische Hilfe bittet und am 26. Oktober 1947 das *Instrument of Accession* unterzeichnet. Der Erste Indisch-Pakistanische Krieg beginnt.

1949 – UN-Vermittlung und Line of Control (LoC): UN-Resolution 47 fordert Waffenstillstand mit Ceasefire Line, Truppenrückzug und ein Referendum, das bis heute aussteht. Präsenz der United Nations Military Observer Group in India and Pakistan (UNMOGIP), derzeit mit 44 militärischen Beobachtern.

1965 – Operation »Gibraltar«:[130] Pakistan infiltriert kaschmirisches Gebiet, was zum Krieg führt. Taschkent-Abkommen (1966) unter sowjetischer Vermittlung.

1989 – Aufstand und Islamisierung: Bewaffneter Aufstand in Kaschmir gegen die indische Zentralregierung unter Einfluss radikal-islamistischer Gruppen wie Lashkar-e-Taiba (LeT).

1999 – Kargil-Konflikt: Truppen beider Staaten besetzen strategische Höhenlagen nahe Kargil. Eskalation und Sorge vor einem Atomkrieg.

14.2.2019 – Pulwama-Anschlag und Balakot-Luftangriffe: Selbstmordanschlag in Kaschmir, 40 tote indische Sicherheitskräfte. Erster indischer Luftschlag seit 1971 gegen mutmaßliches Terrorcamp in Balakot, Pakistan.

August 2019 – Aufhebung des Autonomiestatus: Indien beendet den verfassungsrechtlichen Sonderstatus von Jammu und Kaschmir (Art. 370) und unterstellt es der Zentralregierung. Pakistan spricht von Annexion, bricht diplomatische Beziehungen ab und weist indischen Botschafter aus. Gründung der LeT-nahen Gruppe TRF.

2025 – Terroranschlag: Bei einem Terroranschlag im Süden Kaschmirs sterben 26 Menschen. Indien macht die TRF verantwortlich, weist u. a. pakistanische Diplomaten und Staatsangehörige aus und kündigt an, den Indus-Wasservertrag von 1960 zu überprüfen, der Pakistan den Zugang zu wichtigen Flüssen sichert.

Indien beansprucht bis heute das gesamte Gebiet des ehemaligen Fürstenstaats Jammu und Kaschmir, inklusive Ladakh. Der Autonomiestatus von Jammu und Kaschmir (verankert in Artikel 370 der indischen Verfassung) wurde am 5. August 2019 von der indischen Regierung unter Premierminister Modi und dem Parlament aufgehoben. Das führte zu Protesten der mehrheitlich muslimischen Bevölkerung.

Auch China ist in Kaschmir involviert: Peking kontrolliert im Nordosten nach einem kurzen Waffengang seit 1962 Aksai-Chin und seit 1963 das Shaksgam-Tal, das Pakistan freiwillig abgetreten hat, was Indien jedoch nicht akzeptiert.[131] China beansprucht außerdem etwa 90 000 Quadratkilometer eines Gebiets für sich, das sich seit dem chinesisch-indischen Grenzkrieg von 1962 im Himalaja und der danach vereinbarten Line of Actual Control (LAC) unter indischer Kontrolle befindet.

Traditionen überwinden: Plädoyer gegen das Silodenken

Solange Indien, Pakistan und China ihre Rivalitäten auch auf afghanischem Boden austragen, geht internationale Hilfe in Südasien weitgehend ins Leere. Afghanistan kann stabil werden, wenn die Region als Ganzes beruhigt, befriedet, in ihren widerstrebenden Ansprüchen befriedigt werden kann. Aber wie?

Fangen wir damit an, wie es nicht geht: Ein eingeschliffenes, systemprägendes Element im Auswärtigen Amt ist das Silodenken. Es führt etwa zu einer unprofessionellen Sprachlosigkeit zwischen den deutschen Botschaften. Statt die ganze Region in den Blick zu nehmen, wie es bei der UNO guter Brauch ist, arbeiten manche der Vertretungen isoliert und oft in Konkurrenz zueinander. In Pakistan versuchte ich eine regelmäßige gemeinsame Videokonferenz mit den Kollegen in Neu-Delhi einzurichten, wie es etwa bei Briten und der EU Routine war. Das sei wertlos, beschied deren Leiter damals. Seine Aufgabe sei Indien, sagte er, für Indien sei Pakistan ein Annex; die strategische Ausrichtung Indiens gehe in Richtung China und das Südchinesische Meer, nicht nach Pakistan. Deshalb kam ein strategischer Austausch zum indisch-pakistanischen Verhältnis mit ihm nicht zustande. Von der UN-Tradition kommend, hielt ich dies für kurzsichtig. Das Kaschmir-Problem hat bereits zu drei Kriegen geführt hat; beide Länder waren atomar bewaffnet, es gab die Traumata der Vergangenheit, die Millionen Toten durch den Bevölkerungsaustausch nach der Teilung. Die Grenzen waren weitgehend geschlossen, es gab nur marginalen Wirtschaftsaustausch. Wäre es nicht eine gute Idee gewesen, sich unter Kollegen der Botschaften zusammenzusetzen? Ideen zu entwickeln, gemeinsame Vorschläge nach Berlin oder an die Regierungen unserer Gaststaaten zu schicken?

Als Indien 1947 geteilt wurde, sind zwar zwei Staaten entstanden, aber geblieben ist doch trotz allem ein gemeinsamer Kulturraum, Religion hin oder her. Warum nicht das Gemeinsame suchen, das Verbindende? Oder das, was neue Bindungen schaffen könnte: Warum sollten die beiden Botschafter nicht in einem gemeinsamen Artikel über die Chancen einer regionalen Wirtschaftsgemeinschaft schreiben, der in einer pakistanischen und einer indischen Zeitung veröffentlicht wird? Wieso muss die eine Botschaft »dagegenhalten«, wenn die andere einen Beitrag zum indisch-pakistanischen Verhältnis veröffentlicht?

Afghanistan+3: Europa als Mittler in der Region

Wenn deutsche Botschaften in benachbarten Ländern nicht über Weitblick verfügen, dann doch hoffentlich die EU. Auch sie unterhält Vertretungen in Islamabad und Neu-Delhi. Europa hat die Chance, sich in dieser Region als fairer Mittler zu zeigen. Die Regierungen der Region wissen, dass die EU (noch) kein geopolitischer Spieler ist, und sie schätzen Europa als wirtschaftlichen und technologischen Partner. Europa wird eher als stabile, aber leise Größe gesehen – nützlich, respektabel, nicht entscheidend. Warum sollten wir das nicht nutzen – für Frieden in dieser Weltregion?

Wenn wir Fehler der Vergangenheit vermeiden wollen, sollten wir in Südasien ein Dialogformat »Afghanistan+3« mit Pakistan, Indien und China (und ggf. Iran und Zentralasien) einrichten. Das wäre eine Plattform, auf der die Widersacher gemeinsam reden statt bilateral. Die EU könnte ein solches Format moderieren. Die Staaten der EU (seit Brexit ohne Großbritannien) waren dort weder Kolonialmacht noch ist die EU eine Supermacht mit ehrgeizigen geopolitischen Interessen. Wirtschaftliche Anreize könnten allerdings der Kitt sein, vielleicht folgt auf gemeinsamen Handel auch Wandel. Europa sollte Afghanistan nicht den regionalen Mächten allein überlassen. In einer Region mit chinesischer und indischer Dominanz kann Europa gerade wegen der amerikanischen Unberechenbarkeit eine dritte Stimme sein, leiser, aber glaubwürdig und verlässlich als Partner, der zuhört, begleitet, investiert – nicht belehrt, sondern versteht, aber gleichwohl auch insistiert. Vielleicht ist das Europas größte Chance: nicht Macht zu projizieren, sondern Vertrauen aufzubauen. In einer multipolaren Welt kann das wichtiger sein als jede Flottenübung im Indischen Ozean.

Was nun? Meine zweite Rückkehr nach Afghanistan

Wie geht es weiter in und mit Afghanistan? Das Land ist aus den Schlagzeilen verschwunden – außer wir reden über abzuschiebende Straftäter. Es scheint, als hätten sich viele westliche Länder, darunter auch Deutschland, innerlich abgewandt – nicht nur, weil die Taliban das Land wieder fest im Griff haben, sondern auch, weil die eigene Bilanz der letzten 20 Jahre schwer auf uns lastet. Das Gefühl, gescheitert zu sein, drückt sehr. Dahinter steckt nicht nur Enttäuschung über die afghanische Entwicklung, sondern auch eine tiefe Frustration über die eigenen Fehler, Illusionen und Fehleinschätzungen. Afghanistan ist heute nicht nur geografisch, sondern auch emotional weit hinter dem europäischen Horizont.

Nach fast 15 Jahren betrat ich im April 2025 wieder afghanischen Boden. Diesmal im Rahmen einer zivilgesellschaftlichen Initiative – gemeinsam mit einer Kollegin und einigen Kollegen von *Diplomats Without Borders*[132], einer erst vor drei Jahren gegründeten NGO. Ich war gespannt. Nervös. Und aufgeregt. Wie würde das Land aussehen, das mich so viele Jahre meines Lebens begleitet hatte? Wie würde die »de facto« genannte Regierung der Taliban auf unseren Besuch reagieren? Auf eine Organisation, die für Dialog, Offenheit und internationale Verständigung steht? Was hatten wir von den jungen Menschen zu erwarten, denen wir begegnen würden?

Beim Institute of Diplomacy in Kabul wollten sie über die Gemeinsame Europäische Außen- und Sicherheitspolitik (GASP) reden. Die jungen Leute – Männer – fragten engagiert, präzise, wissbegierig. Sie wollten wissen, wie Europa auf Krisen reagiert, was Soft Power bedeutet, wie Diplomatie in multilateralen Strukturen funktioniert – und ob es eine Zukunft für ihr Land, ein Ende der Sanktionen und Isolation geben könne. In ihren Blicken, in ihren Worten spürte ich etwas, das ich nicht erwartet hatte: einen Hunger nach Verbindung, nach Anerkennung, nach Zukunft. Und vielleicht war es genau dieser unübersehbare Wunsch nach Austausch, der mir Hoffnung gab – das Gefühl, dass Dialog mehr sein kann als ein diplomatischer Begriff, nämlich ein Lebenszeichen.

Auf den Straßen sah ich trotzdem ein Afghanistan, das sich verändert hatte. Die zementenen Sprengschutzwände der Hauptstadt, früher eine Leinwand für bunte Galeriegemälde von Bergen und

Engagiert, präzise, wissbegierig: Treffen mit Studenten am Kabuler Institute of Diplomacy im April 2025 mit Mitgliedern von »Diplomats without Borders«. Botschafter a. D. Huseyin Avni Botsali (oben, Vierter von rechts), Marta Ruedas (Mitte) und Martin Kobler (Zweiter von links)

Landschaften, waren zu einer Wandzeitung des Emirats und deren Slogans mutiert. Frauen waren weitgehend aus dem Stadtbild verschwunden. Aus einer farbigen Stadt ist eine graue geworden. Dafür bewegen wir uns angstfrei und ohne Personenschützer, auch in der Nacht.

An einem Checkpoint kontrolliert ein streng blickender Mann mit Bart und Gewehr unsere Pässe, blickt in unsere etwas verunsicherten Gesichter, dann wieder auf den Pass, schaut uns an und sagt auf Englisch: »Sorry, I'm only doing my duty.« Willkür ist das nicht. Eher Pflichtbewusstsein. Und etwas Weltläufigkeit, unerwartete.

Wir spüren, dass die De-facto-Regierung der Taliban, wie wir sie mangels Anerkennung nennen, stolz ist auf das, was sie leistet; aus ihrer Sicht: die Sicherheit in allen 34 Provinzen, der Kampf gegen den Islamischen Staat, das Verbot des Opiumanbaus, die Reduzierung der Korruption sowie die fortgesetzte Beschäftigung von Beamten des vorigen Regimes; auch Beamtinnen erhalten weiter Gehälter, behaupten sie, selbst wenn sie zu Hause bleiben müssen; auch Witwen und Familien ehemaliger Sicherheitskräfte und Angehöriger der Streitkräfte würden weiter unterstützt.

Afghanistan im April 2025: »Wahre Freiheit besteht, wenn unabhängige Menschen die Macht ausüben, nicht Handlanger und Ausverkäufer sind.«

Aber die UNO[133] meldete zu der Zeit: In Afghanistan ist die Hälfte der Bevölkerung auf Hilfe angewiesen, 20 Prozent leiden unter Hunger, 420 Gesundheitsstationen und 300 Nutrition Center sind geschlossen, Kabul wird unter Dürre leiden, weil die Hälfte der Brunnen ausgetrocknet ist, die Müttersterblichkeit ist 2,5-mal so hoch wie im Weltdurchschnitt und 2,2 Millionen Mädchen im Alter von elf oder mehr Jahren dürfen nicht mehr zur Schule gehen.

Von den Gesprächen mit der Zivilgesellschaft und den Botschaftern der wenigen Vertretungen in Kabul nehmen wir den Eindruck mit: Niemand in Afghanistan wünscht sich die Rückkehr der alten Elite; wenn der Westen sich weiter für die alten Eliten engagiere, sei das kein konstruktiver Weg. Es sei denkbar, dass es den Hardlinern nützt, wenn die Welt sich weitgehend von den Taliban distanziert.

Und selbstverständlich sprechen wir in allen Gesprächen den Elefanten im Raum an, das faktische Schulverbot für Mädchen nach sieben Jahren. Wir sprechen über das »Gesetz zur Förderung der Tugend und Verhinderung des Lasters« (PVPV, »Promotion of Virtue and Prevention of Vice«), das zu systematischen Einschränkungen der Bewegungsfreiheit und Berufstätigkeit geführt hat. Wir hören, dass die Zahl der Selbstmorde von Frauen steigt und die Diskriminierung fortbesteht. Aber wir hören auch, dass das bloße Insistieren des Westens Widerstand hervorruft. Einige der Beobachterinnen und Beobachter, mit denen wir sprechen, hegen die Hoffnung, dass die Taliban sich ändern könnten. Jene Männer, die zwei Jahrzehnte unter bescheidenen Bedingungen in den Bergen lebten, verdienen jetzt in der Hauptstadt gutes Geld und leben in Verhältnissen, die vorher undenkbar waren. Ist es möglich, dass einige von ihnen sich an die städtische Lebensweise anpassen? Wäre dann eine Zusammenarbeit mit den Taliban eher möglich? Ich bin eher skeptisch.

Die neuen Machthaber fühlen sich diskriminiert und sehen auf unserer Seite Doppelstandards. Ihr Regime werde im Gegensatz zu denen in Syrien, Libyen und Sudan nicht anerkannt, Sanktionen blieben bestehen, darunter das Einfrieren der staatlichen Bankguthaben. Alles, was über humanitäre Hilfe hinausgeht, sei eingefroren. Es stimmt: Die politischen Kontakte mit den Taliban beschränken sich auf Gespräche im Rahmen des von der UNO begleiteten Doha-Prozesses. Ziel unserer Isolationspolitik ist es, ihnen klare Signale zu senden: Ohne grundlegende Verbesserungen bei Menschenrechten, vor allem Schulbildung für Frauen und Mädchen, gibt es keine politische Normalisierung.

Befürworter dieser Linie – auch viele Frauen und Männer in der afghanischen Diaspora – argumentieren, dass die Taliban dadurch unter Druck gesetzt würden. Sie warnen davor, dem Regime Legitimität zu verleihen. Jede politische Annäherung ohne Bedingungen würde den Taliban propagandistisch nutzen und ihre Position im Inneren stärken. Das gibt zwar moralische Genugtuung, verändert aber nichts. Nur durch vorsichtiges, aber gezieltes Engagement, durch koordinierte internationale Anreize ließen sich möglicherweise kleine, aber konkrete Fortschritte erzielen. Totaler Rückzug führt dagegen ebenso wie kompromisslose Forderungen nur zu noch mehr Abschottung, Repression und Resignation.

Die neue Regierung scheint jedoch offen zu sein, nicht nur mit Nachbarn wie Usbekistan, Iran und China zu arbeiten, sondern auch mit uns. Wäre es dann nicht sinnvoll, dass auch wir uns annähern, um den wachsenden Bindungen Afghanistans an China, Russland und Iran etwas entgegenzusetzen? Die bisherige Sanktions- und Isolationspolitik hat die Lebensbedingungen der Mädchen und Frauen doch nicht verbessert, im Gegenteil. Von Baerbocks feministischer Außenpolitik hätten ich und die Frauen dort mehr erwartet.

Es ist kein Geheimnis, dass Deutschland wie die gesamte EU mit vielen Schurkenstaaten und autoritären Regimen diplomatische Beziehungen pflegt – wenn es um unsere Interessen geht. Dass es solche Interessen auch in Afghanistan gibt, darauf weisen Almut Wieland-Karimi und Carlo Masala hin: Nicht nur wegen der dort vorhandenen Rohstoffe wie Lithium, Kupfer, Eisen, Gold und Seltenen Erden könne es »nicht richtig sein, das Land in die russische und chinesische Einflusssphäre ziehen zu lassen«. Die Orientalistin und der Politologe erkennen auch unser Interesse daran, die katastrophale humanitäre Lage in dem Land zu verbessern. Statt wie im vergangenen Jahr 226 Millionen Euro dafür auszugeben, plädieren sie dafür, in Existenzgründungen und Wirtschaftsförderung zu investieren. »Wir brauchen ein Konzept, einen Plan, wie wir wieder mehr Kontakte in das Land pflegen, ohne die De-facto-Regierung anzuerkennen«, schreiben sie in der *FAZ*. »Ein guter erster Ansatzpunkt wäre die Eröffnung eines Verbindungsbüros – wie die EU oder die Schweiz es bereits haben –, ohne einen Botschafter oder eine Botschafterin zu entsenden.«[134]

Wir sollten daher über eine graduelle, konditionierte Re-Engagement-Strategie nachdenken, über humanitäre Hilfe und zivile Kontakte hinaus. Unser Besuch in Afghanistan war ein vorsichtiger, aber bewusster Versuch, über eine Nichtregierungsorganisation die diplomatische Isolation aufzubrechen. Wir nannten es eine »Listening Mission«: Gespräche im afghanischen Außenministerium, Treffen mit Handelskammer und zivilgesellschaftlichen Gruppen, um zuzuhören, Eindrücke zu sammeln und kleine Dialogräume zu schaffen. Im Ergebnis haben wir zugehört, aber auch sehr klargemacht, wie der Weg aus der Isolation aussehen kann.

Afghanistan gilt derzeit als so etwas wie das schwarze Schaf, das die anderen Familienmitglieder meiden. Die USA haben sich zurückgezogen und lecken ihre Wunden, Russland schaut nur noch hin und wieder um die Ecke, weil es die Gefahr sieht, dass Islamismus und Drogenhandel auf Tadschikistan, Usbekistan und Turkmenistan übergreifen und westliche oder chinesische Akteure Einfluss gewinnen könnten. China verfolgt in Afghanistan vor allem das Interesse, Zugang zu Bodenschätzen zu sichern und zugleich zu verhindern, dass islamistischer Extremismus aus Afghanistan in die Unruheregion Xinjiang überschwappen und die uigurische Minderheit beeinflussen könnte. Die EU hat in Kabul eine Botschafterin, die unter schwierigen Bedingungen zivile Kontakte aufrechterhält. Das ist wichtig, aber es ist zu wenig. Eine mutigere Strategie der EU könnte heißen: Engagement zunächst ohne formale Anerkennung der De-facto-Regierung, Unterstützung ohne Illusion, Dialog mit der Gesellschaft. Wer Einfluss haben will, muss präsent sein. Wer helfen will, muss präsent sein. Und wer Veränderung will, darf den Kontakt nicht denen überlassen, die keine Werte einfordern. Sanktionen ohne politisches Angebot führen nicht zu einer Lösung. Sie lähmen. Die Menschen in Afghanistan – und vor allem jene, die auf Wandel hoffen – brauchen mehr als Empörung aus der Ferne. Sie brauchen Kontakte. Präsenz. Zuhörende. Klare Forderungen helfen vielleicht, helfen kann aber auch ein Türspalt, durch den frische Luft einströmt. Die EU kann versuchen, für eine Brise zu sorgen.

Der diplomatischen Fantasie sind hier keine Grenzen gesetzt. Die EU könnte etwa:

1. ihre Vertretung in Kabul ausbauen, humanitäre, kulturelle und Bildungsprogramme fördern, informelle Kanäle offen halten und die Menschenrechtslage beobachten, mit dem Ziel einer Anerkennung der De-facto-Regierung,
2. eine Sonderbeauftragte oder einen Sonderbeauftragten für Afghanistan einsetzen, der die EU-Politik koordiniert, sich aktiv in den Doha-Prozess einschaltet und Kontakte zu den Nachbarstaaten pflegt,
3. Bildungsprogramme für Frauen und Mädchen fördern und einen EU-Stipendienfonds für exilierte afghanische Studierende und Forschende einrichten,
4. den Schutz und die Integration afghanischer Ortskräfte nicht vergessen und dafür ein dauerhaftes EU-Resettlement-Programm etablieren,

5. eine »Soft Entry«-Strategie prüfen, um Afghanistan über regionale Transport- und Energieachsen, digitale Bildungsangebote und strategische Dialogformate mit Anrainerstaaten an die EU-Initiative Global Gateway anzubinden.

Wir haben viele Jahre über Afghanistan gesprochen. Jetzt sollten wir wieder mit Afghanistan sprechen. Aber nicht mit Afghanistan allein.

»Als Präsident wollte ich nicht warten,
bis Bilder von Massakern
und Massengräbern
um die Welt gehen.«

Barack Obama, 28.3.2011

Kapitel 8

Libyen: Obamas »schlimmster Fehler« und die Frage, ob es falsch war, dort einzugreifen

In Afrika sind bis heute kritische Stimmen darüber zu vernehmen, dass europäische Staaten in Libyen das Zepter an sich rissen und es bombardierten, um die Zivilbevölkerung im Osten vor Muammar al-Gaddafis Soldaten zu schützen. Deutschland enthielt sich im UN-Sicherheitsrat. Aber es gab Fehler, die UNSMIL-Mission ist bis heute erfolglos, weil sie nicht zu Ende gedacht war. Zu kurz gesprungen.

Meine Personenschützer mochten es nicht, wenn ich in Tripolis auf die Straße wollte. Mich aber zog es oft nach draußen. Ich wollte sehen, wie die Menschen leben, was sie denken, wie sie uns sehen. Für die Sicherheitsleute bedeutete das Stress, Tripolis war ein gefährlicher Ort, auch für mich. So wie Anfang 2017, als Hashim Abedi sich und mich, damals UN-Sondergesandter und Leiter der *United Nations Support Mission in Libya* (UNSMIL), auf der Fahrt vom Flughafen zu unserem Büro in der Innenstadt in die Luft sprengen wollte, was der libysche Geheimdienst allerdings vereitelte. Sein Bruder Salman war »erfolgreicher«. Im 22. Mai 2017 zündete er nach Ende eines Popkonzerts in Manchester eine Sprengladung, tötete damit 22 Menschen und sich selbst und verletzte Hunderte. Familienangehörige der Abedis gehörten über Generationen islamistischen Terrorgruppen an. Ihr Vater hatte bereits in den frühen 1990ern versucht, Gaddafi zu stürzen. 1991 flüchtete er mit Frau und Kindern nach London, kehrte 2008 nach einer Verständigung mit Gaddafi zurück und schloss sich der Libyan Islamic Fighting Group (LIFG) an, einer Islamistengruppe. Seine Söhne sympathisierten mit dem IS.[135]

Es bestand also aller Grund zur Vorsicht. Im Ramadan 2016 schlenderte ich durch den Markt in Tripolis, als ein kleiner, faltiger, drahtiger Mann auf mich zu schlurfte, mir seine geballte Hand entgegenstreckend. »Der nicht!«, sagte mein Beschützer brüsk und schob mich zur Seite. »Jetzt lass doch mal schauen, was er in der Hand hat«, gab ich zurück. Da öffnete der alte Mann die Faust, in der er Überraschendes verborgen hatte: Zahngold. Er sei zu mir gekommen, um es mir anzubieten, sagte er, er brauche Geld für Lebensmittel zum Fastenbrechen, zum Iftar-Essen.

Wie konnte das sein? Libyen ist ein sehr reiches Land mit sechs Millionen überwiegend armen Menschen. Ein riesiges Land, das vor dem Krieg täglich eineinhalb Millionen Barrel Öl förderte. Genug, um jedem Mann und jeder Frau so viel Geld in die Hand zu drücken, dass alle sorgenfrei leben könnten. Warum schafft Libyen es nicht, wie etwa Oman, den Reichtum gerechter zu verteilen? Oman und Libyen haben ähnliche Rahmenbedingungen: Beider Bevölkerung zählt rund sechs Millionen. Beide haben riesige Ölvorräte. Beides sind tribale Gesellschaften. Oman hat aber, was Libyen nicht hat: eine nationale Identität. Sie ist in Libyen schwach ausgeprägt. Dort fehlt häufig das Gefühl für seinen Kulturraum, für seine Geschichte und ein Nationalbewusstsein. Der eine Staat hat die tribale Identität ergänzt durch eine nationale, der andere nicht. In Oman ist jedes Dorf elektrifiziert, in Libyen nicht. Omans Monarchie ist stabil und weniger repressiv als die Regierungen Libyens, das Land hat eine höhere Lebenserwartung, geringere Kindersterblichkeit und eine bessere Gesundheitsversorgung. Ähnliche Rahmenbedingungen, aber warum ist Oman so, wie es ist? Und warum ist Libyen ein *failing state?*

Libyen leidet bis heute unter dem Fehlen einheitlicher staatlicher Strukturen, eines funktionierenden Gewaltmonopols und eines verbindenden nationalen Narrativs. Seit dem Sturz Gaddafis 2011 ist das Land wieder tief gespalten – politisch, geografisch und gesellschaftlich. Rivalisierende Regierungen, Milizen und ausländische Akteure ringen um Einfluss. Es existiert kein gemeinsames Verständnis darüber, wie der Staat organisiert sein soll: wer Macht ausübt, wie Reichtum – insbesondere die Öl- und Gaseinnahmen – verteilt wird oder wie staatliche Institutionen legitimiert sind. Eine allgemein anerkannte Verfassung fehlt. Viele Libyer fühlen sich nicht einem Nationalstaat verpflichtet, sondern primär ihrem Stamm oder ihrer Region. Die kolonial gezogenen Grenzen haben ein Staatsgebilde hinterlassen, dem es an innerem Zusammenhalt fehlt. Der Übergang zur Demokratie ist blockiert durch fehlendes Vertrauen untereinander, institutionelle Schwäche und externe Einflussnahme. Kurz: Libyen ist ein Staat ohne geeintes Staatsvolk, ohne tragfähige Institutionen – und ohne konsensuale Vision für die Zukunft. All das sollten die UN, UNSMIL und sein SRSG richten.

LIBYEN

Nach Jahrhunderten als autonomer, aber nominell dem Osmanischen Reich unterstellter Staat wurde Libyen 1911 eine italienische Kolonie, die unter dem auch heute noch berüchtigten Generalgouverneur Rodolfo Graziani in den 1920er- und 1930er-Jahren eine brutale Herrschaft ausübte. Zwischen 1945 und 1951 war Libyen ein dreigeteiltes fremdverwaltetes Land im Übergang – kein Kolonialstaat mehr, aber auch noch keine Nation. Die Briten verwalteten Tripolitanien und Kyrenaika im Norden, die Franzosen Fezzan im Südwesten. 1951 erlangte Libyen die Unabhängigkeit als Königreich unter Idris I. Es war eines der ärmsten Länder der Welt – bis zur Entdeckung riesiger Erdölvorkommen in den späten 1950er-Jahren, die heute mit annähernd 50 Milliarden Barrel rund drei Prozent der globalen Reserven ausmachen. Dennoch blieben große Teile der Bevölkerung marginalisiert. 1969 putschte eine Gruppe junger Offiziere unter der Führung von Muammar al-Gaddafi und stürzte die Monarchie. Die Öleinnahmen nutzte er für Sozialprogramme, aber viel Geld verschwand auch durch Misswirtschaft, Korruption und Repression in dunklen Kanälen. Gaddafis exzentrische und autoritäre Herrschaft dauerte 42 Jahre, sie war geprägt von sozialistischen Experimenten, einer bizarren »Dritten Universaltheorie« (das Grüne Buch), Staatsterrorismus und einer konfrontativen Außenpolitik. In vielen Teilen Afrikas genoss er große Popularität, er inszenierte sich als panafrikanischer Vordenker, investierte großzügig und widersetzte sich dem Westen offen – für viele galt er als Symbol afrikanischer Unabhängigkeit und Selbstbehauptung.

2011 erreichte der sogenannte Arabische Frühling auch Libyen. Es kam zu einem Aufstand und – mit internationaler Unterstützung – zum Sturz und Tod Gaddafis. Das Land versank im

Chaos; seit 2014 ist es gespalten: Im Westen sitzt die international anerkannte Regierung in Tripolis und teilt sich die Macht mit islamistischen Milizen und Stadtstaaten wie Misrata und Zintan, den Osten beherrscht eine von Khalifa Haftar unterstützte Administration. Sie und rivalisierenden Milizen kämpfen seither um Territorien und Ressourcen, namentlich das Öl, das von zwei Ölgesellschaften verwaltet wird.

Bürgerkrieg in Libyen: Der Westen interveniert

Auch Stammesgesellschaften haben ihre Beziehungen ausbalanciert wie ein Mobile, das sich im Gleichgewicht dreht, solange niemand von außen sich einmischt. Der Aufstand gegen Gaddafi im Jahr 2011 war kein homogener Volksaufstand, sondern ein Bündnis unterschiedlichster Kräfte, das sich aus zivilgesellschaftlichen Protestierenden, bewaffneten Milizen, übergelaufenen Armeeoffizieren und oppositionellen Stammesgruppen zusammensetzte. Der Westen hat interveniert, als sich die Rebellen gegen Gaddafis totalitäres Regime stellten, er seine Armee in deren Hochburg Bengasi schickte und die Stadt einkesselte. Deutschland enthielt sich bei der Abstimmung über die Resolution 1973 im UN-Sicherheitsrat am 17. März 2011,[136] aber mit den zehn Voten inklusive Frankreich und Großbritannien erhielt die NATO den Segen für eine Flugverbotszone und Luftangriffe zum Schutz der Zivilbevölkerung. Die Bundesregierung und Außenminister Guido Westerwelle befürchteten damals den Beginn eines langen Kriegs in und um Libyen, womit sie recht behalten sollten, was er später oft betonte. Westerwelle verkündete damals, Deutschland werde sich »mit deutschen Soldaten an einem Krieg, an einem militärischen Einsatz in Libyen nicht beteiligen«. Für die

Stimmenthaltung erntete Deutschland viel Kritik von den wichtigsten Partnern. Für unser internationales Standing damals war das desaströs, wie China, Russland, Indien und Brasilien abgestimmt zu haben.

Ich war gegen diese Enthaltung. Auch der deutsche UN-Botschafter Peter Wittig hatte in seinem Bericht für Ja plädiert. Ich fragte ihn danach, wieso er nicht die Kanzlerin angerufen habe. Nach 9/11 hatte Wolfgang Ischinger, damals Botschafter in Washington, schließlich auch zum Hörer gegriffen und Schröder angerufen. In so wichtigen Fragen darf man schon mal die Hierarchien überspringen. Doch Wittig wollte loyal bleiben. Ich hätte eher auf Solidarität mit den Amerikanern gesetzt, vor allem aber mit Nicolas Sarkozy, der französische Flugzeuge nach Libyen schickte.

Der Einsatz und die logistische Unterstützung des Widerstands führten letztlich zu Gaddafis Sturz und hinterließen ein destabilisiertes, geteiltes Land, in dem sich seit 2014 zwei Regierungen bekriegen. Außerdem mischte sich eine Reihe von bewaffneten Milizen und ausländischen Akteuren mit eigenen Interessen ein. Und der UNO fehlten militärische Mittel und Mut, um die Lage zu kontrollieren. Damals stand eine *Libyan International Assistance Mission (LIAM)* zur Debatte, 5000 Soldaten, die den politischen Prozess militärisch sichern sollten. War nicht absehbar, dass nach Gaddafis politischem Ende eine unübersichtliche Situation folgen würde, in der eine robuste militärische Komponente unverzichtbar wäre? Wer A sagt, muss deshalb auch B sagen. Planungen darüber auch mit der Bundesregierung, sogenannte *force generation,* gab es bis weit ins Jahr 2016, und ich stimmte mich in dieser Phase jeden Monat einmal in Rom mit Italiens Außenminister Paolo Gentiloni ab. Bis er mich während der UN-Generalversammlung in New York im September 2016 zu sich rief, um mir zu sagen: Premierminister Matteo Renzi, der vor einem Verfassungsreferendum stand, habe das Projekt als zu risikoreich abgeblasen. LIAM war tot.

Hatte sich Außenminister Westerwelle also richtig entschieden? Weil die Sache nicht zu Ende gedacht war? Richtig war, Gaddafis Truppen zu bekämpfen und dem *Regime Change* eine Chance zu geben, aber falsch war, die Libyer danach mit den sich daraus ergebenden Problemen allein zu lassen.

Nicht, dass Libyen allein stand, der Westen unterstützte politisch die Regierung der Nationalen Einheit. In Tobruk, im Osten, herrschte General Khalifa Haftar, der einst Generalstabschef unter Gaddafi gewesen war, bei dem er jedoch in Ungnade fiel[137] und Exil in den USA (und bei der CIA) fand. Nach Gaddafis Sturz kehrte er zurück, übernahm die libysche Nationale Armee der Gegenregierung in Tobruk und bekämpfte Islamisten und den IS, die sich rund um den Golf von Sirte breitmachten, wo große Ölfelder liegen. Haftar gelang es immerhin, den Osten militärisch zu konsolidieren. Im restlichen Land dagegen verfolgten zahlreiche Milizen eigene Interessen. Eine schwer zu durchschauende, noch schwerer zu kontrollierende Lage.

Auf der Seite der international anerkannten Regierung der Nationalen Einheit in Tripolis standen die Türkei und Katar, auch die EU, vor allem Italien und die UNO. Haftar genoss Unterstützung von Abu Dhabi (VAE), Ägypten und Russland. Frankreich tanzte auf beiden Hochzeiten und arbeitete auch mit Haftar zusammen. Der Grund war klar: Öl im Sirte-Becken und Anlagen des französischen Unternehmens Total. Das wurde spätestens öffentlich bekannt, als ein Helikopter mit französischen Geheimdienstleuten abstürzte. Diesen Interessenkonflikt sprach ich gegenüber dem damaligen Verteidigungsminister Jean-Yves Le Drian in Paris an. Seine trockene Antwort: »Wir verfolgen eben französische Interessen.«

Kampf um das Libyan Political Agreement (LPA)

Am 17. Dezember 2015 sollte in Skhirat in Marokko ein Abkommen unterzeichnet werden, das mein Vorgänger Bernardino León ausgehandelt hatte und dem die Vertreter aus West- und Ostlibyen sowie Südlibyen grundsätzlich zustimmten: das *Libyan Political Agreement* (LPA). Es sollte den Bürgerkrieg beenden und eine Einheitsregierung schaffen, die eine Verfassung ausarbeiten und die Macht verteilen sollte – und damit auch das Geld und die geheimen Konten sowie das Öl und die Goldreserven –, damit das Mobile wieder kreisen konnte. Doch das libysche Repräsentantenhaus im Osten verweigerte immer noch seine Zustimmung. Besonders Agila Saleh Issa, Präsident des Abgeordnetenhauses in Tobruk, und General Haftar lehnten das Abkommen ab.

Am Tag vor der Zeremonie flog ich zu Haftar – bis nach Bengasi mit unserer UN-Maschine, von dort weiter zu dessen Militärbasis mit russischen Wagner-Söldnern in einer alten DC 3, deren Piloten Flipflops trugen. Die Personenschützer verdrehten fatalistisch die Augen. Haftar hatte sich inzwischen zum Feldmarschall der libysch-nationalen Armee der Gegenregierung im Osten befördert. Er führte mich in einen Raum voller Stammesältester, die hitzig diskutierten und mich und die UN verbal aufs Heftigste attackierten. Die Personenschützer bedeuteten mir, den Raum zu verlassen, aber ich hoffte noch, die Menge überzeugen zu können. Erst als von hinten schrille Schreie von Frauen anschwollen, erhob ich mich. Haftar lächelte mir zu, und wir gingen gemeinsam essen.

Bei allen politischen Gegensätzen war Haftar einer der wenigen Libyer, die mich je zum Essen einluden und sich mir gegenüber zur berühmten arabischen Gastfreundlichkeit verpflichtet fühlten. Agila Saleh führte mich einmal im Winter in Tobruk in einen unbeheizten Raum, wo er im Mantel saß und mir nicht einmal ein Glas warmen

Tees anbot. Als ich ihn verließ, warteten draußen Demonstranten mit einem Esel, der von einem Laken bedeckt war, auf dem mein Kopf abgebildet war, durchgestrichen – und ich bekam eine Erkältung. Bei Haftar gab es an jenem Tag ordentliches Essen, und wir unterhielten uns sehr freundlich über alles außer Politik. Dennoch schien es mir, als ich Haftar schließlich verließ, unmöglich, dass dieses Abkommen am nächsten Tag von allen Beteiligten angenommen wird.

LIBYAN POLITICAL DIALOGUE, LIBYAN POLITICAL AGREEMENT UND GOVERNMENT OF NATIONAL ACCORD

Ziel des Libyan Political Agreement (LPA) vom 17. Dezember 2015 war es, den Bürgerkrieg zu beenden und eine politische Einigung zwischen den rivalisierenden Machtzentren im Osten (dem Repräsentantenhaus in Tobruk) und Westen (dem Allgemeinen Nationalkongress in Tripolis) herbeizuführen. Es wurde vom *Libyan Political Dialogue* (LPD) ausgehandelt, einer repräsentativen Gruppe von circa 30 Männern und Frauen. Es sah vor, eine Übergangsregierung zu bilden, das *Government of National Accord* (GNA). Sie sollte das ganze Land repräsentieren und in Tripolis angesiedelt sein. An der Spitze der GNA stand der *Presidency Council,* der aus je drei Mitgliedern des Westens, des Ostens und des Südens bestand, mit Fayez al-Sarraj, einem Technokraten aus Tripolis, an der Spitze.

Das Parlament in Tobruk verweigerte der GNA jedoch die offizielle Anerkennung, der *Presidency Council* war zerstritten, und konkurrierende Milizen gaben die Waffen nicht aus der Hand. Statt nationaler Einheit entstand eine neue Form politischer Paralyse: Der Westen Libyens erkannte die GNA an, der Osten hielt an General Haftar und einer parallelen Regierung fest. Die Hoffnung, durch das LPA einen Übergangsprozess mit Verfassung und Wahlen einzuleiten, bleibt bis heute unerfüllt.

»Sie sind die Zukunft des Landes. Nutzen Sie jetzt die Chance … für ein besseres, wohlhabenderes und sichereres Libyen zu arbeiten.« Martin Kobler nach Abschluss des libyschen Politischen Abkommens in Skhirat (Marokko), Dezember 2015 (hintere Reihe von links: Salah Makhzoum, Fayez al-Sarraj, Außenminister Salaheddine Mezouar, LPD-Mitglied Emhemed Shoaib)

Es ging auf dem gleichen Weg zurück – mit den Wagner-Söldnern nach Bengasi, von dort mit unserer Maschine direkt nach Skhirat. Beim Anflug auf Casablanca klemmte das Fahrwerk. Der Pilot kreiste über dem Meer, um Kerosin abzulassen. Ein Crewmitglied machte sich am Teppichboden zu schaffen, öffnete den Bauch des Flugzeugs und begann, das Fahrwerk herauszukurbeln. Als die Landebahn schon zu sehen war, fragte jemand: »Ist es eingerastet?«

Die marokkanische Regierung hatte für die Zeremonie ein Hotel mit Konferenzzentrum in Skhirat am Strand des Atlantiks bereitgestellt. Außenminister und Regierungsvertreter aus arabischen und europäischen Staaten waren an diesem 15. Dezember 2015 angereist, auch der US-Sondergesandte für Libyen, Jonathan Winer, war gekommen. Kurz vor Beginn der Zeremonie, die um 11 Uhr beginnen sollte, trat ein einflussreiches Mitglied des Libyschen Politischen Dialogs (LPD) an mich heran und erklärte, er könne das so hart ausgehandelte Kompromisspapier nicht unterschreiben; es müsse geändert werden. Ich bat die anderen Mitglieder des LPD in einen kleinen Raum, der gastgebende marokkanische Außenminister Salaheddine Mezouar und der US-Gesandte versuchten, den Mann umzustimmen. Mezouar spielte die emotionale Karte: Ob die Libyer König Hassan verärgern wollten? Ihn brüskieren? Der Delegierte aber blieb stur – und rannte aus dem Raum. Ich bat Mezouar, ihm nachzueilen. Der Minister spurtete tatsächlich los – und brachte ihn zurück. Wäre die Situation nicht so ernst gewesen, man hätte gelacht. Und dann geschah etwas Unerwartetes: Als alle sich im Sitzungssaal eingefunden hatten, schloss Mezouar von innen ab und stellte sich mit seinen Sicherheitskräften vor die Tür.

Die Delegierten redeten auf den Opponenten ein, andere telefonierten hektisch. Es war bereits 13 Uhr. Im großen Sitzungssaal machte sich unter Gästen und Pressevertretern Unruhe breit. Eine Gruppe libyscher Frauen ging hinaus, baute sich draußen vor unserer Tür auf und stimmte die libysche Nationalhymne an – in Endlosschleife. Drin dauerte es, bis der Libyer sich der Erkenntnis nicht mehr verschließen konnte, dass das Abkommen der einzig Erfolg versprechende Weg zu Verständigung war – vermutlich erhielt er Zugeständnisse außerhalb des schriftlichen Abkommens. Marokkos Außenminister schloss wieder auf, wir öffneten erleichtert die Türen und gingen hinüber zum großen Versammlungssaal. Die feierliche Unterzeichnung konnte beginnen.

In der folgenden Pressekonferenz konnte die gemeinsame Übergangsregierung Libyens (GNA) unter Premierminister Fayez al-Sarraj vorgestellt und das bereits bestehende und international anerkannte Parlament in Tobruk (House of Representatives, HoR) als Legislative bestätigt werden. Weil aber dessen Präsident das Abkommen weiterhin nicht anerkennen wollte, war mir auch klar: Libyen steht am Beginn einer schweren Reise. In meiner Rede sprach ich von einem »historischen Tag für Libyen«, politische Ziele dürften nicht mehr mit Gewalt durchgesetzt werden. »Ich gratuliere dem neuen Premierminister Fayez al-Sarraj, muss aber auch sagen, dass ich Sie nicht beneide. Die Regierung hat eine schwere Arbeitslast zu bewältigen, und die Vereinten Nationen stehen bereit, Sie auf diesem Weg zu unterstützen und zu begleiten.« Weil ich kurz zuvor den Bürgermeister von Bengasi getroffen hatte, verwies ich auf die schreckliche Situation dort, auf die vielen Binnenvertriebenen und Flüchtlinge, der sich die Regierung sofort anzunehmen habe, und versprach besondere Aufmerksamkeit für die Probleme des Südens. »Ich appelliere an die Mütter Libyens, ihre Söhne nicht weiter auf den Schlachtfeldern Libyens sterben zu lassen«, bat ich. Und den jungen Menschen gab ich mit: »Sie sind die Zukunft des Landes. Nutzen Sie

Hoffnung nach Unterzeichnung des Libyan Political Agreement: Mit den Außenministern John Kerry (USA) und Paolo Gentiloni (Italien) und Repräsentanten von 22 Staaten und vier internationalen Organisationen am 16. Mai 2016 zu Beginn des libyschen Ministertreffens in Wien.

jetzt die Chance, zusammenzustehen und für ein besseres, wohlhabenderes und sichereres Libyen zu arbeiten.«[138]

Die Wagner-Piloten in Flipflops, Haftars Absage, die Beinahe-Notwasserung mit dem Flugzeug, am Ende fast noch das Scheitern aller Bemühungen um einen Kompromiss – binnen 24 Stunden war ich um Jahre gealtert und ziemlich erholungsbedürftig.

Was vor uns lag, war sehr ambitioniert: Das Abkommen sah einen verfassungsgebenden Prozess vor, die rivalisierenden Milizen sollten in einer nationalen Armee vereint und terroristische Gruppen wie der IS bekämpft werden. Ein Referendum sollte über diese Verfassung entscheiden und schließlich ein Parlament gewählt werden. Diesen Prozess sollte unsere UN-Mission UNSMIL überwachen.

Ende März organisierte ich ein Treffen des UN-Generalsekretärs Ban Ki-moon mit Fayez al-Sarraj in Tunis, wo er sich noch immer aufhielt. Ban rief danach öffentlich die libyschen Fraktionen dazu auf, die Regierung der Nationalen Einheit (GNA) zu akzeptieren und ihr die Rückkehr nach Tripolis zu ermöglichen. In der Nacht vom 29. auf den 30. März 2016 stachen Sarraj und einige Mitglieder des Präsidentschaftsrats im Schutz der Dunkelheit von Sfax an der tunesischen Küste in See. Ein Linienflug nach Tripolis wäre ein offenes Ziel gewesen, die Straßen ein tödliches Risiko. Was blieb, war eine gewagte heimliche Überfahrt entlang einer von Schmugglern, Piraten und rivalisierenden Milizen kontrollierten Küste. Kurz vor Morgengrauen lief das Boot in die Abu Sitta Marinebasis ein – eine schwer bewachte, provisorisch gesicherte Bastion am Hafen von Tripolis. Hinter Sandsäcken und improvisierten Checkpoints setzte al-Sarraj erstmals seinen Fuß auf den Boden, den er im Namen der nationalen Einigung regieren sollte. Ein Mann auf einem Nachtboot, der ein zerrissenes Land einen wollte. Aber diese Ankunft war kein Triumph, sondern der Beginn eines endlosen Ringens um jeden Straßenblock der Hauptstadt – eine aufregende, schlaflose Nacht auch für mich, bis wir endlich wieder Kontakt zu al-Sarraj in Tripolis hatten. Die Verhandlungen konnten beginnen, aber viele Probleme blieben ungelöst. Das Parlament erkannte die Übergangsregierung nicht an, Haftar und seine Libysche Nationalarmee (LNA) lehnten das Abkommen ab, und der Konflikt eskalierte, bis Friedensverhandlungen in Berlin 2020 zum Waffenstillstand von 2021 führten.

Erst Monate nach al-Sarrajs Ankunft in Tripolis beendete Haftar seine Kontaktsperre, die er nach unserem letzten Treffen verfügt hatte. Als wir uns nach Vermittlung durch den ägyptischen Generalstabschef, den ich regelmäßig in Kairo traf und zu dem ich ein enges Arbeitsverhältnis aufgebaut hatte, nach sechs Monaten erstmals wieder trafen, sagte Haftar großmütig: »I forgive you.«

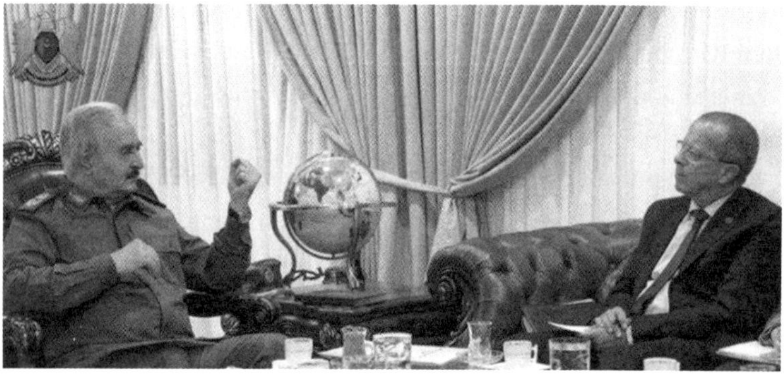

»I forgive you.« Treffen mit Khalifa Haftar im April 2017

Mittel der Wahl: Der ewige Fehler westlicher Politik in Krisengebieten

In Libyen wiederholte sich der immer gleiche Fehler westlicher Politik in Krisengebieten: Wenn wir nicht weiterwissen, wenn ein gordischer Knoten zerschlagen werden soll, fordern wir Wahlen. Wahlen lösen jedoch selten schwierige, komplexe Situationen. Wahlen polarisieren. Immer. Der Kern von Wahlen ist, dass es einen Wahlkampf gibt. Nichts zeigt die Absurdität von aufgezwungenen Wahlen treffender als der Film von Pawo Choyning Dorji: »Was will der Lama mit dem Gewehr?« Im Monarchie-Musterland Bhutan will der Regent zurücktreten, das Land soll moderner werden, demokratischer. Es soll Wahlen geben, und weil dann mit Beobachtung durch internationale Journalisten zu rechnen ist, gehen Wahlkommissionen in die Dörfer, um mit den Menschen das Wählen zu üben. Bei diesen Treffen sollen sie sich für eine von zwei Parteien entscheiden, einer fortschrittlichen und einer konservativen. Nun stehen sie sich gegenüber und fragen: Was sollen wir tun? Ihr müsst euch streiten, heißt der Rat. Die Leute fragen: Wieso sollen wir streiten? Wir haben noch nie gestritten. Der Film zeigt humorvoll, dass Wahlen eine relativ friedliche Gesellschaft beschädigen können. Sie führen auch nicht zwingend zu Verständigung in einer zerstrittenen. Schon gar nicht sollten Wahlen am Anfang eines politischen Prozesses stehen.

Um eine Art Verfassung für Libyen zu schaffen, sah das LPA eine Verfassunggebende Versammlung von 80 Personen vor. Immer wieder dachte ich in diesen Monaten an den kleinen, faltigen, drahtigen, armen Mann mit dem Zahngold. Ob er noch damit rechnen durfte, dass dieses Projekt mit einer politischen Einigung auch mehr Gerechtigkeit für das ganze Volk bringen würde?

Überall Misstrauen, auf allen Seiten. Ich sitze mit al-Sarraj in dessen Büro am Strand, als von draußen Radau durchs Fenster dringt. Getrampel auf der Treppe, al-Sarrajs Sicherheitsbeamte verriegeln eilig die Tür. Aufgeregte, aggressive Stimmen sind zu hören, und schon fliegt die Tür aus der Verankerung, splittert Holz, und Männer mit Pistolen stürzen in den Raum, angeführt von Fathi al-Majbari, einem der fünf Vizepräsidenten. Mein Mitarbeiter flüchtet in eine Ecke. Ich kenne al-Majbari und bin sicher, dass er mir nichts Böses will, auch wenn er ohne Unterlass brüllt. Noch immer in meinem Sessel sitzend, höre ich ihm ruhig zu, und es stellt sich heraus, dass er sich ausgeschlossen fühlt; al-Sarraj hatte ihm nicht von seinem Treffen mit mir berichtet. Die Sicherheitskräfte unten hatten sich entschieden, es nicht auf eine Schießerei ankommen zu lassen. Ich wundere mich, dass er immerzu mich ansieht, und als ich mich umdrehe, sehe ich, dass al-Sarraj verschwunden ist. Er hat sich durch eine Geheimtür verdrückt. Nachdem sich al-Majbari wieder beruhigt hat, verlassen wir al-Sarrajs Büro. Er geht seines Wegs, und ich eile hinüber zum Privathaus des Premierministers, in dem er in aller Seelenruhe auf mich gewartet hat. Wieder einmal hatte sich gezeigt, wie sehr die Mitglieder des *Presidency Council,* des Kollektivorgans, einander misstrauten. Und die drei Vertreter des Ostens hatten zusätzlich das Problem, gegen Haftar Stellung beziehen zu müssen, was für sie und ihre Familien durchaus riskant war. Es dauerte nicht lange, bis sie gar nicht mehr erschienen.

Also unternahm ich einen nächsten Versuch: meine Mission Dayton. Richard Holbrooke hatte seinerzeit Bosniaken, Serben und Kroaten auf die Luftwaffenbasis in Dayton eingeladen, deren Mobiltelefone eingesammelt – so erzählte er mir in Afghanistan –, bis das Abkommen fertig verhandelt war. Ich bat Omans Außenminister Yusuf bin Alawi um Hilfe und fragte ihn, ob er die gesamte verfassungsgebende Versammlung Libyens einladen könnte, fern der Hauptstadt Maskat. Er tat es, ließ alle in ein Flugzeug steigen und verfrachtete uns nach Salalah an der jemenitischen Grenze. Ich hoffte darauf, dass wir dort rund um die Uhr gemeinsam reden könnten und dabei zusammenwachsen könnte, was noch nicht zusammengehörte. Auf diese Weise müsste doch eine Verfassung für Libyen entstehen können. Wir hatten arabisch sprechende Mediatoren und Verfassungsexperten dabei, die die Diskussionen der einzelnen Verfassungskapitel moderieren sollten, Professoren aus Washington und Beirut; es sollte ja kein westliches Verfassungskonzept werden. Ich selbst übernahm die Verhandlungen über Minderheitenrechte mit den Vertretern der Tebu und Tuareg. Mein Vorschlag war, das Parlament, bisher im Osten, und die Regierung, bisher im Westen, an einem Ort zu versammeln. Um Regionalproporz zu schaffen, könne man ja andere Institutionen wie das oberste Gericht im Süden ansiedeln. Mein Hinweis auf Karlsruhe, den Sitz des deutschen obersten Gerichts, half nicht viel; sie fanden das verrückt. Immerhin gelang es uns, einen Entwurf zu fixieren; aber bis heute ist er nicht durch ein Referendum bestätigt. Die Unterhändler flogen damals nach Hause, traten vor ihre Weisungsgeber, die Bedenken hatten.

Da war er wieder, der mangelnde Sinn für den Nutzen eines gemeinsamen Staatswesens. Netter Versuch, dachte ich, aber er hat trotz Oman und Salalah nicht funktioniert. Weder mir noch meinen Nachfolgern, drei Männern und einer Frau, ist es bislang gelungen, den gordischen Knoten zu durchschlagen.[139] Libyen ist noch immer geteilt, es gibt keine Wahlen, Haftar bringt schon seinen Sohn als Nachfolger in Stellung und macht sich noch immer Hoffnungen, das Land eines Tages zu regieren. – Alles wie gehabt seit mehr als 14 Jahren.

Unser größtes Problem aber: Die libysche Revolution 2011 gegen Gaddafi war auch mit Ölgeld finanziert. Gaddafis Opponenten bekamen Geld von der Zentralbank, das aus dem Verkauf von Öl stammte, jedes der mehr als einer Million Barrel täglich war 90 Euro wert. Und das Geld floss auch nach der Revolution weiter sowohl an die Milizen im Westen als auch an Haftar im Osten. Bei Gesprächen mit amerikanischen Kollegen regte ich eine internationale Aufsicht über die Zentralbank an. Also in etwa das, was wir in Gaza diskutieren: das Geld zum Gaza-Wiederaufbau nicht der Palästinischen Autonomiebehörde zu geben, sondern einer internationalen Institution. Bei zwei Treffen in Rom hat sich der libysche Zentralbankchef, angereist aus Malta, wo deren Sitz zu der Zeit war, dagegen gesträubt, am Ende erfolgreich.

Das erschwerte eine unserer Aufgaben, nämlich die Reform des Sicherheitssektors, die darin bestand, die Milizen einschließlich der islamistischen in eine reguläre Armee zu überführen. Die meisten bevorzugten, weiterhin regelmäßig einen überdurchschnittlichen Sold von der Zentralbank zu bekommen; ein General erhielt durchaus hohe Beträge, einfache Soldaten mehr als genug. Es entstanden immer mehr Milizen, vor allem im Westen. Allein in Tripolis zählten wir 23. Die reguläre Regierung war von deren Goodwill abhängig. Und das war in gewisser Weise auch ich.

Dicke Bretter bohren: Verhandlungen mit einem Milizenführer

Eine dieser Milizen namens »Libysche Islamische Kampfgruppe« unterstand Abd al-Hakim Belhadj, von dem ich wusste, dass er auf allen denkbaren Terrorlisten stand und al-Qaida angehört haben soll. Belhadj transportierte mit seiner eigenen Fluglinie Waffen aus der Türkei nach Tripolis. Wie Haftar war er ein Gegner des LPA und des Friedensprozesses der UNSMIL, allerdings anders als Haftar war er Islamist. Ich musste mit ihm reden. Also flog ich nach Istanbul, wo wir uns im Hotel Hyatt trafen. Im *Focus* war später zu lesen: »Durch hartnäckige Vermittlungen gelingt es der UN-Mission für Libyen … dann doch, beide Seiten zu einer Kompromissregierung unter Führung von al-Sarraj zu drängen und den Kampf gegen den IS zu koordinieren.«[140] Was Belhadj anbelangt: Es bedurfte des beharrlichen Bearbeitens mit Methoden aus dem Werkzeugkasten der Mediation.

Beim ersten Treffen fragte ich ihn nach seiner Einstellung zum UN-Friedensdialog. Das sei der falsche Weg, sagte er. Wir hätten al-Sarraj nicht ernennen dürfen, der Regierungschef hätte gewählt werden müssen. Völlig unrecht hatte er damit nicht. Und nun wollte er »mit allem, was ich habe« gegen ihn kämpfen. Ich legte ein Blatt Papier auf den Tisch, auf das ich ein Rechteck eingezeichnet hatte, in dem LPA stand; drum herum war viel Platz, und ich fragte ihn: Wo stehen Sie? Er markierte eine Stelle mit einem Kreuz, ganz rechts oben und sehr weit außerhalb des LPA-Kastens. Danach gingen wir essen, reichlich und gut. Beim nächsten Treffen legte ich ihm das Papier wieder vor; das Kreuz wanderte etwas vom Rand weg. Beim dritten Treffen beim Essen begannen wir, uns über Familie und Enkel zu unterhalten. Beim vierten Treffen binnen zwei Monaten kratzte das Kreuz an der Linie zum Rechteck, und zu Tisch erzählte er von seinem Leben: Assistent von Bin Laden, entführt mit seiner Frau von den Briten in Pakistan, Einzelhaft, zwei Jahre lang, kein Verfahren, keine Aussicht auf Freilassung. Er erbat Lektüre und bekam den Koran. Guantánamo in England. Und plötzlich ließen sie ihn frei. Nach dem fünften Treffen saß Belhadj' Kreuz innerhalb des Rechtecks. Er stellte sich zumindest nicht mehr offen gegen uns.

Haftar sah sich weiterhin als künftiger Nachfolger von Gaddafi. Damals stand noch der IS zwischen den Gebieten, die er kontrollierte, und Tripolis, und er war militärisch noch zu schwach. 2019 aber war es fast so weit. Verhindert hat das die Türkei durch ihre Parteinahme zugunsten der Einheitsregierung.

Obama selbstkritisch: Nicht für den Tag nach der Intervention geplant

In Afrika war Gaddafi sehr beliebt, weil er die politischen Ziele vieler Länder unterstützte und umfangreich investierte – mit Ölgeld aus Mitteln des libyschen Staatsfonds, unerschöpflichen Werten. Mit Flugzeugen soll Gaddafi Gold, Geld und Diamanten fortgeschafft haben, Milliarden Dollar wert, der Verbleib ist bis heute teilweise ungeklärt: in der Wüste Libyens? In geheimen Lagerhäusern und Bunkern in der Nähe von Pretoria und Johannesburg? Sogar in den Panama Papers fanden sich Hinweise.[141]

Die afrikanischen Staaten waren der Auffassung, wir hätten nicht intervenieren sollen, sie hätten Gaddafi davon überzeugen können, das Land zu verlassen. Tansanias damaliger Präsident Jakaya Kikwete war bereits mit einer Delegation in Marokko eingetroffen; sie wollten von dort aus nach Tripolis reisen, um mit Gaddafi zu verhandeln. Bevor sie aufbrechen konnten, suchte ein Mitglied der französischen Botschaft ihn auf, um ihm von einer Reise nach Libyen abzuraten. Sarkozy habe beschlossen, Gaddafis Truppen zu bombardieren. Bei ihm kam das – er erzählte es mir mehrfach – so an: »Ein kleiner Botschaftssekretär hat mich und die afrikanische Delegation daran gehindert, mit Gaddafi zu sprechen.«

Die Afrikaner sind bis heute empört, dass die Europäer das Zepter an sich gerissen haben und dass Frankreich durch den Angriff den Aufstand gegen Gaddafi unterstützt hat. Sie sind bis heute überzeugt, sie hätten es geschafft, Gaddafi abzuholen und ins Exil im Ausland zu bringen.

Mein erster Auftrag aus New York lautete deshalb, die AU zu beruhigen, sie einzubeziehen. Eine meiner ersten Reisen führte mich deshalb nach Addis Abeba. Von diesem Zeitpunkt an versuchte ein Quartett, den stockenden Verfassungsprozess anzuschubsen: Tansanias Ex-Präsident Jakaya Kikwete als AU-Sondergesandter für Libyen, der Ägypter Ahmed Abul Gheit, Generalsekretär der Arabischen Liga, die EU-Außenbeauftragte Federica Mogherini und ich für die UNO trafen uns regelmäßig zur Abstimmung. Erfolg war uns nicht beschieden.

Hätte die NATO Libyen der AU überlassen sollen? Sie wäre wohl kaum in der Lage gewesen, den Konflikt allein zu lösen. Nachdem in Nordafrika, ausgelöst durch den öffentlichen Selbstmord eines tunesischen Gemüsehändlers, der »Arabische Frühling« ausgebrochen war, kollabierte auch Libyen, und Gaddafi schien der Sinn nach Rache zu stehen. Es war ein Bürgerkrieg, und wir konnten die Fernsehbilder aus Bengasi nicht ertragen, die zeigten, wie Gaddafis Luftwaffe diese Revolution niederschlug. Hätten wir das zugelassen, das Urteil heute wäre: Doppelmoral!

Ob die Afrikanische Union als Vermittler in Libyen mehr erreicht hätte, bleibt eine unbeantwortete Frage. Ich denke nicht. Dass die UN keinen Erfolg hatte, lag auch daran, dass wir – anders als in Ostkongo – keine UN-Truppen hatten und die Internationale Gemeinschaft keinen Plan hatte, wie es nach dem Bombardement weitergehen sollte. Das Versäumnis sei wahrscheinlich sein »schlimmster Fehler« gewesen, bekannte Barack Obama 2017 gegenüber *Fox News Sunday,* konkret: »dass ich nicht für den Tag nach der Intervention in Libyen geplant habe, die mir damals als richtige Entscheidung erschien«.[142]

»Denn die einen sind im Dunkeln
Und die anderen sind im Licht.
Und man siehet die im Lichte
Die im Dunkeln sieht man nicht.«

Bertolt Brecht

Kapitel 9

Afrika: Fehler der Vergangenheit und Aufbruch in die eigene Zukunft

Meine Arbeit bei der UN-Mission in der Demokratischen Republik Kongo haben mir gezeigt, wie eng koloniale Altlasten, internationale Hilfspolitik und afrikanische Eigenverantwortung verwoben sind – und wie entscheidend es ist, Afrika nicht länger von außen zu denken. Das Image des Westens hat dort an Strahlkraft verloren. Die einstigen Kolonialstaaten fühlen sich noch immer bevormundet von den arroganten Giganten, die ihnen ihre Werte oktroyieren und ihre Rohstoffe stehlen wollen. Auch wenn es merkwürdig zu sein scheint: Ausgerechnet China und Russland nutzen das erfolgreich aus.

Was Bertolt Brecht auf Menschen bezog, gilt auch für Staaten. Wir sehen die Not der Ukrainer, Israelis und Palästinenser, ihr Schicksal geht uns nah, unsere Scheinwerfer und Kameras sind auf sie gerichtet. Aber wer leuchtet noch in die Staaten im Dunkeln, wer kennt die Nöte der Menschen in Kriegen und Konflikten außerhalb unseres europäischen Fokus?

In Äthiopien lässt der Präsident und Friedensnobelpreisträger Abiy Ahmed einen Teil seines Volks bewusst hungern, indem er Hilfslieferungen blockiert. Vor dem Krieg in Tigray hatte ich ein Jahr in Äthiopien gelebt, weshalb ich die Kollegen im Auswärtigen Amt fragte: Was macht ihr dort eigentlich dagegen? Es hieß: Wir führen einen diskreten Dialog mit der äthiopischen Regierung. Davon wissen die Hungernden allerdings nichts. Und Brot können sie sich dafür auch nicht kaufen. Diskretes Schweigen also in Tigray. Tiefes Schweigen auch über die humanitäre Katastrophe im Jemen. Die Not in diesen Ländern ist nicht auf unserer politischen Agenda. Niemand hebt auch seine Fackel über Sudan, wo zehn Millionen Menschen auf der Flucht sind, wo Flughäfen mit Bomben zerstört werden, damit humanitäre Hilfe notleidende Menschen nicht mehr erreichen kann. Beiden Seiten, die Truppen von General Burhan und die Rapid Support Forces (RSF) von Hemedti (Mohamed Hamdan Dagalo), lassen dort die Container des World Food Program nicht passieren. Sie setzen Hunger als Waffe ein. Warum greift niemand ein? Weshalb besetzt die internationale Gemeinschaft nicht den Flughafen in Khartoum? Die Afrikanischen Union etwa; oder eine *Coalition of the willing* mit Zustimmung des Sicherheitsrats – oder auch ohne; im Kosovo haben wir 1999 auch humanitär interveniert. Flughafen sichern, Hilfsflugzeuge schützen, humanitäre Korridore schaffen zu denen, die Nahrung brauchen. Selbstredend ist das gefährlich, aber dass solch ein Einsatz nicht einmal erwogen wird, dass diese Menschen hilflos und vergessen verhungern, das ist eine Bankrotterklärung.

Afrika ist ein vielfältiger Kontinent. Er besteht aus 54 Staaten, ist geografisch eine Einheit, aber zwischen den arabischen Staaten im Norden und Südafrika, zwischen Senegal, Kongo und Sudan liegen Welten. Afrika ist »viel mehr als Kriege, Krankheiten und Katastrophen«, wie der langjährige Korrespondent von *Die Zeit* und *Der Spiegel* Bartholomäus Grill schreibt.[143] Botswana hat sich zu einem recht wohlhabenden demokratischen Staat entwickelt, während andere Staaten mit korrupten, totalitären Regimen dem Image vom dunklen Kontinent Nahrung geben. Wenn wir von Afrika sprechen, sollte uns immer gewärtig sein, dass der Kontinent weder politisch noch wirtschaftlich noch moralisch eine Einheit ist.

Bei Afrika denken wir in Stereotypen, erinnern uns an Joseph Conrads *Herz der Finsternis.* Jahrzehntelang waren es Europäer, die den damals schwarz genannten Kontinent ausbeuteten. Als Ghana 1957 als erstes afrikanisches Land südlich der Sahara die Unabhängigkeit erlangte, verband sich damit die Hoffnung auf echte Selbstbestimmung – politisch wie wirtschaftlich. Kwame Nkrumah, der charismatische Gründungspräsident, erkannte früh, dass äußere Befreiung wenig bedeutet, wenn ihr neue Formen der Abhängigkeit folgen: durch wirtschaftliche Übermacht, politische Einflussnahme oder dauerhafte Entwicklungshilfe. »Hilfe ist wie eine Droge«, warnte er. »Sie kann zu einer gefährlichen Sucht werden.« Tatsächlich führte westliche Entwicklungshilfe zu Abhängigkeiten, aber auch die neuen Freunde Afrikas, Russland und China, zeichnen sich nicht durch Altruismus aus. Viele afrikanische Staatenlenker haben allerdings mehr an sich selbst gedacht als an ihr Volk. Weil Männer und Frauen in Richtung Norden aufbrechen, um ihr Leben in die eigene Hand zu nehmen, drehen sich europäische Debatten über Afrika vor allem um Migration, weniger um politische oder wirtschaftliche Zusammenarbeit. Die EU verspricht dabei – wie Kommissionspräsidentin Ursula von der Leyen es ausdrückt – eine »Partnerschaft auf Augenhöhe«. Das aber erforderte gerechte Teilhabe statt Almosen.

Es geht nicht nur um Respekt und Solidarität mit hilfebedürftigen Empfängern, sondern um Mitsprache und Eigenverantwortung. Afrikanische Probleme sollen die Afrikaner selbst lösen, meint inzwischen nicht nur der UN-Generalsekretär. Das ist inzwischen auch das Mantra der Afrikanischen Union (AU).

ÄTHIOPIEN: BÜRGERKRIEG UM TIGRAY UND DIE MACHT IM STAAT

2019 erhielt der äthiopische Premierminister Abiy Ahmed den Friedensnobelpreis, weil es ihm gelungen war, Frieden mit Eritrea zu schließen, einen Frieden, der allerdings nach einer ersten Euphorie in beiden Bevölkerungen schon bald kaum noch konkrete Ergebnisse für die Menschen zeitigte und nach dem Bürgerkrieg eher auf den Status quo ante zurückfiel. Weil die TPLF, die Volksbefreiungsfront von Tigray, im September 2020 gegen den ausdrücklichen Willen der Zentralregierung illegale Regionalwahlen abgehalten hatte, schickte Abiy zwei Monate später Militär nach Tigray. Amnesty International und Human Rights Watch registrierten Massenvergewaltigungen, ethnische Säuberung, Hunger als Waffe und Massentötungen durch äthiopische und eritreische Truppen, die Abiy ins Land ließ. Weil er humanitäre Hilfe behinderte, litten Millionen Menschen unter Hunger und medizinischer Unterversorgung. Dieser Bürgerkrieg, der fast zwei Jahre dauerte, kostete Zehntausenden das Leben, Millionen verließen ihre Heimat in Tigray.

Kolonialismus: Das Erbe des imperialistischen Zeitalters

Eigentlich wollte Bismarck keine Kolonien. Sie wären »für uns genauso wie der seid(e)ne Zobelpelz in polnischen Adelsfamilien, die keine Hemden haben«. Die Hoffnungen auf Gewinn für Handel und Industrie beruhten »zum größten Theil auf Illusionen«. Die Kosten fürs Mutterland seien höher als der Nutzen, und es sei schwer zu rechtfertigen, »die ganze Nation zum Vortheile einzelner Handels- und Gewerbszweige zu erheblichen Steuerlasten heranzuziehen«. Sein wichtigster Punkt aber war: »Endlich würde der Versuch, Colonien auf Gebieten zu gründen deren Oberhoheit andere Staaten, gleich ob mit Recht oder mit Unrecht, in Anspruch nehmen, zu mannigfachen und unerwünschten Conflikten führen können.« Deshalb erklärte er: »Solange ich Reichskanzler bin, treiben wir keine Kolonialpolitik. Wir haben eine Flotte, die nicht fahren kann, und wir dürfen keine verwundbaren Punkte in fernen Erdteilen haben, die den Franzosen als Beute zufallen, sobald es losgeht.« Dennoch wurde Bismarck unter dem wachsenden Druck deutscher Handelsunternehmen und einer nationalistischen Kolonialbewegung zum Begründer des vergleichsweise kleinen deutschen Kolonialbesitzes. Er bestand von 1884/85 aus Togo, Kamerun, Deutsch-Südwestafrika, Deutsch-Ostafrika und Deutsch-Neuguinea, die Bismarck zu Schutzgebieten erklärte.[144] Als sich die interessierten Mächte am 15. November 1884 erstmals trafen, um Afrika »im Namen des allmächtigen Gottes« aufzuteilen, war Bismarck Gastgeber. Bis zum 26. Februar 1885 zogen sie auf einer fünf Meter hohen Karte des Kontinents mit dem Lineal Grenzen, ohne ethnische Realitäten zu berücksichtigen.

Als Belgien Kongo 75 Jahre später, am 30. Juni 1960, in die Unabhängigkeit entlässt, spricht König Baudouin über die Eisenbahn und die Schulen der Missionare, über die »kolonialen Errungenschaften

Neuvermessung eines Kontinents: Auf der Berliner Konferenz entschieden Europäer auf Einladung des Reichskanzlers Otto von Bismarck vom 15. November 1884 bis zum 26. Februar 1885 über Grenzen und Besitzverhältnisse in Westafrika.

und Verdienste« seiner Vorgänger, die »das Land zivilisiert« hätten. Tatsächlich hatte die belgische Kolonialverwaltung ein Straßennetz aufgebaut, das jedoch hauptsächlich dem Rohstoffexport diente, während viele Regionen schwer zugänglich blieben. Die einzige Universität, die 1954 gegründete Université Lovanium in Léopoldville (heute Kinshasa), hatte bis dato nur etwa 30 kongolesische Absolventen in die Welt geschickt. Dennoch gibt der selbstbewusste belgische Regent der neuen Regierung auf den Weg: »Es liegt jetzt an Ihnen, ob Sie das Vertrauen, das wir mit der Unabhängigkeit in Sie gesetzt haben, auch verdienen.«

Ihm antwortet der erste frei gewählte Regierungschef des Landes, zuvor Kopf der Unabhängigkeitsbewegung, Patrice Lumumba.

Zu hören ist eine Rede, die der Kongoexperte David Van Reybrouck als »eine der großen Reden des 20. Jahrhunderts und als Schlüsseltext der Entkolonialisierung Afrikas« bezeichnet: Die Unabhängigkeit des Kongo sei im Kampf errungen worden, »bei dem wir weder Mühen noch Entbehrungen scheuten, der uns Leid brachte und für den wir unser Blut gaben«. Das sei »ein edler und berechtigter Kampf« gewesen, »unentbehrlich, um der erniedrigenden Sklaverei, die uns gewaltsam auferlegt wurde, ein Ende zu bereiten«. Lumumba erinnert an die Tränen und Wunden durch 80 Jahre Kolonialismus. »Wir mussten zermürbende Arbeit leisten zu einem Lohn, der es uns nicht ermöglichte, den Hunger zu stillen, uns zu kleiden und in anständigen Verhältnissen zu wohnen und unsere Kinder als geliebte Wesen großzuziehen. Wir wurden verhöhnt und beleidigt, wir mussten morgens, mittags und abends Schläge ertragen, weil wir Neger waren.« Er spricht von geraubtem Land aufgrund von Gesetzen, »die nur das Recht des Stärkeren besiegelten«. Die Mienen der Weißen erstarren, der König erbleicht, als Lumumba fortfährt: »Wir werden die Massaker nicht vergessen, in denen so viele umgekommen sind, und ebenso wenig die Zellen, in die jene geworfen wurden, die sich einem Regime der Unterdrückung und Ausbeutung nicht unterwerfen wollten.« [145]

Längst nicht alle von Lumumbas Landsleuten bejubeln diese Rede. Ein Parteifreund spricht von »politischem Selbstmord«. Tatsächlich putscht das Militär keine drei Monate später, Armeeoberst Joseph Mobutu übernimmt die Macht, finanziert von der CIA. Lumumba wird Hausarrest verordnet. Ein Fluchtversuch nach Ostkongo misslingt. Am 17. Januar 1961 fliegt ihn ein belgisch-kongolesisches Kommando nach Katanga im Süden Kongos, dort stirbt er im Maschinengewehrhagel eines belgischen Offiziers. Mobutu regiert das Land drei Jahrzehnte wie zuvor die Belgier: Plünderung des Landes, Folter und Mord für politische Gegner.[146]

»Eine der großen Reden des 20. Jahrhunderts und als Schlüsseltext der Entkolonialisierung Afrikas«, urteilt David Van Reybrouck: Patrice Lumumba während seiner Rede am Tag der Unabhängigkeit.

Was die Kolonialmächte, in diesem Fall Belgien, in Afrika anrichteten, steckt bis heute in den Köpfen der Menschen. Dass sie die Menschenrechte negierten, die Errungenschaften der französischen Revolution und der Aufklärung, hat zu einem anhaltenden Misstrauen geführt. Dass Deutschland sich bei der italienischen und griechischen Bevölkerung für SS-Massaker entschuldigt, aber zu den Taten in Namibia so lange kein passendes Wort gefunden hat, trägt dazu bei.

Namibia: Eine deutsche Kolonialgeschichte

Die ehemalige deutsche Kolonie Namibia war die letzte in Afrika, die ihre Unabhängigkeit erhielt. Bis 1989 stand das Land unter dem Namen Südwestafrika unter der faktischen Kontrolle Südafrikas, das Namibia nach dem Ersten Weltkrieg als Mandatsgebiet des Völkerbunds übernommen hatte. Obwohl die Vereinten Nationen Südafrika 1966 das Mandat entzogen und die Besetzung für illegal erklärten, hielt Pretoria das Gebiet mit militärischer und administrativer Gewalt. Mit der Aufnahme in die UN bekannte sich die Bundesrepublik zum Selbstbestimmungsrecht der Völker und bemühte sich um eine Lösung für Namibia. Dabei setzte Außenminister Genscher auf eine Verständigung mit der sozialistischen Befreiungsbewegung SWAPO, die von der Organisation für Afrikanische Einheit und der UNO anerkannt war. Die meisten der in Namibia verbliebenen Deutschen waren in der sogenannten Demokratischen Turnhallenallianz (DTA) organisiert.[147] Doch alle Pläne und Ideen für ein freies Namibia scheiterten, auch weil in den USA Ronald Reagan an die Macht kam, der dem weißen Regime in Südafrika nahestand.

Doch 1989 wehte auch in Namibia der »Wind of change«. Es war ein schwül-heißer Novembertag 1989 in Rundu, einer kleinen Stadt am Rand des Ovambolands, ganz im Norden Namibias, nahe der angolanischen Grenze. Das Auswärtige Amt hatte mich, der ich im UN-Referat des Auswärtigen Amts die deutsche Beteiligung an Martti Ahtisaaris UN-Mission UNTAG betreute, als Wahlbeobachter nach Namibia entsandt. Die Bundesrepublik hatte außerdem Beamte des Bundesgrenzschutzes (BGS) geschickt, die DDR stellte Volkspolizisten, was die Grünen damals als »Militarisierung deutscher Außenpolitik« bezeichneten. Gemeinsam saßen wir, Vertreter zweier deutscher Staaten, die sich bis dahin vor allem als Systemrivalen begegnet waren, nun Seite an Seite um einen kleinen Grundig-Weltempfänger, den ein paar BGS-Männer aus Deutschland mitgebracht hatten. Er rauschte und knackte, aber er brachte uns Nachrichten aus einer Welt, die sich in diesem Moment neu erfand. Wir hörten live, wie die Berliner Mauer fiel – jene Grenze, die unsere Biografien geprägt hatte, die unsere Staatszugehörigkeiten definierte und die nun plötzlich zu verschwinden begann. Eine Mischung aus Staunen, Ungläubigkeit, Faszination und Unsicherheit hing im Raum. Gemeinsam hörten die Systemrivalen die Stimmen der Reporter aus dem Weltempfänger, die vom Beginn des Endes der Teilung berichteten. Die Vopos wirkten plötzlich wie Männer, denen der Boden unter den Füßen wegzubrechen drohte. Der demokratische Aufbruch, der Namibia bevorstand, spiegelte sich auf beklemmende Weise in der eigenen deutschen Geschichte. An diesem Abend in Rundu wurde uns allen klar: Die Welt, in der wir aufgewachsen waren, würde es bald nicht mehr geben. Gemeinsam hatten wir aber schon einmal die dortige Kolonialgeschichte.

Und wie stehen wir heute dazu? Warum zieren wir uns, die Hereros und Namas für den ersten Völkermord des 20. Jahrhunderts um Verzeihung zu bitten, verübt durch deutsche Kolonialtruppen unter General Lothar von Trotha nach dem Aufstand der Herero wegen Landenteignung, Zwangsarbeit und Misshandlungen? In der Schlacht am Waterberg schlugen die deutschen Truppen im August 1904 den Aufstand nieder, die Herero flüchteten in die Omaheke-Wüste, und Trotha erließ den berüchtigten »Vernichtungsbefehl«, ein Dutzend Wörter: »Jeder Herero mit oder ohne Gewehr, mit oder ohne Vieh, wird erschossen.« Seine Soldaten riegelten Fluchtwege ab, vergifteten und überwachten Wasserstellen und internierten Tausende Herero und Nama in Lagern. Viele der Inhaftierten starben an Hunger, Krankheiten und Misshandlungen. Die Bilanz: Rund 70 000 Herero verloren ihr Leben und die Hälfte der 20 000 Nama.

Als Joschka Fischer Außenminister war, wollte er um Verzeihung bitten für Trothas Massaker und die Tricks des Bremer Kaufmanns Franz Adolf Lüderitz, der die Nama betrogen hatte.[148] Die Rechtsabteilung des AA riet davon ab; sie befürchteten Entschädigungsforderungen. Anders aber die Bundesministerin für wirtschaftliche Zusammenarbeit und Entwicklung Heidemarie Wieczorek-Zeul; sie kümmerte sich nicht um ihre Rechtsabteilung und sprach auf einer Gedenkfeier am Waterberg zum 100. Gedenktag an die »damaligen Gräueltaten«, die man »heute als Völkermord bezeichnen würde«, und bat die Herero, den Tränen nah, »um Vergebung unserer Schuld«. *Der Spiegel* schrieb danach: »Der Oberhäuptling der Hereros erklärte nach der Entschuldigung nach Angaben des Bundesentwicklungsministeriums, er werde eine Entschädigungsklage gegen Deutschland fallen lassen.« Ein AP-Reporter wollte jedoch vernommen haben, »die Hereros wollten einen Rückzug der Klage lediglich in Erwägung ziehen«.[149] 2021 sagte auch Außenminister Heiko Maas: »Wir bezeichnen die Ereignisse aus heutiger Perspektive ausdrücklich als das, was sie waren: ein Völkermord.«

Eine volle juristische Verantwortung will die Bundesrepublik dennoch nicht anerkennen, keine individuellen Entschädigungen leisten. Bis heute sind Klagen in Amerika gegen Deutschland anhängig, 2023 reichten Vertreter von Herero und Nama auch in Windhoek Klage ein. Die Kolonialzeit, die Herrschaft der Weißen, die Zeit der Demütigung ist tief in ihrem kollektiven Gedächtnis eingegraben, übertragen von Eltern auf Kinder und deren Kinder. Das Bild ist klar: Die Europäer waren Kolonialisten.

Economy first: Unser neokolonialer Umgang mit dem Globalen Süden

Die Sowjetunion war implodiert, der Kalte Krieg vorüber, und Afrika hoffte auf ein neues, strahlendes Zeitalter: dass die Stellvertreterkriege in Angola, in Namibia, überall auf dem Kontinent aufhören, dass die Einkommensunterschiede sich einebnen. Aber es kam anders. Die Ausbeutung setzt sich fort, mit China ist sogar ein neuer Kolonialstaat einmarschiert. Wenn Peking in Afrika Infrastruktur verbessert, ist das keine Entwicklungshilfe, sondern ein Geschäft. China verschenkt nichts.

Und Putin? Er behauptet: Wir waren nie Kolonialisten. Wir haben eure Befreiungsbewegungen unterstützt und euch in die Unabhängigkeit begleitet. Das sehen viele Afrikaner genauso: Die Sowjetunion war schon immer auf unserer Seite. Bis zu Beginn des Kriegs in der Ukraine war Moskau der größte Waffenlieferant afrikanischer Staaten. Im Gegenzug erhalten russische Unternehmen Lizenzen für den Abbau von Gold und Diamanten. Auch politisch zahlt sich das für Russland aus: Das zeigt das Abstimmungsverhalten nach der Ukraine-Invasion in der UN-Generalversammlung am 2. März 2022. Fast die Hälfte der afrikanischen Mitgliedstaaten enthielten sich (auch Südafrika), stimmten dagegen oder nahmen an der Abstimmung nicht teil. Ein Jahr später am 23. Februar 2023 sah es nicht viel anders aus. Mit Mali, einem Land, dem Deutschland und die Bundeswehr im Rahmen von MINUSMA zehn Jahre lang verbunden waren, kam sogar noch eine Gegenstimme dazu.

Europa versteht oft nicht, dass afrikanische Staaten eigene Interessen haben und sich nicht von Russland und China distanzieren. Nach der Münchner Sicherheitskonferenz 2025 war Markus Bickel so ernüchtert wie die Gäste aus dem Süden: »Nicht Hinwendung zum Globalen Süden, sondern Aufrüstung in Zeiten der neuen Systemkonkurrenz zwischen China, Russland und den USA lautet die verstörende Botschaft aus München.« Der Globale Süden habe sich in München missachtet gefühlt. »Wie zu Zeiten der Münchner Wehrkundetagung in der Hochphase des Kalten Kriegs seien westliche Militärs und Regierungschefs mit sich selbst beschäftigt gewesen, beklagten Vertreter aus Afrika, Lateinamerika und Asien. Die Konflikte im Kongo, Sudan, Haiti und Afghanistan fristeten auf den Panels im Bayerischen Hof ein Schattendasein.« Die Konferenz sei aber bestimmt gewesen von Debatten »über höhere Militärausgaben und die neue Hackordnung zwischen Washington und Brüssel«, statt den Fokus auf die globalen Konflikttreiber Klima, Migration, Gesundheit und Ernährung zu legen, habe eine »transatlantische Nabelschau« stattgefunden.[150]

Sind das nicht eine Menge gemeinsame Probleme? Probleme, die den Frieden auf der Welt bedrohen, allen voran das Klima. Sind es nicht die Industrieländer, die sich maßgeblich am Klima versündigen? Und man darf fragen, was falsch läuft bei der Analyse der Ursachen, wenn das europäische Musterland Norwegen als CO_2-neutral gilt. Dort fahren zwar so viele E-Autos wie nirgends sonst – mit Strom aus Wasserkraft und anderen regenerativen Energiequellen. Allerdings sind die Nordländer auch deshalb so reich, weil sie Öl fördern und verkaufen, das anderswo verbrannt wird – ein grandioser Doppelstandard.

Aber das kann ja nicht bedeuten, dass die afrikanischen Staaten nun die Fehler der Industriestaaten wiederholen müssen. Sie müssen die Mittel und die Technologie bekommen, ihren Weg um ein paar verheerende Schritte abzukürzen. Das Englische kennt dafür den treffenden Ausdruck *Leapfrogging.* Ein Land oder eine Gesellschaft überspringt wie ein Frosch ältere technologische oder infrastrukturelle Entwicklungsstufen und geht ohne Zwischenlandung direkt zu moderneren Lösungen über. Viele afrikanische Länder haben etwa nie ein flächendeckendes Festnetz-Telefonsystem aufgebaut – und sind direkt in die Mobilfunk-Ära gesprungen. In Teilen Asiens und Afrikas wird Bargeld durch Mobile Payment ersetzt, ohne dass es je eine weitverbreitete Kreditkartennutzung gab. In Kenia werden die Bankgeschäfte über M-Pesa abgewickelt, das Bezahlsystem der privaten Mobilfunkfirma Safaricom. Es ermöglicht den Zugang zu Mikrokrediten und sichere Geldüberweisungen (auch aus der Diaspora) selbst in abgelegenen Regionen.

Leapfrogging nützte auch im Klimaschutz. Die Industriestaaten müssen im gemeinsamen Interesse Investitionen in nichtfossile Energiequellen fördern und für mehr Technologietransfer sorgen. Sie müssen zuvorderst aber auch ihre eigenen Klimaziele einhalten. Die Weltbank rechnete schon 2018 in einer Studie mit 143 Millionen Menschen, die bis 2050 wegen des Klimawandels aus ihren Heimatländern in Sub-Sahara-Afrika, Südasien und Lateinamerika flüchten, wenn Treibhausgasemissionen nicht reduziert werden und »energische Entwicklungsmaßnahmen« unterbleiben. Allein aus Afrika sollen 86 Millionen Menschen betroffen sein, die es nordwärts ziehen wird.[151]

Die Afrikanische Union und das Streben nach Eigenverantwortung

Das Versprechen der AU, Afrika mit der Initiative *»Silencing the Guns«* (ursprünglich bis 2020, nun bis 2030!) von bewaffneten Konflikten zu befreien und eine eigenverantwortliche Friedensordnung zu etablieren, ist zwar ambitioniert, aber bisher erfolglos: Bürgerkriege, Putschregime, transnationale Gewaltakteure und regionale Machtkonflikte prägen weiterhin das sicherheitspolitische Gefüge. Die AU reagiert häufig spät, zögerlich oder gar nicht – oft aus Rücksicht auf Mitgliedstaaten, mangelnder Durchsetzungskraft oder politischer Uneinigkeit. So ist *»Silencing the Guns«* weniger eine Erfolgsgeschichte als ein offenes Eingeständnis struktureller Schwäche in Bezug auf afrikanische Selbstverantwortung in der Sicherheitspolitik. Ich habe als Leiter der UN-Missionen im Kongo und in Libyen oft erlebt, wie die AU – zu Recht – Mitsprache und Mitwirkung einforderte. Wer aber afrikanische Lösungen für afrikanische Probleme propagiert, muss auch liefern. Das legitime Streben des Kontinents nach Eigenverantwortung darf die internationale Gemeinschaft deshalb nicht als Vorwand nutzen, ihr Engagement auszusetzen. Wenn externe Akteure sich zurückziehen, leiden am Ende die Menschen – nicht die Prinzipien.

Auch wir in Europa pochen etwa in der Sicherheitspolitik schließlich auf die transatlantische Partnerschaft, wir bestehen weiterhin auf gemeinsame Verantwortung mit den USA im Rahmen der NATO. Niemand fordert allein »europäische Lösungen für europäische Probleme« – warum sollte das also für Afrika gelten?

DIE AFRIKANISCHE UNION (AU)

Die Afrikanische Union (AU), gegründet am 26. Mai 2001 in Addis Abeba, ist Nachfolgerin der Organisation für Afrikanische Einheit (OAU, 1963–2002), die sich bei der Konfliktprävention als ineffektiv erwiesen hatte. Ziel der AU ist es laut *Constitutive Act of the African Union,* die afrikanische Einheit und gegenseitige Solidarität zu fördern, Souveränität und territoriale Integrität zu schützen, wirtschaftliche Integration zu fördern (etwa durch eine *African Continental Free Trade Area,* AfCFTA), sich um Demokratie, Menschenrechte und gute Regierungsführung sowie Konfliktprävention, Friedenssicherung und Mediation zu kümmern und zu einer gemeinsame Außen- und Sicherheitspolitik zu finden *(African Peace and Security Architecture,* APSA).

Die Afrikanische Union ist zwar die zentrale politische Plattform des Kontinents, kann aber ihre ehrgeizigen Ziele nur teilweise umsetzen. Das liegt neben der begrenzten Finanzierung und vielfältigen politischen Spannungen unter Mitgliedern an der mangelnden Bereitschaft, Beschlüsse auch national umzusetzen – weil keine wirksamen Sanktionsmechanismen vorgesehen sind. Beim Krisenmanagement ist die AU dem Sicherheitsrat nachgebildet. Aber sie interveniert bei Konflikten zu zögerlich (Äthiopien, Sudan oder Kamerun) und kann das Konzept »afrikanische Lösungen für afrikanische Probleme« noch nicht bewältigen. Solange das Krisenmanagement nicht funktioniert, ist es im Interesse der Menschen, dass die internationale Gemeinschaft einspringt.

Europa hat während der Covid-Pandemie eine historische Chance vertan, das Vertrauen mit afrikanischen Staaten auf eine neue Grundlage zu stellen. Durch Patentfreigaben, Technologietransfer und den Aufbau lokaler Produktionsstätten hätte man Ländern wie Südafrika, Senegal oder Ruanda ermöglichen können, Impfstoffe selbst herzustellen. Afrika hat dieses Verhalten als egoistisch wahrgenommen.

Entwicklungshilfe: Wie die EU hilft und Afrikas Wirtschaft behindert

Es ist ja richtig: Europa leistet schon viel für Afrika. Neben den 55 Mitgliedstaaten der Afrikanischen Union beteiligt sich die EU als größter Geber an der AU, auch die UNO, China, die USA, Kanada und Japan tragen zur Finanzierung bei, insgesamt zu mehr als der Hälfte des Budgets. Deutschland als größter bilateraler Unterstützer der AU hat eines ihrer Gebäude in Addis Abeba mit 27 Millionen Euro finanziert, das Bundeskanzlerin Angela Merkel gemeinsam mit AU-Kommissionspräsidentin Nkosazana Dlamini-Zuma im Oktober 2016 eröffnet hat.

An Konzepten und Projekten fehlt es der EU nicht.[152] Leider haben viele Menschen in Afrika dabei den Eindruck westlicher Bevormundung, weil die EU und ihre Staaten (Deutschland nicht ausgenommen) Bedingungen stellen, die China und Russland nicht stellen, sodass ihr Engagement unbürokratischer ist und schnellere Erfolge bringt. Auf Kritik stößt es, wenn die Interessen der EU dominieren, etwa bei der Migrationskontrolle, oder wenn das Wort von der »Partnerschaft auf Augenhöhe« nur ein Begriff aus der gängigen paternalistischen Rhetorik ist. Fatal wirkt das, wenn das Erinnerungen an die Kolonialzeit weckt, etwa durch Frankreich in Mali oder Burkina Faso. Unter »Augenhöhe« verstehen Menschen in Afrika etwas anderes, das Wort vom »Neokolonialismus« fällt immer wieder. Andererseits verstehen es viele afrikanische Staaten, die Konkurrenz zwischen EU, China und Russland geschickt auszunutzen.

NEOKOLONIALISMUS

EU-Kommissionspräsidentin Ursula von der Leyen propagiert »Partnerschaft auf Augenhöhe« mit afrikanischen Staaten. Doch dort ist häufig der Vorwurf des Neokolonialismus zu hören. Konkret entsteht der Eindruck von Neokolonialismus,

- wenn Deals mit autoritären Regimen, die Europa gegen Migration abschotten sollen, gegen die eigenen wirtschaftlichen Interessen und die Menschenrechte verstoßen – wie beim EU-Niger-Migrationsdeal (2015–2023) und ähnlichen Versuchen in Tunesien und Ruanda;
- wenn militärische Interventionen gegen Terrorismus in Mali, Burkina Faso und Niger die autoritären Eliten stärken und keine langfristige Stabilität versprechen;
- wenn Afrika Impfstoffe vorenthalten werden;
- wenn Handelsabkommen europäische Exporte bevorzugen;
- wenn Bedingung für Zugang zum EU-Markt ist, dass Zölle für EU-Waren gesenkt werden;
- wenn Europa seine Landwirtschaft und Industrie schützt, aber Marktöffnung von Afrika verlangt;
- wenn Afrika Rohstoffe liefern und Fertigwaren importieren soll;
- wenn sogenannte Entwicklungshilfe an Bedingungen geknüpft wird (good governance, Marktreformen, Migrationsabkommen);
- wenn militärische Präsenz als Besatzung wahrgenommen wird;
- kurz: wenn der Eindruck entsteht, Europa verfolge eigene Interessen und übergehe dabei die afrikanischen.

Eine typische kritische afrikanische Stimme gegenüber Entwicklungshilfe ist Maliha Khan, Nonresident Senior Fellow beim Atlantic Council. Sie stellt mit Bezug auf die U.S. Agency for International Development (USAID) die rhetorische Frage, ob das System dazu dient, »die kolonialen Machtdynamiken aufrechtzuerhalten, die nationalen Interessen der Geberregierungen zu fördern und sicherzustellen, dass Finanzierung, Entscheidungsfindung und Rechenschaftspflicht in den Globalen Norden zurückfließen und nicht an die Menschen, denen die Hilfe eigentlich dienen soll«. Und mit kurzfristigen Lösungen dafür zu sorgen, »Macht genau dort zu belassen, wo sie immer war«. Entwicklungshilfe sei generell keine Großzügigkeit, sagt sie, sondern »eine noch unbezahlte Schuld«, die betrage bisher »nur einen Bruchteil dessen, was reiche Länder für Jahrhunderte der Kolonialisierung, Rohstoffgewinnung und wirtschaftlichen Ausbeutung schulden«. Sie fordert – »wenn wir es mit wirtschaftlicher Gerechtigkeit ernst meinen« – echte Lösungen, konkret: Schuldenerlass oder zumindest ein Moratorium für den Schuldendienst und andere Handelspolitiken, damit Länder eine eigene Wirtschaft aufbauen können, statt von externen Mitteln abhängig zu bleiben. Private Spenden und Stiftungen dürften nicht die Kosten übernehmen, die Staaten ihren Menschen schulden, sie würden »oft von den Prioritäten der Milliardäre geprägt statt von den Bedürfnissen und Stimmen der Bevölkerung«.[153]

Tatsächlich haben die USA ihre Entwicklungshilfe abhängig gemacht von eigenen politischen und wirtschaftlichen Interessen. Unter »America First!« soll sie »amerikanischen Werten und Interessen« direkt nutzen, indem sie als geopolitisches Instrument gegen den Einfluss Chinas und Russlands dient. Dass die USA Staaten wie Pakistan, Ägypten und Israel jährlich mit Milliarden Dollar alimentiert, wird nicht nur in Afrika als Doppelstandard abgerechnet. Wo die Bevölkerungen die massiven Kürzungen der USAID zu spüren bekommen, wird das Ansehen der Großmacht nicht steigen. Europa sollte dem nicht folgen. Entwicklungshilfe sollte immer im Sinne der Empfänger ausgegeben werden.

Aber auch an China wird die Kritik afrikanischer Intellektueller lauter. Seine »Stadium Diplomacy« hilft dem Kontinent nicht. Sogar die Investitionen in Infrastruktur werden längst hinterfragt. Der Philosoph Achille Mbembe, 2018 mit dem Gerda Henkel Preis ausgezeichnet, warnt davor, dass China in Afrika nicht nur bauen, investieren und mobilisieren will, sondern dabei autoritäre Machtpraktiken und Rohstoffausbeutung im Sinn hat – ein Muster, das dem alten Kolonialismus verblüffend ähnelt. Auch der sambische Aktivist und Autor Joseph Kalimbwe beklagte die steigenden chinesischen Investitionen in Bau, Bergbau und Energieprojekte, ohne die lokale afrikanische Wirtschaft und Gesellschaft aufzubauen. Es liege in Afrikas Händen, ob China den Kontinent weiter ausbeuten dürfe. »Wir können ihre Bestechungsgelder weiterhin akzeptieren und ihnen das Zehnfache dessen geben, was sie uns unter den Verhandlungstisch gelegt haben, oder wir können uns weiterbilden und uns das aneignen, womit uns die Chinesen immer unterlegen waren: den Fleiß.«[154]

Wieso die EU die afrikanische Wirtschaft schwächt

Die Menschen in Afrika haben sich nach dem Ende des Kalten Kriegs in Afrika eine »Dividende« versprochen. Stattdessen haben wir weitergemacht wie bisher, so sehen das viele Menschen in Afrika: Ausbeutung, postkoloniale Strukturen, weitere Stellvertreterkriege nach denen in Angola und im späteren Namibia, in Mosambik und Mali. Auch in den alten Kolonien wie Burkina Faso, Mali und Niger sagen die Leute: Für uns hat sich nicht viel geändert. Die Franzosen fühlten sich noch immer als Herren im Land, stützten lokale Eliten, auch wenn sie autoritär oder korrupt sind, solange diese französischen Interessen dienen, sprich: den Zugriff auf Bodenschätze ermöglichen. Alles noch sehr *Françafrique.* Und ihr militärisches Eingreifen gegen islamistische Gruppen habe nicht mehr Sicherheit gebracht, sondern mehr Angriffe und mehr zivile Opfer. Die Folge waren Putsche in allen drei Staaten, die sich auch gegen Frankreich richteten – teils auch aus populistischen Methoden. Frankreichs Rückzug war die logische Konsequenz dieses Verlusts an Vertrauen und Glaubwürdigkeit und ist das Ende eines eklatanten Scheiterns der französischen Afrika-Politik. Auch das unrühmliche Ende von MINUSMA und damit des deutschen Engagements in Mali war eine Folge dieser Enttäuschung. Wieso Russland (und das private russische Sicherheits- und Militärunternehmen, Putins Schattenarmee »Gruppe Wagner«)[155] vielfach als verlässlicherer Sicherheitsakteur gesehen wird, bleibt allerdings unverständlich.

OBER STICHT UNTER: WIRTSCHAFTSINTERESSEN VERSUS WERTEPOLITIK

In einem Nationalpark im Nordosten der Demokratischen Republik Kongo hält ein europäisches Unternehmen eine private Miliz. Das geschieht, um im Virunga National Park, in dem die letzten Berggorillas leben, nach Öl bohren zu können. Das Unternehmen stammt aus Frankreich, Total. Die französische Regierung untersagt nicht, was nach unseren europäischen Vorstellungen von Recht illegal ist. Ein klarer Fall von Doppelstandards. Ein von der UNO geförderter Film (»Virunga«, auf Netflix) zeigt, wer dort kämpft, wer gewinnt und wer verliert.

»Der Westen war einst ein unerbittlicher Verfechter des Freihandels – und das zu Recht, da er den Ländern mehr Wirtschaftswachstum und Entwicklung ermöglicht«, sagt Obiageli Ezekwesili, ehemalige Bildungsministerin von Nigeria und Vizepräsidentin der Weltbank, im Jahr 2024. »Leider wendet sich derselbe Westen zunehmend vom Freihandel ab, um – zur Überraschung der Afrikaner –

protektionistische Mauern zu errichten.«[156] Auf der anderen Seite nehmen manche Länder an dem bereits erwähnten GSP+ System teil, wenn sie bestimmte politische, menschenrechtliche und arbeitsrechtliche Kriterien erfüllen. Die am wenigsten entwickelten Länder (LDCs) genießen sogar vollständige Zollfreiheit unter der »Everything but Arms (EBA)«-Initiative, andere schließen Wirtschaftspartnerschaftsabkommen, die auf langfristige Handelsabkommen mit der EU zielen. Das Grundproblem bleibt aber bestehen: Afrika wird weiterhin als Rohstofflieferant betrachtet. Die Wertschöpfung findet weitgehend in Europa statt. Afrika liefert Rohstoffe, Europa macht das Geschäft. So war es schon zu Kolonialzeiten. 80 bis 90 Prozent der afrikanischen Exporte sind Rohstoffe: Öl, Gas, Kaffee, Kakao, Kupfer, Coltan, Gold, Baumwolle.

Beispiel Kaffee: Heute liefern Länder wie Äthiopien, Kenia, Tansania und Uganda grüne Kaffeebohnen, ungeröstet und ungemahlen. Der größte Teil der Wertschöpfung (bis zu 90 Prozent) geschieht im Ausland – beim Rösten, Verpacken, Marketing, wo auch Arbeitsplätze entstehen. Dass die großen Handelsketten wie Aldi, Lidl oder Rewe ihren Kaffee nicht rösten, wo die Bohnen wachsen, liegt auch daran, dass Rohbohnen anders als Kaffeeprodukte zollfrei eingeführt werden dürfen. Allerdings mögen westliche Zungen manche afrikanischen Röstungen nicht. Kleine »Bean to cup«-Initiativen versuchen dennoch, ihren Kaffee selbst zu verarbeiten und online zu vermarkten. Faire Handelsbedingungen, Investitionen in lokale Verarbeitungsbetriebe und einfacherer Marktzugang würden ihre Chancen erhöhen – und wären nicht nur gerecht, sondern wirtschaftlich und entwicklungspolitisch sinnvoll.

Das gilt ebenso für andere Bereiche: Ein Kilogramm Rohkakao aus Ghana oder der Elfenbeinküste hat einen Wert von zwei Euro, der Preis für Schokolade liegt beim 10- bis 15-Fachen. Trotz aller Hindernisse versuchen kleinere Initiativen, die Barrieren zu durchbrechen und Schokolade zu »dekolonisieren«.[157]

Beispiel Geflügel: Wieso überschwemmt tiefgekühltes Geflügelfleisch aus Europa afrikanische Staaten? Weil wir bevorzugt Hähnchenbrüste essen, die weniger als ein Fünftel des Gesamtgewichts ausmachen; dies führt zu Überproduktion und von der EU geförderter Massentierhaltung – und zur Frage, wohin mit den Schenkeln und Flügeln? Allein die EU exportierte 2021 rund 750 Millionen Kilogramm Hähnchenfleisch nach Afrika, die USA und Brasilien zusammen die doppelte Menge. Francisco Marí beschreibt in *Der kritische Agrarbericht 2024*, welche Folgen das hat: »In immer mehr Ländern Afrikas wird die kleinbäuerliche Tierhaltung durch diese Billigimporte von lokalen Märkten verdrängt. In anderen Ländern wird eine eigene lukrative Tierhaltung im Ansatz durch die Hühnerteile aus EU, USA und Brasilien erstickt oder erheblich behindert.« Das ändert sich nicht, so Marí, solange »unfaire Handelsregeln … Dumpingimporte nicht regelkonform stoppen« können. In Ghana hat »eine – auf Druck von internationalen Gebern und Weltbank zu

Umschuldung geforderte – Neuausrichtung auf eine vollkommene Marktliberalisierung« dazu geführt, dass die landeseigene Geflügelproduktion »hilflos der billigen Invasion von Hühnerteilen aus der EU, später auch aus den USA und Brasilien, ausgesetzt« war. »Mit Kampfpreisen von 1,20 Euro das Kilogramm konnten die lokalen Anbieter in Accra und Kumasi, die das Geflügel lebend anbieten, nicht mithalten.« Nachdem sie verdrängt waren, stiegen die Preise auf das Doppelte.[158]

Subventionierte Produkte aus der EU hemmen ebenfalls die lokale Produktion und die Entwicklung der Wirtschaft. Lokale Tomaten in Ghana bleiben liegen, weil überschüssiges Tomatenkonzentrat aus Italien und Spanien billig nach Westafrika exportiert wird. Die Folge: Aus einem Selbstversorgerland ist ein Importeur geworden. Europäische Fischereiflotten mit Zugang zu Gewässern vor Mauretanien, Senegal oder Marokko leeren und überfischen mit industriellen Fangmethoden die Bestände – und bedrohen damit die Existenz lokaler Fischer.

Auch Rohstoffe für Batterien stammen oft aus afrikanischen Minen, die Raffinerien stehen in Asien (vor allem China) und im Globalen Norden. Das liegt auch daran, dass Afrika die nötige Infrastruktur und das Know-how fehlen. Außerdem ziehen korrupte Kreise in den Herkunftsländern den schnellen Verkauf einer eigenen Industrialisierung vor. Um das alles zugunsten Afrikas zu ändern, sind Bildung, Ausbildung und Studium die unverzichtbaren Rohstoffe.

Unterm Strich: Freie Märkte sind meist gut für den stärkeren Partner, nicht immer für den schwächeren. Wenn afrikanische Staaten durch Vereinbarungen wie die Economic Partnership Agreements (EPA) zollfreien Zugang zum EU-Markt erhalten sollen, gilt das auch umgekehrt. Das mag auf den ersten Blick fair klingen. Was aber, wenn die afrikanischen Produkte gegen billige EU-Produkte aus Massenproduktion nicht konkurrieren können? Dann zerstören

EU-Politik und Freihandelsabkommen, im Prinzip zwar sinnvoll, lokale Industrien und würgen die Entwicklung eigener Industrien und Produktionen ab. Um Glaubwürdigkeit zurückzugewinnen, müsste die EU Handelsabkommen mit Staaten des Globalen Südens in deren Sinn evaluieren, gegebenenfalls neu verhandeln und Importzölle der afrikanischen Staaten auf sensible Produkte respektieren. Entwicklungspolitik mutiert dann oft zum Trostpflaster und kompensiert ein ungerechtes Weltwirtschaftssystem.

Gut für Afrika: Toyota, Leapfrogging und Bildung für alle

Um nicht missverstanden zu werden: Der Kolonialismus und dessen Verbrechen waren die schwerste Bürde der Staaten Afrikas bei ihrem Start in die Unabhängigkeit in den 1960er-Jahren. Er sollte aber nicht als Entschuldigung für das Eigenversagen in vielen Ländern sein. Afrika hat in den mehr als 60 Jahren seit Beginn der Unabhängigkeit in vielen Staaten große Fortschritte erzielt – in Bildung, Infrastruktur, Gesundheit und regionaler Integration. Gleichzeitig steht der Kontinent vor der Herausforderung, eigene Staats- und Regierungsformen weiterzuentwickeln, ohne dabei zwangsläufig die Fehler Europas zu wiederholen. Korruption, Machtanhäufung, künstliche Zentralisierung oder das Ausspielen ethnischer Zugehörigkeit können nicht immer als »postkoloniale Altlast« erklärt werden, sie sind auch hausgemacht. Das alleinige Pochen auf historische Gerechtigkeit kann und sollte nicht alles entschuldigen. Auch beim Nation Building ist Leapfrogging möglich: Afrika kann überspringen, was anderswo gescheitert ist – hin zu inklusiveren, demokratischeren und resilienteren Gesellschaften, die aus der Geschichte lernen, aber sich nicht von ihr fesseln lassen.

Afrikanische Eigenverantwortung ist kein abstraktes Ideal, sondern wird täglich an Praxis und Daten gemessen – etwa am Ibrahim Index of African Governance (IIAG). Korruption bleibt ein zentrales Problem: Der IIAG verzeichnet durchschnittlich nur 39 Punkte im Bereich Anti-Corruption (Skala 0 bis 100), mit besonders schlechten Ergebnissen in Ländern wie Niger, Gabun, Mali und Togo. Hingegen zeigen Länder wie Botswana, Ruanda, Namibia und Senegal relativ gute Werte – Beispiele dafür, dass gute Regierungsführung möglich und erfolgreich umsetzbar ist. Der IIAG zeigt: Wo Regierungen transparent agieren, Korruption bekämpfen und ihren Bürgerinnen und Bürgern Raum geben, gelingt Entwicklung und Vertrauen. Bleibt der politische Wille aus, dann nützen selbst die

IBRAHIM INDEX OF AFRICAN GOVERNANCE (IIAG)

Der IIAG bewertet seit 2007 die Regierungsführung der 54 afrikanischen Regierungen. Die Mo Ibrahim Foundation und ihr Gründer, der erfolgreiche sudanesisch-britische Mobilfunkunternehmer Mohammed Ibrahim, sind überzeugt, dass nur gute, demokratische Regierungsführung Frieden und Wohlstand bringen kann. Der Index analysiert die Qualität staatlichen Handelns auf dem gesamten Kontinent in vier zentralen Bereichen: Sicherheit und Rechtsstaatlichkeit, Beteiligung und Menschenrechte, wirtschaftliche Chancen sowie menschliche Entwicklung. Die fünf vorderen Plätze im Index nehmen die Seychellen, Mauritius, Kapverden, Südafrika und Botswana ein, die fünf letzten Äquatorialguinea, Sudan, Eritrea, Somalia und Südsudan. 33 Staaten verbesserten ihren Wert zwischen 2014 und 2023 – belegt durch Fortschritte bei Infrastruktur, Frauenrechten oder Gesundheit. Dem gegenüber stehen 21 Staaten, darunter Nigeria, Uganda, Mali und die DR Kongo, die nach zehn Jahren Rückschritte verzeichnen – vor allem in den Bereichen Sicherheit, Rechtsstaatlichkeit und Korruptionskontrolle.

besten internationalen Partnerschaften wenig. Mo Ibrahim warnt: Unzufriedenheit könne zu Unruhen führen, zu zunehmender Migration, zu Konflikten. »Wenn die Regierung verkommt, wenn es Korruption und Ausgrenzung gibt, werden Menschen zu Waffen greifen.«[159]

Mehr als eine Billion Euro Entwicklungshilfe in 30 Jahren konnte die Armut in Afrika nicht überall vertreiben. Weil das Geld oft nicht nachhaltig eingesetzt wird. Ein Beispiel: Angelina Jolie persönlich schaute im kenianischen Dorf Sauri Village vorbei, einem der Millenniumsdörfer, in denen die UNO mithilfe zahlreicher Förderer zeigen wollte, wie Armut ausgelöscht werden kann. Das Millenniumprojekt sollte »Wunder vollbringen«, wie der Ökonom Jeffrey Sachs in Sauri Village sagte. Mit Wasseranschlüssen und befestigten Wegen, einem Krankenhaus und einer Schule mit Computern und Mittagstisch für jedes Kind sowie neuen Anbaumethoden auf den Äckern. 2015 lief die Förderung aus, die Menschen sollten auf eigenen Beinen stehen. Zehn Jahre später fallen die Ernten bescheiden aus, die Lagerhalle steht leer, die Bienenstöcke sind von Termiten zerfressen, die meisten Kinder verlassen die Schule wieder mit leerem Magen. Die Klinik verteilt keine Malaria-Medikamente mehr, das Wasser ist abgestellt, der Staat ist nicht bereit, die Stromrechnung und das Personal zu bezahlen. Und niemand fühlt sich verantwortlich, die Straßen instand zu halten. Eine Lehrerin erklärt, woran es lag: »Sie hätten uns nicht alles vor die Nase setzen sollen.« Hoffmann schreibt, es seien »Computer, die keiner brauchte, und Agrarsorten, mit denen sich die Menschen nicht auskannten« ins Dorf gebracht worden. Was nicht entstanden ist, sei *Ownership*. Soll heißen: »Die Bewohnerinnen und Bewohner, denen ein Projekt zugutekommt, sollen sich damit identifizieren, sie sollen es selbst in die Hand nehmen. In Sauri ist das weitgehend gescheitert, und nicht nur hier.« Was dort noch funktioniert, das seien selbst initiierte Projekte: eine Nähstube, die

Auszubildende anlernt, und eine neue Honigkooperative mit neuen Bienenstöcken.[160]

Daraus kann man schließen: Private und unternehmerische Initiativen sind oft effektiver als die offizielle Entwicklungshilfe. Tatsächlich leistet ein günstiger Toyota-Pick-up oder ein gebrauchtes Motorrad oft mehr für wirtschaftliche Entwicklung als 100 PowerPoint-Folien aus Brüssel oder Washington. Wer Afrika besucht, sieht überall Toyota-Pick-ups und Honda-Mopeds, die für Mobilität und Transporte sorgen – bei Bauern, Händlern, NGOs, (allerdings auch Schmugglern und Milizen). Der Toyota Hilux ermöglicht Zugang zu Märkten, medizinischer Versorgung, Ersatzteilen und Wasserquellen – weit jenseits befestigter Straßen. Das kostet den Staat keinen Cent, all diese Fahrzeuge sind privat finanziert, von Kooperativen oder reicheren Bauern, die sie auch verleihen und damit zur wirtschaftlichen Entwicklung sehr viel beitragen.

Coca-Cola stellt sein enges Vertriebsnetz zur Verfügung, um Medizin und Impfstoffe schnell und zuverlässig in jeden Winkel Afrikas zu bringen, in den das Getränk geliefert wird. ColaLife (inzwischen ORS/Zinc Co-pack Alliance) wurde so zum Bringdienst, ein eigenes Logistiksystem war verzichtbar. Wir sehen: Privatwirtschaft kann Verteilungsprobleme lösen, die öffentliche Akteure nicht bewältigen. Das sollte Schule machen.

Schule machen könnte auch die EU, indem sie ihre Entwicklungspolitik überdenkt und – eine Option – Bildung fördert, statt große Staudämme und Straßen zu bauen.

Afrika ist Europas Chance: Was wir ändern könnten

Der Globale Westen muss dem Globalen Süden entgegenkommen, dann wird er Verbündete gewinnen, um die Welt dem Zugriff der Autokraten aus Ost und West zu entwinden. Anders als sie steht Europa nicht für militärische Interventionen. Das Pulver, das Europa einsetzen kann – Soft Power –, darf allerdings nicht nach Kolonialismus riechen. Vertrauen kann wachsen, wenn Europa bei Vereinbarungen mit Afrika nicht einseitig seine wirtschaftlichen Interessen durchzusetzen versucht, sondern als Partner auftritt, durchaus – auch wenn das jeglicher Wirtschaftsdoktrin widerspricht – als altruistischer Partner, der zuhört und umzusetzen bereit ist, wenn Afrika gute Entwicklung definiert und auf unser Entgegenkommen hofft.

Das heißt nicht, dass Europa seine Werte nicht empfehlen dürfte. Europa müsste sich aber auch selbst vorbildlich verhalten und nicht etwa aus migrationspolitischen Gründen autoritäre Regime umgarnen. Und wenn wir für Gewaltenteilung und Rechtsstaatlichkeit, Balance of Power, Rechenschaftspflicht der Regierungen, Teilhabe jedes einzelnen Individuums am politischen Entscheidungsprozess werben, dann kann dies nicht oktroyiert werden. Das erzeugt Allergien.

Anerkennung fände auch, wenn Europa die Bemühungen Afrikas um mehr Mitsprache in internationalen Foren stärkte, zuvörderst durch Reformen des UN-Sicherheitsrats. Soll Afrikas wirtschaftliche Kraft und damit der Wohlstand wachsen, muss dem Kontinent mehr Wertschöpfung überlassen bleiben.

Afrikas Zukunft liegt nicht darin, dauerhaft alimentiert zu werden. Aber ich habe einen Traum: Was wäre, wenn die EU all ihre Milliarden der Entwicklungshilfe auf Schulen konzentrierte? Wenn sie die kleinen Lebenshilfen privaten Initiativen nach dem Toyota-Prinzip überließe und den Straßenbau und die Staudämme der

Weltbank und der Privatwirtschaft. Indonesien hat es vorgemacht, in jedem Dorf steht zumindest eine Grundschule mit ordentlich ausgebildeten Lehrerinnen und Lehrern. Primärbildung für die Sechs- bis Zwölfjährigen sorgt dafür, dass aus Elektriker- und Klempnerlehrlingen bessere Meister werden, dass viele auf eigene Universitäten gehen können. Ingenieure und Ingenieurinnen könnten dann selbst Wasserkraftwerke und Straßen bauen, ohne Hilfe aus China. Und vielleicht werden diese Kinder ja auch gute Demokratinnen und Demokraten.

»Besser 100 Stunden
umsonst verhandeln,
als eine Minute schießen.«

Helmut Schmidt

Kapitel 10

Peacekeeping im Kongo: Der »afrikanische Weltkrieg« geht weiter, die UN weicht

MONUSCO steht für »Stabilisierungsmission der Vereinten Nationen in der Demokratischen Republik Kongo«. Sie zu leiten war die größte Herausforderung meiner Laufbahn bei der UNO. Hier lernte ich, wie wichtig Helikopter sind, die auch bei schlechtem Wetter fliegen können, dass Soldaten ihre Kasernen verlassen müssen, wenn sie Milizen bekämpfen wollen, und die Vereinten Nationen eine Kraft sein können, wenn sie entschieden auftreten.

Das Massaker von Mutarule erinnert an einen Vulkan, und dieses Mal war der Ausbruch heftig. Am Abend des 6. Juni 2014 überfielen Milizen das Dorf in der ostkongolesischen Provinz Südkivu. Am Ende waren mehr als 30 Zivilisten regelrecht abgeschlachtet, hauptsächlich Angehörige der ethnischen Gruppe der Bafuliru, erschossen, erstochen oder in ihren Häusern und in einer evangelischen Kirche verbrannt, vor der sie einen Gottesdienst gefeiert hatten. Human Rights Watch berichtete von Angreifern in Militäruniformen, die in Kirundi und Kinyamulenge kommunizierten, den Sprachen der Barundi und Banyamulenge.[161] Mutarule war ein herber Rückschlag.

Sechs Monate zuvor hatte es große Hoffnung gegeben, dass in Ostkongo Frieden einkehren könnte. Am 5. November 2013 war es der kongolesischen Armee (FARDC) gelungen, die von Ruanda finanzierte Tutsi-Miliz M23[162] in ihrer letzten Hochburg Bunagana zu besiegen. Logistisch und militärisch unterstützt hatten sie Soldaten der UN-Eingreiftruppe (Force Intervention Brigade, FIB), Teil der UN-Friedensmission MONUSCO.[163] Die geschlagenen Rebellen flohen nach Uganda und Ruanda. Damals war ich gerade seit zwei Monaten Leiter dieser Mission – als Sondergesandter des UN-Generalsekretärs –, und ich lernte an diesem Tag, wie wichtig Helikopter sind, die auch bei schlechtem Wetter fliegen können. Anders als unsere ukrainischen konnten wir die neuen südafrikanischen Kampfhubschrauber gegen das Hauptquartier der M23 einsetzen.

Vor dem 5. November 2013 galt MONUSCO als »erfolgloseste UNO-Mission«, wie Juliane von Mittelstaedt im *Spiegel* spottete; sie sei in den 14 Jahren ihres Einsatzes vor allem bekannt geworden »durch Blauhelme, die Volleyball spielen mit Massenmördern und die Tore ihrer Militärlager verriegeln, wenn verfolgte Zivilisten Schutz suchen«.[164] Damals beherrschte die M23 Kongos Großstadt Goma. Aber im März 2013 verabschiedete der UN-Sicherheitsrat die

DEMOKRATISCHE REPUBLIK KONGO

32 Jahre hatte Joseph-Désiré Mobutu, ein korrupter Diktator, die Republik Zaire regiert, als Laurent-Désiré Kabila sich am 17. Mai 1997 an die Macht putschte und dem Land erneut den Namen Demokratische Republik Kongo gab. Ein langjähriger Bürgerkrieg folgte, der bald »afrikanischer Weltkrieg« hieß, weil die Nachbarstaaten Ruanda, Angola und Uganda sowie andere Staaten der Region verschiedene Rebellengruppen unterstützten. Bis es 2003 zu einem Friedensabkommen kam (seit 2001 regierte Kabilas Sohn Joseph), waren Land und Infrastruktur verwüstet und mehr als fünf Millionen Menschen im Krieg und an Kriegsfolgen gestorben. Dieser Krieg war der tödlichste seit Ende des Zweiten Weltkriegs. Im Osten des Landes, wohin sich nach dem Völkermord an den Tutsi 1994 auch eine Million Hutu (darunter viele Täter, die »génocidiares«) geflüchtet hatten, setzte sich ein erbitterter Milizenkrieg fort, der bis heute immer wieder aufflammt. Dort gelang es der UN-Mission MONUSCO 2014 zwar, die von Ruanda alimentierte M23 zu vertreiben, der Frieden war jedoch nicht dauerhaft. 2022 kehrte die M23 zurück, zuerst nach Nordkivu und in Teile Südkivus, im Januar 2025 war der Großteil von Goma wieder unter ihrer Kontrolle. Die UNO hat die Offensive der M23 in Resolution S/RES/2773 »entschieden verurteilt« und Ruandas Armee aufgefordert, die Unterstützung der M23 in Ostkongo einzustellen und seine mehrere Tausend Soldaten zurückzuziehen. Es gibt Berichte über eskalierende Gewalt durch die M23, insbesondere während der Eroberung von Goma: Auch Berichte aus anderen Provinzen belegen schwere Menschenrechtsverletzungen, Exekutionen, Zwangsrekrutierungen von Kindern und sexuelle Gewalt.[165]

Resolution 2098 und ergänzte die 17 000 regulären Blauhelmsoldaten durch eine 3000 Mann starke Interventionsbrigade, drei Bataillone aus Malawi, Südafrika und Tansania. Sie hatten einen aktiven Kampfauftrag, waren ausgestattet mit Kampfhubschraubern, Panzern, schwerem Geschütz und Drohnen. Es war ein Experiment, der erste Kampfeinsatz der UNO. Und ich, Pazifist im Grunde meines Herzens, sollte an der Spitze stehen. Mulmig war mir am Anfang schon, und bei der Einweisung im UN-Sekretariat wurde ich ermahnt, dieses Mandat besser nur politisch als Drohkulisse zu nutzen und das Image der UNO, die doch auf der Seite des Friedens steht, nicht zu beschädigen.

Als Missionsleiter hat man wie ein kleiner Verteidigungsminister die politische Gesamtverantwortung für die Einsätze. Jede Peacekeeping-Mission hat aber – ähnlich wie im nationalen Bereich auch – einen obersten Militär, genannt *Force Commander* oder *Commandant de la Force,* der die operativen Einsätze plant und leitet. Carlos dos Santos Cruz, ein brasilianischer Drei-Sterne-General, trat fast zeitgleich mit mir seinen Dienst an. Er hatte bereits das brasilianische Kontingent der UN-Stabilisierungsmission in Haiti (MINUSTAH) kommandiert. Unter seinem Kommando hatte Brasilien eine zentrale Rolle bei der Stabilisierung der Hauptstadt Port-au-Prince gespielt, insbesondere in den extrem gewaltgeprägten Slums wie Cité Soleil.

Er war nicht nur ein erfahrener Militärführer, sondern ein Mann mit Überzeugung und Haltung – ein kerniger, risikobereiter General im besten Sinne. Aus einfachen Verhältnissen stammend, wuchs er in einer brasilianischen Favela auf. Diese Herkunft prägte ihn: Er kannte das Leben der Armen nicht aus Berichten, sondern aus eigener Erfahrung. Der General brachte frischen Wind in die Truppe. Wo andere zauderten, handelte er. Er setzte sich kompromisslos für den Schutz der Zivilbevölkerung ein, auch wenn das bedeutete, Risiken einzugehen. Für dos Santos Cruz war humanitäres Handeln kein Schlagwort, sondern ein Credo. Diplomatie war seine Stärke nicht, aber dafür gab es ja andere. Er war bekannt für seine direkte Sprache, redete Klartext. In einer Welt der Mandate und Verfahren handelte er einfach. Bald war klar: Die Chemie stimmte, wir hatten denselben Ansatz und wir wurden ein gutes Tandem (und die Freundschaft mit ihm dauert bis heute an). Unterstützt wurden wir vom Untergeneralsekretär für Peacekeeping im UN-Sekretariat, Hervé Ladsous. Auch er interpretierte unseren Auftrag robuster. *Der Spiegel* sprach damals von der »ersten echten Kampftruppe der Vereinten Nationen«; sie stand »unter dem Kommando eines deutschen Pazifisten« und Grünen.

Ladsous wusste, dass ich kein Pazifist von der wehrlosen Sorte war. In den Interviews hatte er gefragt: »Es gibt dort jede Menge Milizen, und sie haben das Mandat und eine Truppe für einen aktiven Kampfauftrag. Was würden sie machen?« Ich antwortete: »Ich würde sie natürlich einsetzen, das ist ein gutes Mandat.« Mittelstaedt schrieb, die Weltgemeinschaft habe »erkannt, dass Friedenstruppen allein oft nicht reichen, weil man Frieden schwer erhalten kann, wo keiner ist. Sondern dass man ihn manchmal erzwingen muss, notfalls mit militärischer Gewalt.« *Lessons learned.* Wir schafften es binnen eines halben Jahres, das Ansehen der UNO aufzupolieren. Und dann das! Mutarule!

Der Schweizer Regisseur und Autor Milo Rau hat das Geschehen in Mutarule später in seinem Theaterprojekt »Das Kongo Tribunal« aufgefächert, weit über das bloße Geschehen an diesem Tag hinaus. Er lud Opfer und Täter, Regierende und Oppositionelle, Vertreter internationaler Unternehmen und Organisationen zu Hearings ein, um der Wahrheit nahezukommen. Kaum zu glauben, schrieb Jürgen Kiontke im *Amnesty Journal* über den Film, »dass nicht nur kongolesische Regierungspolitiker und ihre Opfer, sondern auch die Armee und Rebellengruppen, die UNO, NGOs, die Vertreter der

MONUSCO UND DAS ADDIS-ABEBA-ABKOMMEN VON 2013

Ostafrikas Region der Großen Seen – Victoria-, Malawi- und Tanganjikasee – verfügt über reiche Ressourcen von Fisch bis zu Rohstoffen. An den Grenzen zwischen der DR Kongo, Ruanda, Uganda und Burundi kam es jahrzehntelang zu bewaffneten Konflikten und (Bürger-)Kriegen. 2012 und 2013 sorgten die von Ruanda und Uganda unterstützten M23-Rebellen (Tutsi) in Ostkongo für Gewalt und viele Tote. Das Addis-Abeba-Abkommen (Accord-Cadre) vom 24. Februar 2013 sollte den Konflikt in der DR Kongo und in der Region der Großen Seen beenden. Elf afrikanische Staaten, UNO und AU sowie weitere Regionalorganisationen unterzeichneten. Erstmals in seiner Geschichte schickten die UN eine Eingreiftruppe (Force Intervention Brigade, FIB) in ein Krisengebiet.

Leider hat UN-Generalsekretär Guterres dem Druck der kongolesischen Regierung unter Präsident Félix Tshisekedi nachgegeben und dem Sicherheitsrat empfohlen, die Mission auslaufen zu lassen. Seit 2024 hat die M23 die Kämpfe wieder aufgenommen. Die Region ist erneut unter Waffen. Und China versucht, das Vakuum auszunutzen, um bilaterale Beziehungen und wirtschaftliche Präsenz (Infrastruktur, Bergbau) zu stärken, ohne sich politisch einzumischen. Das Addis-Abeba-Friedensabkommen ist eingeschlafen. Vor allem der kleine Flächenstaat Ruanda, etwas größer als Hessen, versucht mit seiner völkerrechtswidrigen Truppenpräsenz im Ostkongo, den Konflikt wieder für seine Interessen zu nutzen.

Weltbank und damit sämtliche westlichen Industrienationen vor die Schranken des Theatertribunals traten – und oft genug unverblümt ihre Verbrechen zugaben«.[166]

Rau verstand sein Projekt als eine Art »Russell-Tribunal«,[167] das zwar keine rechtlichen Folgen haben werde, aber öffentlich anklagte und urteilte. Immerhin gehörten dem »Gericht« auch zwei Juristen des Internationalen Strafgerichtshofs in Den Haag an. »Das Kongo-Tribunal« war erklärtermaßen auch eine Analyse, die »als Reaktion auf die Passivität der internationalen Gemeinschaft der jahrzehntelangen Straflosigkeit in der Region entgegenwirken sollte«.

Das Massaker in Mutarule hatte unter den Augen der UN stattgefunden – und ich trug dafür die Verantwortung. Erinnerungen an das Versagen der UN-Truppen in Srebrenica und Ruanda wurden wach. Eine UN-Kompanie war nur wenige Kilometer vom Tatort entfernt stationiert. Der Kompanieführer wusste, was vor sich ging, es trafen bereits Verletzte bei ihm ein, auch Ortskräfte, Übersetzer, Dolmetscher dieser Kompanie, die später aussagten, sie hätten den Kompanieführer auf Knien angefleht, dort einzuschreiten. Er aber weigerte sich, auszurücken. Das entschied er nicht allein, jedenfalls nicht ohne Anweisungen, die er von zu Hause mitgenommen hatte. Nationale Hauptquartiere geben ihren Offizieren gerne mit, keine Risiken einzugehen.

Zusammen mit General dos Santos Cruz und dem zuständigen Kommandeur der Brigade besuchte ich Mutarule nach dem Angriff, die Menschen waren aufgebracht, überall war noch Blut zu sehen. Wir hatten bei den Menschen das so schwer aufgebaute Vertrauen verloren. Dass der Force Commander seinen Kompaniechef nach Hause schickte, hat den Toten nicht mehr geholfen.

Ein vorbildlicher Mann der Tat: auf Erkundungsflug im Helikopter mit Force Commander Carlos dos Santos Cruz

Sunset Rule und Ruanda-Desaster: Nur kein Risiko bei Friedensmissionen

Auf den Homepages aller Armeen gibt es schöne Bilder von schwer bewaffneten Soldaten, die, begleitet von kleinen Kindern, durch Dörfer gehen oder Brunnen bohren. Sauberes Wasser ist wichtig. Aber diese »Civil-military cooperation«-Projekte (CIMIC) täuschen häufig darüber hinweg, was die Hauptaufgabe von Soldaten in Friedensmissionen ist. Oft sind sie Camouflage für fehlendes risikobereites militärisches Handeln. Eigentlich wird die Bundeswehr nach Nordmali oder Afghanistan geschickt, um militärische Stabilität und Sicherheit und damit die Rahmenbedingungen zu schaffen, unter denen dann eine geordnete wirtschaftliche Entwicklung möglich ist. Oder – wie in meinem Fall – Milizen zu neutralisieren und damit beitzutragen, dass der Staat sich wieder etablieren kann. Den Soldaten der UN winkten die Menschen im Kongo zu, weil wir ihnen Luft verschafften.

Deutsche Soldaten oder Polizisten in UN-Missionen machen nicht immer eine gute Figur. Oft werden Einsatzgebiete gewählt, die als risikoarm gelten. Im kollektiven Gedächtnis der UNO bleibt der Abzug der deutschen Polizisten aus dem Südsudan in einer brenzligen Situation im Juli 2016: Ohne die Missionsleiterin der UN-Mission UNMISS zu informieren, war das deutsche Polizeikontingent über Nacht verschwunden: Ellen Loy, die SRSG, schrieb nur einen Satz nach New York: »The Germans left last night, I do not want to have these guys back!« Auch in Mali wählten wir in einem äußerst gefährlichen Einsatzgebiet eine eher risikoärmere Variante, die Aufklärung. Konkret: fliegen und fotografieren. Allerdings konnten die Aufklärungsergebnisse nur mit NATO-Personal geteilt werden, und bis die zuständigen Stellen deren Bilder freigaben, waren die Islamisten oft schon weitergezogen.

Mangelnde Risikobereitschaft der Truppen war auch bei MONUSCO immer wieder festzustellen. Manche Kontingente folgten der sogenannten *Sunset Rule*. Das bedeutete: Nach Sonnenuntergang sind die Soldaten im Camp; weil es dann draußen zu gefährlich wird. Milizen sind aber nachtaktiv, tagsüber bestellen die Männer ihre Felder. Als der neue Force Commander im Kongo ankam, kümmerte er sich auch darum. Er befahl: Ihr müsst nachts raus, dann, wenn die Rebellen operieren. Ihr müsst auch raus aus den gepanzerten Fahrzeugen; ihr dürft nicht fahren, sondern müsst zu Fuß patrouillieren. Ich bin selbst einige Male mitgegangen, mit pakistanischen Blauhelmen durch Rebellengebiet mitten in der Nacht zu Fuß. Das hatten die Einheiten zuvor nie gemacht.

Mutarule war für mich ein kleines Srebrenica. Die 33 Toten dort sind wie die 7000 Toten in Srebrenica und mehr als 800 000 Mordopfer in Ruanda Ergebnis von Systemversagen. Das Morden in Ruanda hatte dort bereits begonnen, als General Roméo Dallaire Verstärkung für seine Blauhelme der United Nations Assistance Mission for Rwanda (UNAMIR) erbat. Doch die UNO reduzierte stattdessen das UNAMIR-Kontingent am 21. April 1994 von 2500 auf 270. Der Mann, der genau das dem Sicherheitsrat empfohlen hatte, war Kofi Annan, damals Untergeneralsekretär für Friedenseinsätze und damit der höchste UN-Beamte für Friedensmissionen. Dass es in Ruanda zu diesem großen Völkermord mit einer Million Toten kam, hat auch er zu verantworten. Anstatt massiv aufzustocken, ordnete er den Rückzug an. Und er bekannte sich dazu: »Die internationale Gemeinschaft hat in Ruanda versagt«, gab er in einer Ansprache zum zehnten Jahrestag des Genozids zu, »und das wird in uns immer ein Gefühl des bitteren Bedauerns hinterlassen.« In seinen Memoiren schreibt er: »Ich hätte mehr tun können und sollen, um Alarm zu schlagen und Unterstützung zu mobilisieren.« Aber Annan hat sein Trauma zum Guten gewendet. Er hat sich als Generalsekretär sehr für den Internationalen Strafgerichtshof eingesetzt, für den Kampf gegen die Straflosigkeit.

Traumatisiert war auch Roméo Dallaire, der Kommandeur der UN-Mission in Ruanda. In seinem Bestseller[168] berichtet er zehn Jahre nach dem Genozid, dass er nicht eingreifen durfte und zusehen musste, wie die Tutsi hingerichtet wurden. Ich traf Dallaire mehrfach, und er hat mein Denken mit seinem Mut beeinflusst. Er versicherte mir glaubwürdig: Hätten wir den Befehl bekommen, hätte er, wenn nötig, sein ganzes kanadisches Kontingent in den Tod geführt, sich selbst eingeschlossen, als die Verfolgten sich in eine Kirche flüchteten, die ihre Peiniger verschlossen und anzündeten. Er wäre mit seinen Leuten zu Hilfe geeilt, hätte versucht, die Kirchentür wieder zu öffnen, und die erschossen, die das verhindern wollten. Aber er musste stehen bleiben mit seinen Soldaten, die hilflos dem Morden zusehen mussten. Weil der Befehl hieß: nichts tun. Und weil ein General seinen Befehlen folgt, auch wenn er mit der Entscheidung des Sicherheitsrats nicht einverstanden ist. Einige seiner Leute starben trotzdem – durch eigene Hand. Sie haben es nicht verkraftet.

Auch ein Kriegsgrund: Rohstoffe und »Seltene Erden«

Die Demokratische Republik Kongo hat große Lager von Rohstoffen, die wir für allerlei Technologien brauchen, darunter Coltan, Grundstoff des Metalls Tantal, das in jedem Smartphone steckt. In den Provinzen Nord- und Südkivu finden sich in meist illegal betriebenen Minen Minerale wie Xenotim und Monazit, die Elemente wie Seltenerd-Metalle enthalten: Cer, Lanthan, Praseodym, Neodym, Yttrium und Ytterbium, die oft »Beifang« beim Abbau anderer Erze wie Zinn und Wolfram sind. Die Milizen kontrollieren zahlreiche dieser Minen in den östlichen Provinzen sowie die Schmugglerouten, über die das Material nach Ruanda und Uganda gelangt, von dort nach China, das den Markt als größter Produzent dieser strategischen Metalle beherrscht.[169] Das gilt in ähnlichem Maß für Gold.

Ruandas Staatschef Paul Kagame rechtfertigt die Präsenz ruandischer Soldaten im Kongo damit, dass die Tutsi in Kongo gefährdet seien, unter anderem durch Mitglieder der 2012 am Genozid beteiligten Hutu-Milizen. Aber nicht nur wegen der FDLR, die das Regime in Ruanda stürzen will, ist die M23 nach Ostkongo gekommen, es geht nicht nur um strategisches Hinterland. Es ist auch der Kampf um die Bodenschätze. Während der Kongo zwar über 80 Prozent der weltweiten Coltan-Reserven verfügt, ist Ruanda der weltweit größte Coltan-Exporteur. Schätzungen zufolge stammen 90 Prozent von Ruandas Coltan-Exporten aus geschmuggeltem kongolesischem Rohstoff, werden dort umdeklariert und gelangen dann auf den Weltmarkt. Das gilt auch für Ruandas Hauptexportgut Gold. Inzwischen ist Ruanda auch zu einem der größten Goldexporteure aufgestiegen, obwohl das Land nur geringe Reserven besitzt. Von dort gelangt es vorwiegend in die Vereinigten Arabischen Emirate (VAE).

Auch dort wird Drecksarbeit für den Wohlstand des Westens geleistet:
illegale Seltene-Erden-Minen in Ostkongo.

Jürgen Kiontke brachte es auf den Punkt: »Coltan ist das Konfliktmaterial schlechthin: Wer mobil telefoniert, hat Blut an den Händen.« Dass Kinder unter schlimmsten Bedingungen das Erz abbauen, dass Milizen alles kontrollieren, dass es zu Zwangsenteignungen und -umsiedlungen der Menschen kommt, dass internationale Konzerne dort, billig und ohne lästige Umweltauflagen zu beachten, einkaufen, ist bekannt. »Oft genug bilden Menschen, die in den Minen keine Anstellung finden, Banden und überfallen ihre Nachbarn. Die Minenarbeiter wiederum bewaffnen sich, um sich und ihre Familien zu schützen. Menschen sind im Weg, weil eine neue Mine gegraben werden muss. Menschen sind im Weg, weil man ihr Wasser für die Metallgewinnung braucht«, schreibt Kiontke. Er weiß um Bestechung und Korruption und dass es in diesem wilden Osten mangels funktionierender staatlicher Strukturen keine Kontrollen gibt. Das drückt die Preise. »Die Konkurrenz der Milizen sorgt für erschwingliche Güter. Eine Situation, von der jeder im Kongo betroffen sein und in Konflikte hineingezogen werden kann. Lösungen sind nicht in Sicht.« Das gilt heute wieder mehr als zehn Jahre zuvor.

Das liegt auch an der Fantasielosigkeit der Autokraten in der Region. Durch eine regionale »Wirtschaftsgemeinschaft Seltener Erden« zwischen der DR Kongo, Ruanda, Tansania, Uganda und Burundi würden alle gewinnen. Die ganze Region würde wirtschaftlich profitieren, die Lieferkettten der Seltenen Erden legalisiert und der Ausbeutung von Menschen Grenzen gesetzt. Stattdessen setzen Kagame und andere auf Konkurrenz und Konfrontation.

Hier könnte die EU eine wichtige Rolle spielen. Eine südafrikanische Initiative, zusammen mit der UNO, NGOs und der Diamantenindustrie zur Legalisierung des internationalen Diamantenhandels – der Kimberley-Prozess[170] – trocknete vom Jahr 2000 an entscheidend die blutigen Auseinandersetzungen in Westafrika (»blood diamonds«) aus. Es ließe sich ein vergleichbares System auch für die Region der Großen Seen etablieren. Ziel wäre die Legalisierung von

Lieferketten der Seltenen Erden, die Verbesserung der Arbeitsbedingungen in den Minen und ein wirtschaftlicher Aufschwung unter menschenwürdigen Bedingungen – für alle Beteiligten.

Ich hatte wenig Erfolg bei der EU, für diese strategische Idee zu werben, dafür aber diesen Gedanken im Kleinen unterstützt – mit einem UNDP-Projekt, bei dem sich die Bundesanstalt für Geowissenschaften und Rohstoffe (BGR) der Legalisierung von Minen annahm. Ich habe diese Minen oft mit unseren Helikoptern angeflogen, wann immer ich konnte, um dieser Idee Sichtbarkeit zu verleihen, einmal auch mit der damaligen Vizepräsidentin des Deutschen Bundestags, Claudia Roth.

Am Ende meiner Zeit im Kongo waren gerade einmal 500 von schätzungsweise 40 000 Minen im Land offiziell legalisiert – ein Tropfen auf den heißen Stein, gewiss. Und doch: Jede einzelne dieser legalisierten Minen bedeutete bessere Arbeitsbedingungen, weniger Ausbeutung und mehr Transparenz. Es war ein kleiner Anfang in einem gewaltigen System von Informalität, Korruption, Schmuggel und Gewalt. Aber auch kleine Fortschritte können Signale dafür sein, dass Wandel möglich ist, wenn internationale Verantwortung, lokale Initiative und politischer Wille zusammenfinden.

Mein größtes Anliegen: Humanity first – es geht um die Menschen

Für mich war Mutarule eine Art Weckruf. Der »Pazifist« erkannte endgültig die Notwendigkeit, Waffen einzusetzen, um Leben zu retten. Ich habe daher immer auch General dos Santos Cruz unterstützt, die Einsatzbereitschaft der Truppen zu verbessern. Deshalb nahm ich auch selbst an Patrouillen teil. Ich fuhr immer zu den Menschen, besuchte befreite Kindersoldaten in den Auffang- und Traumabewältigungszentren von UNICEF. Wir aßen gemeinsam und tanzten, und nach einer Weile begannen sie zu erzählen. Wie die Milizen ihre Eltern erschossen hatten, vor ihren Augen, um ihnen keine Rückkehroption zu lassen; wie sie – acht- oder neunjährig[171] – unter Drogen gesetzt wurden, Menschen erschießen mussten, eine Art Mutprobe. Das erzählten sie, und nicht wenige weinten dabei.

Auch das gehört zu den Pflichten eines UN-Missionsleiters: Ordensverleihung und Trauerfeier für gefallene UN-Soldaten in Ostkongo.

Michel Chikwanine war noch jünger, er schrieb in seinem Buch: »Ich war fünf Jahre alt, als ich gezwungen wurde, einen Freund zu töten. Das hat mein Leben für immer verändert.«

Es war der Einsatz für die Menschen, der mich antrieb – nicht abstrakte Mandate oder politische Vorgaben. Menschenwürdige Behandlung steht allen Menschen zu. Auch Kriegsverbrechern und deren Handlangern. Deshalb ging ich an all die Orte, an denen Menschen staatlicher Gewalt ausgeliefert sind. In einer kongolesischen Kleinstadt, beim Besuch einer Kompanie nepalesischer Soldaten, fragte ich den Bürgermeister, ob es ein Gefängnis gebe. Er verneinte, verwies aber auf einen Bau, in dem er Gefangene verwahre, die in ein größeres Gefängnis überstellt werden sollten. Ich ließ mich mit General dos Santos Cruz und dem UN-Kompaniechef dorthin führen. Dort angekommen, öffneten wir die Tür. Aber wir konnten nicht hinein. Der kleine Raum war voller Männer, mindestens 50, gefangene Milizionäre. Ein Bewusstloser hing in einer hinteren Ecke, die Männer neben ihm röchelten nur noch. Der Sauerstoff, der durch die Türritzen kam, reichte nicht aus. Der General stauchte den Kompaniechef zusammen und befahl ihm, sofort zwei Löcher in die Hinterwand zu schlagen.

Die Gefängnisse in Einsatzgebieten der UNO sind alle überbelegt, die Gefangenen müssen teils in Schichten schlafen. Es gibt keine Mindeststandards. Gefangene Milizionäre sind aber Kriegsgefangene, sie haben Anspruch auf menschenwürdige Gefängnisse, Ernährung, Medizin. Auch wir, die UN, machten Gefangene. Immer stellte sich die Frage, ob wir sie der Regierung überlassen sollten. Sehenden Auges konnte das niemand zulassen. Also nahmen wir die Gefangenen in unsere Obhut. Das stellte uns vor gravierende rechtliche und logistische Probleme, denn eigene Gefängnisse waren im UN-System nicht vorgesehen. Wir behielten sie trotzdem.

In Bukavu in Südkivu hielt ich ständig Kontakt mit der mit deutschem Geld betriebenen Panzi-Klinik, in der der Gynäkologe Denis

Mukwege, »der Mann, der die Frauen heilt«, der Träger des Friedensnobelpreises (2018),[172] vergewaltigte Frauen und Kinder operierte. Ich besuchte ihn mehrfach, dann trat ich ein in eine Welt, in der das Leid übermächtig und beinahe greifbar war, wo die Luft von Geschichten durchdrungen war, die eigentlich niemand hören will – Geschichten von unfassbarer Gewalt, Erniedrigung und Schmerz. Mukwege, dieser bewundernswerte, unermüdliche Arzt, wirkte inmitten all dessen wie ein Leuchtturm der Hoffnung. Mit sanfter Stimme und unerschütterlichem Engagement kämpfte er Tag für Tag gegen die Wunden des Kriegs, nicht nur die körperlichen, sondern auch die seelischen. Die Frauen, allesamt Opfer systematischer Massenvergewaltigungen, saßen vor mir, ihre Augen leer, ihr Blick ins Nichts gerichtet, als wäre jede Verbindung zur Welt jenseits ihres Traumas gekappt. Ihre Körper waren gezeichnet, verstümmelt, zerbrochen – aber noch viel schlimmer war die soziale Isolation, die sie nach den Taten erwartete. In ihren Gemeinden galten sie als entehrt, als »beschmutzt«. Sie verloren nicht nur ihre körperliche Unversehrtheit, sondern oft auch ihre Familien, ihre Ehemänner, ihre Stellung in der Gemeinschaft. Womit die Täter ihr Ziel auch auf dieser Ebene erreicht hatten: Sexualisierte Gewalt war eine bewusste Waffe, um das soziale Gefüge zu zerstören, nicht nur die Frauen, sondern auch die Männer und ganze Dorfgemeinschaften zu erniedrigen. Es war ein perfider systematischer Angriff auf das Rückgrat der Gesellschaft. Und Mukwege heilte nicht nur, wo er konnte, er brach auch das Schweigen. Wenn jemand den Friedensnobelpreis verdient hat, dann er!

Diese Besuche haben mich verändert. Sie zeigten mir, wie wichtig es ist, nicht nur in abstrakten geopolitischen Kategorien zu denken, sondern auch das individuelle menschliche Leid zu sehen – und Verantwortung zu übernehmen, wo immer es möglich ist. Auch für diese Menschen muss die UN da sein. Für all die engagierten Kolleginnen und Kollegen, die Tag für Tag ihr Leben, ihre Energie, ihre Seelenkraft einsetzen, um in den dunkelsten Ecken dieser Welt Hoffnung zu spenden. Junge Männer und Frauen, die sich bewusst entscheiden, sich diesem unvorstellbaren Leid auszusetzen, die nicht wegsehen, nicht abwinken, nicht resignieren – sondern hingehen, zuhören, helfen. Menschen, die in der Panzi-Klinik stehen, in überfüllten Flüchtlingslagern, in improvisierten Operationssälen, auf staubigen Straßen, mitten in Konfliktgebieten. Sie arbeiten nicht für Ruhm, nicht nur für Geld, oft nicht einmal für Dank. Sie arbeiten, weil sie an das Menschsein glauben. Weil sie wissen, dass jedes Leben zählt, jede Frau, jedes Kind, jeder Mann, der aus den Klauen der Gewalt befreit oder auch nur für einen Moment getröstet wird, ein Sieg gegen die Barbarei ist. Diesen Menschen ist zu verdanken, dass das Wort »Menschlichkeit« nicht zur leeren Hülse verkommt. Sie sind das Rückgrat der humanitären Hilfe, die Brückenbauer zwischen Verzweiflung und Hoffnung. Ihnen gebührt nicht nur unser Respekt, sondern unsere Solidarität, unsere Unterstützung, unser aufrichtiges Bewusstsein, dass sie stellvertretend für uns alle die Würde des Menschen verteidigen.

Gerade sie sind es, die jetzt wegen der finanziellen Kürzungen ihre Arbeit verlieren, ein Verlust nicht nur für die Menschen, sondern auch ein Zeichen von Undank.

Als ehemaliger Peacekeeper breche ich aus Überzeugung eine Lanze für die politischen und Blauhelmmissionen der UN. Ich stimme denen zu, die fordern, Mandate zu straffen und effizientere Strukturen zu schaffen. Aber für die bewusste Schwächung des Multilateralismus, vor allem unter dem jetzigen amerikanischen Präsidenten, für die Knausrigkeit der internationalen Gemeinschaft beim Finanzieren von Friedensmissionen habe ich kein Verständnis. Die gesamte UNO, einschließlich der 14 Blauhelmmissionen mit 90 000 Soldaten, 13 000 Polizisten und 20 000 Zivilisten, liegt bei knapp zehn Milliarden Dollar, das entspricht 0,37 Prozent des jährlichen weltweiten Militärbudgets, gerade einmal ein Viertel des Haushalts der Stadt Berlin, ein Sechstel des deutschen Militärhaushalts, und ist gerade fünfmal so teuer wie die Stadtfeuerwehr von Tokyo. Die Ausgaben für UN-Friedensmissionen sind in den vergangenen zehn Jahren real um etwa 1,7 Milliarden US-Dollar gesunken, also um mehr als 20 Prozent. Allein 2025 bedeutete die Kürzung des Budgets für UN-Friedenseinsätze von rund 6,1 Milliarden auf etwa 5,6 Milliarden US-Dollar einen Rückgang von mehr als acht Prozent. Allein der Krieg in Afghanistan von 2001 an kostete 120 Milliarden Dollar pro Jahr und damit in einem Monat mehr als der gesamte UN-Haushalt im Jahr.

Frieden schaffen, auch mit Waffen – wenn es nötig ist. Es ist gut, wenn die UNO sich einmischt. Umso größer meine Enttäuschung und auch mein Ärger heute: Die UNO wird heute geschwächt wie selten zuvor. Friedensmissionen werden gekürzt, Mandate ausge-

Hoffnung nach der Befreiung, nördlich von Goma (Rutschuru) mit Soldaten und Soldatinnen der kongolesischen Armee und der UNO: Aber 2013 war leider kein nachhaltiger Erfolg. Die Tutsi-Miliz M23 ist inzwischen zurückgekehrt.

höhlt, Schutzverantwortung preisgegeben – gerade dort, wo sie am dringendsten gebraucht werden. Gleichzeitig steigen weltweit die Rüstungsausgaben auf Rekordniveau. Staaten, die Friedenseinsätze beenden und stattdessen Waffen liefern, verlieren jede moralische Glaubwürdigkeit. Wer Mittel für Frieden streicht und zugleich in Aufrüstung investiert, macht sich mitschuldig am Leid der Zivilbevölkerung. Am Geld dürfen UN-Missionen nicht scheitern.

Guterres' Rückzug erzeugt Frustration im Team

Von Dag Hammarskjöld ist ein Wort aus dem Jahr 1956 überliefert: »Die nachhaltige Aufmerksamkeit einer guten Krankenschwester kann genauso wichtig sein wie die große Operation durch einen Chirurgen.« António Guterres kann mit dieser Aussage offenbar nichts anfangen. In seiner Amtszeit wurde Peacekeeping deutlich geschwächt. Ein Generalsekretär sollte nicht dessen Totengräber sein.

Im Kongo mutet das neue Motto von den afrikanischen Lösungen für afrikanische Probleme wie eine Flucht vor der Unübersichtlichkeit an. Staatliche, regionale, bilaterale und inoffizielle Akteure haben dort ihre Truppen parallel oder gegeneinander in Stellung gebracht. Da ist eine schlecht organisierte, kaum ausgebildete und teilweise korrupte kongolesische Armee (FARDC), deren rund 50 000 Soldaten, mäßig oder gar nicht bezahlt, reihenweise desertieren; aus Ruanda sind Tausende Soldaten in Ostkongo einmarschiert wie Putin in die Ukraine, welche die 5000 M23-Rebellen unterstützen, Truppenkontingente der »East African Community« und der »Southern African Development Community«, außerdem Truppen aus Burundi und Uganda, private Unternehmen und Söldner aus Rumänien und Bulgarien und viele mehr. Wo im vorigen Jahrzehnt die

FARDC und MONUSCO ein Gewaltmonopol aufgebaut und die Lage zumindest stabilisiert hatten, dominiert heute Chaos. Niemand ist in der Lage, das alles zu koordinieren, auch MONUSCO nicht mehr. Weil der Generalsekretär dem Rückzugswunsch der kongolesischen Regierung nicht widersprach, hat die UNO aus der Hand gegeben, was sie zwölf Jahre zuvor aufgebaut hatte. Das zwischen Ruanda und der DR Kongo unterzeichnete Abkommen vom 27. Juni 2025 wurde in Qatar (sic!) verhandelt und in Washington unterzeichnet, beides keine afrikanischen Länder. Das Rahmenabkommen von Addis Abeba hat keine Bedeutung mehr, mehrere regionale und internationale Vermittlungsformate konkurrieren.

Heute stehen MONUSCO noch 11 500 Soldaten zur Verfügung, die Hälfte dessen, was die Mission noch vor zehn Jahren hatte; 2026 soll auch damit Schluss sein. Aber Zahlen allein sind nicht ausschlaggebend. Es ist der politische Wille und der Mut, die Truppen robust einzusetzen; schon 400 risikobereite Soldaten können Massaker verhindern, 20 000 werden nichts nützen, wenn sie in ihren Stützpunkten bleiben.

Ja, solche Missionen kosten Geld, zu meiner Zeit bei MONUSCO ein Budget von 1,3 Milliarden Dollar. Dieses Geld muss gut ausgegeben werden. Die Sparsamkeit einer schwäbischen Hausfrau darf bei einer Peacekeeping-Mission nicht die Entscheidungsgrundlage sein. Wenn in einer Zeit, in der die Zahl der bewaffneten Konflikte und die Rüstungsetats weltweit wachsen, bei Schutz, Stabilisierung und zivilen Missionen gekürzt wird, ist das ein politisches Signal und geht zulasten der Schwächsten: der Zivilbevölkerung in Krisengebieten. Ein Generalsekretär, der sich dem nicht vehement widersetzt und Sparzwängen ohne größeren Widerstand folgt, wird seiner Aufgabe nicht gerecht.

Guterres und die UNO haben schleichend an Einfluss verloren, sie hat das Heft bewusst aus der Hand gegeben, und regionale und bilaterale Kräfte haben es übernommen. Selbstverständlich sollte es immer eine Ausstiegsstrategie geben, aber für MONUSCO kam der Schritt definitiv zu früh. Viele Mitglieder meines damaligen Teams haben frustriert aufgegeben, sie sind ausgestiegen. Die AU wird den kongolesischen Knoten nicht durchschlagen, nicht in ihrem gegenwärtigen Zustand. Wenn die UNO Afrika nicht Putin und seinen Söldnertruppen oder China überlassen will, dann muss sie engagiert bleiben.

Welch ein Zeichen aber senden solche Rückzüge an Kolleginnen und Kollegen bei MONUSCO aus, die im Ostkongo zusehen mussten, wie die M23 zurückkehrte? Wie wirkt das auf Zehntausende junge Menschen, die ihr Leben voller Leidenschaft und Überzeugung für die vielen Flüchtenden einsetzen, für humanitäre Hilfe und Sicherheit? Die im Feld arbeiten, wo sie Gefahren ausgesetzt sind. Die sich und ihren persönlichen physischen und psychischen Einsatz im Stich gelassen sehen?

Was mögen sie denken, wenn Bundesaußenministerin Baerbock nach Ruanda kommt, um wie im Dezember 2023 eine Impfstofffabrik von Biontech zu eröffnen, und »die Führung in Kigali hofiert, obwohl damals schon kein Zweifel daran bestehen konnte, welche unheilvolle Rolle Ruanda im Ostkongokonflikt spielt«, wie die *FAZ* später kommentierte.[173] Warum musste sie diesen Präsidenten nicht nur über Gebühr loben, sondern ihm auch noch 21 Millionen Euro der deutschen KfW-Bank für das Projekt »Grüne und geschlechtssensible öffentliche Räume« schenken?[174] Wieso unterstützte ihn Brüssel von 2021 bis 2024 mit 260 Millionen Euro? Warum geben wir einem Brandstifter Geld, der im Kongo ein Feuer entfacht, das wir wieder löschen müssen?

Sollte unsere Lehre aus der fehlverstandenen Entwicklungshilfepolitik nicht lauten: keine Entwicklungshilfe an Staaten, die andere Staaten überfallen? Das Bundesministerium für Zusammenarbeit hat richtig entschieden, Regierungskonsultationen abzusagen, als ruandische Soldaten wieder im Ostkongo standen und damit die ganze Region destabilisierten. Empfänger von europäischer Finanzhilfe dürfen nicht in andere Länder einfallen. Sie müssen Korruption eindämmen. Und über alldem gilt: Erfolgreich ist Entwicklungshilfe, wenn sie nicht mehr gezahlt werden muss. Warum gelingt das so selten?

Eine Zwischenbilanz

Der Kongo war mein spannendster Einsatz bei den Vereinten Nationen. Was wir alle dort lernen konnten: Mit einem Kampfmandat kann die UNO ihre Ziele erfolgreicher durchsetzen, aber Militär allein bringt auch keinen Frieden, weder im Kongo noch in der Ukraine, noch im Nahen Osten. Es bedarf paralleler politischer Prozesse, Versöhnung, Dialog und der engen Abstimmung mit internationalen Partnern. Nur wenn alle gemeinsam handeln – Regierung, Zivilgesellschaft und internationale Gemeinschaft –, kann das Militär seinen Auftrag überhaupt sinnvoll erfüllen. Es fehlt den Vereinten Nationen nicht an Papieren; an Konzepten, Resolutionen, Fahrplänen und Mission Statements besteht kein Mangel. Was fehlt, ist etwas anderes: echte Führung – *leadership* auf allen Ebenen. Es braucht den Mut, unbequeme Wahrheiten auszusprechen, die Fähigkeit zur schonungslosen Analyse, politische Voraussicht und die Kraft zur Selbstkorrektur. Es braucht Visionen, Teamgeist, Respekt vor dem Gastland, vor seinen Institutionen, seiner Kultur – und vor allem: Respekt vor den Menschen, denen die UNO dienen soll. An *leadership* fehlt es heute mehr denn je. Und der Ort, an dem dieses Defizit besonders sichtbar wird, ist New York.

»Lasst uns nie
aus Angst verhandeln,
aber lasst uns nie
Angst haben zu verhandeln.«

John F. Kennedy, Antrittsrede 20.1.1961

Kapitel 11

Denk- und Sprechverbote: Diplomatie darf nicht zum Schimpfwort werden

Russlands Krieg in der Ukraine hat uns erschüttert. In einem einst dem Militär abgeneigten Land übertreffen sich Politiker und Journalistinnen, Militärexpertinnen und Wissenschaftler in ihren Rufen nach Aufrüstung. Sie und die politische Führung vernachlässigen Diplomatie und Prävention, in den vergangenen Jahrzehnten eine große europäische, namentlich auch deutsche Stärke. Sie in die Ecke zu stellen ist die gravierendste Nachlässigkeit dieser katastrophalen Kriegsjahre.

Herfried Münkler sah bereits vor zehn Jahren die Vision einer europäischen Nation als gescheitert. Deutschlands Rolle als »Macht in der Mitte« bestehe nicht in militärischer Stärke, sondern im Zusammenhalten Europas. Als »postheroische Gesellschaft« setze Deutschland auf Diplomatie, nicht Konfrontation – insbesondere gegenüber Russland als Atommacht. Die Leitidee: militärische Macht nur als letztes Mittel, Gesprächsfäden nie abreißen lassen. Fazit seines Buchs: »Die Macht in der Mitte verfolgt ihre Interessen am besten, wenn sie als Friedensmacht handelt.«[175]

Times, they are a-changing. Das Wasser ist gestiegen, und wir müssen schwimmen lernen.[176] Russlands Krieg gegen die Ukraine ist ein massiver Angriff auf die Werteordnung, wie sie in der UN-Charta festgeschrieben ist. Der Bundeskanzler rief deshalb – wieder einmal – die »Zeitenwende« aus; Verteidigungsminister Boris Pistorius versprach, die Bundeswehr »kriegstüchtig« zu machen; bis dahin unbekannte Waffenexperten und Kriegsanalystinnen schoben in den Medien Panzer über Landkarten und überboten sich in den Forderungen nach Geld für Waffen und Aufrüstung. Sachverständige in Diplomatie waren wenig gefragt – und sind es bis heute nicht. Eine Mehrparteienkoalition setzte kurz vor dem Regierungswechsel ein »Sondervermögen« – in Wahrheit Schulden – von einer halben Billion Euro auf. Auch Joschka Fischer schreibt inzwischen, Sicherheit müsse in Europa an erster Stelle stehen, wenn es weiter in Freiheit und Demokratie leben wolle, »koste es, was es wolle«.[177] Und Münkler fordert nun, Europa müsse »heroischer werden«.[178]

Das liegt auch daran, dass die Vereinigten Staaten inzwischen einen Chefstrategen haben, der seine Aufgabe darin zu sehen scheint, die ganze Welt herauszufordern – einschließlich Europa, und da in allererster Linie das Land seines Großvaters. Er fledderte schon während seiner ersten Präsidentschaft die Welt- und Werteordnung, die in den USA maßgeblich mitentwickelt worden war. In seiner zweiten droht sie unter seiner Geo- und Wirtschaftspolitik vollends zu zerbrechen. Was für ein Erwachen! So lang war Deutschlands Weg nach Westen gewesen, und nun stieß der Beschützer den kleinen, meist folgsamen Bruder wuchtig von sich.

Militärische Macht, die mit dem Ende des Ost-West-Konflikts fast obsolet zu sein schien, erlebt dreieinhalb Jahrzehnte später ihre Wiederauferstehung. Im Schraubstock zwischen USA und Russland könnte sich für die EU neue Legitimation entwickeln. Jeder Staat Europas, auch Deutschland, ist in dieser geopolitischen Situation für sich genommen ein Zwerg, ein kleines Land. Nur die Zwerge zusammen können den Riesen Paroli bieten, heute Putin, Trump und Xi. In der gegenwärtigen Lage wäre es vernünftig und auch eine Chance, die Kräfte der Gemeinschaft der 27 sowie weiterer europäischer Staaten – allen voran Großbritannien – zu bündeln, zusammenzurücken, mutig, entschlossen und vorausschauend mehr europäisch zu denken statt nationalstaatlich. Zusammen kann die EU fast eine halbe Milliarde Menschen aufbieten, ein Bruttosozialprodukt kaum kleiner als das Chinas oder der USA. Europa hat außerdem eine Fähigkeit, die den beiden Widersachern in West und Ost so offensichtlich fehlt: seine exzeptionelle Erfahrung in Diplomatie. Die freilich ist im Kriegsgeschrei der vergangenen Jahre und im hektischen Aktionismus der letzten Monate wegen Trumps erratischen Agierens entschieden zu kurz gekommen. Aufrüstung ja, aber was wir im Getöse der Geschütze nicht vergessen dürfen, sind die Dienste der Softpower, der Diplomatie. Man versucht vergeblich, Beispiele zu finden, in denen Krieg allein die Lösung gebracht hat. Das Scheitern militärischer Interventionen – vom Irak über Afghanistan, Libyen bis hin zu Mali und zuletzt Gaza – zeigt, dass nachhaltiger Frieden nicht durch Waffen allein, sondern letztlich nur durch politische Prozesse erreicht werden kann. Münklers Mahnung aus dem Jahr 2015, bezogen auf den Ersten Weltkrieg, ist Mahnung für heute: »Der selbst auferlegte Zwang, einen solchen Krieg als gewinnbar denken zu müssen, führte zu einer Dominanz des Militärischen gegenüber dem Politischen.«[179]

Krieg dem Frieden: Die Militarisierung der Außenpolitik

Selten hat diese Militarisierung der amerikanischen Außenpolitik jemand so plastisch beschrieben wie Ronan Farrow, den ich aus Pakistan kenne, als er zum Team des US-Sondergesandten für Afghanistan Richard Holbrooke gehörte. In seinem Buch *War on Peace*[180] ist sichtbar, wie Verhandlungschancen mit den Taliban verstrichen, weil die Regierung auf die wachsende Zahl der Militärs hörte. Wie das Pentagon mit seiner militärischen Logik und sehr viel Geld und Waffen die Diplomatie verdrängt. Diplomaten werden entlassen und deren Stellen mit Militärs besetzt. Wie Bomben nicht mehr genutzt werden, um die Diplomatie zu unterstützen, sondern um sie zu schwächen. Wie selbst unter Barack Obama im Weißen Haus Ex-Generale Schlüsselstellen einnahmen, und an der Front selbst ein sturer, mutiger Kopf wie Holbrooke auf verlorenem Posten stand – trotz der Rückendeckung von Außenministerin Hillary Clinton. Wie eine Diplomatin als »Lady Taliban« verspottet wurde, weil sie mit den Taliban sprach. »Ich bin hingegangen und habe mit den Leuten geredet«, sagte sie. »Das war mein Job.« Die Taliban hätten ihr keinen Schrecken eingejagt, und sie habe sie nicht wie Aussätzige behandelt. »Die Leute fanden es absolut schockierend.« Was sich nach und nach entwickelte, beurteilt sie rückblickend so: »Es war ein Fehler, die Taliban zu dämonisieren. Vielleicht gerieten sie ja gerade deshalb so völlig außer Kontrolle. Wir haben sie einfach abblitzen lassen und dachten, das wären Neandertaler mit Turban.«[181]

Aufrüstung ist legitim, aber Waffen allein schaffen keinen Frieden

Um nicht missverstanden zu werden: Ich stelle nicht infrage, dass wir uns »verteidigungstüchtig« machen müssen. Solange die ukrainische Gesellschaft dem Aggressor in bewundernswerter Weise die

Stirn bietet und kämpft, müssen wir die Ukraine massiv militärisch unterstützen. Das schützt ganz Europa vor zukünftiger Aggression. Aber wir sollten immer mitdenken, was am Ende bleibt: Waffen, die zerstören, Ressourcen, die verpuffen, Chancen, die wir vertun. Wir sollten unsere Kraft auch auf Diplomatie richten, auf Dialog und Gesprächskanäle, statt nur auf ein Aufrüsten, das keinen nachhaltigen Sieg kennt.

Militärexpertinnen wie Claudia Major und Marie-Agnes Strack-Zimmermann, Politikanalysten wie Carlo Masala und Jens Lange, mein Kollege Rüdiger von Fritsch, ehemals Botschafter in Moskau, Anton Hofreiter von den Grünen und etliche Stiftungen und NGOs konzentrieren sich auf militärische Stärke. Sie schelten die »selbstsicheren Pazifisten«, die »einem Verhandlungsfrieden das Wort reden, bei dem die Ukraine zwangsläufig Gebietsabtretungen zustimmen müsste«, wie es Münkler nennt. Er warnt davor, dass dies in das Gegenteil münden könnte: in die »Vermehrung und Intensivierung von Kriegen, in Europa und weltweit«. Sie seien dann, erklärte der Politologe, »mitverantwortlich für weitere von Russland begonnene Kriege im Osten Europas«.[182] Von Stimmen des Friedens, etwa einer politischen Rolle der UNO und ihres Generalsekretärs, hören wir nur wenig.

Wieso dachten und denken die Wortführer dieser Debatte, die Meinungsmacherinnen und Bellizisten immer im Modus Entweder-oder? Warum setzen sie mehr als drei Jahre lang allein auf die militärische Karte? Der Frieden ist nur mit Waffen zu erreichen, glauben sie, und Voraussetzung für Friedensgespräche ist der vollständige Rückzug aller russischen Soldaten und Gerätschaften von ukrainischem Territorium. Keine Gespräche mit dem Aggressor, kein Dialog. Was macht sie so sicher, dass diese Strategie ein gutes Ergebnis haben wird?

Wer anders argumentierte, galt als »Putin-Versteher« und bekam Einladungen zu Talkshows nur in der Rolle als Punchingball wie Heribert Prantl oder Watschenfrau wie Gabriele Krone-Schmalz oder Antje Vollmer. Heute wissen wir, dass der Mainstream einer Illusion aufsaß. Spät erst durften bedächtigere Stimmen wie die von Nicole Deitelhoff vom Leibniz-Institut für Friedens- und Konfliktforschung in Frankfurt es als Versäumnis der Kompromisslosen beklagen, »den Friedensbegriff liegen gelassen zu haben. Man hat öffentlich zu viel über militärische Unterstützung gesprochen, die mess- und greifbar ist. Und zu wenig über diplomatische Initiativen, über die offenen Kanäle, die man eben nicht anfassen oder gut zählen kann.« Das habe, sagte sie im ZDF, Rechtsaußen und Linksaußen erlaubt, die Ängste in der Bevölkerung zu nutzen und sich selbst zu Friedensparteien zu stilisieren und die kritik- und zahnlosen Medien mit »Lügenpresse«-Rufen zu diffamieren.[183]

Abschreckung allein führt jedoch nicht automatisch zum Frieden, auch wenn Trump das glaubt, der die NATO-Staaten drängt, ihre Ausgaben für Rüstung massiv zu erhöhen. Die Abschreckung hat im Kalten Krieg gewirkt, das stimmt, aber beendet hat ihn Brandts und Genschers Staatskunst, heute weniger hochtrabend Diplomatie genannt. Es ist möglich, die Verteidigungsfähigkeit zu stärken und gleichzeitig die Hand kooperativ auszustrecken – gerade gegenüber einem Diktator wie Putin, der keiner Kontrolle eines ZK der KPdSU mehr unterliegt, was die Lage gefährlicher macht als die im Kalten Krieg.

Die sicherheitspolitische Debatte der Demokraten in Deutschlands Mitte beschränkt sich weitgehend auf einen kollektiven Ruf nach Waffen. Ist es nicht verstörend, dass unter Deutschlands Elite der Politikanalyse ein Siegfrieden in der Ukraine jahrelang als alternativlos galt und sie jegliche Plädoyers für Verhandlungen und Dialog ausschlossen? Warum ist eine Debatte darüber, wie wir Krieg oder dessen Ausweitung verhindern können, so verbarrikadiert? Wenn weiter Menschen sterben, ohne dass die Fronten sich ostwärts verschieben, ist die Zeit für Gespräche gekommen. Für Diplomatie.

Warum also nicht innehalten und nach einem Verständigungsfrieden suchen?

In Deutschland muss die Bundeswehr abwehrbereit sein, das ist keine Frage; sie ist dazu da, uns vor Aggressionen von außen zu schützen. Dazu gehört auch die Debatte um eine Reaktivierung der Wehrpflicht. Frieden kann nicht bewahren, wer nicht überzeugend bewaffnet ist. Aber auch militärische Kraft garantiert keinen Frieden, sie muss ergänzt werden durch ein ziviles Standbein. Andererseits führt auch Diplomatie kaum zu guten Ergebnissen, wenn hinter ihr nicht glaubwürdige Geschütze stehen. Statt eines hilflosen Entweder-oders brauchen wir ein entschiedenes Sowohl-als-auch; wir brauchen beides, Wehrhaftigkeit und Gesprächsfähigkeit. Diplomatie darf kein Schimpfwort sein.

Diplomatie im Zeitalter der Eskalation

Als der russische Großangriff auf die Ukraine begann, richteten sich viele Blicke auf die UNO. Aber schon zuvor hatte der Generalsekretär auf persönliche Vermittlungsmissionen verzichtet, auch darauf, Moskaus Manöver als Bedrohung für den Weltfrieden einzustufen und von sich aus den Sicherheitsrat vorausschauend damit zu befassen. 200 ehemalige Diplomatinnen und Diplomaten der UNO forderten António Guterres im April 2022 in einem offenen Brief auf, Führung zu übernehmen; die UNO laufe sonst nicht nur Gefahr, irrelevant zu werden, sondern riskiere ihre Existenz. Sie verlangten »eine politische UN-Präsenz und öffentliches Engagement, zusätzlich zu der bemerkenswerten humanitären Reaktion der UN auf die Ukraine-Krise«, konkret: »eine klare Strategie zur Wiederherstellung des Friedens, beginnend mit einem vorläufigen Waffenstillstand und der Nutzung der UN-Kapazitäten für gute Dienste,

Vermittlung und Konfliktlösung«.[184] Europa hätte den Weitblick haben müssen, die UN und ihren Generalsekretär in Bewegung zu setzen, um entschieden und unbeirrt diplomatische Wege zu öffnen. Dass es das nicht getan hat, bleibt ein bitteres Versäumnis. Guterres blieb vorsichtig, er fokussierte sich auf humanitäre Erfolge wie das Getreideabkommen mit der Türkei. Im Vergleich zu früheren UN-Generalsekretären wie U Thant in der Kubakrise oder Javier Pérez de Cuéllar im Golfkrieg blieb er politisch blass. Die UNO gestaltete nicht, sondern schaute einer geopolitischen Konfrontation an der Seitenlinie stehend zu.

Das gilt auch für Europa und die USA. Als Putin 2021 und Anfang 2022 an der Grenze zur Ukraine Truppen aufmarschieren ließ, konzentrierte sich der Westen auf Abschreckung und drohte Sanktionen an, statt diplomatisch initiativ zu werden, nach dem Angriff auf militärische Unterstützung für die Ukraine und wirtschaftlichen Druck. Gesprächsansätze von Frankreich und Deutschland mit Russland blieben unkoordiniert und wirkungslos. Das Argument »Putin war nie gesprächsbereit« greift zu kurz. Er war gesprächsbereit – aber zu einem Preis, den der Westen nicht zahlen wollte. Seit den 2000er-Jahren hat der Kreml immer wieder signalisiert, dass er verhandeln wolle, aber nicht als Bittsteller, sondern als Großmacht auf Augenhöhe. Viele russische Positionen (Ablehnung der NATO-Osterweiterung, Misstrauen gegenüber der EU-Politik in der Nachbarschaft, Sicherheitsgarantien für sich selbst) wurden in westlichen Hauptstädten als inakzeptabel abgetan oder Russland als Mittelmacht nicht ernst genommen. Die Frage ist, ob man jenseits von Wirtschaftsbeziehungen klüger, strategischer und kreativer hätte agieren können. Ob dies den Krieg verhindert hätte, steht auf einem anderen Blatt.

Auch die USA zeigten kein Interesse an direkten Verhandlungen. Was fehlte, war ein abgestimmtes, diplomatisches Konzept. Die Aktivierung und Aufrechterhaltung von Gesprächskanälen, der Entwurf einer neuen europäischen Sicherheitsarchitektur wären solche Elemente gewesen. Wer hatte den Mut, darauf hinzuweisen, dass es langfristig nur mit – und nicht gegen – Russland eine stabile Ordnung geben kann?

Im Westen nichts Neues: Es fehlt eine Kultur der Kriegsprävention

Der schönen Utopie des Pazifismus haben in diesen Jahren viele abgeschworen. Der Schriftsteller Thomas Brussig *(Helden wie wir)* hatte 2008 noch geschrieben: »Sollte ich je in meinem Pazifismus (der zugegebenermaßen keinen ernsthaften weltlagenbedingten Anfechtungen ausgesetzt ist) schwankend werden, müsste ich nur zu ›Im Westen nichts Neues‹ greifen, und alles wäre wieder im Lot.« Nachdem »ernsthafte weltlagenbedingte Anfechtungen« eingetreten waren, sagte er: »Es ist nicht die Stunde der Pazifisten. Pazifisten werden zur Lösung nichts beitragen können. Höchstens russische Pazifisten.«[185]

Der Bellizismus hat den Pazifismus zum Schweigen gebracht. Mein Fach war und ist die Diplomatie, ich war und bin den Vereinten Nationen verbunden. Ich habe mich immer als Pazifist verstanden. Nicht im radikalen, kompromisslosen Sinne, sondern als jemand, der überzeugt ist: Gewalt ist niemals wünschenswert, niemals eine Lösung, Gewalt darf niemals gefeiert oder verherrlicht werden. Und doch: Ich habe als Diplomat und UN-Repräsentant Missionen vertreten, bei denen Gewalt anzuwenden nicht nur erlaubt, sondern im Mandat festgeschrieben war. Ich stimmte zu, wenn Blauhelme mit Waffengewalt Zivilisten schützten, wenn Eingreifbrigaden Rebellenstellungen angriffen, wenn militärische Mittel als letzte Option als akzeptabel galten, um größere Verbrechen oder das völlige Scheitern eines Friedensprozesses zu verhindern.

Pazifismus heißt für mich im Sinne der Verantwortungsethik, nicht mit verschränkten Armen zuzusehen, wenn Menschen bedroht, gefoltert, vertrieben oder ermordet werden. Pazifismus heißt, alles zu versuchen, um Gewalt zu verhindern – aber zu akzeptieren, dass es Momente gibt, in denen der Einsatz begrenzter, legitimierter Gewalt das kleinere Übel ist. Diese Erkenntnis ist auch die Basis der Arbeit der UNO: Sie soll den Frieden sichern – und sie muss akzeptieren, dass Frieden manchmal nur bewaffnet geschützt werden kann. Pazifismus in der Diplomatie bedeutet nicht Naivität. Wir sind uns der Tragik bewusst, die jede Entscheidung für oder gegen den Einsatz von Gewalt mit sich bringt, aber wir sollten dennoch mutig Verantwortung übernehmen.

Balance of Diplomacy: Diskretion versus Megafonpolitik

»Nicht der Krieg ist der Ernstfall, der Frieden ist der Ernstfall«, sagte Gustav Heinemann bei seiner Antrittsrede als Bundespräsident am 1. Juli 1969. Es geht um Verhütung des Kriegs, um eine »Kultur der Prävention«, wie Kofi Annan es nannte. Daran mangelt es dem Westen, in die Zukunft schauen, damit uns die Welt nicht an anderen Orten erneut überrascht. Nehmen wir nur die *Frozen Conflicts:* Früher oder später tauen sie auf. Bevor das eintritt, ist es an der Zeit, über Lösungen nachzudenken – präventiv und für den Fall, dass ein Szenario Realität wird. Aktuell: Was könnten wir tun, um im Konflikt um Kaschmir weitere Massaker wie das von Pahalgam im April 2025 zu verhindern? Wie können wir dazu beitragen, dass China es unterlässt, Taiwan mit Gewalt einzugliedern? Vorausschauend denken, vertrauensbildend vielleicht sogar Dialog pflegen und ausbauen – die ganze Toolbox der UNO ausschöpfen, das wäre praktizierte Konfliktprävention. Dialog und gute Dienste anbieten, das ist doch die Kernaufgabe von Außenpolitik.

In der Diplomatie stellt sich immer wieder die Frage, was nachhaltiger wirkt: die öffentliche, laute Positionierung – oft als »Megafondiplomatie« bezeichnet – oder die stille Arbeit im Hintergrund, die diskrete Einflussnahme, die man klassisch »Hintergrunddiplomatie« nennt. Wenn eine Außenministerin wie Annalena Baerbock in Moskau ihren russischen Amtskollegen Sergej Lawrow öffentlich für Haftstrafen für Menschenrechtsaktivisten wie die von Memorial kritisiert, wenn sie vor laufenden Kameras Forderungen stellt, mag das als mutig, aufrichtig oder moralisch integer erscheinen. Aber nutzt es der Sache? Oder wäre Zurückhaltung langfristig wirkungsvoller gewesen? Leise sondieren und kleine Fortschritte auszuhandeln, ganz im Stil der ausgleichsorientierten Diplomatie eines Hans-Dietrich Genscher oder Willy Brandt?

Beide Ansätze haben unterschiedliche Adressaten: Öffentliche Diplomatie kann politische Signale setzen, moralische Standards unterstreichen, der eigenen Bevölkerung und internationalen Partnern zeigen, wofür man steht. Doch sie birgt das Risiko, dass der Verhandlungspartner sich brüskiert fühlt, sich in Trotzpositionen zurückzieht und Kompromisse blockiert. Hintergrunddiplomatie kann vertrauliche Kanäle eröffnen, vermeidet Gesichtsverluste, erlaubt Flexibilität – wird aber oft als intransparent oder gar als Schwäche wahrgenommen, vor allem in den Medien, die von sichtbaren Zeichen leben.

Gute Diplomatie ist auch die Kunst des Abwägens zwischen Haltung und Zurückhaltung, des Gespürs für eine kluge Balance zwischen Moral und Macht, Lautstärke und Stille, Überzeugung und Kompromiss, die keine Gegensätze sind, sondern Teil einer immer wieder neu auszutarierenden politischen Kunst.

Im Osten nichts Neues: Außenpolitik mit Sanktions- und Isolationsreflex

Als Wladimir Putin im Herbst 2024 die Ukraine massiv beschießen ließ, um die zivile Infrastruktur und die Moral der Bevölkerung zu durchlöchern, griff Olaf Scholz zum Telefon, um mit dem Mann im Kreml nach zwei Jahren Schweigen – das letzte Treffen war am 2. Dezember 2022 am langen Tisch im Kreml – zu sprechen. Er habe klargestellt, dass Putin »nicht damit rechnen darf, dass die Unterstützung Deutschlands, Europas und vieler anderer in der Welt für die Ukraine nachlassen wird«, versicherte der Bundeskanzler später. Er habe Russlands Präsidenten aufgefordert, seinen Angriffskrieg zu beenden, seine Truppen zurückzuziehen und mit der Ukraine über einen »gerechten und dauerhaften Frieden« zu verhandeln. Putin dagegen bestand in dem Gespräch darauf, dass die »neuen territorialen Realitäten« berücksichtigt, der Verzicht auf eine spätere NATO-Mitgliedschaft und die besetzten Gebiete erklärt werden müsse. Die Ukraine lehnt all das bis dahin ab. Im Osten also nichts Neues.

Wolodymyr Selenskyj kommentierte das Telefonat mit den Worten: »Der Anruf von Olaf öffnet meiner Meinung nach die Büchse der Pandora.« Polens Ministerpräsident Donald Tusk schrieb auf X: »Niemand wird Putin mit Telefonanrufen aufhalten. Der Angriff gestern Abend, einer der größten in diesem Krieg, hat bewiesen, dass Telefondiplomatie keine echte Unterstützung des gesamten Westens für die Ukraine ersetzen kann.« Und in Deutschland bekam Scholz Prügel von allen Seiten. Die CDU sprach von einem »Propagandaerfolg« für Putin, die Grünen äußerten den Verdacht, Scholz wolle im Wahlkampf als »Friedenskanzler« für sich werben, was die Medien gern wörtlich übernahmen. Die schlimmste politische Krankheit in Deutschland ist das Sprechverbot, der kleine Bruder des Denkverbots.

Man kann auch umgekehrt argumentieren: Dieses Gespräch kam nicht zu früh, sondern zu spät. Warum hat das zwei Jahre gedauert? Gespräche mit dem Aggressor hätten doch nicht ausgeschlossen, die Ukraine so zu unterstützen, wie wir es taten und tun. Was vergeben wir uns denn? Warum folgen wir in der Außenpolitik insbesondere mit Blick auf den Aggressor in Moskau einem Sanktions- und Isolationsreflex?

Als Außenministerin Annalena Baerbock im NATO-Rat laut überlegte, ob auch deutsche Truppen einen Waffenstillstand an der russisch-ukrainischen Grenze absichern sollten, entgegnete Norbert Röttgen (CDU): »Weiß Frau Baerbock, über was sie redet?« Auch Friedrich Merz nannte solche »Spekulationen« in der Sendung Maischberger »unverantwortlich«. Sogar der Bundeskanzler widersprach seiner Kabinettskollegin im Bundestag, nannte es »unangemessen«, über eine deutsche Beteiligung an einer möglichen europäischen Friedenstruppe zu reden. Warum sind solche Überlegungen unangemessen, die in Großbritannien, den Niederlanden und Schweden längst die Debatten bestimmten? »Wir sind noch nicht beim Frieden«, sagte Scholz, »sondern mitten in einem brutal von Russland vorgetragenen Krieg, der ohne Rücksicht weiter vorangetrieben wird.« Solche höchstrangigen Verdikte führen dazu, dass auch in den Ministerien Widerspruch versiegt. Dabei wären Ministerinnen und Minister, Staatschefs und Präsidentinnen auf Berater angewiesen, die mutig einmal wider den Stachel löken.

Es begann mit dem Tabu, nicht eingestehen zu wollen, dass ein territorialer Kompromiss der Türöffner für eine Friedenslösung sein könnte. Wer die Regelbasierte Internationale Ordnung propagiert, muss sich tatsächlich fragen: Wäre sie nicht missachtet, wenn die Ukraine Territorium für einen Friedensschluss abgeben müsste? Lohnt sich also Aggression doch? Ohne Einigung aber sind weitere Tote zu erwarten, Zehntausende. Vielleicht wird dieser Krieg erst enden, wenn die Menschen in der Ukraine mehrheitlich für einen Friedensvertrag unter Verzicht auf Gebiete zustimmen, die wahrscheinlich nicht rückholbar sind. Könnte die Welt damit einverstanden sein, dass Aggression in der Realpolitik manchmal doch belohnt wird? Könnte eine solche »schmutzige« Übereinkunft den Bruch des Völkerrechts heilen? Ein fauler Kompromiss?

Auch dieser Krieg wird enden. Es liegt an der Ukraine zu entscheiden, ob sie zu territorialen Abtretungen bereit ist. Christian Lindner befürchtete schon 2017, »dass man die Krim zunächst als dauerhaftes Provisorium ansehen muss«. Um aus der Sackgasse herauszukommen, plädierte er im Interview mit der *Berliner Morgenpost* für Angebote, »damit Putin ohne Gesichtsverlust seine Politik korrigieren kann«. Lindner erinnerte an den »Wandel durch Annäherung« während des Kalten Kriegs und das »neue Denken« damals. »Das brauchen wir auch heute, für mehr Dialog und mehr Kreativität im Umgang.«[186]

Es folgte ein mediales Gewitter. *Der Spiegel,* nur ein Beispiel, urteilte, Lindners Vorschlag sei das »falsche Zeichen zum völlig falschen Zeitpunkt, es ist auch fahrlässig und schadet der westlichen Verhandlungsposition«. Es liege am Kreml, »für Fortschritte bei der Umsetzung des Minsker Abkommens zu sorgen«.[187]

Isolationismus: Wer Gespräche ausschließt, schließt sich selbst aus

Kaum war Donald Trump wieder im Amt, verhandelte er ganz selbstverständlich mit Putin – über die Köpfe der Angegriffenen hinweg. Und wenig später kanzelte er den widerspenstigen Selenskyj im Weißen Haus wie einen Schuljungen ab. Berlin und ganz Westeuropa mussten einflusslos zusehen, wie Trump mit Putin über einen »Deal« verhandelte, der mehr war als ein Friedensvertrag: Er war ein

Geschäft, das auf den Versuch hinauslief, eine notleidende Nation zu erpressen, manche meinen mit Mafiamethoden. Neben Kopfschütteln und Empörung gab es aber auch klammheimliche Freude und Hoffnung, dass er – ausgerechnet! – Bewegung in den Stellungskrieg bringt.

Gern heißt es, dass Putin ohnehin nicht für Friedensgespräche zu gewinnen wäre. Mag sein. Aber irgendwann wird darüber geforscht werden, weshalb die Gesprächsbemühungen im März 2022 in und nach Istanbul ergebnislos geblieben sind. Warum scheiterte Minsk? Weil beide Seiten die Vereinbarungen nicht erfüllen wollten, den Waffenstillstand brachen, weil Sicherheitszonen ausblieben, schwere Waffen und russische Soldaten im Kampfgebiet blieben und weil es zu Wahlen nach OSZE-Standards, einer Verfassungsreform und einer gewissen Autonomie für die Regionen nicht kam. Vor allem aber hatte die Ukraine dank des Abkommens die Gelegenheit, Lücken in der Armee zu schließen.[188] Angela Merkel bestätigte das im Dezember 2022 in einem Interview mit der Wochenzeitung *Die Zeit:* »Das Minsker Abkommen 2014 war der Versuch, der Ukraine Zeit zu geben. Sie hat die Zeit auch genutzt, um stärker zu werden, wie man heute sieht.«[189]

Als im Juni 2024 in Bürgenstock in der Schweiz eine »Hochrangige Konferenz zum Frieden in der Ukraine« zusammentraf, war Putin, ganz der westlichen Logik entsprechend, nicht eingeladen. Seither wird im Eidgenössischen Department für Auswärtige Angelegenheiten (EDA) immerhin darüber diskutiert, »wie und wann Russland in diesen Prozess einbezogen werden kann«. Indem insbesondere die Europäer Putin ausschließen, schließen sie sich selbst aus. Inzwischen dämmert es den Militärexpertinnen und Strategen, dass über einen territorialen Kompromiss gesprochen werden muss. Doch eingestehen will das niemand.

Dieser Krieg wird nicht allein auf dem Schlachtfeld entschieden. Sanktionen und Waffen sind notwendig, ja – aber sie ersetzen nicht die Diplomatie. Der Appell an die USA und Europa lautet daher: Bringt die Diplomatie zurück ins Spiel! Wir brauchen eine Doppelstrategie: fest in der Unterstützung der Ukraine, aber mit offenen Kanälen zu Russland, wie dünn und brüchig sie auch sein mögen. Auf diskrete Weise wäre ein Konzept für die europäische Sicherheitsordnung nach dem Krieg auszuloten – nicht als Belohnung für Aggression, sondern als Architektur neuer, verlässlicher Stabilität. Das verlangte politischen Mut, auch unpopulär zu denken: Wie könnten langfristig wieder Verhandlungen möglich sein, ohne die Prinzipien des Völkerrechts zu verraten? Diplomatie bedeutet nicht Schwäche. Diplomatie bedeutet, sich auf den Tag danach vorzubereiten. Und er wird kommen, der Tag danach, in Kiew wie in Gaza. In Jahrzehnten der Diplomatie habe ich gelernt: Frieden fällt nicht vom Himmel. Er wird gemacht mit Worten, mit Ideen, mit Ausdauer – von Menschen, die mutig den ersten Schritt gehen.

Selbst im Kalten Krieg gab es rote Telefone und ausreichend Kontakte zwischen Kontrahenten. Und es gab den KSZE-Prozess. Aber die Frage damals war und ist auch heute: Rüsten Russland und der Westen im Gleichschritt auf, bis einer Seite die Luft ausgeht? Der letzte Rüstungswettlauf endete mit Russlands Staatspleite.

Real-Diplomatie: Mit Terroristen und Kriegsverbrechern reden

Als Leiter des damals neuen Vertretungsbüros der Bundesrepublik Deutschland in Jericho war ich regelmäßig mit PLO-Chef Arafat in Kontakt – obwohl er vieles zu verantworten hatte: Er stand an der Spitze einer Bewegung, aus der Gruppen hervorgingen, die für Flugzeugentführungen, Selbstmordattentate und Terrorakte verantwortlich waren, darunter auch der Schwarze September, der 1972 das Olympia-Attentat in München verübte. Er trug dafür eine politische

Mitverantwortung, weshalb der US-Kongress die PLO 1987 als Terrororganisation einstufte.

Dreieinhalb Jahre später stürzte Arafat bei einem Sandsturm in der libyschen Wüste ab, was Israels Verteidigungsminister Moshe Arens sagen ließ: »Kein Israeli wird dem Massenmörder Arafat eine Träne nachweinen.« Aber die Satelliten der USA orteten ihn, und Hilfe kam rechtzeitig. Libysches Militär brachte ihn in ein Krankenhaus in Misrata. Die USA retten einem Terroristen das Leben? Zweifellos war das eine Entscheidung des US-Präsidenten, der klug genug war, Arafat als künftigen Gesprächspartner und ausgleichendes Element unter kühl kalkulierenden Radikalen wie Georges Habasch

DIE TERRORLISTEN DER USA UND DER UNO

Unter Bill Clinton hielten die USA von 1995 an in einer ersten umfassenden Liste Terrororganisationen und finanzielle Sanktionen fest, insbesondere islamistische und palästinensische Gruppen, darunter Hamas und Hisbollah (Executive Order 12947). George W. Bush verfügte nach den Anschlägen auf das World Trade Center am 23.9.2001, dass künftig auch Einzelpersonen erfasst und deren Konten blockiert werden konnten. Diese Liste enthielt bald eine wachsende Zahl von Terrorverdächtigen, darunter Al-Qaida-Mitglieder und später Anführer des IS.
Auch die UNO ging gegen Terroristen vor. Mit der Resolution 1267 verhängte sie 1999 Sanktionen gegen die Taliban, nach 9/11 führte auch sie Listen mit Einzelpersonen ein (vor allem Al-Qaida-Mitglieder), auf deren Grundlage Vermögen eingefroren und Reisen eingeschränkt werden konnten, überwacht vom sogenannten 1267-Ausschuss. Eine offizielle EU-Terrorliste gibt es erst seit dem 28. September 2001 nach den Anschlägen vom 11. September 2001. Bis dahin pflegte jedes EU-Land seine eigenen Kriterien und Listen.

zu sehen, Akademiker, Kinderarzt und Gründer der Volksfront zur Befreiung Palästinas (PFLP). Arafat überlebte, weil er (in den Augen der Amerikaner) eine Zukunft hatte. Darüber freuten sich die Palästinenser so ausgelassen, dass in Ramallah, Hebron und im Gazastreifen das israelische Militär sich gezwungen sah, Tränengasgranaten zu werfen und eine Ausgangssperre zu verhängen.[190]

Ich sprach damals auch einmal mit Ahmad Scheich Yassin, Gründer, Führer und Ideologe der Hamas. Eine solche Figur zu besuchen könnte sich heute kein deutscher Diplomat mehr erlauben. Ich habe damals niemanden gefragt. Ich bin einfach hingefahren zu ihm nach Gaza, mit dem in Israel zugelassenen Diplomatenfahrzeug. Alle Welt kannte sein sehr bescheidenes Haus neben einem Fußballplatz, in dem er mich empfing. Er saß im Rollstuhl – eine Sportverletzung –, und wir sprachen, er mit hoher Fistelstimme, über Terror und Selbstmordattentate, in seinen Worten den bewaffneten Kampf. Zweifellos wussten die Israelis von meinem Besuch dort, bei einem Feind der Oslo-Verträge. Am 22. März 2004 schickte ihm Israel drei Hellfire-Raketen ins Haus, Tausende begleiteten seinen Trauerzug.

Ein glücklicheres Schicksal hatte Nelson Mandela, der Führer des African National Congress (ANC). 1961 hatte sich dessen Befreiungsbewegung für den bewaffneten Kampf gegen das rassistische Regime mit den Worten entschieden: »Es gibt viele, die spüren, dass es nutzlos und vergeblich ist, weiter von Frieden und Gewaltlosigkeit gegenüber einer Staatsmacht zu sprechen, deren einzige Antwort in grausamen Angriffen auf unbewaffnete und wehrlose Menschen besteht.« Mandela träumte von einer klassenlosen Gesellschaft wie zu früheren Zeiten. »Der Boden als damals wichtigstes Produktionsmittel gehörte dem Stamm. Es gab weder Reich noch Arm, und es gab keine Ausbeutung.« Margaret Thatcher nannte den ANC eine »typische Terrororganisation«, Ronald Reagan plädierte gegen Mandelas Entlassung aus dem Gefängnis auf Robben Island nach mehr als einem Vierteljahrhundert, und in der Bundesrepublik hofierte nicht nur Franz Josef Strauß das rassistische Regime in Pretoria, das bald von ebenjenem Mann abgelöst werden sollte, der für sie ein Terrorist war.[191] Kein Zweifel: Pazifist war Madiba nicht, sondern Revolutionär im persönlichen Krieg gegen ein Herrenmenschensystem, das übermächtig zu sein schien, weil es, toleriert von den Mächtigen der Welt, ungestraft Willkür und Mord gegen die nichtweiße Bevölkerung verüben konnte. Das Apartheidregime begann 1990 zu bröckeln, als es Mandela freiließ. Dass er zusammen mit Präsident Frederik Willem de Klerk einen relativ friedlichen Übergang schaffte – trotz vieler Tausend Toten –, belohnte das Nobelkomitee 1993 mit dem Friedensnobelpreis. Von 1994 an war Mandela Präsident Südafrikas. Dass dieser Mann kein Terrorist war, fiel in den USA offenbar erst Jahre später auf, als wohl ein Unbekannter auf den Eintrag unter Hunderttausenden auf einer geheimen Liste stieß, auf der zweifellos schlimme Verbrecher versammelt waren. Als auch die USA den ANC und damit Mandela 2008 endlich aus dieser unwürdigen Nachbarschaft befreit und neben Gandhi und King aufs Ikonenpodest gestellt hatten, war Mandela schon Ruheständler. Times they are a-changing – hin und wieder unerwartet und zum Besseren.

Wann ist ein Mensch Terrorist, wann Freiheitskämpfer?

Weshalb verhandeln Europa und die USA mit Ahmed al-Sharaa (Kampfname Abu Muhammad al-Julani), dem Anführer der Islamistengruppe Hay'at Tahrir al-Sham (HTS)[192] in Syrien, verweigern sich aber vollständig gegenüber den Taliban in Afghanistan? Al-Sharaa saß mit Abu Bakr al-Baghdadi, dem späteren Anführer des sogenannten Islamischen Staats, in einem Gefängnis im Nordirak, das als Keimzelle des »Islamischen Staats« gilt. Er war Mitglied des Terrornetzwerks al-Qaida im Irak, das für Anschläge gegen US-Truppen und schiitische Ziele verantwortlich war. Als ihn al-Baghdadi nach Syrien schickte, baute er die Nusra-Front (Jabhat al-Nusra) auf. Als al-Baghdadi die Gründung des »Islamischen Staats im Irak und Syrien« (ISIS) ausrief, weigerte er sich, seine Gruppe ins »Emirat« einzugliedern. Al-Sharaa machte sich selbstständig und gab seiner Organisation den Namen Hayat Tahrir al-Sham (HTS). Er war ein Terrorist und Islamist. Seine zivile Regierung im Norden Syriens rund um Idlib war gegen rivalisierende Gruppen nicht zimperlich. Die USA setzten ein Kopfgeld von zehn Millionen US-Dollar auf ihn aus. Im Dezember 2024, nachdem Assad gestürzt und al-Sharaa der neue Machthaber geworden war, hoben die USA das Verdikt auf. Ein Terrorist hatte sich als Staatschef entpuppt.

Ist Dialog mit Islamisten möglich?

Wenn Völker es satthaben, von autoritären Führern geknebelt zu werden, stehen sie auf. Demokratisch werden die Staaten deshalb noch lange nicht, wie wir im »Arabischen Frühling« lernen mussten. In Tunesien, Ägypten, Libyen und der Republik Jemen stürzten die Aufständischen zwar das Regime, aber ein demokratischer Sommer ist daraus nirgends geworden. Im Gegenteil: Wo ein Machtvakuum entstanden war, füllten es nicht selten islamistische Gruppierungen. In Teilen Iraks und Syriens machte sich der »Islamische Staat« breit. In Libyen, Syrien und im Jemen brachen Bürgerkriege aus. In Ägypten übernahmen die Muslimbrüder die Macht, das Motto von Präsident Mohammed Mursi lautete: »Der Koran ist unsere Verfassung. Der Prophet ist unser Führer. Der Dschihad ist unser Weg. Der Tod für Gott ist unser nobelster Wunsch.« Dass er eine Koptin in sein Kabinett holte, die keinen Schleier trug, und er aus der Muslimbrüderschaft austrat,[193] konnte nicht verhindern, dass er durch einen Coup des Militärs weichen musste. Und das wiederum brachte Ägypten auch keine Erleichterung, sondern den autoritären Führer Abdel Fattah al-Sisi, der seit 2013 die Haftanstalten mit politischen Gefangenen füllt. Und wohin wird al-Sharaa Syrien führen?

Gerade in solchen historischen Situationen dürfen wir uns nicht abwenden. Schlimm genug, dass wir in Europa ganz offensichtlich nicht auf diese Wendung gefasst waren. Vorausschauende Außenpolitik scheint nicht zu unseren Stärken zu gehören. Wenn plötzlich ein al-Sharaa das Sagen hat, kommt es auch auf uns an, wie das Abenteuer weitergeht. Wie halten wir Kontakt mit diesem in der internationalen Politik unerfahrenen Mann? Wie mit Mohammed al-Bashir, bis März 2025 Übergangspremierminister, der zuvor Premierminister der HTS-Rebellenhochburg Idlib und ihrer knapp fünf Millionen Menschen war? Kann al-Sharaa vielleicht den Weg Arafats gehen? Können wir uns nützlich machen? Die EU sollte den Dialog suchen und pflegen und die Botschaft wieder eröffnen. Sie sollte humanitäre Hilfe leisten, unabhängig von der politischen Entwicklung, auch Hilfe beim Wiederaufbau von zerstörter Infrastruktur. Ob die HTS nun wirklich die gesamte Levante »befreien« will, sollten wir erst einmal abwarten.

Auch Israel sollte die diplomatische Hand ausstrecken. Nach dem Krieg in Gaza und post-Netanjahu kann mit Syrien im Rahmen einer regionalen Sicherheitsstruktur auch das möglich sein, was in Jordanien und Ägypten Realität wurde – ein Friedensvertrag.

Besonders wichtig ist die Hilfe beim Wiederaufbau zerstörter Kulturgüter. Seit Beginn des syrischen Bürgerkriegs 2011 und insbesondere mit dem Aufstieg des sogenannten Islamischen Staats (IS) hat Syrien hier einen verheerenden Verlust erlitten. Weltberühmte Stätten wie Palmyra, die Altstadt von Aleppo, Raqqa oder Apamea wurden durch gezielte Zerstörung, Kämpfe oder systematische Plünderungen schwer beschädigt.

Die Gerda Henkel Stiftung und das Auswärtige Amt waren schon vor dem Bürgerkrieg in Syrien aktiv. Als Mitglied der GHS habe ich deren Projekte in Syrien immer unterstützt. Die Stiftung förderte zahlreiche archäologische Forschungsprojekte, darunter Ausgrabungen in Aleppo, Palmyra und Dura Europos, aber auch Projekte zum

Erhalt schriftlicher und materieller Zeugnisse der syrischen Antike. Mit Ausbruch des Kriegs mussten viele dieser Projekte im Land unterbrochen oder ganz eingestellt werden, die Stiftung gab Syrien aber nicht auf.

Syrische Archäologen und Historiker erhielten in den vergangenen Jahren gezielt Unterstützung, etwa durch Stipendien, für die Fortsetzung ihrer Forschung im Exil oder durch kleine Projektfinanzierungen in Syrien selbst. So kann heute auf einem breiten Netzwerk aufgebaut werden, und es liegen umfangreiche Daten zu Schäden an historischen Gebäuden, archäologischen Stätten und Denkmälern vor. Im Rahmen des Patrimonies-Programms für Kulturerhalt in Krisenregionen bemühen wir uns nun gezielt darum, die Zusammenarbeit mit syrischen Fachleuten aufzunehmen, Möglichkeiten für Wiederaufbau- und Restaurierungsprojekte zu prüfen und Kontakte zwischen syrischen und internationalen Wissenschaftlerinnen und Wissenschaftlern zu stärken. Diese Arbeit soll dazu beitragen, verlorenes Vertrauen wiederherzustellen und Verantwortung für das gemeinsame Weltkulturerbe zu übernehmen. Die Zerstörung der syrischen Kulturstätten war nicht nur ein Angriff auf Steine und Mauern, sondern auf das kulturelle Gedächtnis der Menschheit – und diesem Gedächtnis verpflichtet sich die Arbeit der Gerda Henkel Stiftung, damals wie heute.

Im Umgang mit den neuen Machthabern in Syrien sollte lauten: Vertrauen schaffen auch durch Vertrauensvorschuss, al-Sharaa mit unserer Denkweise vertraut machen. Bei Wiederaufbauhilfe darauf drängen, dass er Alawiten, Christen, Jesiden, Drusen und andere sowie die Kurden als Minderheiten anerkennt und schützt. Das alles darf leise geschehen, Lautsprechereien fürs heimische Publikum sind dabei nicht hilfreich.

Es scheint vergessen zu sein: Deutschland hat immer diplomatische Beziehungen zu Assad gepflegt, zuerst zum Vater, bei dem die Gäste immer stundenlang sitzen und zuhören mussten, dann zum

Sohn, den ich mit Fischer bei der Beerdigung seines Vaters 2000 kennenlernte. Wir wussten immer: Das Regime der Alawiten, der Minderheit von 15 Prozent, basierte auf Folter und Unterdrückung und bis zu hunderttausend Gefangenen in dunklen Gefängnissen, 90 000 davon gelten als verschwunden oder in Haft gestorben.[194] Niemand kann sagen, wir hätten das nicht gewusst. Das sind viel mehr Opfer des Regimes als in Ägypten, wo Menschenrechtsorganisationen wie die Egyptian Initiatve for Personal Rights bei viel größerer Bevölkerung seit 2013 – schlimm genug – 60 000 politische Gefangene zählen.

Außenpolitik ist geopolitischen Interessen verpflichtet und muss pragmatisch denken, ohne das Humanitäre zu vergessen. Pragmatisch heißt bezüglich HTS und dessen erste Bilanz: Sie hat das Machtvakuum nach Assads Sturz gefüllt, kontrolliert Syrien weitgehend und vermag hoffentlich die Rückkehr des sogenannten Islamischen Staats zu verhindern. Pragmatisch zu denken und zu handeln bedeutet auch, dass der Westen gemeinsam mit Russland, Iran und der Türkei am Tisch sitzt.

Die westliche, auch die deutsche Außenpolitik, hat auch immer enge Beziehungen zu den Autokraten im Nahen Osten gepflegt. Wir wollten Stabilität in der Region, auch im Interesse Israels, selbst wenn deren Handeln uns nicht passte. In der Diplomatie ist es unverzichtbar, mit allen »Playern« zu sprechen. Kontaktabbruch und Sanktionen allein bringen selten Erfolge, Gesprächsverweigerung führt nicht zu einer besseren Welt. Kompromisse gibt es nur durch Gespräche, Zugeständnisse auch. Und durch humanitäre Hilfe gewinnen wir Vertrauen bei den Menschen. Menschen dürfen nicht dem Hunger überlassen werden. Auch dann nicht, wenn die Macht in der Hand von Autokraten liegt.

Diplomatie nicht nur mit den Eliten, sondern auch für die Menschen: Martin Kobler mit Bundesaußenminister Sigmar Gabriel 2017 in einem Flüchtlingslager in Tripolis und 2014 in einem Dorf im Kongo.

Die Würde des Menschen gilt auch für Terroristen

Patrick Kennedys Stimme überschlug sich, als er in den Saal rief: »Martin Kobler, Sie müssen als UN-Kommissar zurücktreten.« 16 Jahre lang, von 1995 bis 2011, war der Neffe des ehemaligen Präsidenten John F. Kennedy Mitglied des US-Kongresses gewesen, nun lobbyierte er auf einer Konferenz der iranischen Volksmudschahedin (People's Mujahedin of Iran) für die, wie er sagte, »am besten organisierte politische Organisation, die mit demokratischen Mitteln gegen die herrschenden Mullahs in Iran« kämpfe. Mir warf er vor, »an der Schikanierung, Verfolgung und Terrorisierung dieser Menschen beteiligt« zu sein. Die Zuhörer, mehrere Hundert, klatschten euphorisch, schwenkten gelbe Fähnchen, pfiffen und jubelten.[195] Was war geschehen?

Die iranische Oppositionsgruppe Mujahedin-e-Khalq (MEK) hatte in den 1970er-Jahren beigetragen, den Schah zu stürzen. Ihr Anführer Massoud Rajavi, 1979 aus dem Gefängnis entlassen, hoffte auf Beteiligung beim Aufbau des neuen, anderen Iran. Aber die schiitisch-islamischen Marxisten der MEK unterlagen bei den Wahlen 1980, das klerikale Regime des Ajatollah Chomeini schloss sie von der Regierung aus und ließ die MEK blutig verfolgen. Rajavi antwortete mit Anschlägen, auch auf Staatsbedienstete. Schließlich mussten die Mudschahedin flüchten, die meisten wählten das Asyl im Irak. Rajavi flog zunächst nach Frankreich, gründete dort den Nationalen Widerstandsrat des Iran (NWRI). Maryam, seine dritte Ehefrau, wurde Präsidentin des NWRI. 1986 aus Frankreich ausgewiesen, zog auch Massoud Rajavi in den Irak, wo er in Camp Ashraf und zahlreichen anderen irakischen Basen seine Nationale Befreiungsarmee Irans aufbaute, großzügig finanziert von Saddam Hussein. Das Lager mitten in der Wüste und nahe der iranischen Grenze hatte einen stattlichen Pool, das Essen kam aus Kuwait. Man erzählte sich, Saddam habe die Iraner für ihre militärischen Dienste mit Ölcoupons bezahlt, die sie auf dem Schwarzmarkt einlösten. Das Geld landete unter anderem auf Konten in den USA.

Nachdem Saddams Regime 2003 mithilfe der USA gestürzt war und eine schiitische Regierung die Macht in Bagdad übernommen hatte, verlor sich Massoud Radjavis Spur. Untergetaucht oder tot? Die Amerikaner lösten die elf Lager seiner Armee auf, entwaffneten die mehr als 3000 Kämpferinnen und Kämpfer und brachten sie nach Camp Ashraf. Die Konten der selbst ernannten Freiheitskämpfer in den USA wurden eingefroren, weil sie als Terrororganisation galten.

Es dauerte nicht lange, bis die neue, schiitische Regierung in Bagdad unter Premierminister Nuri al-Maliki die Anti-Mullah-Krieger nicht mehr im Land dulden wollte. Nach meinem Dienstantritt als Leiter der UN-Mission UNAMI in Bagdad 2011 sagte er: »Wenn Sie diese Leute nicht bis Dezember dieses Jahres aus dem Land schaffen, dann öffne ich die Türen für die Iraner.« Dann könne er deren Sicherheit nicht mehr garantieren. Das war ein Ultimatum. Das Lager für Iran zugänglich zu machen hätte zu einem Massaker geführt. Aber ich wusste nicht, wer sie hätte aufnehmen können, schon gar nicht 3000, von denen viele auf der Terrorliste standen. Beim nächsten Treffen schlug ich deshalb vor, die Gefangenen zu verlegen: von Camp Ashraf an der iranischen Grenze an ein von den Amerikanern aufgegebenes Lager im Landesinnern, in der Nähe des Flughafens in Bagdad – Camp Liberty. Wir hatten das mit Malikis Beratern abgesprochen und bereits damit begonnen. Als ich mit Maliki darüber sprach, stellte sich heraus, dass er nicht informiert war. Er tobte. Da nahm ich sein Glas Orangensaft und mein leeres. »Ihr Glas ist Camp Ashraf«, sagte ich, »meines Camp Liberty.« Ich kippte einen Teil davon hinüber. »Und wenn wir die ersten 600 ins Ausland gebracht haben, bringen wir die nächste Gruppe zum Flughafen. Aber Sie müssen mir eine Fristverlängerung geben.« Er war alles andere als einverstanden und machte das lautstark deutlich. »Sayyid ra'is al-wuzara, Herr Premierminister, wenn die dann weg sind, dann nehmen wir die nächsten.« Wieder kippte ich einen Teil des Safts um. »Sie sehen, das wird immer weniger. Aber dafür brauche ich mindestens ein Jahr.«

»So war das nicht verabredet«, schrie er. »Mein Ultimatum gilt.« Schließlich gab er doch nach. Auch die USA wollten die militanten Iraner aus der Region abschieben; sie versprachen den MEK, sie von der Terrorliste zu nehmen und ihre in den USA eingefrorenen Millionen freizugeben, wenn sie sich fügten. Die Kämpfer wollten aber nicht verschwinden, sie wollten noch immer das Regime in Teheran stürzen und beerben. Daraufhin baten die Amerikaner die neutrale UNO und damit mich, das Problem zu lösen.

Noch 2008 nennt der niedersächsische Verfassungsschutzbericht die MEK »die aktivste und militanteste Oppositionsgruppe gegen die Islamische Republik Iran. Die Organisationsführung verlangt von den Anhängern unbedingten Gehorsam und eine ständige weltweite Verfügbarkeit.« In der EU stand die MEK auf der Liste ausländischer Terrororganisationen – bis 2009. In den USA noch Jahre länger.

In den USA, im Europäischen Parlament, aber auch in Deutschland hatten sich jedoch große Unterstützergruppen gebildet, welche die Mudschahedin als Waffe gegen das Teheraner Regime betrachteten. Neben Kennedy sprachen mächtige Männer wie New Yorks Bürgermeister Rudy Giuliani und der spätere Sicherheitsberater von Donald Trump, John Bolton, für das MEK, auch der spätere Vizepräsident Mike Pence und Hillary Clinton machten sich für die MEK stark. Sie glaubten, die Mudschahedin seien die Einzigen, die dem iranischen Regime etwas entgegensetzen könnten. Auch im Vereinigten Königreich gab es eine starke Gruppe, im EU-Parlament scharten sich Unterstützer um Struan Stevenson, einen konservativen Schotten, der den Ausschuss für die Beziehungen zum Irak von 2009 bis 2014 leitete.

Zu dieser Zeit rief mich ein SPD-Abgeordneter an, der im Namen eines ehemaligen Bundesministers fragte, ob ein Vortrag vor den MEK – für den es, nebenbei gesagt, ein fürstliches Honorar gebe – ratsam sei. Ich verwies auf die Listung als Terrororganisation und riet: Hands off! Andere blieben dabei, unter ihnen Günter Verheugen, wohl nicht nur aus idealistischen Gründen, und Rita Süssmuth, Beirätin im »Deutschen Solidaritätskomitee für einen freien Iran«, das Maryam Radjavi nach Berlin einlud, wo man in der Deutschen Parlamentarischen Gesellschaft zusammensaß. Man müsse diesen »Befreiungskämpfern« doch beistehen, meinten die Lobbyisten, das MEK sei die einzige iranische Oppositionskraft im Ausland gegen das Regime in Teheran. Die Bundestagsfraktion der Grünen erklärte dagegen, dass »die unter dem Deckmantel ›Nationaler Widerstandsrat Iran‹ (NWRI) agierende iranische Exilorganisation der ›Volksmojahedin‹ und ihre öffentlich wirkende Führerin Mariam Rajavi keine geeigneten Gesprächspartner für eine verantwortungsvolle deutsche Politik gegenüber dem Iran sind«. Eine »demokratische iranische Opposition« wollten sie in Rajavis NRWI nicht sehen.

Für mich ging es um Leben oder Tod der Gefangenen, und das UN-Interesse war ausschließlich ein humanitäres. Ich wollte die Menschen retten, unabhängig davon, wie viel Blut sie an ihren Händen hatten. Für uns galt das Recht auf Leben und körperliche Unversehrtheit. Also suchten wir eine Lösung – und fanden eine: Mit amerikanischen finanziellen Anreizen erklärte sich schließlich Albanien bereit, die Iraner aufzunehmen. Das aber wünschte Maryam Rajavi nicht, die im Exil in Paris darauf warten wollte, dass das Regime stürzte und sie die Regierung in Teheran übernehmen könnte. Erst als wieder Raketen in einem Lager in der Nähe des Flughafens eingeschlagen waren – es gab Tote –, war auch das Pariser Exil bereit, der Ausreise zuzustimmen.

Wir organisierten den Transport von rund 2700 Männern und Frauen in mehreren Konvois durch Al-Qaida-Gebiet in das Lager am Flughafen in Bagdad. Knapp 300 Männer, die für Terroranschläge in Iran verantwortlich waren, wollten zurückbleiben. Das Leben der 2700 war zumindest gerettet. Gerettet war auch das Geld; die USA strich die Organisation von der Terrorliste und gewährte Zugang zu den eingefrorenen Geldern. Die rund 300 in Ashraf verbliebenen Männer waren nicht zu retten; sie wurden hingerichtet, nachdem ich das Land verlassen hatte.

Was lernen wir daraus? Auch demokratischen Staaten fällt es mitunter schwer, sich an die Regeln zu halten; und manchmal werden sie auch übertreten, wenn es politisch opportun zu sein scheint. Mir war dennoch unbegreiflich, dass europäische und amerikanische Politiker mit einer Terrorgruppe fraternisierten, während ein UN-Mediator ohne Waffen und Druckmittel zwischen den Mühlsteinen sitzt: zwischen MEK, Iran, irakischer schiitischer Regierung sowie US-Regierung und einer verblendeten Lobbygruppe, die auf eine Terrortruppe setzte, die im Fall des Sturzes des iranischen Regimes in die Jeeps steigen und in Teheran die Macht übernehmen wollte. Ich bin mir sicher, dass Maryam Rajavi die Ereignisse nach Juni 2025 in Iran genau verfolgt und in geistigen Startlöchern sitzt.

Mir aber ging es um das Leben von 3000 Menschen. Mein Prinzip war auch in solch einem Fall: Humanity first. Ich habe Diplomatie nie als Verrat an Prinzipien oder der Wehrhaftigkeit verstanden, sondern sie hilft oft, Eskalation zu verhindern. Es stimmt auch: Es gibt Prinzipien, die nicht verhandelbar sind wie die Rechte der Frauen in Afghanistan. Doch gerade weil sie unverhandelbar sind, muss man darüber sprechen können. Wer Gesprächskanäle schließt, kann diese Prinzipien verraten. Wer nicht redet, liefert sie aus.

»Hoffnung ist nicht die Überzeugung,
dass etwas gut ausgeht,
sondern die Gewissheit,
dass etwas Sinn hat – egal, wie es ausgeht.«

Václav Havel

Kapitel 12

Entschlossenheit statt Resignation: Das Weltenbeben ist Europas Chance

Wenn ich auf die Orte zurückblicke, an denen ich gearbeitet habe – Jericho und Kairo, Tripolis und Bagdad, Neu-Delhi, Kabul und Islamabad sowie Kinshasa –, dann erkenne ich ein verstörendes Muster: Die Lage ist in den meisten dieser Regionen heute schlechter als zu der Zeit, als ich dort für das Auswärtige Amt und die Vereinten Nationen tätig war. Was bleibt von diplomatischer Arbeit, wenn sich die Hoffnungen, die man hegte, nicht erfüllen? War es vergeblich? War ich ein Don Quijote, der gegen Windmühlen kämpfte? Ich glaube das nicht.

Altkanzler Helmut Schmidt bekam seine Lacher, als er sagte: »Wer Visionen hat, sollte zum Arzt gehen.« Aber wer Probleme lösen will, braucht Ideen. Niemand sagt, dass den Kopf ausschalten soll, wer Neues, Frisches wagen will, wenn Graues und Altes sich nicht mehr bewährt. Menschen brauchen Wünsche, Ziele, Visionen, wenn sie das Gestrige einschläfert. Willy Brandt hatte solche Visionen, und er hat die Welt verändert.

Visionen führen nicht immer zum Ziel. Im Juli 2015 – unmittelbar nach dem Abschluss des Atomabkommens – reiste der damalige Bundeswirtschaftsminister Sigmar Gabriel als erster westlicher Regierungsvertreter nach Iran. Der Besuch war auch eine diplomatische Mission, die mit einer großen Hoffnung verbunden war: dass sich das Land politisch öffnen und durch wirtschaftliche Zusammenarbeit ein Prozess von Wandel und Stabilisierung in Gang gesetzt werden könnte. Bisher hat sich dieser Wunsch nicht erfüllt. Und doch war die Reise nicht falsch. Denn sie stand für das Prinzip, Chancen zu nutzen, wenn sie sich bieten, und für den Versuch, durch Dialog Veränderung zu ermöglichen – auch wenn dieser Versuch am Ende scheitert.

Wo wären wir ohne Visionen und Hoffnung? Schwermut legte sich auf die Welt, Kraftlosigkeit, im günstigsten Fall Melancholie. Hoffnung ist es, die den Menschen Sehnsucht nach dem Besseren erlaubt, damit sie sich nicht mit dem Gottgegebenen abfinden müssen. Der Mensch darf von einer gerechten Gesellschaft träumen. Blochs »Prinzip Hoffnung« lässt uns nicht resignieren, wenn die Welt bebt, weil wir die Chance haben, sie zu beruhigen und neu zu ordnen. Und das geschähe am besten zum Nutzen aller Menschen in allen Staaten dieser Welt. Die Demokratie bietet dafür die besten Voraussetzungen.

Ein erfolgreiches Paar: Demokratie und Frieden

Nach der Theorie des Demokratischen Friedens führen demokratische Staaten keine Kriege gegeneinander; allerdings legen sie ihre pazifistische Zurückhaltung gegenüber nichtdemokratischen Staaten ab. Das haben die USA nach dem Zweiten Weltkrieg mehrfach belegt. Die Demokratien der EU versuchen, gemeinsame Interessen über die nationalen zu stellen. Wo das gelingt, führt die Zusammenarbeit zu Effizienzgewinnen. Demokratische Systeme weisen tendenziell mehr Wohlstand auf. Deshalb leben die Menschen dort gut und gern. Europa hat groß gemacht, an internationalen Zielen mitzuarbeiten. Die EU ist eine Kompromissmaschine, wir akzeptieren den Mittelweg, auch wenn es manchmal lange dauert, bis wir ihn gefunden haben.

Leider ist der staatliche Egoismus, der Nationalismus, weltweit wieder in Mode gekommen. Ausgerechnet die einstige Musterdemokratie, die den Westdeutschen von 1945 an den Weg gewiesen hat, tendiert dazu, sich von gemeinsamen Zielen zurückzuziehen: beim Klima, aus der UNO und den in der Charta vereinbarten Werten, bei Abrüstungsvereinbarungen, bei der multilateralen Ordnung – und bei der Demokratie. Trumps Ansprüche auf Kanada und Grönland mögen Zweifel an der Theorie des Demokratischen Friedens aufkommen lassen, sollte es jedoch zum Gebrauch von Waffen kommen, wäre die Frage zu stellen, ob die USA noch ein demokratischer Staat sind.

Demokratische Systeme dienen den Menschen besser als autoritäre. Demokratien sind in vielfältigen internationalen Organisationen eingebunden und treiben international Handel, was Immanuel Kant in seiner Schrift *Zum ewigen Frieden* als Voraussetzung für Frieden betrachtete; in Demokratien leben die Menschen gemeinsame Normen und Identitäten, haben Good Governance und Gewaltenteilung zu Leitgedanken erhoben, sind transparent und der Kontrolle der Öffentlichkeit und freier Medien unterworfen; ihre

Bevölkerungen dürfen am politischen Entscheidungsprozess mitwirken, sind durchschnittlich freier. Frieden und Sicherheit sind jedoch nur möglich, wo benachbarte Staaten ihre Wertesysteme angleichen. Wenn ein autoritärer, undemokratischer, korrupter Staat neben einem demokratischen Rechtsstaat existiert, ist die Prognose schlecht.

Ich bin trotz allen Weltenbebens überzeugt: Demokratie als Staatsform wird nicht untergehen – weil die Menschen überall auf der Welt dasselbe wollen: ein Leben in Würde. Sie wollen mitbestimmen, gehört, nicht bevormundet werden. Sie wünschen sich ein Auskommen, Arbeit, Bildung für die Kinder, ein sicheres Zuhause, sauberes Wasser und Frieden. Der Drang nach Freiheit und Teilhabe ist universell – und auf lange Sicht stärker als jede autoritäre Herrschaft. In Syrien ist die Friedhofsruhe durchbrochen, deren Preis Zehntausende in den Folterkellern bezahlten. Auch Irans Regime wird fallen, und das von Sisi in Ägypten auch. Wir sollten uns darauf vorbereiten. 70 Prozent der Ägypterinnen und Ägypten sind noch keine 25 Jahre alt. Wenn sie sich nach dem Zusammenbruch in Richtung Griechenland auf den Weg machen, wird ihre Zahl alles übertreffen, was heute aus Libyen übers Mittelmeer nach Europa kommt. Präventive Außenpolitik könnte dafür sorgen, dass wir nicht wieder völlig überrumpelt werden von einer absehbaren Entwicklung.

Früher oder später wehren sich die Völker, solange es auch dauert. Diese Regime werden von innen ausgehöhlt, nicht von außen; die Menschen nehmen ihr Schicksal selbst in die Hand. Das müssen wir Deutsche doch wissen; nicht äußere Kräfte stürzten die DDR, nicht der Westen stürzte die Mauer um. Das kam von innen.

Wieso also sollte es falsch sein, die Demokratie weltweit zu empfehlen? Die Missionare der Demokratie müssen ja nicht missionieren. Schon gar nicht mit Waffen. Dass das nicht überzeugt, können wir auf einigen meiner Stationen besichtigen. Wo Menschen Demokratie ersehnen, müssen sie selbst den Weg dahin finden. Warum aber sollten wir von den Regierungen, die wir fördern, nicht verlangen, in einen Rechtsstaatsdialog einzutreten – zum Wohl der Bevölkerungen, die unter Folter, Korruption und geringem Wohlstand leiden? Geben und nehmen. Europa könnte bei Reformen helfen, fördernd unterstützen, statt wie die USA fordernd Lösungen zu oktroyieren. Druck von außen gegen den Staat düngt oppositionelle Bewegungen kaum. Besser wäre es, vorzuleben, was wir anderen empfehlen. Lassen wir die Menschen ihre Demokratie selbst gestalten, in ihrer Geschwindigkeit. Leuchtturm zu sein ist besser als Oberlehrer.

Aber wir müssen am humanitären Imperativ festhalten, der bedeutet: Kein Mensch darf willkürlicher Gewalt ausgesetzt sein, grundlos verhaftet und ohne Anklage in Gefängnissen inhaftiert und gefoltert werden. Den Werten der Vereinten Nationen haben fast alle Staaten dieser Welt beim Beitritt zugestimmt. Das heißt konkret: Hungernden Menschen ist Nahrung zu geben. Dürstenden Menschen ist Wasser zu geben, Kranken Medizin. Wenn Menschen in Tigray kein Wasser und keine Nahrung bekommen, weil ein Diktator es will, dann versagt nicht nur er, sondern versagen auch wir, weil wir es nicht unterbinden. Wenn einem Fünfjährigen ohne Betäubung ein Bein amputiert werden muss, wie in Gaza geschehen, fällt auch das auf uns zurück. Das gilt auch, wenn Menschen im Mittelmeer ertrinken, die Hoffnung auf Zukunft suchen. Die Menschen von Sea Eye, in deren Organisation ich mich engagiere, sagen: Leave no one to die. Tausende haben sie gerettet, aber 25 000 sind auch im vergangenen Jahr ertrunken.

Menschenrechte einzufordern hat nichts mit Kultur- oder Neoimperialismus zu tun, sondern mit Glaubwürdigkeit. Und mit Überzeugung. Wenn wir unsere Werte glaubwürdig vorleben, hat Europa eine große Strahlkraft für jedes Individuum auf diesem Planeten. In vielen Bereichen tun wir das, in anderen, wie der Migrationspolitik, nicht.

Don Quijote? Diplomatie ist ein Kraftakt der Präsenz und der Haltung

Im Kern ging es mir immer darum, Menschen beizustehen. Bei allen Zwängen der Realpolitik wollte ich Menschen dienen, nicht Systemen. Ich wollte schützen, Schlimmeres verhindern, Türen offen halten, selbst wenn der Wind der Geschichte längst durch Ruinen pfiff. Und ich war stets optimistisch.

Als ich in Jericho arbeitete, keimte Hoffnung. Frieden schien möglich, sogar ein palästinensischer Staat. Heute sind dort, wo Hoffnung keimte, Schuttberge und Gräber. Aber es war richtig, damals auf eine bessere Zukunft zu setzen, denn die palästinensischen Männer und Frauen wollen mehrheitlich Demokratie. Sie sind wie auch die jungen Frauen und Männer in Ägypten, Pakistan und Syrien hoch motiviert, gut ausgebildet, geschäftstüchtig und wirtschaftlich erfolgreich – aber oft ohne befriedigende Arbeit. Die besten finden wir deshalb in der Diaspora, in Europa, in England. Sie werden zurückkehren, sobald sie eine Perspektive haben.

Im Afghanistan der 2010er-Jahre versuchten Gouverneure, Stammesälteste und Frauen in Bildungsprojekten im Schatten des Kriegs etwas aufzubauen. Heute regiert wieder die Angst, wieder die Unterwerfung. Und doch: Haben wir damals nicht Optionen gezeigt und Zeit erkauft, Spielräume eröffnet und Menschen geschützt?

Im Irak, im Kongo, in Libyen – überall war es ähnlich. Die internationale Gemeinschaft kommt, ringt, verspricht – und zieht sich zurück. Die lokale Realität ist stärker, zäher, manchmal erbarmungslos. Aber wir waren da. Wir haben dokumentiert, gedrängt, vermittelt. Nicht immer erfolgreich, oft ohnmächtig. Aber das ist Diplomatie: kein Kontrollinstrument, sondern ein Kraftakt der Präsenz und der Haltung.

Was ist also geblieben? Vielleicht keine sichtbaren Bauwerke. Aber wer Schlimmeres verhindert, hat etwas erreicht – auch wenn es niemand sieht. Wer Gesprächskanäle offen hält, wo andere Mauern errichten, hat vielleicht nicht gesiegt, aber gewürdigt, dass Worte noch zählen dürfen. Und wer inmitten der Zyniker nicht zynisch wird, hat Haltung bewahrt.

Diplomatie kann scheitern – aber das dokumentierte Scheitern verhindert zumindest die Lüge des Schweigens. Diplomatie kann in Welten ohne Hoffnung Zuversicht schaffen. Wer in einem brennenden Haus eine Tür offen hält, hat vielleicht nicht das Feuer gelöscht, aber Leben gerettet. Wenn schon Ordnung schwindet, darf die Moral ihr nicht hinterherlaufen.

Vielleicht war ich manchmal ein Don Quijote. Aber einer, der wusste, dass Windmühlen in der Diplomatie oft reale Monster sind – gewaltig, zynisch, gleichgültig.

Europas Chance im Weltenbeben liegt darin, dass es in diesem Moment einer weltpolitischen Neuordnung vom Zuschauerraum auf die Bühne treten kann – und muss. Politische Stärke entsteht nicht durch Unterordnung, sondern durch Haltung. Wer sich wie zuletzt häufig selbst als Wurmfortsatz amerikanischer Macht begreift, verspielt seine Gestaltungskraft. Europa darf nicht länger in vorauseilendem Gehorsam den Entscheidungen anderer hinterherlaufen. Es muss mit eigener Stimme sprechen – klar, entschieden, solidarisch. Denn wir haben alles, was es braucht: unsere Werte und Visionen, unsere Demokratien, unsere Menschen und unsere Wirtschaftskraft. Diese Ressourcen können gemeinsam eine starke europäische Kraft innerhalb der G7 sein, ein selbstbewusstes Europa in den Vereinten Nationen und anderen Foren. Nicht gegen andere – sondern für eine gerechtere, friedlichere Welt, in der Europa wieder zum Vorbild werden kann. Wir haben es selbst in der Hand.

Anmerkungen

1 Anne Applebaum: »Die Achse der Autokraten«, Siedler Verlag, 2024

2 Christian Staas: »Wir stehen am Beginn einer höchst gefährlichen Phase der Weltgeschichte.« DIE ZEIT, 2.12.2024. https://www.zeit.de/2024/50/heinrich-august-winkler-westen-demokratie-krise

3 Timothy Garton Ash, Ivan Krastev, Mark Leonard: »Alone in a Trumpian World: The EU and the global public opinion after the US elections«, European Council on Foreign Relations, Januar 2025. https://ecfr.eu/publication/alone-in-a-trumpian-world-the-eu-and-global-public-opinion-after-the-us-elections/

4 Sophie Eisentraut: »Standard Aviation. Views on Western Double Standards and the Value of International Rules«, Munich Security Brief, Sept. 2024. https://securityconference.org/publikationen/munich-security-brief/standard-deviation/main/

5 Sophie Eisentraut: Standard Aviation, a. a. O.

6 C. Raja Mohan: »Von Predigern und Pragmatikern«, Internationale Politik Special, 5/2024, S. 5 ff. https://internationalepolitik.de/de/von-predigern-und-pragmatikern-europa-muss-lernen-zuzuhoeren

7 Felwine Sarr: »Afrotopia«, Matthes & Seitz Berlin, 2019

8 Siehe: »Saudi-Arabien 2024«, Amnesty International, https://www.amnesty.de/informieren/amnesty-report/saudi-arabien-2024

9 Omar El Akkad: »One day, everyone will have always been against this«, Alfred A. Knopf, 2025

10 Sibylle Licht: »Modis Rücksicht auf Russland«, Tagesschau, 2.3.2022. https://www.tagesschau.de/ausland/asien/indien-krieg-russland-ukraine-101.html

11 Sven Hansen: »Spiegel der Machtverhältnisse«, taz, 13.10.2022. https://taz.de/Ukraine-Resolution-in-UN-Vollversammlung/!5884084/

12 Fiona Hill: »Ukraine in the new world disorder«, 15.5.2025. https://news.err.ee/1608977948/fiona-hill-ukraine-in-the-new-world-disorder

13 Jorge Heine, Carlos Fortin und Carlos Ominami: »The Non-Aligned World: Striking Out in an Era of Great Power Competition«, Polity Press, 2025, S. xvi des Vorworts

14 Nigel Gould-Davies: »The US-Ukraine minerals deal: a triumph for Ukrainian diplomacy«, IISS, 8.5.2025. https://www.iiss.org/online-analysis/online-analysis/2025/05/the-us-ukraine-minerals-deal-a-triumph-for-ukrainian-diplomacy/

15 Michael Lüders: »Die scheinheilige Supermacht«, Verlag C. H. Beck, 2021

16 Joschka Fischer: »Die Kriege der Gegenwart und der Beginn einer neuen Weltordnung«, Verlag Kiepenheuer & Witsch, 2025, S. 107

17 Maegan Vazquez, Jacqeline Alemany: »Trump signs order imposing sanctions on International Criminal Court«, The Washington Post, 7.2.2025. https://www.washingtonpost.com/politics/2025/02/06/icc-trump-sanctions/

18 Ben Brasch, Anumita Kaur: »Forced to flee Congo, USAID workers lost everything. They're suing Trump.«, The Washington Post, 15.2.2025. https://www.washingtonpost.com/nation/2025/02/14/usaid-trump-congo-drc-escape/

19 Joschka Fischer: »American Suicide«, Project Syndicate, 8.4.2025. https://www.project-syndicate.org/commentary/american-suicide-trump-has-destroyed-the-west-empowered-china-russia-by-joschka-fischer-2025-04

20 Andreas Kroll, Andreas Pietsch: »Das Kokain der Industrie: Seltene Erden & Co.«, Europa Verlag, 2025, S. 52

21 Kroll/Pietsch, a. a. O., S. 180 f.

22 China investierte acht Milliarden US-Dollar in Metall- und Bergbauprojekte in Afrika, zwei Milliarden in eine Kupfermine in Botswana, eine Milliarde in Kupferprojekte in der Demokratischen Republik Kongo. In Madagaskar, Guinea und Mosambik hat das Land weitere Investitionen in unerschlossene Bergbaulagerstätten im Blick. In Afghanistan sichert sich China Lizenzrechte für Bodenschätze nicht in erster Linie zur sofortigen Ausbeutung, sondern strategisch – als Rohstoffreserve und Machtinstrument. Durch das Halten dieser Lizenzen verhindert Peking, dass andere Staaten oder Konzerne Zugriff auf die Ressourcen erhalten. So wird sich der Wettbewerb um strategische Rohstoffe zwischen China und den USA verschärfen. Siehe: Yun Sun: »US-China engagement in Africa: A crossroads«, Brookings, 3.3.2025. https://www.brookings.edu/articles/us-china-engagement-in-africa-a-crossroads/

23 Deutsche Rohstoffagentur: »Chinesische Exportkontrollen für Gallium und Germanium könnten sich auf die globale Halbleiterindustrie auswirken«, 7.7.2023. https://www.bgr.bund.de/DE/Gemeinsames/Oeffentlichkeitsarbeit/Pressemitteilungen/BGR/bgr-2023-07-07_chinesische-exportkontrollen-fuer-gallium-und-germanium.html

24 Bartholomäus Grill: »Afrika! Rückblick in die Zukunft eines Kontinents«, Siedler, 2021, S. 16 f.

25 Fabian Kretschmer: »Der chinesische Überfall rückt näher«, taz, 1.4.2025. https://taz.de/Konflikt-um-Taiwan/!6076303/

26 Siehe dazu: Niels Hegewisch, Marie Schröter: »Machtpoker im Indopazifik«, IPG Journal, 20.2.2025. https://www.ipg-journal.de/regionen/asien/artikel/machtpoker-im-indo-pazifik-8103/

27 Marina Rudyak: »Verstehen, was Xi Jinping sagt und meint«, FAZ, 9.4.2025. https://www.faz.net/pro/weltwirtschaft/weltwissen/verstehen-was-xi-jinping-sagt-und-meint-110404838.html

28 siehe: »Militärischer NATO-Einsatz im Kosovo ohne UN-Mandat, aber mit deutscher Beteiligung?«, Blätter, 15.10.1998. https://www.blaetter.de/ausgabe/1998/november/militaerischer-nato-einsatz-im-kosovo-ohne-un-mandat-aber-mit-deutscher-beteiligung

29 Wenige Tage nach dem Anschlag rief ein Mitarbeiter des Bonner Hauses der Geschichte an und bat um den Anzug. Ich sagte, er könne ihn gern haben, es sei allerdings nicht mehr viel zu sehen, weil ich den Anzug hätte reinigen lassen. »Wie können Sie!«, schallte es aus dem Hörer. Dieser Anzug sei »ein Dokument der Geschichte …« Der Anzug ist heute im Bonner Haus der Geschichte ausgestellt.

30 https://www.youtube.com/watch?v=7jsKCOTM4Ms

31 https://nrw-archiv.vvn-bda.de/bilder/doku_neue_auschwitz-luege.pdf

32 Wem an dieser Stelle Gaza einfällt: siehe Kapitel 6

33 https://www.un.int/kenya/sites/www.un.int/files/Kenya/kenya_statement_during_urgent_meeting_on_on_ukraine_21_february_2022_at_2100.pdf

34 Timothy Garton Ash, Ivan Krastev, Mark Leonard: »Alone in a Trumpian World: The EU and the global public opinion after the US elections«, a. a. O. Transaktional bedeutet in der internationalen Politik, dass die Beziehungen zwischen Staaten nicht mehr auf Verträgen und Vereinbarungen beruhen, sondern bestrebt sind, kurzfristigen Nutzen zu erzielen, vergleichbar mit Geschäften in der Wirtschaft.

35 https://dgap.org/de/veranstaltungen/deutsche-macht-fuerchte-ich-heute-weniger-als-deutsche-untaetigkeit

36 Elmar Brok mit Peter Köpf: »Verspielt Europa nicht!«, Europa Verlag, 2024, S. 76 ff.

37 Jan Techau: »Die Realität ist schmerzhaft, aber zumutbar«, Internationale Politik, 20.2.2025. https://internationalepolitik.de/de/die-realitaet-ist-schmerzhaft-aber-zumutbar

38 Frank-Walter Steinmeier: »Wir Europäer müssen uns jetzt auf das besinnen, was uns wichtig ist«. Rede auf der Westfälischen Friedenskonferenz am

4.4.2025. https://www.bundespraesident.de/SharedDocs/Reden/DE/Frank-Walter-Steinmeier/Reden/2025/04/250404-Sonderpreis-Friedlaender.html.

39 Fischer, Die Kriege der Gegenwart, a. a. O., S. 196

40 Gerald Braunberger et al.: »Tom Enders im Gespräch: »Niemand braucht eine F-35«, FAZ, 16.3.2025. https://www.faz.net/aktuell/wirtschaft/unternehmen/frueherer-airbus-chef-tom-enders-niemand-braucht-eine-f-35-110357292.html

41 Joschka Fischer: »Vom Staatenverbund zur Föderation – Gedanken über die Finalität der europäischen Integration«, 12.5.2000. https://www.bundesregierung.de/breg-de/service/newsletter-und-abos/bulletin/rede-des-bundesministers-des-auswaertigen-joschka-fischer-808150

42 Joschka Fischer: »Die Kriege der Gegenwart und der Beginn einer neuen Weltordnung«, a. a. O.

43 Jörg Lau: »Wir sind am Zug«, Die Zeit, 20.8.2025, S. 1

44 »50 Jahre Deutschland in den Vereinten Nationen – Namensbeitrag von Außenministerin Annalena Baerbock«, 16.9.2023. https://www.auswaertiges-amt.de/de/newsroom/namensbeitrag-von-aussenministerin-baerbock-zu-50-jahren-deutschland-in-den-vereinten-nationen-2616144

45 Jörg Lau: »Regelbasierte Weltordnung«, Internationale Politik, 1.7.2020. https://internationalepolitik.de/de/regelbasierte-weltordnung

46 Perry Anderson: »Das internationale Recht des Stärkeren. Eine kurze Geschichte des Völkerrechts von Grotius bis zur UN-Charta«, Le Monde Diplomatique, 8.2.2024. https://monde-diplomatique.de/artikel/!5989547

47 Harry S. Truman: »Address to the United Nations Conference in San Francisco«, 25.4.1945 https://www.presidency.ucsb.edu/documents/address-the-united-nations-conference-san-francisco

48 Schon während des Kriegs legten Großbritannien und die USA, Winston Churchill und Franklin D. Roosevelt, mit der Atlantik-Charta erste Ideen für eine Nachkriegsordnung fest. China, Großbritannien, die Sowjetunion, die Vereinigten Staaten und 22 weitere Nationen zogen am 1. Januar 1942 mit der »Erklärung der Vereinten Nationen« das Gerüst der Organisation hoch (und gelobten einander Unterstützung im Kampf gegen die Achsenmächte), das die vier Großmächte 1944 konkretisierten. De Gaulle fühlte sich und Frankreich dennoch ermächtigt, in den Kreis der Großen aufgenommen zu werden. Siehe: Historical Documents – Office of the Historian. https://history.state.gov/historicaldocuments/frus1945Berlinv02/d710a-5

49 In San Francisco haben am 26. Juni 1945 nur 50 Staaten unterschrieben. Polen hatte bereits zugesagt, aber noch keine Regierung; sie trat erst zwei Tage später ins Amt ein. Polen hat am 10. Oktober 1945 nachsigniert. Weil das bereits angekündigt worden war, gilt Polen als 51. Unterzeichnerstaat.

50 In Artikel I des »Übereinkommens über die Verhütung und Bestrafung des Völkermordes« vom 9.12.1948 heißt es klar: »Die Vertragsparteien bestätigen, dass Völkermord, ob im Frieden oder im Krieg begangen, ein Verbrechen gemäß internationalem Recht ist, zu dessen Verhütung und Bestrafung sie sich verpflichten.«

51 Resolution 217 A (III) der Generalversammlung. Noch heute wird ihrer am 10. Dezember, dem Tag der Menschenrechte, gedacht.

52 Einige Staaten haben im UN-Zivilpakt (International Covenant on Civil and Political Rights, ICCPR, 1966) Vorbehalte gegen den AEM geltend gemacht: Die USA wollten sich nicht verpflichten, die Todesstrafe für Minderjährige abzuschaffen. Ägypten wollte religiösen Gesetzen (Scharia) Vorrang einräumen, etwa bei der Gleichberechtigung von Männern und Frauen, auch Iran und Saudi-Arabien bestanden auf Vorbehalte, sofern der Vertrag der Scharia widerspricht, und Bangladesch wollte sich Einschränkungen bei Rede- und Vereinigungsfreiheit vorbehalten, wenn das aus Gründen nationaler Sicherheit nötig ist.

53 Thant Myint-U: »Can the United Nations be Saved?«, Foreign Affairs, November/December 2024, S. 167 ff. https://www.foreignaffairs.com/reviews/can-united-nations-be-saved-myint-u

54 In Absatz 3 heißt es dort: »Ist eine solche Konferenz nicht vor der zehnten Jahrestagung der Generalversammlung nach Inkrafttreten dieser Charta zusammengetreten, so wird der Vorschlag, eine solche Konferenz einzuberufen, auf die Tagesordnung jener Tagung gesetzt; die Konferenz findet statt, wenn dies durch Beschluss der Mehrheit der Mitglieder der Generalversammlung und durch Beschluss von sieben beliebigen Mitgliedern des Sicherheitsrats bestimmt wird.«

55 https://www.google.com/search?client=firefox-b-d&q=dgap+kobler+staatssekret%C3%A4rin+Baumann+#fpstate=ive&vld=cid:d021ecfa,vid:Bnc34xju-RE,st:0

56 Artikel 27 im Wortlaut: 1. Jedes Mitglied des Sicherheitsrats hat eine Stimme. 2. Beschlüsse des Sicherheitsrats über Verfahrensfragen bedürfen der Zustimmung von neun Mitgliedern. 3. Beschlüsse des Sicherheitsrats über alle sonstigen Fragen bedürfen der Zustimmung von neun Mitgliedern einschließlich sämtlicher ständigen Mitglieder, jedoch mit der Maßgabe, dass sich bei Beschlüssen aufgrund des Kapitels VI und des Artikels 52 Absatz 3 die Streitparteien der Stimme enthalten.

57 Artikel 96 der UN-Charta im Wortlaut: 1. Die Generalversammlung oder der Sicherheitsrat kann über jede Rechtsfrage ein Gutachten des Internationalen Gerichtshofs anfordern. 2. Andere Organe der Vereinten Nationen und Sonderorganisationen können mit jeweiliger Ermächtigung durch die Generalversammlung ebenfalls Gutachten des Gerichtshofs über Rechtsfragen anfordern, die sich in ihrem Tätigkeitsbereich stellen.

58 Im Fall der namibischen Mandatsfrage 1971. Südafrika hatte sich geweigert, sich aus dem damaligen Mandatsgebiet Südwestafrika zurückzuziehen. Der IGH hatte bestätigt, dass Südafrikas Präsenz illegal war.

59 Resolution ES-11/1: Fünf Nein-Stimmen (Russland, Belarus, Nordkorea, Eritrea und Syrien), 35 Enthaltungen, darunter eine Reihe afrikanischer Staaten.
Resolution vom 23.2.2023: Sieben Nein-Stimmen von Belarus, Nordkorea, Eritrea, Mali, Nicaragua, Syrien und Russland, 32 Enthaltungen, darunter China und Indien, Südafrika und Iran sowie eine Reihe afrikanischer Staaten.

60 Hürcan Asli Aksoy: »Balanceakt zwischen den Blöcken«, Internationale Politik Special, 1/2025. https://internationalepolitik.de/de/ankaras-balanceakt-zwischen-den-bloecken

61 Chatham House Press Release: »UK foreign secretary James Cleverly calls for reform of UN Security Council«, 29.6.2025. https://www.chathamhouse.org/2023/06/uk-foreign-secretary-james-cleverly-calls-reform-un-security-council

62 Ruth B. Russell: »A History of the United Nations Charter«, Washington D.C. 1958, S. 109. Zit. In: Hilmar Werner Schlüter: »Die Realität des Vetos«, Vereinte Nationen, April 1969, S. 37 ff.
https://zeitschrift-vereinte-nationen.de/publications/PDFs/Zeitschrift_VN/VN_1969/300dpi_1969-02__groessenoptimiert_.pdf

63 Schlüter, a. a. O. Bis zum 4. Juni 2025 weist die Dag Hammarskjöld Library der UN bei 226 Vetos im Sicherheitsrat für die P5 folgende Zahlen aus: China 17, Frankreich: 17 (letzte 1989), Großbritannien: 29 (letzte 1989), USA: 87, Sowjetunion bis 1990: 90 (davon alle 57 bis 1955), Russland: 39 siehe: UN Security Council Meetings & Outcomes Tables. https://research.un.org/en/docs/sc/quick/veto

64 Gareth Evans: »Über einen Verzicht auf das Vetorecht im UN-Sicherheitsrat«, Project Syndicate, 4.2.2015. https://www.project-syndicate.org/commentary/security-council-veto-limit-by-gareth-evans-2015-02/german#:~:text=PARIS%20%E2%80%93%202001%20schlug%20Frankreich%20vor%2C%20dass,um%20die%20Eskalation%20von%20Krieg%20und%20Gewalt

65 Joseph Nye: »Was ist der Globale Süden«, Project Syndicate, 1.11.2023. https://www.project-syndicate.org/commentary/global-south-is-a-misleading-term-by-joseph-s-nye-2023-11/german

66 Elmar Brok mit Peter Köpf: »Verspielt Europa nicht!«, a. a. O., S. 82

67 »Generalversammlungspräsident schlägt Erweiterung des Sicherheitsrats auf 24 Mitglieder vor«, Vereinte Nationen, o. D.
https://unric.org/de/generalversammlungspraesident-schlaegt-erweiterung-des-sicherheitsrats-auf-24-mitglieder-vor/

68 https://www.un.org/en/ga/contributions/honourroll.shtml

69 Jorge Heine et al., a. a. O., S. 142

70 Stefan Kornelius: »Putin versammelt seinen wachsenden Klub der Autokraten – und der Westen? Wirkt kraftlos«, SZ, 21.10.2024. https://www.sueddeutsche.de/meinung/brics-putin-russland-autokratie-westen-lux.Jnv6mRdwoTjfXnjd6gNWvW?reduced=true

71 »U Thant has put the world deeply in his debt.« So zitiert in: Gertrude Samuels, »The Mediation of U Thant«, New York Times Magazine, 13.12.1964

72 »South Sudan: UN envoy urges calm as thousands flee violence to UN bases«, United Nations, 16.12.2013. https://news.un.org/en/story/2013/12/457892

73 Ban Ki-moon: »Remarks at 24th African Union Summit«, 30.1.2025 https://www.un.org/sg/en/content/sg/speeches/2015-01-30/remarks-24th-african-union-summit

74 »UN-Missionschef wegen Gewaltvorwürfen entlassen«, FAZ, 13.8.2015. https://www.faz.net/aktuell/politik/ausland/afrika/un-missionschef-babacar-gaye-in-zentralafrika-entlassen-13748282.html

75 Kerstin Leitner: »Debatte: Wo ist die Stimme des Generalsekretärs im Konflikt um die Ukraine?«, Deutsche Gesellschaft für die Vereinten Nationen, 11.2.2022, https://dgvn.de/meldung/wo-ist-die-stimme-des-generalsekretaers-im-konflikt-um-die-ukraine?utm_source=chatgpt.com

76 Andreas Zumach: »Die UNO hat den Vertrag, die USA haben das Geld«, taz, 30.11.1988. https://taz.de/Die-UNO-hat-den-Vertrag-die-USA-haben-das-Geld/!1829894/

77 »Genscher ist mir widerlich«, Spiegel, 18.4.1993. https://www.spiegel.de/politik/genscher-ist-mir-widerlich-a-499de0f8-0002-0001-0000-000013688928 Quelle sind Klaus Wiegrefes Recherchen für seine Dissertation über die Außenpolitik der sozial-liberalen Koalition in den Akten des Zentralen SED-Parteiarchivs. https://www.spiegel.de/politik/genscher-ist-mir-widerlich-a-499de0f8-0002-0001-0000-000013688928

78 Gesellschaft für bedrohte Völker: »Völkermord und Verbrechen gegen die Menschlichkeit ahnden – Der Internationale Strafgerichtshof«, Menschenrechtsreport Nr. 85, Juli 2018. https://www.gfbv.de/fileadmin/redaktion/Reporte_Memoranden/2018/2018-07_Menschenrechtsreport_Internationaler-Strafgerichtshof_GfbV.pdf

79 »Scholz zu Putin-Haftbefehl: Niemand steht über dem Gesetz«, Welt, 17.3.2023. https://www.welt.de/newsticker/dpa_nt/afxline/topthemen/article244353449/Scholz-zu-Putin-Haftbefehl-Niemand-steht-ueber-dem-Gesetz.html

80 »Haftbefehl gegen Netanjahu und Hamas-Führer«, Tagesschau, 21.11.2024. https://www.tagesschau.de/ausland/asien/haftbefehl-netanjahu-100.html

81 UNRWA Situation Report #169 on the Humanitarian Crisis in the Gaza Strip and the West Bank, including East Jerusalem«, 1.5.2025

82 Der Begriff Amicus Curiae stammt aus dem angloamerikanischen Common-Law-System. Dort hat sich seit dem Mittelalter die Praxis etabliert, dass Dritte, die nicht direkt am Verfahren beteiligt sind, dem Gericht durch schriftliche Stellungnahmen zusätzliche Perspektiven oder Fachwissen liefern können. Vor allem in Grundsatzverfahren ist der Amicus-Curiae-Brief zu einem festen Bestandteil der gerichtlichen Entscheidungsfindung geworden. Beim IStGH können Staaten, NGOs oder Expertengruppen rechtliche, ethische oder politische Argumente zur Auslegung internationaler Normen einbringen.

83 Ignaz Stegmiller: »Palästinas Aufnahme als ›Mitgliedstaat‹ des Internationalen Strafgerichtshofs«, ZaöRV 75 (2015), 435–443. https://www.zaoerv.de/75_2015/75_2015_2_b_435_444.pdf

84 Birgitta Siefker et al.: »Gazakrieg: Deutschland darf nicht länger schweigen«, FAZ, 17.4.2025. https://www.faz.net/aktuell/politik/gaza-deutschland-darf-nicht-laenger-schweigen-110423367.html

85 »Respekt für das Völkerrecht«, in: Stephan Klenner, Reinhard Müller: »77 Völkerrechtler: Haftbefehl gegen Netanjahu beachten«, in FAZ: 20.3.2025. https://www.faz.net/einspruch/77-voelkerrechtler-haftbefehl-gegen-netanjahu-beachten-110369590.html

86 Ulrich Ladurner: »Die Reputation Südafrikas ist beschädigt«, Die Zeit, 22.6.2015. https://www.zeit.de/politik/ausland/2015-06/suedafrika-jacob-zuma-internationaler-strafgerichtshof

87 »Italienische Justiz ermittelt gegen Meloni«, Der Spiegel, 29.1.2025. https://www.spiegel.de/ausland/giorgia-meloni-ermittlungen-gegen-sie-wegen-freilassung-von-mutmasslichem-kriegsverbrecher-a-1b2b5bba-2fb6-47ec-b0b4-5aafa14fe752

88 »Präsident Duterte vergleicht seine Anti-Drogen-Kampagne mit dem Holocaust«, SZ, 30.9.2016. https://www.sueddeutsche.de/politik/philippinen-duterte-vergleicht-seine-anti-drogen-kampagne-mit-holocaust-1.3185848

89 In Deutschland so geschehen im Fall von Islamisten, die sich in Syrien schwerer Verbrechen schuldig gemacht hatten. Siehe dazu etwa: Masoud Aqil: »Mitten unter uns. Wie ich der Folter des IS entkam und er mich in Deutschland einholte«, Europa Verlag, 2017

90 So nannte Hermann Lübbe »die gewisse Zurückhaltung in der öffentlichen Thematisierung individueller oder auch institutioneller Nazi-Vergangenheiten, die die Frühgeschichte der Bundesrepublik kennzeichnete«, in seinem 1983 erschienenen und 2007 neu aufgelegten Buch »Vom Parteigenossen zum Bundesbürger. Über beschwiegene und historisierte Vergangenheiten«.

91 https://www.jewishvirtuallibrary.org/pm-rabin-speech-to-knesset-on-ratification-of-oslo-peace-accords

92 Steffi Hentschke: »Der Held der israelischen Ultrarechten«, Die Zeit, 4.11.2022. https://www.zeit.de/politik/ausland/2022-11/itamar-ben-gvir-israel-regierung-ultrarechte

93 Julio Segador, Anne Armbrecht: »Ein Schrecken, der nicht endet«, Tagesschau, 7.10.2024. https://www.tagesschau.de/ausland/asien/israel-hamas-was-am-7-oktober-geschah-100.html

94 Nir Hasson: »100,000 Dead: What We Know About Gaza'a True Death Toll«, Haaretz, 26.5.2025. https://www.haaretz.com/israel-news/2025-06-26/ty-article-magazine/.highlight/100-000-dead-what-we-know-about-gazas-true-death-toll/00000197-ad6b-d6b3-abf7-edfbb1e20000

95 1994 standen 20 Millionen D-Mark für Entwicklungsvorhaben in den palästinensischen Gebieten zur Verfügung, u. a. für Gesundheitsversorgung in Jericho, ein Abfallentsorgungsfahrzeug und eine Notstromanlage für ein Krankenhaus. https://www.das-parlament.de/panorama/kalenderblatt/deutsche-vertretung-in-palaestina-eroeffnet

96 Statista, https://de.statista.com/statistik/daten/studie/1422268/umfrage/gewalttaetige-vorfaelle-durch-siedler-im-westjordanland/

97 Abdallah Frangi: »Der Gesandte. Mein Leben für Palästina. Hinter den Kulissen der Nahost-Politik«, Heyne Verlag, 2011, S. 170 f.

98 1967: 2,4 zu 1,6 Millionen (davon 400 000 in Israel). 1993, Oslo: 4,8 Millionen (inkl. 130 000 Westbank, 170 000 Ostjerusalem) zu 3,8 Millionen (davon 1,1 Mio in Israel). 2025: 7,5 Millionen (davon eine halbe Million in Westbank, eine Viertelmillion in Ostjerusalem) zu 7,5 Millionen (davon 2,5 Mio in Israel).

99 UN Report on Palestinian Detainees Held Arbitrarily and Secretly Subjected to Torture, 31.7.2024. https://www.ohchr.org/en/press-releases/2024/07/un-report-palestinian-detainees-held-arbitrarily-and-secretly-subjected

100 »›They forced me to stand for hours in the cold, arms raised and shackled‹: eight Gaza Doctors on their Israeli prison ordeal«, The Guardian, 26. Februar 2025. https://www.theguardian.com/global-development/2025/feb/26/testimony-of-gaza-doctors-israel-prison

101 Reuters: »Palestinian detainee says he was tortured in Israeli detention centre«, 17.2.2025 https://www.reuters.com/world/middle-east/palestinian-detainee-says-he-was-tortured-israeli-detention-centre-2025-02-17

102 »Inside Sde Teiman, the Base Where Israel Detains Gazans«, The New York Times, 6.6.2024. https://www.nytimes.com/2024/06/06/world/middleeast/israel-gaza-detention-base.html

103 Eve Young: »Multi-front war caused emigration from Israel, Knesset report says«, The Jerusalem Post, 3.2.2025. https://www.jpost.com/israel-news/article-840501?utm_source=chatgpt.com

104 »Uno-Generalsekretär Guterres kritisiert Israel – Hamas-Angriffe ›nicht im luftleeren Raum‹«, Der Spiegel, 25.10.2023. https://www.spiegel.de/ausland/uno-generalsekretaer-guterres-kritisiert-israel-hamas-angriffe-nicht-im-luftleeren-raum-a-cf6225e4-b51c-4c36-8593-e0b5a49d63b2

105 Zitiert und übersetzt aus einer seiner WhatsApp-Messages.

106 »Absolut keine gesetzliche Grundlage«, Tagesspiegel, 12.12.2024. https://www.tagesspiegel.de/internationales/absolut-keine-volkerrechtliche-grundlage-un-experten-kritisieren-israelische-angriffe-auf-syrien-12862075.html

107 Art 2 Absatz 4 der UN-Charta besagt: »Alle Mitglieder unterlassen … jede gegen die territoriale Unversehrtheit oder die politische Unabhängigkeit gerichtete Androhung oder Anwendung von Gewalt …«

108 »Merz: Israel macht in Iran Drecksarbeit für uns«, 17.6.2025. https://www.youtube.com/shorts/xooKNrPkEH0

109 Machiavelli verstand den Begriff so, dass der Erhalt, das Wohl und die Sicherheit des Staats oberste politische Leitlinie selbst dann ist, wenn dabei moralische oder rechtliche Normen verletzt werden. Die »raison d'État« hat in den Machtzentren um Kardinal Richelieu dessen absolutistische Politik gerechtfertigt.

110 Siehe dazu: Michael Rothberg: »Multidirectional Memory: Remembering the Holocaust in the Age of Decolonization, Stanford University Press, 2009. Rothberg argumentiert für ein nichtkompetitives Erinnern, das die Shoah und andere historische Traumata wie die Nakba nicht gegeneinander ausspielt, sondern als miteinander verflochten versteht. / Micha Brumlik: »Die Lehre von Auschwitz: Israels Existenzrecht und das Leid der Palästinenser«, in: Blätter für deutsche und internationale Politik, 3/2010. Brumlik fordert, dass die deutsche Erinnerungskultur das palästinensische Leid nicht ausblenden dürfe.

111 Die Bundesregierung erlaubte 2023 Ausfuhren von Rüstungsgütern und Kriegswaffen im Wert von 326 Millionen Euro nach Israel, zehnmal so viel wie 2022, 2024 von 161 Millionen Euro. »Wie viele Waffen liefert Deutschland aktuell an Israel?«, Der Spiegel, 28.5.2025. https://www.spiegel.de/politik/deutschland/israel-wie-viele-waffen-liefert-deutschland-aktuell-debatte-ueber-exportstopp-a-ee6b6759-fd60-42ff-90c9-3fb5baec7b2c; im August schränkte die Bundesregierung Lieferungen an Israel ein. 2024 lieferte Deutschland weltweit Rüstungsgüter im Wert von knapp 13 Milliarden Euro (2023: 12,13 Milliarden), davon zwei Drittel in die Ukraine.

112 Thore Schröder: »Staatsräson ersetzt keine kritische Politik«, Der Spiegel, 25.4.2025. https://www.spiegel.de/ausland/deutschlands-position-zu-israel-und-gaza-staatsraeson-ersetzt-keine-kritische-politik-meinung-a-e60b10ad-25a4-42d8-8ad3-cbc92d14ece8

113 Majid Sattar: »Trump will Gazastreifen ›besitzen‹ – eine Riviera des Nahen Ostens?«, FAZ, 5.2.2025. https://www.faz.net/aktuell/politik/ausland/trumps-plan-fuer-gaza-eine-riviera-des-nahen-ostens-110276670.html

114 European Court of Auditors: »European Union Direct Financial Support to the Palestinian Authority«, 11.12.2013. https://www.eca.europa.eu/Lists/ECADocuments/SR13_14/SR13_14_EN.pdf

115 Ein weiterer Film von Markus Vetter, »War and Justice«, erzählt die Geschichte des Internationalen Strafgerichtshofs (IStGH) und der Arbeit der Chefankläger, namentlich Luis Moreno Ocampo und Karim Khan. Der Film hatte seine Uraufführung am 24.6.2024 in Tübingen.

116 Berthold Seewald: »Nur einer überlebte Englands schwerste Niederlage«, Welt, 13.1.2017. https://www.welt.de/geschichte/article161130837/Nur-einer-ueberlebte-Englands-schwerste-Niederlage.html

117 Nicht zu verwechseln mit dem Vertrag von Rawalpindi von 1873, in dem die Durand Linie festgeschrieben wurde. Damals entstand auch der Wakhan-Zipfel, eine direkte Folge des »Great Game«, des geopolitischen Machtkampfs zwischen dem Britischen Empire und dem Russischen Zarenreich im 19. Jahrhundert. Um eine direkte Grenze zwischen den beiden Großmächten zu vermeiden, wurde eine schmale, etwa 300 Kilometer lange Pufferzone geschaffen, die das russisch beherrschte Zentralasien von Britisch-Indien trennen sollte. Dieser Korridor wurde dem damaligen Emirat Afghanistan zugeschlagen, wodurch Afghanistan gewissermaßen als neutrale Pufferzone zwischen den Einflusssphären der beiden Reiche fungierte. Der Wakhan-Korridor grenzt im Norden an Tadschikistan (damals russische Einflusssphäre), im Süden an Pakistan (damals Britisch-Indien) und im Osten an China. (92 km). Er ist bis heute eine abgelegene, schwer zugängliche Region mit bedeutender strategischer, aber begrenzter wirtschaftlicher Bedeutung.

118 Deutscher Bundestag: Stenographischer Bericht 186. Sitzung, 12.9.2001. https://dserver.bundestag.de/btp/14/14186.pdf

119 Zbigniew Brzeziński: »In Afghanistan nicht die Fehler der Sowjetunion wiederholen«, Deutsche Welle, 16.10.2008. https://www.dw.com/de/zbigniew-brzezinski-in-afghanistan-nicht-die-fehler-der-sowjetunion-wiederholen/a-3718363

120 Henryk M. Broder: »Wunderglaube an die zahmen Taliban«, Spiegel, 3.4.2007. https://www.spiegel.de/politik/deutschland/becks-runder-tisch-wunderglaube-an-die-zahmen-taliban-a-475525.html

121 Thomas Ruttig, Sven Hansen: »Auf Kurt Becks Taliban-Spuren«, taz, 14.8.2023. https://taz.de/Zwei-Jahre-nach-dem-Machtwechsel-in-Kabul/!5949796/

122 Ronan Farrow: »Das Ende der Diplomatie. Warum der Wandel der amerikanischen Außenpolitik für die Welt so gefährlich ist«, Rowohlt Verlag, 2018, S. 152 ff.

123 Rajiv Chandrasekaran: »Richard Holbrooke dies: Veteran U.S. diplomat brokered Dayton peace accords«, Washington Post, 14.12.2010. https://www.washingtonpost.com/wp-dyn/content/article/2010/12/13/AR2010121305198_pf.html

124 Deutschland richtete ein sogenanntes Relocation-Programm ein, das Ortskräften die Registrierung, Ausreise und Übersiedlung ermöglichen sollte. Doch der Prozess war oft zäh, bürokratisch und riskant. Viele mussten sich selbstständig durch Taliban-Kontrollen und gefährliche Grenzgebiete nach Pakistan durchschlagen. In Islamabad angekommen, verzögerten sich die Visa- und Transferprozesse, da die deutsche Botschaft mit der Flut der Anträge überlastet war. 2600 warten nach Medienberichten vom April 2025 noch auf ihre Ausreise nach Deutschland – eine bittere Erfahrung nach oft jahrelanger Unterstützung deutscher Institutionen. Und Pakistan begann, einige dieser Personen zurückzuschieben.

125 Ronan Farrow: »War on Peace. The End of Diplomacy and the Decline of American Influence«, W. W. Norton & Company, 2018. Deutsch: »Das Ende der Diplomatie«, Rowohlt Verlag, 2018, S. 70 f.

126 Friederike Böge, Till Fähnders: »Ringen um die Oberhand im Abschreckungswettbewerb«, FAZ, 8.5.2025. https://www.faz.net/aktuell/politik/ausland/indien-haben-flugabwehrsystem-in-pakistan-angegriffen-110463463.html

127 Mein Kollege in Indien, Walter Lindner, sollte später ein ähnliches Konzept verfolgen, indem er nicht nur einen Mercedes, sondern auch einen knallroten indischen Oldtimer als Dienstwagen nutzte. Siehe: Walter Lindner: »Der alte Westen und der neue Süden. Was wir von Indien lernen sollten, bevor es zu spät ist«, Ullstein, 2024

128 Die Fauji Foundation ist auf den Märkten von Düngemitteln, Zement, Lebensmitteln, Energie und Gesundheitswesen aktiv, der Army Welfare Trust kümmert sich um Banken, Versicherungen, Immobilien und Landwirtschaft, die Shaheen Foundation ist engagiert in Luftfahrt, Bildung und Medien, die Bahria Foundation legt ihren Fokus auf maritime Dienstleistungen, Bildung und Immobilien und die Defence Housing Authority (DHA) entwickelt und verwaltet Wohnanlagen in städtischen Gebieten.

129 Pakistan genießt den sogenannten GSP+Status des Allgemeinen Präferenzsystems der EU (»General Scheme of Preferences«), das bedeutet: Zollfreiheit gegen nachhaltige Entwicklung und verantwortungsvolle Staatsführung.

130 Die pakistanische Operation »Gibraltar« von 1965 erhielt ihren Namen in Anlehnung an den arabischen Feldherrn Tāriq ibn Ziyād, der im Jahr 711 die Straße von Gibraltar überquerte und mit einem Überraschungsschlag die islamische Expansion auf die Iberische Halbinsel einleitete. Die pakistanischen Militärplaner sahen in diesem historischen Vorbild ein Symbol

für einen kühnen, verdeckten Einsatz: Sie hofften, durch das heimliche Einschleusen von Guerillakämpfern nach Kaschmir einen Aufstand auszulösen und Indien strategisch zu überraschen.

131 Diese Position wurde mehrfach bekräftigt, zuletzt im Mai 2024, als Indien gegen chinesische Bauaktivitäten im Shaksgam-Tal protestierte und erklärte, dass es sich dabei um illegale Versuche handle, den Status quo zu verändern.

132 Diplomats without Borders »ist eine internationale unabhängige Nichtregierungsorganisation, die sich für internationalen Dialog, Krisenprävention und vertrauensbildende Maßnahmen einsetzt. Sie besteht aus inzwischen fast 100 ehemaligen Diplomaten und will in schwierigen Konflikt- und Übergangssituationen Brücken bauen« (www.diplomatswithoutborders.org).

133 Amt der Vereinten Nationen für die Koordinierung humanitärer Angelegenheiten (OCHA), WhatsApp vom 25.6.2025

134 Almut Wieland-Karimi, Carlo Masala: »Wir dürfen Afghanistan nicht alleinlassen!«, FAZ, 29.5.2025. https://www.faz.net/aktuell/politik/ausland/wir-duerfen-afghanistan-nicht-alleinlassen-110500501.html

135 Josie Ensor: »Manchester bomber's brother was ‚plotting attack on EU envoy in Libya!«, Telegraph, 27.5.2017. https://www.telegraph.co.uk/news/2017/05/27/manchester-bombers-brother-plotting-attack-un-envoy-libya/?ICID=continue_without_subscribing_reg_first

136 Zur Vorgeschichte der Intervention: Ian Martin: »All Necessary Measures? The United Nations and International Intervention in Libya«, Hurst Publishers, 2022 / Herfried Münkler schrieb in »Macht der Mitte« (Seite 148) fälschlicherweise: »Der Umstand, dass Deutschland damals der Interventionsentscheidung zugestimmt, sich dann aber an der Intervention nicht beteiligt hat, hat zur Folge, dass es sich nicht auf größere Weitsicht und politische Vernunft zu berufen vermag und Deutschland gleichzeitig vorgehalten werden kann, durch sein Ausscheren sei ein gemeinsames europäische Agieren verhindert und der Staatszerfall Libyens begünstigt worden.«

137 Der Grund: In den 1980er-Jahren führte Haftar libysche Truppen in einem langjährigen Konflikt mit der Republik Tschad um die rohstoffreiche Aouzou-Region. 1987 erlitt sein Verband eine schwere Niederlage bei Wadi Doum, bei der Hunderte libysche Soldaten getötet und er selbst zusammen mit mehr als 300 Männern von tschadischen Truppen gefangen genommen wurde.

138 https://unsmil.unmissions.org/excerpts-srsg-libya-martin-kobler-after-signing-libyan-political-agreement sowie: »Rivalisierende Parteien unterzeichnen Friedensplan«, Die Zeit, 17.12.2015.
https://www.zeit.de/politik/ausland/2015-12/libyen-unterzeichnung-friedensabkommen-konflikt-buergerkrieg

139 siehe dazu: Stephanie T. Williams: »Libya Since Qaddafi. Chaos and the Search for Peace«, Oxford University Press, 2025

140 Julia Gerlach: »Ex-Rebellenführer erklärt, was an Terroristen von heute anders ist«, Focus, 16.12.2017. https://www.focus.de/politik/ausland/libyen-ex-rebellenfuehrer-abdelhakim-belhadj-erklaert-was-an-terroristen-von-heute-anders-ist_id_7989037.html

141 Hannes Munzinger, Frederik Obermaier: »Der verlorene Schatz«, SZ, o. D. https://panamapapers.sueddeutsche.de/articles/5730a1005632a39742ed35dd/ Sowie: »Südafrika zahlt Gaddafis Milliarde zurück«, Der Spiegel, 14.6.2023

142 Wörtlich auf die Frage, was sein größter Fehler war: »Probably, failing to plan for the day after, what I think was the right thing to do in intervening in Libya.« https://www.youtube.com/watch?v=M5qFu3_Jvbk

143 Bartholomäus Grill: »Afrika! Rückblicke in die Zukunft eines Kontinents«, a. a. O.

144 Jürgen Zimmerer: »Bismarck und der Kolonialismus«, Aus Politik und Zeitgeschichte, 20.3.2015. https://www.bpb.de/shop/zeitschriften/apuz/202989/bismarck-und-der-kolonialismus/#footnote-target-2

145 David Van Reybrouck: »Kongo. Eine Geschichte«, Lizenzausgabe Bundeszentrale für Politische Bildung, 2013, S. 324 ff.

146 Andreas Wassermann: »Patrice Lumumba – gewählt, ermordet, verehrt«, Der Spiegel, 28.1.2016. https://www.spiegel.de/geschichte/kongo-der-mord-an-patrice-lumumba-1961-a-1074116.html

147 Die sogenannte Turnhallen-Allianz (Democratic Turnhalle Alliance, DTA) wurde 1977 nach einer von Südafrika einberufenen Verfassungskonferenz in der Turnhalle von Windhoek benannt. Sie galt als von der Besatzungsmacht geförderte Gegenkraft zur SWAPO.

148 Die Einheimischen waren bereit, Lüderitz fünf Meilen der Namibiaküste zu verkaufen, englische Meilen à 1,6 Kilometer sollten es sein, aber Lüderitz bestand darauf: es handle sich um deutsche Meilen à 7,5 Kilometer; Vertrag sei Vertrag. Bald vergrößerte »Lügenfritz« seinen Besitz um weitere Teile der Küste, und bald ließ Bismarck die »Besitzungen« durch zwei Kriegsschiffe schützen, die in der Bucht vor Anker gingen und die deutsche Flagge hissten. Lüderitz verkaufte das Land 1885 ans Reich, es blieb bis 1915 deutsche Kolonie.

149 »Deutschland entschuldigt sich für Kolonialverbrechen«, Der Spiegel, 15.8.2004. https://www.spiegel.de/politik/ausland/wieczorek-zeul-in-namibia-deutschland-entschuldigt-sich-fuer-kolonialverbrechen-a-313373.html

150 Markus Bickel: »61. MSC – Europa rettet sich in Sicherheit«, Table Media, 16.2.2025. https://table.media/security/analyse/61-msc-europa-rettet-sich-in-sicherheit/

151 Rigaud, Kanta Kumari et al.: »Groundswell: Preparing for Internal Climate Migration«, World Bank, 2018. https://openknowledge.worldbank.org/entities/publication/2be91c76-d023-5809-9c94-d41b71c25635

152 Um einige zentrale Konzepte und Projekte zu nennen: Joint Vision for 2030, European Peace Facility (EPF), Finanzierung von Friedensmissionen der AU in Somalia (AMISOM/ATMIS), Mosambik, Sahel (Ausstattung, Sold, Logistikhilfe) sowie technische Zusammenarbeit (GIZ, Expertise France etc.). Bei Themen wie Migration, Mobilität und Klimaschutz, Krisenprävention und Mediation wie African Peace and Security Architecture (APSA) und der African Governance Architecture (AGA) besteht eine enge Partnerschaft mit den Ländern des Kontinents. Seit 2000 sorgen Afrika-EU-Gipfel für Partnerschaften in den Bereichen Sicherheit, Infrastruktur, Migration, Klima und Bildung. Keine Region, kein Staat investiert in Afrika so viel in Entwicklungshilfe wie die EU und ihre Mitgliedstaaten.

153 Maliha Khan: »Foreign aid won't save us. Neither will philanthropy«, Devex, 30.4.2025. https://www.devex.com/news/opinion-foreign-aid-won-t-save-us-neither-will-philanthropy-109954?consultant_exists=true&oauth_response=success

154 Joseph Kalimbwe: »Chinese Investments in Africa Unearthed«, Namibian Sun, 21.2.2017. https://www.namibiansun.com/news/chinese-investments-in-africa-unearthed. Im englischen Original ist die Rede von »brides«, offensichtlich ein Satzfehler, es müsste heißen »bribes«.

155 Siehe dazu: Marat Gabidullin: »Wagner. Putins geheime Armee. Ein Insiderbericht«, Econ Verlag, 2022

156 Eisentraut, a. a. O.

157 Zwei dieser Initiativen sind: Fariafric, https://fairafric.com/pages/100-bio-qualitat sowie Originalbeans, https://originalbeans.com/products/virunga-70?srsltid=AfmBOoo8_VKp5gtEYNG3NqZoWX4SSuJwTCorTtVIjz2AK-pa9qJZelgLS

158 Francisco Marí: »Die Hähnchen fliegen noch immer nach Afrika«, Der kritische Agrarbericht 2024, o. D. https://kritischer-agrarbericht.de/fileadmin/Daten-KAB/KAB-2024/KAB_2024_92_98_Mari.pdf

159 »African progress backslides as coups and war persist«, Reuters via Sunday Times, 23.10.2024. https://www.timeslive.co.za/news/africa/2024-10-23-african-progress-backslides-as-coups-and-war-persist/

160 Heiner Hoffmann: »Nicht einmal Angelina Jolie konnte Afrika retten«, Spiegel, 23.6.2024. https://www.spiegel.de/ausland/entwicklungshilfe-in-afrika-warum-die-armut-trotz-einer-billion-euro-nicht-verschwindet-a-dc9fe8d7-7259-4bf8-abc5-116b8c6f14d6

161 »DR Congo: No Justice for 2014 Massacre«, Human Rights Watch, 6.6.2019. https://www.hrw.org/news/2019/06/06/dr-congo-no-justice-2014-massacre

162 Das Mouvement du 23-Mars (M23, Bewegung 3. März) bezieht sich auf den 23. März 2009, als es zwischen der damaligen Regierung und einer früheren Rebellengruppe zu einem Friedensabkommen kam, das nach deren Meinung die Regierung nicht einhielt.

163 Ich leitete MONUSCO von 2013 bis 2015. Die »Mission de l'Organisation des Nations unies pour la stabilisation en République démocratique du Congo« ist die UN-Mission für die Stabilisierung in der Demokratischen Republik Kongo, begründet während des zweiten Kriegs im Kongo durch die UN-Resolution 1279 vom 30.11.1999.

164 Juliane von Mittelstaedt: »Martin Koblers Krieg«, Der Spiegel, 46/2013, S. 102 ff. https://www.spiegel.de/politik/martin-koblers-krieg-a-398d60bd-0002-0001-0000-000120780557

165 Resolution 2773/2025: https://docs.un.org/en/S/RES/2773(2025)

166 Jürgen Kiontke: »Blut für die Welt«, Amnesty Journal«, 4.12.2017. https://www.amnesty.de/informieren/amnesty-journal/demokratische-republik-kongo-blut-fuer-die-welt

167 Das Vietnam War Crimes Tribunal ist nach dem Literaturnobelpreisträgen Bertrand Russell benannt. Es sollte Kriegsverbrechen und andere Verstöße der USA gegen das Völkerrecht untersuchen. Das Tribunal versammelte eine Reihe Prominenter von Günther Anders bis Uwe Wesel, von Simone de Beauvoir bis Jean-Paul Sartre.

168 Roméo Dallaire: »Shake Hands with the Devil: The Failure of Humanity in Rwanda«, Random House, 2003

169 Einen umfassenden Überblick über den Kampf um diese Technologiemetalle liefert das Buch von Andreas Kroll und Andreas Pietsch mit dem Titel: »Das Kokain der Industrie. Seltene Erden & Co.«, Europa Verlag, 2024

170 Am Kimberley Process Certification Scheme (KPCS) beteiligen sich heute mehr als 80 Staaten, die 99 Prozent des Handels mit Rohdiamanten abdecken.

171 Jessica Dee Humphreys, Michel Chikwanine: »Child Soldier. When boys and girls are used in war«, Kids Can Press, 2020

172 zusammen mit der jesidischen Menschenrechtsaktivistin Nadia Murad

173 Thomas Jansen: »Zu sehr hofiert«, FAZ, 21.2.2025. https://www.faz.net/aktuell/politik/ausland/baerbock-und-ruanda-zu-sehr-hofiert-110312253.html

174 Carlota Brandis, Marie Löwenstein: »Kann Diplomatie gegen die M23-Rebellen funktionieren?«, FAZ 18.2.2025. https://www.faz.net/user/auth?redirectUrl=https%3a%2f%2fwww.faz.net%2faktuell%2fpolitik%2fausland%2fnach-goma-eroberung-von-bukavu-in-kongo-diplomatie-gegen-die-m23-rebellen-110302311.html

175 Herfried Münkler: »Macht in der Mitte«, edition Körber-Stiftung, 2015, S. 147 ff.

176 Bob Dylan, 1964: »The Times They Are A-Changing«

177 Fischer, »Kriege der Gegenwart«, S. 196.

178 Simon Strauß: »Politikwissenschaftler Münkler: Wir müssen wieder heroischer werden«, FAZ-Podcast, 7.3.2025 https://www.faz.net/podcasts/f-a-z-podcast-fuer-deutschland/muessen-wir-wieder-heroischer-werden-herfried-muenkler-110341574.html

179 Münkler, »Macht in der Mitte«, S. 96

180 Deutscher Titel: »Das Ende der Diplomatie«, Rowohlt Verlag, 2018

181 Ronan Farrow: »War on Peace. The End of Diplomacy and the Decline of American Influence«, a. a. O.

182 Herfried Münkler: »Macht im Umbruch«, Rowohlt Berlin, 2025, S. 21 f.

183 »Ukraine steht mit dem Rücken zur Wand«, 5.12.2024. https://www.zdf.de/nachrichten/politik/ausland/lage-ukraine-waffen-soldaten-krieg-russland-100.html

184 Patrick Wintour: »António Guterres urged to take lead in securing peace in Ukraine or risk future of UN«, The Guardian, 19.4.2022. https://www.theguardian.com/world/2022/apr/19/antonio-guterres-urged-to-take-lead-in-securing-peace-in-ukraine-or-risk-future-of-un?utm_source=chatgpt.com

185 Peter Köpf: »Ist der Pazifismus noch zu retten?«, www.karenina.de, 16.8.2022. Die Webseite ist inzwischen geschlossen. Archiviert hier: https://denk-bar.de/ist-der-pazifismus-noch-zu-retten/

186 Jochen Gaugele: »Lindner fordert Neustart der Beziehungen zu Russland«, Berliner Morgenpost, 5.8.2017. https://www.morgenpost.de/politik/article401718483/lindner-fordert-verschaerfung-der-zuwanderungspolitik.html

187 Christina Hebel: »Hätte er doch geschwiegen«, Der Spiegel, 6.8.2017. https://www.spiegel.de/politik/deutschland/christian-lindner-will-krim-annektion-akzeptieren-fahrlaessiges-signal-kommentar-a-1161585.html

188 Peter Köpf: »Minsk: ›Diktierter Nichtfrieden?‹«, Karenina, 23.5.2022. Dokumentiert hier: https://www.academia.edu/80094618/Peter_K%C3%B6pf_Minsk_Diktierter_Nichtfrieden_Schwere_Vorw%C3%BCrfe_gegen_Steinmeier_Ukraine_zur_Annahme_der_Minsker_Abkommen_gezwungen

189 Tina Hildebrandt, Giovanni di Lorenzo: »Hatten Sie gedacht, ich komme mit Pferdeschwanz?«, Die Zeit, 7.12.2022. https://www.zeit.de/2022/51/angela-merkel-russland-fluechtlingskrise-bundeskanzler/komplettansicht

190 »Arafat überlebt mit blauem Auge«, taz, 10.4.1992. https://taz.de/Arafat-ueberlebt-mit-blauem-Auge/!1674395/

191 Christoph Sydow: »Dieser schwarze Terrorist«, Der Spiegel, 6.12.2013. https://www.spiegel.de/politik/ausland/nelson-mandela-war-bei-thatcher-strauss-und-reagan-verhasst-a-937612.html

192 Hay'at Tahrir al-Sham (HTS): Organisation zur Befreiung der Levante. Al-Sham kann sowohl Damaskus, Syrien oder den größeren historischen Raum der Levante bedeuten, also das Kernland des alten Großsyrien, Syrien, Libanon, Israel, Palästina und Jordanien.

193 »Islamist Mursi schlägt versöhnliche Töne an«, Stern, 25.6.2012. https://www.stern.de/politik/ausland/aegyptens-neuer-praesident-islamist-mursi-schlaegt-versoehnliche-toene-an-3418428.html

194 Human Rights Watch: »If the Dead Could Speak«, 2015. https://www.hrw.org/report/2015/12/16/if-dead-could-speak/mass-deaths-and-torture-syrias-detention-facilities / Amnesty International: »Human Slaughterhouse«, 2016. https://www.amnesty-international.be/sites/default/files/2017-02/human_slaughterhouse_exec_summary_en.pdf

195 https://www.youtube.com/watch?v=5ivn_UvIF5k

Fotonachweis:

Africa Museum Tervuren S. 264; Bundesregierung/Steffen Kugler S. 36; Florian Gaertner/picture alliance/photothek S. 334 *(oben);* getty images/ ullstein bild Dtl./Kontributor S. 44; ICC S. 114; MONUSCO S. 305; Netflix S. 277; Palestinian Authority @Mohammad Abu Daqqa S. 143; Martin Kobler S. 173, 228, 229, 298; UN Photo/Abel Kavanagh S. 68, 201, 244, 248, 294, 301, 334 *(unten);* UN Photo/Marc Garten S. 100; Verteidigungsministerium S. 57; Wikimedia Commons/Kreml S. 47; Wikimedia Commons/Aergenium S. 54; Wikimedia Commons/OSeveno, S. 113; Wikimedia Commons/Vince Musi/ The White House S. 136; Wikimedia Commons/State Department S. 246; Wikimedia Commons/Adalbert von Roessler S. 262; Wikipedia S. 185, 187

Diplomatische Stationen von Martin Kobler

Martin Kobler ist ein ehemaliger deutscher Diplomat und UN-Beamter, der in seiner über vier Jahrzehnte währenden Laufbahn insbesondere in Regionen eingesetzt war, die mit Instabilität, Konflikten und dem Wiederaufbau nach Konflikten zu kämpfen hatten.

Nach Einsätzen in Kairo und New Delhi eröffnete er das deutsche Vertretungsbüro in Jericho, das er von 1994 bis 1997 leitete. Von 1998 bis 2003 war er als stellvertretender Kabinettschef und später als Kabinettschef von Außenminister Joschka Fischer mit dem deutschen Engagement im Kosovo und der Rolle Deutschlands im Nahen Osten befasst.

Er übernahm Botschafterposten in Ägypten und im Irak und leitete anschließend die Abteilung für Kultur und Kommunikation im Auswärtigen Amt. 2010 wechselte er in den Dienst der Vereinten Nationen, wurde zunächst Stellvertretender Sonderbeauftragter des Generalsekretärs für die UN-Mission in Afghanistan (UNAMA) und anschließend Sonderbeauftragter für die UN-Missionen im Irak (UNAMI), im Kongo (MONUSCO) und in Libyen (UNSMIL). Zuletzt war Kobler von 2017 bis 2019 deutscher Botschafter in Pakistan.

Seit 2020 ist er Dozent an der Führungsakademie der Bundeswehr, wo er internationale Diplomatie und peacekeeping lehrt. Kobler engagiert sich weiterhin als Wahlbeobachter im Ausland sowie in Beiräten, etwa im Kuratorium der Gerda Henkel Stiftung, und als Mitglied von »Diplomats without borders« in der Friedensförderung.

Diplomatische Stationen von Martin Kobler

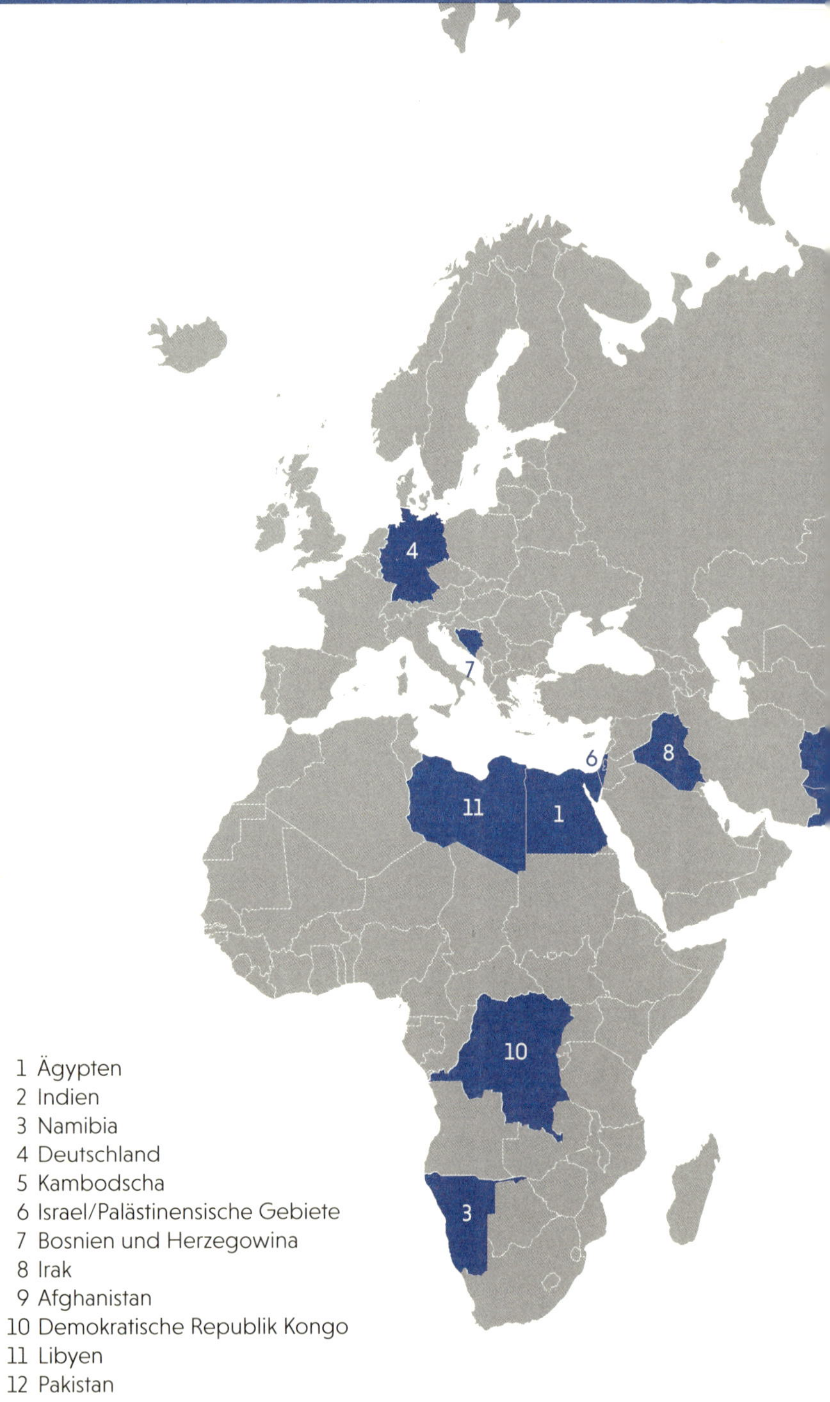